5대
항만공사
종합직무능력평가

부산항만공사·인천항만공사·울산항만공사·여수광양항만공사·경기평택항만공사

+ 무료NCS특강

SD에듀
(주)시대고시기획

2023 하반기 SD에듀 All-New 5대 항만공사 종합직무능력평가
핵심이론 + 적중예상문제 + 모의고사 5회 + 무료NCS특강

Always **with you**

사람의 인연은 길에서 우연하게 만나거나 함께 살아가는 것만을 의미하지는 않습니다.
책을 펴내는 출판사와 그 책을 읽는 독자의 만남도 소중한 인연입니다.
SD에듀는 항상 독자의 마음을 헤아리기 위해 노력하고 있습니다. 늘 독자와 함께하겠습니다.

PREFACE

머리말

국내 5대 항만공사는 2023년 하반기에 신입직원을 채용할 예정이다. 경기평택항만공사를 제외한 항만공사 네 곳의 채용절차는 「입사지원서 접수 ➡ 서류전형 ➡ 필기전형 ➡ 면접전형 ➡ 최종 합격자 발표」 순서로 이루어지고, 경기평택항만공사의 채용절차는 「입사지원서 접수 ➡ 필기전형 ➡ 서류전형 ➡ 면접전형 ➡ 최종 합격자 발표」 순서로 이루어진다. 필기전형은 직업기초능력평가와 직무수행능력평가로 진행한다. 그중 직업기초능력평가는 의사소통능력, 자원관리능력, 수리능력, 조직이해능력, 문제해결능력 총 5개의 영역을 평가하며, 2023년 상반기(경기평택항만공사)에는 피듈형으로 진행되었다. 또한, 직무수행능력평가는 사무직 기준 경영학, 경제학을 평가하므로 반드시 확정된 채용공고를 확인해야 한다. 따라서 필기전형에서 고득점을 받기 위해 다양한 유형에 대한 폭넓은 학습과 문제풀이능력을 높이는 등 철저한 준비가 필요하다.

항만공사 합격을 위해 SD에듀에서는 항만공사 판매량 1위의 출간 경험을 토대로 다음과 같은 특징을 가진 도서를 출간하였다.

도서의 특징

❶ 기출복원문제를 통한 출제 유형 확인!
- 2023 ~ 2021년 항만공사별 전공 기출문제를 복원하여 항만공사 전공 필기 유형을 파악할 수 있도록 하였다.
- 2023년 상반기 주요 공기업 전공 기출문제를 복원하여 공기업별 전공 필기 유형까지 파악할 수 있도록 하였다.

❷ 항만공사 전공(경영학원론 · 경제학원론) 핵심이론과 적중예상문제를 통한 실력 상승!
- 직무수행능력평가 핵심이론 & 적중예상문제를 수록하여 필기전형에 대비할 수 있도록 하였다.

❸ 최종점검 모의고사로 완벽한 시험 대비!
- 철저한 분석을 통해 실제 유형과 유사한 최종점검 모의고사를 수록하여 자신의 실력을 최종 점검할 수 있도록 하였다.

❹ 다양한 콘텐츠로 최종합격까지!
- 항만공사 채용 가이드를 수록하여 채용을 준비하는 데 부족함이 없도록 하였다.
- 온라인 모의고사와 AI면접 응시 쿠폰을 무료로 제공하여 채용 전반을 준비할 수 있도록 하였다.

끝으로 본 도서를 통해 항만공사 채용을 준비하는 모든 수험생 여러분이 합격의 기쁨을 누리기를 진심으로 기원한다.

SDC(Sidae Data Center) 씀

미션

> 부산항을 경쟁력 있는 해운물류 중심기지로
> 육성하여 국민경제 발전에 이바지

비전

> 세계를 연결하는 글로벌 허브 항만기업

핵심가치

창조 & 전문성

혁신 & 도전

고객지향 & 협력

경영방침

혁신경영

안전경영

ESG경영

글로벌경영

2030 경영목표

총 물동량 3,200만 TEU 환적 물동량 1,700만 TEU	항만관련산업 성장률 20%	K - ESG 최고 등급	고객경영지수 S등급

4대 전략방향

항만 미래가치 혁신	항만 경쟁력 강화	지속가능 항만 생태계 활성화	책임경영체계 고도화

인재상

1	Best Port Specialist 글로벌 항만 전문인
2	Public Interest Oriented ESG 선도인
3	A Game Changer 미래 도전 혁신인

미션

> 우리는 **인천항**을 **물류**와 **해양관광**의 중심기지로 육성하여
> 국민경제 발전에 이바지한다.

비전

> **Leading Complex** for **Logistics** & **Maritime Services**
> (**물류**와 **해양관광**을 선도하는 **복합가치공간**)

핵심가치

전문역량　　소통협력　　혁신선도　　열린사고

경영방침

> **SAFE**ty First **E**njoyable Workplace **C**lean Port **O**pen Community

안전환경　　지역기여　　직원행복

⬡ 3대 전략목표 & 9대 전략과제

전략 목표	동아시아 물류 · 해양관광허브	미래 혁신을 선도하는 인천항	ESG 중심의 사회적 책임경영
전략 과제	1. 항만물류 및 해양관광 인프라 고도화	1. 저탄소 · 친환경 항만 실현	1. ESG 경영체계 고도화
	2. 다각적 물동량 증대 성과 창출	2. 안전 · 혁신 기반 항만운영체계 전환	2. 사업 책임경영 내재화
	3. 해양관광 신(新) 수요 창출	3. 항만 – 지역연계형 포용경제 견인	3. 사람 중심 혁신적 기업문화 구축

⬡ 2030 ESG 목표

1 미세먼지 저감률 60%	2 신재생 에너지 발전량 20.8GWh	3 안전관리 등급 1등급
4 동반성장 체감도 1등급	5 종합 청렴도 1등급	6 정보공개 평가 최우수

울산항만공사 이야기

⬡ 비전

> 에너지 물류를 선도하는 에코 스마트 항만

⬡ 핵심가치

미래선도	전문역량	혁신지향	사회책임
Future Leading	Professionalism	Innovation Oriented	Social Responsibility

⬡ 경영방침

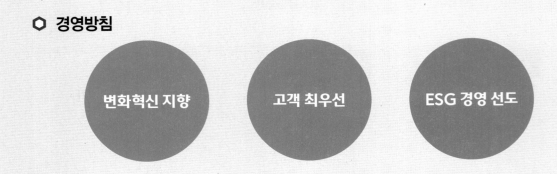

변화혁신 지향   고객 최우선   ESG 경영 선도

◯ 전략방향 및 전략과제

전략방향	에너지 물류 항만 선도	고부가가치 항만 구현	경영관리 효율화	지속가능경영 실현
전략과제	1. 동북아 에너지 물류 거점	1. 항만운영 경쟁력 강화	1. 재무 건전성 강화	1. 안전 항만 구축
	2. LNG 선도 항만 도약	2. 배후단지 활성화	2. 조직관리 효율화	2. 친환경 항만 구현
	3. 친환경 에너지 특화 항만	3. 스마트 항만 및 기능 다변화	3. 경영혁신	3. 기업 공유가치 이행

◯ 인재상

미래인재	▶ 급변하는 기술 및 산업의 변화에 적극적으로 대응하여 항만의 미래를 주도하기 위해 도전하는 인재
전문인재	▶ 최고의 전문가를 목표로 울산항의 경쟁력을 높이기 위해 전문성을 키우는 인재
혁신인재	▶ 지속가능한 변화와 새로운 가치를 창출하기 위해 혁신을 추구하는 인재
책임인재	▶ ESG 경영 실천과 지속가능한 성장을 위해 주어진 역할과 사명, 사회적 책임을 다하는 인재

여수광양항만공사 이야기

⬡ 미션

> 여수·광양항을 경쟁력 있는 해양산업 중심기지로 육성하여
> 국민경제 및 지역사회 발전에 기여

⬡ 비전

> 국민과 함께하는 스마트 종합항만

⬡ 핵심가치

고객　공정　혁신　안전　상생

⬡ 4대 경영목표

1	2
한국형 스마트항만 구축 완전자동화 100%	**총 물동량** 4억 3천만 톤

3	4
K-ESG 최고 등급	**경영효율성** 영업이익률 30%

◯ 전략방향 및 전략과제

전략 방향	미래선도 항만	고부가가치 배후시장 개척	ESG 항만 실현	조직 및 인력운영 효율화
전략 과제	1. 항만 자동화 개발 · 운영	1. 산업중핵항만 기반 조성	1. 친환경 에너지 항만 선도	1. 재무건전성 강화
	2. 항만운영 효율성 강화	2. 해양관광 활성 화 기반 마련	2. 안전중심 · 상생가치 실현	2. 국민소통 중심 열린경영 정착
	3. 4IR 항만기술 실용화 추진	3. 현장중심 물류 네트워크 확대	3. 투명 · 공정 지배구조 확립	3. 혁신지향 조직 문화 확산

◯ 인재상

전문인	▶	국제적인 안목과 물류서비스 전문 지식을 지닌 사람
상생인	▶	사회적 실현에 적극적인 사람
도전인	▶	도전정신과 창의력이 풍부한 사람

경기평택항만공사 이야기

⬡ 미션

우리는 글로벌 물류 중심기지 평택항 육성과
해양레저 활성화로 국가 · 지역경제 발전에 기여한다.

⬡ 비전

항만물류 허브 조성과 해양레저를 선도하는 경기평택항만공사

⬡ 핵심가치

창의
創意

공감
共感

혁신
革新

소통
疏通

⬡ 전략목표

항만인프라 조성 계획 대비 공정율 100%	물동량 96만 TEU, 123백만 톤	미래전략사업 구상 5건	고객만족도 내부 85점, 외부 92점

○ 전략방향 및 전략과제

전략방향	전략과제
항만 인프라 활성화	• 항만배후단지 적기조성 • 글로벌 수준 배후단지 등 운영서비스 고도화 • 미래형 항만 인프라 구축 지원
고객중심 항만 마케팅	• 전략적 마케팅 기반 물동량 유치 확대 • 고객 공감형 공사홍보 전략체계 구축
지속가능 성장 동력 확보	• 수요자 맞춤형 대행사업 관리 고도화 • 미래성장사업 발굴 및 확산 • 지역과 동반 성장하는 공사 자산가치 제고 • 고품격 해양 레저관광 기반 구축
사회 가치 경영 시스템 구축	• 환경변화 대응 • 직원역량 강화 • 소통과 배려의 조직문화 구축 • 사회적 책임에 부응하는 경영시스템 구축

신입 채용 안내

| 부산항만공사 |

⬡ 지원자격(공통)

❶ 성별 · 연령 · 학력 : 제한 없음
  ※ 단, 임용예정일 기준 공사 정년인 만 60세 미만인 자

❷ 외국어 : 토익 700점 이상
  ※ 단, 기술(고졸) 예외

❸ 병역필(입사일 이전 전역 가능자 포함) 또는 면제자
  ※ 단, 기술(고졸)의 경우 병역 미필자 지원 가능

❹ 공사 취업규칙 제9조에 따른 결격사유가 없는 자

❺ 임용 즉시 근무 가능한 자

⬡ 필기전형

구분	과목	내용	문항(시간)
신입(사무 / 일반)	인성검사	적합 / 부적합	250문항(30분)
	직업기초능력평가	의사소통능력, 자원관리능력, 수리능력, 조직이해능력, 문제해결능력	50문항(60분)
	직무수행능력평가	경영학원론, 경제학원론	50문항(60분)
기술(고졸)	인성검사	적합 / 부적합	250문항(30분)
	직업기초능력평가	의사소통능력, 자원관리능력, 수리능력, 조직이해능력, 문제해결능력	50문항(60분)

⬡ 면접전형

구분		면접방식	반영비율
토론면접		조별 토론	30%
역량면접	집단	조별 집단면접	70%
	개별	응시자별 개별면접	

❖ 위 채용공고는 2022년 하반기 채용공고를 기준으로 작성하였으므로 세부내용은 반드시 채용공고를 확인하기 바랍니다.

┃ 인천항만공사 ┃

⬡ 지원자격(공통)

❶ 연령 · 학력 · 전공 : 제한 없음

※ 단, 임용예정일 기준 공사 정년인 만 60세 미만인 자

❷ 병역필(입사일 이전 전역 가능자 포함) 또는 면제자

❸ 공사 인사규정 제12조에 따른 결격사유가 없는 자

❹ 임용 즉시 근무 가능한 자

⬡ 필기전형

과목	내용	문항(시간)
인성검사	적합 / 부적합	250문항(30분)
직업기초능력평가	의사소통능력, 자원관리능력, 수리능력, 조직이해능력, 문제해결능력	50문항(60분)
직무수행능력평가	경영학원론, 경제학원론 ※ 채용형 인턴(사무 – 일반행정), 채용형 인턴[사무 – 일반행정(안전관리)]	50문항(60분)

⬡ 면접전형

모집분야		반영비율				합계
		AI면접	토론면접	발표면접	역량면접	
채용형 인턴	사무 – 일반행정 · 일반행정(안전관리)	○	30%	X	70%	100%
	사무 – 일반행정(취업지원대상자)	X	30%		70%	
	갑문(전기 · 기계 · 고졸)	X	X		100%	

❖ 위 채용공고는 2022년 하반기 채용공고를 기준으로 작성하였으므로 세부내용은 반드시 채용공고를 확인하기 바랍니다.

| 울산항만공사 |

⬡ 지원자격(공통)

❶ 연령 · 성별 · 학력 : 제한 없음

※ 단, 2004. 1. 1. 이전 출생자 혹은 수습임용 예정일 기준 공사 정년인 만 60세 미만인 자

❷ 한국사능력검정시험(국사편찬위원회) 3급 이상 합격자

※ 2017. 1. 1. 이후 취득자에 한함

❸ 공사 인사규정 제13조에 따른 결격사유가 없는 자

❹ 수습임용 즉시 근무 가능한 자

⬡ 필기전형(사무행정 기준)

과목	내용	문항(시간)
인성검사	적합 / 부적합	250문항(30분)
직업기초능력평가	의사소통능력, 자원관리능력, 수리능력, 조직이해능력, 문제해결능력	50문항(60분)
직무수행능력평가	경영학원론, 경제학원론	50문항(60분)

⬡ 면접전형

구분		반영비율	비고
	합계	100%	–
일반직 7급갑	역량면접 개별	40%	입사지원서 및 경험 · 상황 · 활동 등에 대한 사전에 준비된 질의서를 토대로 직업기초능력 및 직무능력 측정
	토론면접 조별	30%	부여된 주제에 대하여 면접대상자 Discussion 방식
	발표면접 개별	30%	부여된 주제에 대하여 Presentation 및 질의 · 응답

❖ 위 채용공고는 2022년 하반기 채용공고를 기준으로 작성하였으므로 세부내용은 반드시 채용공고를 확인하기 바랍니다.

▌ 여수광양항만공사 ▌

⬡ 지원자격(공통)

❶ 연령 · 성별 · 학력 : 제한 없음

　　※ 단, 임용예정일 기준 공사 정년인 만 60세 미만인 자

❷ 병역필(입사일 이전 전역 가능자 포함) 또는 면제자

❸ 공사 인사규정 제12조에 따른 결격사유가 없는 자

❹ 임용 즉시 근무 가능한 자

⬡ 필기전형(사무 기준)

과목	내용	문항(시간)
인성검사	적합 / 부적합	250문항(30분)
직업기초능력평가	의사소통능력, 자원관리능력, 수리능력, 조직이해능력, 문제해결능력	50문항(60분)
직무수행능력평가	경영학원론, 경제학원론	50문항(60분)

⬡ 면접전형

구분		내용
토론면접		응시자 간 토론 방식
역량면접	집단면접	응시자별 공통 질의 · 응답 방식
	개별면접	1 : 다 방식

❖ 위 채용공고는 2023년 하반기 채용공고를 기준으로 작성하였으나, 세부내용은 반드시 채용공고를 확인하기 바랍니다.

| 경기평택항만공사 |

⬡ 지원자격(공통)

❶ 공사 인사규정에 따라 만 18세 이상 만 60세 미만인 자
❷ 병역법 제76조에서 정한 병역의무불이행 사실이 없는 자
❸ 공사 인사규정 제14조, 부패방지 및 국민권익위원회 설치와 운영에 관한 법 등 기타법령에 의하여 응시자격이 정지되지 아니한 자

⬡ 필기전형[사무6급(행정) 기준]

과목	내용	문항(시간)
인성검사	적합 / 부적합	210문항(30분)
직업기초능력평가	의사소통능력, 자원관리능력, 수리능력, 조직이해능력, 문제해결능력	50문항(50분)
전공	경영학, 경제학	40문항(40분)

⬡ 면접전형

심사내용	평점요소
직무적합성(50%)	직무수행능력, 분석적 사고, 프레젠테이션능력, 창의적 사고, 의사소통능력, 팀워크 / 협동
인성(50%)	조직적응력, 윤리의식 / 정신자세, 도전정신

❖ 위 채용공고는 2023년 상반기 채용공고를 기준으로 작성하였으므로 세부내용은 반드시 채용공고를 확인하기 바랍니다.

최신 기출분석

총평

5대 항만공사 필기전형에는 주로 고난이도의 피셋형, 혹은 피듈형 문제가 출제되어 왔다. 피듈형으로 출제된 경우 모듈 이론 문제의 난이도가 높아지는 경향을 띄었으며, 항만과 관련된 내용의 지문이 문제로 자주 출제되어 왔다.

⬡ 의사소통능력

출제 특징	• 한자어의 의미를 찾는 문제가 출제되었음 • 바꾸어 써도 의미가 통하는 단어를 고르는 문제가 출제되었음
출제 키워드	• 하역 등

⬡ 자원관리능력

출제 특징	• 보험료를 계산하는 문제가 출제되었음
출제 키워드	• 보험료 등

NCS 문제 유형 소개

PSAT형

※ 다음은 K공단의 국내 출장비 지급 기준에 대한 자료이다. 이어지는 질문에 답하시오. **[15~16]**

〈국내 출장비 지급 기준〉

① 근무지로부터 편도 100km 미만의 출장은 공단 차량 이용을 원칙으로 하며, 다음 각호에 따라 "별표 1"에 해당하는 여비를 지급한다.
　㉠ 일비
　　ⓐ 근무시간 4시간 이상 : 전액
　　ⓑ 근무시간 4시간 미만 : 1일분의 2분의 1
　㉡ 식비 : 명령권자가 근무시간이 모두 소요되는 1일 출장으로 인정한 경우에는 1일분의 3분의 1 범위 내에서 지급
　㉢ 숙박비 : 편도 50km 이상의 출장 중 출장일수가 2일 이상으로 숙박이 필요할 경우, 증빙자료 제출 시 숙박비 지급
② 제1항에도 불구하고 공단 차량을 이용할 수 없어 개인 소유 차량으로 업무를 수행한 경우에는 일비를 지급하지 않고 이사장이 따로 정하는 바에 따라 교통비를 지급한다.
③ 근무지로부터 100km 이상의 출장은 "별표 1"에 따라 교통비 및 일비는 전액을, 식비는 1일분의 3분의 2 해당액을 지급한다. 다만, 업무 형편상 숙박이 필요하다고 인정할 경우에는 출장기간에 대하여 숙박비, 일비, 식비 전액을 지급할 수 있다.

〈별표 1〉

구분	교통비				일비 (1일)	숙박비 (1박)	식비 (1일)
	철도임	선임	항공임	자동차임			
임원 및 본부장	1등급	1등급	실비	실비	30,000원	실비	45,000원
1, 2급 부서장	1등급	2등급	실비	실비	25,000원	실비	35,000원
2, 3, 4급 부장	1등급	2등급	실비	실비	20,000원	실비	30,000원
4급 이하 팀원	2등급	2등급	실비	실비	20,000원	실비	30,000원

1. 교통비는 실비를 기준으로 하되, 실비 정산은 국토해양부장관 또는 특별시장·광역시장·도지사·특별자치도지사 등이 인허한 요금을 기준으로 한다.
2. 선임 구분표 중 1등급 해당자는 특등, 2등급 해당자는 1등을 적용한다.
3. 철도임 구분표 중 1등급은 고속철도 특실, 2등급은 고속철도 일반실을 적용한다.
4. 임원 및 본부장의 식비가 위 정액을 초과하였을 경우 실비를 지급할 수 있다.
5. 운임 및 숙박비의 할인이 가능한 경우에는 할인 요금으로 지급한다.
6. 자동차임 실비 지급은 연료비와 실제 통행료를 지급한다.
　(연료비)=[여행거리(km)]×(유가)÷(연비)
7. 임원 및 본부장을 제외한 직원의 숙박비는 70,000원을 한도로 실비를 정산할 수 있다.

특징
▶ 대부분 의사소통능력, 수리능력, 문제해결능력을 중심으로 출제(일부 기업의 경우 자원관리능력, 조직이해능력을 출제)
▶ 자료에 대한 추론 및 해석 능력을 요구

대행사
▶ 엑스퍼트컨설팅, 커리어넷, 태드솔루션, 한국행동과학연구소(행과연), 휴노 등

모듈형

│ 대인관계능력

60 다음 자료는 갈등해결을 위한 6단계 프로세스이다. 3단계에 해당하는 대화의 예로 가장 적절한 것은?

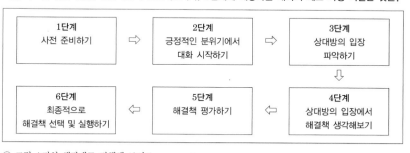

| 1단계 | 2단계 | 3단계 |
| 사전 준비하기 | 긍정적인 분위기에서 대화 시작하기 | 상대방의 입장 파악하기 |

| 6단계 | 5단계 | 4단계 |
| 최종적으로 해결책 선택 및 실행하기 | 해결책 평가하기 | 상대방의 입장에서 해결책 생각해보기 |

① 그럼 A씨의 생각대로 진행해 보시죠.

특징
▶ 이론 및 개념을 활용하여 푸는 유형
▶ 채용 기업 및 직무에 따라 NCS 직업기초능력평가 10개 영역 중 선발하여 출제
▶ 기업의 특성을 고려한 직무 관련 문제를 출제
▶ 주어진 상황에 대한 판단 및 이론 적용을 요구

대행사 ▶ 인트로맨, 휴스테이션, ORP연구소 등

피듈형(PSAT형 + 모듈형)

│ 문제해결능력

60 P회사는 직원 20명에게 나눠 줄 추석 선물 품목을 조사하였다. 다음은 유통업체별 품목 가격과 직원들의 품목 선호도를 나타낸 자료이다. 이를 참고하여 P회사에서 구매하는 물품과 업체를 바르게 연결한 것은?

〈업체별 품목 금액〉

구분		1세트당 가격	혜택
A업체	돼지고기	37,000원	10세트 이상 주문 시 배송 무료
	건어물	25,000원	
B업체	소고기	62,000원	20세트 주문 시 10% 할인
	참치	31,000원	
C업체	스팸	47,000원	50만 원 이상 주문 시 배송 무료
	김	15,000원	

〈구성원 품목 선호도〉

특징
▶ 기초 및 응용 모듈을 구분하여 푸는 유형
▶ 기초인지모듈과 응용업무모듈로 구분하여 출제
▶ PSAT형보다 난도가 낮은 편
▶ 유형이 정형화되어 있고, 유사한 유형의 문제를 세트로 출제

대행사 ▶ 사람인, 스카우트, 인크루트, 커리어케어, 트리피, 한국사회능력개발원 등

주요 공기업 적중 문제

울산항만공사

전년 대비 증가율 계산 》 유형

08 다음은 어느 국가의 알코올 관련 질환 사망자 수에 관한 자료이다. 이에 대한 설명으로 옳은 것은?

〈알코올 관련 질환 사망자 수〉

(단위 : 명)

구분	남성		여성		전체	
	사망자 수	인구 10만 명당 사망자 수	사망자 수	인구 10만 명당 사망자 수	사망자 수	인구 10만 명당 사망자 수
2008년	2,542	10.7	156	0.7	2,698	5.9
2009년	2,870	11.9	199	0.8	3,069	6.3
2010년	3,807	15.8	299	1.2	4,106	8.4
2011년	4,400	18.2	340	1.4	4,740	9.8
2012년	4,674	19.2	374	1.5	5,048	10.2
2013년	4,289	17.6	387	1.6	4,676	9.6
2014년	4,107	16.8	383	1.6	4,490	9.3
2015년	4,305	17.5	396	1.6	4,701	9.5
2016년	4,243	17.1	400	1.6	4,643	9.3
2017년	4,010	16.1	420	1.7	4,430	8.9
2018년	4,111	16.5	424	1.7	( )	9.1
2019년	3,996	15.9	497	2.0	4,493	9.0
2020년	4,075	16.2	474	1.9	( )	9.1
2021년	3,955	15.6	521	2.1	4,476	8.9

부산항만공사

내용 일치 》 유형

02 다음 글의 내용과 일치하지 않는 것은?

프랑스의 과학기술학자인 브루노 라투르는 아파트 단지 등에서 흔히 보이는 과속방지용 둔덕을 통해 기술이 인간에게 어떤 역할을 수행하는지를 흥미롭게 설명한다. 운전자들은 둔덕 앞에서 자연스럽게 속도를 줄인다. 그런데 운전자가 이렇게 하는 이유는 이웃을 생각해서가 아니라, 빠른 속도로 둔덕을 넘었다가는 차에 무리가 가기 때문이다. 즉, 둔덕은 "타인을 위해 과속을 하면 안 된다."라는 사람들이 잘 지키지 않는 도덕적 심성을 "과속을 하면 내 차에 고장이 날 수 있다."라는 사람들이 잘 지키는 이기적 태도로 바꾸는 역할을 한다. 라투르는 과속방지용 둔덕을 "잠자는 경찰"이라고 부르면서, 이것이 교통경찰의 역할을 대신한다고 보았다. 이렇게 라투르는 인간이 했던 역할을 기술이 대신 수행함으로써 우리 사회의 훌륭한 행위자가 된다고 하였다.

라투르는 총기의 예도 즐겨 사용한다. 총기 사용 규제를 주장하는 사람들은 총이 없으면 일어나지 않을 살인 사건이 총 때문에 발생한다고 주장한다. 반면에 총기 사용 규제에 반대하는 사람들은 살인은 사람이 저지르는 것이며, 총은 중립적인 도구일 뿐이라고 주장한다. 라투르는 전자를 기술결정론, 후자를 사회결정론으로 분류하면서 이 두 가지 입장을 모두 비판한다. 그의 주장은 사람이 총을 가짐으로써 사람도 바뀌고 총도 바뀐다는 것이다. 즉, 총과 사람의 합체라는 잡종이 새로운 행위자로 등장하며, 이 잡종 행위자는 이전에 가졌던 목표와는 다른 목표를 가지게 된다. 예를 들어, 원래는 다른 사람에게 겁만 주려 했는데, 총이 손에 쥐어져 있어 살인을 저지르게 되는 식이다.

라투르는 서양의 학문이 자연, 사회, 인간만을 다루어왔다고 강하게 비판한다. 라투르에 따르면 서양의 학문은 기술과 같은 '비인간'을 학문의 대상에서 제외했다. 과학이 자연을 탐구하려면 기술이 바탕이 되는 실험기기에 의존해야 하지만, 과학은 기술을 학문 대상이 아닌 도구로 취급했다. 사회 구성 요소 중에 가장 중요한 것은 기술이지만, 사회 과학자들은 기술에는 관심이 거의 없었다. 철학자들은 인간을 주체와 객체로 나누면서, 기술을 저급하고 수동적인 대상으로만 취급했다. 그 결과 기술과 같은 비인간이 제외된 자연과 사회가 근대성의 핵심이 되었다. 결국 라투르는

인천항만공사

49 다음 중 글의 내용과 일치하지 않는 것은?

식물의 광합성 작용은 빛 에너지를 이용하여 뿌리에서 흡수한 물과 잎의 기공에서 흡수한 이산화탄소로부터 포도당과 같은 유기물과 산소를 만들어 내는 과정이다. 하지만 광합성 작용을 할 때 빛과 이산화탄소가 동시에 필요한 것이 아니다. 물(H_2O)이 엽록체에서 빛 에너지에 의해 수소 이온, 전자와 산소로 분해되어 이 수소 이온과 전자가 식물의 잎에 있는 $NADP^+$와 결합해서 NADPH가 되는데 이와 같은 반응을 명반응이라고 한다. 또한, 식물 세포에서 이산화탄소를 흡수하여 포도당과 같은 탄수화물을 합성하는 열화학 반응을 암반응이라 하는데 이 과정에는 명반응에 의해 만들어진 NADPH가 필요하다.

① 식물의 광합성 작용은 산소를 만들어낸다.
② 광합성 작용을 할 때 빛과 이산화탄소가 동시에 필요하다.
③ 빛이 필요한 반응은 명반응이고, 이산화탄소가 필요한 반응은 암반응이다.
④ NADPH는 명반응에서 만들어진다.

여수광양항만공사

18 1,000mL짜리 우유 하나를 사면 200mL짜리 우유 하나를 공짜로 받고, 500mL짜리 우유 하나를 사면 그다음 500mL 우유 하나를 30% 할인된 금액에 살 수 있다. 1,000mL짜리 우유는 2,000원, 500mL는 1,000원, 200mL는 500원이라고 하면, 5,700원으로 살 수 있는 우유의 최대량은 몇 mL인가?

① 3,100mL
② 3,400mL
③ 4,000mL
④ 4,300mL

TEST CHECK

도로교통공단

65 다음 프로그램에서 최근 작업 문서를 열 때 사용하는 단축키는?

① 〈Alt〉+〈N〉
② 〈Ctrl〉+〈N〉, 〈M〉
③ 〈Alt〉+〈S〉
④ 〈Alt〉+〈F3〉

인천국제공항공사

요금 계산 ▶ 유형

04 A공사에서 워크숍을 위해 강당 대여요금을 알아보고 있다. 강당의 대여요금은 기본요금의 경우 30분까지 동일하며, 그 후에는 1분마다 추가요금이 발생한다. 1시간 대여료는 50,000원, 2시간 대여료는 110,000원일 때, 3시간 동안 대여 시 요금은 얼마인가?

① 170,000원
② 180,000원
③ 190,000원
④ 200,000원
⑤ 210,000원

KAC한국공항공사

경우의 수 ▶ 유형

※ 면접 시험장에 대기 중인 A ~ F는 1번부터 6번까지의 번호를 부여받아 번호 순서대로 면접을 보게 된다. 면접 순서에 대한 〈조건〉이 다음과 같을 때, 이어지는 질문에 답하시오. [10~12]

조건
- 1, 2, 3번은 오전에 4, 5, 6번은 오후에 면접을 보게 된다.
- C, F는 오전에 면접을 본다.
- C 다음에는 A가, A 다음에는 D가 차례로 면접을 본다.
- B는 2번 아니면 6번이다.

10 면접 순서로 가능한 경우의 수는 총 몇 가지인가?

① 1가지
② 2가지
③ 3가지
④ 4가지
⑤ 5가지

코레일 한국철도공사

이산화탄소 ▶ 키워드

13 다음은 온실가스 총 배출량에 대한 자료이다. 이에 대한 설명으로 옳지 않은 것은?

〈온실가스 총 배출량〉

(단위 : CO_2 eq.)

구분		2016년	2017년	2018년	2019년	2020년	2021년	2022년
총 배출량		592.1	596.5	681.8	685.9	695.2	689.1	690.2
	에너지	505.3	512.2	593.4	596.1	605.1	597.7	601.0
	산업공정	50.1	47.2	51.7	52.6	52.8	55.2	52.2
	농업	21.2	21.7	21.2	21.5	21.4	20.8	20.6
	폐기물	15.5	15.4	15.5	15.7	15.9	15.4	16.4
LULUCF		−57.3	−54.5	−48.5	−44.7	−42.7	−42.4	−44.4
순 배출량		534.8	542.0	633.3	641.2	652.5	646.7	645.8
총 배출량 증감률(%)		2.3	0.7	14.3	0.6	1.4	−0.9	0.2

※ CO_2 eq. : 이산화탄소 등가를 뜻하는 단위로, 온실가스 종류별 지구온난화 기여도를 수치로 표현한 지구온난화지수(GWP; Global Warming Potential)를 곱한 이산화탄소 환산량
※ LULUCF(Land Use, Land Use Change, Forestry) : 인간이 토지 이용에 따라 변화하게 되는 온실가스의 증감
※ (순 배출량)=(총 배출량)+(LULUCF)

① 온실가스 순 배출량은 2020년까지 지속해서 증가하다가 2021년부터 감소한다.
② 2022년 농업 온실가스 배출량은 2016년 대비 3%p 이상 감소하였다.
③ 2017 ~ 2022년 중 온실가스 총 배출량이 전년 대비 감소한 해에는 다른 해에 비해 산업공정 온실가스 배출량이 가장 많았다.
④ 2016년 온실가스 순 배출량에서 에너지 온실가스 배출량이 차지하는 비중은 90% 이상이다.
⑤ 2022년 온실가스 총 배출량은 전년 대비 0.2%p 미만으로 증가했다.

도서 200% 활용하기

기출복원문제로 출제 경향 파악

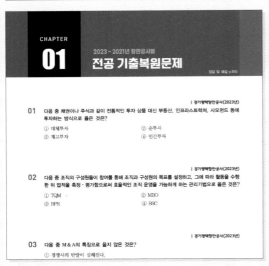
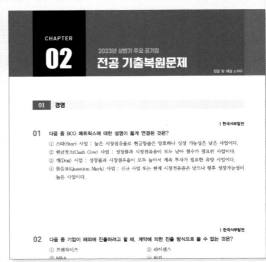

▶ 2023 ~ 2021년 항만공사별 전공 기출문제를 복원하여 항만공사 전공 필기 유형을 파악할 수 있도록 하였다.
▶ 2023년 상반기 주요 공기업 전공 기출문제를 복원하여 공기업별 전공 필기 유형을 파악할 수 있도록 하였다.

핵심이론 + 적중예상문제로 빈틈없는 학습

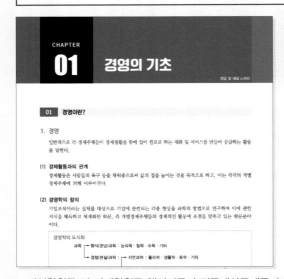
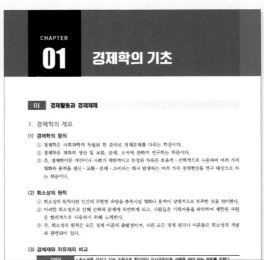

▶ 경영학원론 및 경제학원론 핵심이론과 적중예상문제를 수록하여 필기전형에 완벽히 대비할 수 있도록 하였다.

최종점검 모의고사 + OMR을 활용한 실전 연습

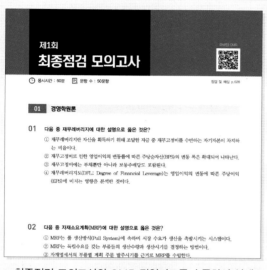

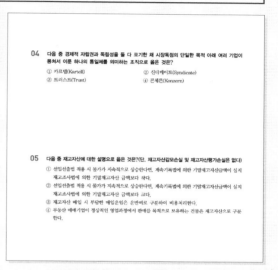

▶ 최종점검 모의고사와 OMR 답안카드를 수록하여 실제로 시험을 보는 것처럼 최종 마무리 연습을 할 수 있도록 하였다.

▶ 모바일 OMR 답안채점 / 성적분석 서비스를 통해 필기전형에 대비할 수 있도록 하였다.

상세한 해설로 정답과 오답을 완벽하게 이해

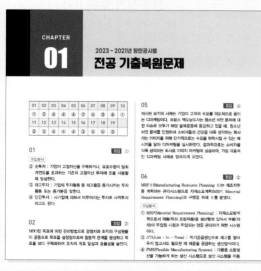

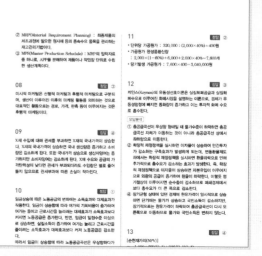

▶ 정답과 오답에 대한 상세한 해설을 수록하여 혼자서도 막힘 없이 학습할 수 있도록 하였다.

이 책의 차례

CONTENTS

Add+

특별부록

┃ 경기평택항만공사(2023년)

01 다음 중 채권이나 주식과 같이 전통적인 투자 상품 대신 부동산, 인프라스트럭처, 사모펀드 등에 투자하는 방식으로 옳은 것은?

① 대체투자

② 순투자

③ 재고투자

④ 민간투자

┃ 경기평택항만공사(2023년)

02 다음 중 조직 구성원들이 참여를 통해 조직과 구성원의 목표를 설정하고, 그에 따라 활동을 수행한 뒤 조직의 업적을 측정·평가함으로써 효율적인 조직 운영을 가능하게 하는 관리기법으로 옳은 것은?

① TQM

② MBO

③ BPR

④ BSC

┃ 경기평택항만공사(2023년)

03 다음 중 M&A의 특징으로 옳지 않은 것은?

① 경쟁사의 심한 반발을 불러일으킨다.

② 경영환경변화에 전략적으로 대응할 수 있다.

③ 분산투자 효과를 얻을 수 있다.

④ 인수 비용이 적게 든다.

┃ 부산항만공사(2022년)

04 다음 중 인적자원관리(HRM)의 직무분석과 직무평가에 대한 설명으로 옳지 않은 것은?

① 직무분석의 목적은 동일노동 동일임금의 원칙을 실현하고 적재적소에 인적자원을 배치하는 것이다.

② 직무분석의 방법으로 면접법, 관찰법, 중요사건법 등이 있다.

③ 직무분석의 결과로 직무기술서와 직무명세서가 만들어진다.

④ 직무평가 방법으로는 서열법, 요소비교법, 질문지법 등이 있다.

05 다음 〈보기〉에서 설명하는 프랑스 맥도날드사의 마케팅 기법으로 옳은 것은?

> **보기**
>
> 2002년 프랑스 맥도날드에서는 어린이들의 방문을 줄이기 위해 "어린이들은 일주일에 한 번만 오세요!"라는 광고 카피를 선보였다. 맥도날드는 시민들에게 '맥도날드는 소비자의 건강을 생각하는 회사'라는 긍정적인 이미지를 심어 주기 위해 이러한 광고를 내보낸 것으로 밝혔다. 결과는 어땠을까. 놀랍게도 성공적이었다. 광고 카피와는 반대로 소비자들의 맥도날드 방문횟수가 더욱 늘어났고, 광고가 반영된 그해 프랑스 맥도날드사는 유럽지사 중 가장 높은 실적을 이루는 놀라운 결과를 얻었다.

① PPL 마케팅(PPL Marketing)
② 노이즈 마케팅(Noise Marketing)
③ 퍼포먼스 마케팅(Performance Marketing)
④ 디마케팅(Demarketing)

06 다음 중 자금, 인력, 시설 등 모든 제조자원을 통합하여 계획 및 통제하는 관리시스템으로 옳은 것은?

① MRP
② MRPⅡ
③ JIT
④ FMS

07 다음 대화의 빈칸에 공통으로 들어갈 단어로 옳은 것은?

> A이사 : 이번에 우리 회사에서도 _____ 시스템을 도입하려고 합니다. _____는 기업 전체의 의사결정권자와 사용자 모두가 실시간으로 정보를 공유할 수 있게 합니다. 또한 제조, 판매, 유통, 인사관리, 회계 등 기업의 전반적인 운영 프로세스를 통합하여 자동화할 수 있지요.
>
> B이사 : 맞습니다. _____ 시스템을 통하여 기업의 자원관리를 보다 효율적으로 할 수 있어서, 조직 전체의 의사결정도 보다 신속하게 할 수 있을 것입니다.

① JIT
② MRP
③ MPS
④ ERP

08 다음 중 마케팅에 대한 내용으로 옳지 않은 것은?

① 마케팅이란 소비자의 필요와 욕구를 충족시키기 위해 시장에서 교환이 일어날 수 있도록 계획하고 실행하는 과정이다.

② 미시적 마케팅이란 기업의 목표를 달성하기 위한 수단으로 수행하는 개별 기업의 마케팅 활동을 의미한다.

③ 선행적 마케팅이란 생산이 이루어지기 전의 마케팅 활동을 의미하는 것으로, 대표적인 활동으로는 경로, 가격, 판촉 등이 해당한다.

④ 거시적 마케팅이란 사회적 입장에서 유통기구와 기능을 분석하는 마케팅 활동을 의미한다.

09 소규모 개방경제에서 국내 생산자들을 보호하고자 X재의 수입에 관세를 부과한다고 할 때, 다음 중 옳은 것은?(단, X재에 대한 국내 수요곡선은 우하향하고 국내 공급곡선은 우상향한다)

① X재의 국내 생산이 감소한다.

② 국내 소비자잉여가 증가한다.

③ 관세부과로 인한 경제적 손실 크기는 X재에 대한 수요와 공급의 가격탄력성과 관계없다.

④ X재에 대한 수요와 공급의 가격탄력성이 낮을수록 관세부과로 인한 자중손실이 작아진다.

10 근로자가 자신의 노동시간을 마음대로 선택할 수 있는 상황이라고 할 때, 다음 중 이때의 임금 상승 시 노동공급에 대한 설명으로 옳지 않은 것을 〈보기〉에서 모두 고르면?(단, 여가는 정상재이다)

> **보기**
> ㄱ. 대체효과가 소득효과보다 크면 노동공급량이 감소한다.
> ㄴ. 임금의 상승은 여가의 기회비용을 상대적으로 높인다.
> ㄷ. 대체효과는 여가의 소비를 줄이고 노동공급량을 증가시킨다.
> ㄹ. 소득효과는 여가의 소비를 늘리고 노동공급량을 감소시킨다.

① ㄱ

② ㄴ

③ ㄱ, ㄴ

④ ㄱ, ㄷ, ㄹ

11 부산항만공사는 선입선출법 하에 종합원가계산을 사용하고 있으며, 가공원가는 공정 전반에 걸쳐 균등하게 발생한다. 당기 생산 관련 자료가 다음과 같고, 기말재공품에 포함된 가공원가가 320,000 원일 때, 당기에 발생한 가공원가로 옳은 것은?

- 기초재공품(완성도 60%) : 2,000단위
- 당기착수량 : 8,000단위
- 당기완성량 : 8,000단위
- 기말재공품(완성도 40%) : 2,000단위

① 2,964,000원   ② 3,040,000원
③ 3,116,000원   ④ 3,192,000원

12 다음 중 거시경제의 총수요와 총공급에 대한 설명으로 옳은 것은?

① 명목임금 경직성하에 물가수준이 하락하면 기업이윤이 줄어들어서 기업들의 재화와 서비스 공급이 감소하므로 단기총공급곡선은 왼쪽으로 이동한다.

② 폐쇄경제에서 확장적 재정정책의 구축효과는 변동환율제도에서의 확정적 재정정책의 구축효과보다 더 크게 나타날 수 있다.

③ 케인스(Keynes)의 유동성선호이론에 의하면 경제가 유동성 함정에 빠지는 경우 추가적 화폐공급이 투자적 화폐 수요로 모두 흡수된다.

④ 장기균형 상태에 있던 경제에서 원유가격이 일시적으로 상승하면 장기적으로 물가는 상승하고 국민소득은 감소한다.

13 A사는 B사와 협업하는 프로젝트에 1,000만 원을 투자하면 2년 동안 1차 년도에는 660만 원, 2차 년도에는 726만 원의 현금수입이 들어오는 것으로 예측하였다. A사가 이 프로젝트에 투자한다고 할 때, 다음 중 프로젝트의 순현재가치(NPV)로 옳은 것은?(단, 시중이자율은 연 10%이다)

① 170만 원   ② 180만 원
③ 190만 원   ④ 200만 원

14 다음 중 테일러의 과학적 관리법(Scientific Management)에 대한 설명으로 옳지 않은 것은?

① 테일러리즘(Taylorism)이라고도 불리며, 20세기 초부터 주목받은 과업수행의 분석과 혼합에 대한 관리 이론이다.

② 이 이론의 목적은 모든 관계자에게 과학적인 경영 활동의 조직적 협력으로 생산성을 높여 관계자들로 하여금 높은 임금을 실현할 수 있다는 인식을 갖게 하는 데 있다.

③ 과학적 관리와 공평한 이익 배분을 통해 생산성과 효율성을 향상하는 것이 기업과 노동자 모두가 성장할 수 있는 길이라는 테일러의 사상은 현대 경영학의 기초가 되었다.

④ 테일러의 과학적 관리법은 전문적인 지식과 역량이 요구되는 일에 적합하며 노동자들의 자율성과 창의성을 고려하며 생산성을 높인다는 장점이 있다.

15 다음 중 매슬로(Maslow)의 욕구체계 이론과 앨더퍼(Alderfer)의 ERG 이론의 차이점으로 옳지 않은 것은?

① 욕구체계 이론은 추구하는 욕구를 얼마나 절실하며 기초적인가에 따라 구분하였지만, ERG 이론은 욕구를 욕구충족을 위한 행동의 추상성에 따라 분류하였다.

② 욕구체계 이론은 가장 우세한 하나의 욕구에 의해 하나의 행동이 유발된다고 보았지만, ERG 이론은 두 가지 이상의 욕구가 복합적으로 작용하여 행동을 유발한다고 보았다.

③ 욕구체계 이론은 만족진행법에 입각하고 있고, ERG 이론은 만족진행법을 인정하지만 상위욕구 불충족 시 하위 욕구로 되돌아온다는 좌절퇴행접근법 또한 인정하고 있다.

④ 욕구체계 이론은 인간의 욕구를 동기부여 요인의 대상으로 삼아 왔지만, ERG 이론은 인간의 욕구를 동기부여 대상으로 생각하지 않으며 다른 다양한 동기부여 요인을 동시에 고려한다.

16 다음 중 용어에 대한 설명이 옳지 않은 것은?

① 주식회사 : 주식회사란 주식을 소유하고 있는 주주가 그 회사의 주인이 되는 형태이다.

② 유한회사 : 유한회사의 주인은 사원으로 이때 사원은 회사의 채무에 대해 출자액의 한도 내에서만 변제책임을 진다.

③ 합자회사 : 무한책임사원으로 이루어지는 회사로서 무한책임사원이 경영하고 사업으로부터 생기는 이익의 분배에 참여하는 회사이다.

④ 합명회사 : 가족 또는 친척이나 친구와 같이 극히 친밀한 사람들이 공동으로 사업을 하기에 적합한 회사이다.

17 다음 중 복수 브랜드 전략(Multi Brand Strategy)에 대한 설명으로 옳지 않은 것은?

① 동일한 제품 범주에서 경쟁하는 다수의 브랜드를 출시하는 전략이다.

② 제품에 대한 충성도를 이끌어 낼 수 있다.

③ 동일한 제품 범주에서 시장을 세분화하여 운영한다.

④ 공통점을 가진 몇 개의 제품집단으로 회사의 제품믹스를 나누어 집단마다 공통요소가 있는 개별의 상표를 적용한다.

18 인천항만공사는 해당 연도 1분기에 B사와 협업하는 단기프로젝트에 1,000만 원을 투자했다. 2, 3분기에 600만 원씩 현금수입이 들어온다고 할 때, 다음 중 이 프로젝트의 순현재가치(NPV)로 옳은 것은?(단, 시중이자율은 10%이다)

① 30만 원

② 35만 원

③ 39만 원

④ 41만 원

19 이 그래프는 소득 불평등 정도를 나타내는 그래프로, 산업화 과정에 있는 국가의 소득 불평등 정도가 처음에는 증가하지만 산업화가 일정 수준을 지나면서 감소함에 따라 이 그래프가 역U자형 형태를 보이는 것으로 알려졌다. 하지만 최근 『21세기 자본』의 저자 토마 피케티나 『왜 우리는 불평등해졌는가』의 저자 브랑코 밀라노비치 뉴욕시립대 교수가 이러한 주장을 비판하면서 이슈가 됐다. 다음 중 이 그래프로 옳은 것은?

① 로렌츠 곡선

② 필립스 곡선

③ 쿠즈네츠 곡선

④ 굴절수요 곡선

01 경영

| 한국서부발전

01 다음 중 BCG 매트릭스에 대한 설명으로 옳은 것은?

① 스타(Star) 사업 : 높은 시장점유율로 현금창출은 양호하나 성장 가능성은 낮은 사업이다.

② 현금젖소(Cash Cow) 사업 : 성장률과 시장점유율이 모두 낮아 철수가 필요한 사업이다.

③ 개(Dog) 사업 : 성장률과 시장점유율이 모두 높아서 계속 투자가 필요한 유망 사업이다.

④ 물음표(Question Mark) 사업 : 신규 사업 또는 현재 시장점유율은 낮으나 향후 성장가능성이 높은 사업이다.

| 한국서부발전

02 다음 중 기업의 계약에 의한 해외 진출 방식으로 옳지 않은 것은?

① 프랜차이즈   ② 라이센스

③ M&A   ④ 턴키

| 한국서부발전

03 다음 중 인지부조화에 따른 행동 사례로 옳지 않은 것은?

① A는 흡연자지만 동료가 담배를 피울 때마다 담배를 끊을 것을 권유한다.

② B는 다이어트를 결심하고 저녁을 먹지 않을 것이라 했지만 저녁 대신 빵을 먹었다.

③ C는 E정당의 정책방향을 지지하지만 선거에서는 F정당의 후보에게 투표하였다.

④ D는 중간고사 시험을 망쳤지만 시험 난이도가 너무 어려워 당연한 결과라고 생각하였다.

04 다음 중 테일러의 과학적 관리법의 특징에 대한 설명으로 옳지 않은 것은?

① 작업능률을 최대로 높이기 위하여 노동의 표준량을 정한다.
② 작업에 사용하는 도구 등을 개별 용도에 따라 다양하게 제작하여 성과를 높인다.
③ 작업량에 따라 임금을 차등하여 지급한다.
④ 관리에 대한 전문화를 통해 노동자의 태업을 사전에 방지한다.

05 다음 중 EOQ의 가정에 대한 설명으로 옳은 것을 〈보기〉에서 모두 고르면?

> **보기**
>
> ㉠ 해당 품목에 대한 단위 기간 중 수요는 정확하게 예측할 수 있다.
> ㉡ 주문량은 주문 순서대로 입고된다.
> ㉢ 재고 부족 현상이 발생하지 않는다.
> ㉣ 대량구매 시 일정 부분 할인을 적용한다.

① ㉠, ㉡　　　　　　　　　　　　　　② ㉠, ㉢
③ ㉡, ㉢　　　　　　　　　　　　　　④ ㉡, ㉣
⑤ ㉢, ㉣

06 다음 중 광고와 PR의 차이점을 비교한 내용으로 옳지 않은 것은?

구분	광고	PR
① 기능적 측면	마케팅	경영
② 커뮤니케이션	단방향	양방향
③ 전달 목적	이익 창출	이해 창출
④ 주요 수단	TV, 라디오, 잡지 등	이벤트, 뉴스 간담회 등
⑤ 목표 기간	장기적	단기적

07 다음 중 고전적 경영이론에 대한 설명으로 옳지 않은 것은?

① 고전적 경영이론은 인간의 행동이 합리적이고 경제적인 동기에 의해 이루어진다고 가정한다.

② 차별 성과급제, 기능식 직장제도는 테일러의 과학적 관리법을 기본이론으로 한다.

③ 포드의 컨베이어 벨트 시스템은 표준화를 통한 대량생산방식을 설명한다.

④ 베버는 조직을 합리적이고 법적인 권한으로 운영하는 관료제 조직이 가장 합리적이라고 주장한다.

⑤ 페이욜은 기업활동을 기술활동, 영업활동, 재무활동, 회계활동 4가지 분야로 구분하였다.

08 다음 중 JIT 시스템의 장점으로 옳지 않은 것을 〈보기〉에서 모두 고르면?

> **보기**
> ㉠ 현장 낭비 제거를 통한 생산성 향상
> ㉡ 다기능공 활용을 통한 작업자 노동부담 경감
> ㉢ 소 LOT 생산을 통한 재고율 감소
> ㉣ 단일 생산을 통한 설비 이용률 향상

① ㉠, ㉡   ② ㉠, ㉢

③ ㉡, ㉢   ④ ㉡, ㉣

⑤ ㉢, ㉣

09 다음 중 광고의 소구 방법에 대한 설명으로 옳지 않은 것은?

① 감성적 소구는 브랜드에 대한 긍정적 느낌 유발 등 브랜드 이미지 향상을 목표로 하는 방법이다.

② 감성적 소구는 논리적인 자료 제시를 통해 높은 제품 이해도를 이끌어 낼 수 있다.

③ 유머소구, 공포소구 등이 감성적 소구 방법에 해당한다.

④ 이성적 소구는 정보제공형 광고에 사용하는 방법이다.

⑤ 이성적 소구는 구매 시 위험이 따르는 내구재나 신제품 등에 많이 활용된다.

10 다음 중 마이클 포터의 가치사슬에 대한 설명으로 옳지 않은 것은?

① 가치사슬은 거시경제학을 기반으로 하는 분석 도구이다.

② 기업의 수행활동을 제품설계, 생산, 마케팅, 유통 등의 개별적 활동으로 나누어 분석한다.

③ 구매, 제조, 물류, 판매 등을 기업의 본원적 활동으로 정의한다.

④ 기술개발, 조달활동 등을 기업의 지원적 활동으로 정의한다.

⑤ 가치사슬에서 말하는 이윤은 전체 수입에서 가치창출을 위해 발생한 모든 비용을 제외한 값이다.

11 다음 중 주식회사의 특징으로 옳지 않은 것은?

① 구성원인 주주와 별개의 법인격이 부여된다.

② 주주는 회사에 대한 주식의 인수가액을 한도로 출자의무를 부담한다.

③ 주주는 자신이 보유한 지분을 자유롭게 양도할 수 있다.

④ 설립 시 발기인은 최소 2인 이상을 필요로 한다.

⑤ 소유와 경영을 분리하여 이사회로 경영권을 위임한다.

12 다음 중 직무급에 대한 설명으로 옳지 않은 것은?

① 직무에 따라 급여율을 결정하는 임금제도로 동일노동에 대한 동일임금의 관점을 가진다.

② 직무내용이 정형화되어 직무수행의 유연성이 떨어질 수 있다.

③ 직무급은 임금수준의 설정에 주관적인 의사가 개입될 수 있다.

④ 인력의 적정배치 등이 어려워 노조의 반발 등에 직면할 수 있다.

⑤ 학별, 성별, 근속연수, 연령에 따라 대우를 해 주는 연공서열제와 반대되는 개념이다.

13 다음 중 기능식 조직과 사업부 조직을 비교한 내용으로 옳지 않은 것은?

① 기능식 조직은 공통기능을 중심으로 기능별로 부서화 된 조직을 말하며, 사업부 조직은 산출물을 기준으로 부서화된 조직을 말한다.

② 기능식 조직은 규모의 경제 효과를 얻을 수 있으나, 사업부 조직은 규모의 경제 효과를 상실할 수 있다.

③ 기능식 조직은 기능별 기술개발을 통한 전문화가 유리하나, 사업부 조직은 기능이 분산되어 전문화가 어렵다.

④ 기능식 조직은 환경변화에 신속하게 적용할 수 있으나, 사업부 조직은 환경변화에 신속하게 적용하기 어렵다.

⑤ 기능식 조직은 최고경영자 양성에 불리하나, 사업부 조직은 최고경영자 양성에 유리하다.

14 다음 중 정가가 10,000원인 제품을 9,900원에 판매하는 가격전략으로 옳은 것은?

① 명성가격　　　　　　　　　　② 준거가격
③ 단수가격　　　　　　　　　　④ 관습가격
⑤ 유인가격

15 다음 중 직무분석의 목적으로 옳지 않은 것은?

① 업무환경 개선을 위한 정보 제공　　② 조직의 합리화
③ 부서배치, 승진 등 기준 마련　　　　④ 호봉제 도입

16 다음은 K기업의 재무회계 자료이다. 이를 참고하여 계산한 K기업의 기초부채로 옳은 것은?

* 기초자산 : 100억 원
* 기말자본 : 65억 원
* 총수익 : 35억 원
* 총비용 : 20억 원

① 35억 원　　　　　　　　　　② 40억 원
③ 50억 원　　　　　　　　　　④ 60억 원

17 다음 중 ERG 이론에 대한 설명으로 옳지 않은 것은?

① 매슬로의 욕구 5단계설을 발전시켜 주장한 이론이다.

② 인간의 욕구를 중요도 순으로 계층화하여 정의하였다.

③ 인간의 욕구를 존재욕구, 관계욕구, 성장욕구의 3단계로 나누었다.

④ 상위에 있는 욕구를 충족시키지 못하면 하위에 있는 욕구는 더욱 크게 감소한다.

18 다음 중 직무명세서를 통해 확인할 수 있는 정보로 옳지 않은 것은?

① 학력, 전공   ② 경험, 경력

③ 능력, 성적   ④ 업무, 직급

19 다음 중 직무관리의 절차를 순서대로 바르게 나열한 것은?

① 직무설계 → 직무분석 → 직무기술서 / 직무명세서 → 직무평가

② 직무설계 → 직무기술서 / 직무명세서 → 직무분석 → 직무평가

③ 직무분석 → 직무기술서 / 직무명세서 → 직무평가 → 직무설계

④ 직무분석 → 직무평가 → 직무기술서 / 직무명세서 → 직무설계

20 다음 중 기업이 사업 다각화를 추진하는 목적으로 옳지 않은 것은?

① 기업의 지속적인 성장 추구   ② 사업위험 분산

③ 유휴자원의 활용   ④ 기업의 수익성 강화

| 한국서부발전

01 다음 중 다이내믹 프라이싱에 대한 설명으로 옳지 않은 것은?

① 동일한 제품과 서비스에 대한 가격을 시장 상황에 따라 변화시켜 적용하는 전략이다.

② 호텔, 항공 등의 가격을 성수기 때 인상하고, 비수기 때 인하하는 것이 대표적인 예이다.

③ 기업 입장에서 소비자별 맞춤형 가격을 통해 수익을 극대화할 수 있다.

④ 소비자 후생이 증가해 소비자의 만족도가 높아진다.

| 한국서부발전

02 다음 중 빅맥 지수에 대한 설명으로 옳은 것을 〈보기〉에서 모두 고르면?

> **보기**
>
> ㉠ 빅맥 지수를 최초로 고안한 나라는 미국이다.
> ㉡ 각 나라의 물가수준을 비교하기 위해 고안된 지수로 구매력 평가설을 근거로 한다.
> ㉢ 맥도날드 빅맥 가격을 기준으로 한 이유는 전 세계에서 가장 동질적으로 판매되고 있는 상품이기 때문이다.
> ㉣ 빅맥 지수를 구할 때 빅맥 가격은 제품 가격과 서비스 가격의 합으로 계산한다.

① ㉠, ㉡   ② ㉠, ㉢

③ ㉡, ㉢   ④ ㉡, ㉣

| 한국서부발전

03 다음은 A국과 B국이 노트북 1대와 TV 1대를 생산하는 데 필요한 작업 시간을 나타낸 것이다. A국과 B국의 비교우위에 대한 설명으로 옳은 것은?

구분	노트북	TV
A국	6시간	8시간
B국	10시간	8시간

① A국이 노트북, TV 생산 모두 비교우위에 있다.

② B국이 노트북, TV 생산 모두 비교우위에 있다.

③ A국은 노트북 생산, B국은 TV 생산에 비교우위가 있다.

④ A국은 TV 생산, B국은 노트북 생산에 비교우위가 있다.

04 다음 중 확장적 통화정책이 미치는 영향으로 옳은 것은?

① 건강보험료가 인상되어 정부의 세금 수입이 늘어난다.
② 이자율이 하락하고, 소비 및 투자가 감소한다.
③ 이자율이 상승하고, 환율이 하락한다.
④ 은행이 채무불이행 위험을 줄이기 위해 더 높은 이자율과 담보 비율을 요구한다.

05 다음 중 실업률 계산식으로 옳은 것은?

① [(실업자 수)+(불완전취업자 수)+(취업준비생 수)+(구직단념자 수)]÷(경제활동인구)×100
② (취업자 수)÷(노동가능인구)×100
③ (경제활동인구)÷(생산가능인구)×100
④ (실업자 수)÷(경제활동인구)×100

06 다음 중 노동의 수요공급곡선에 대한 설명으로 옳지 않은 것은?

① 노동수요는 파생수요라는 점에서 재화시장의 수요와 차이가 있다.
② 상품가격이 상승하면 노동 수요곡선은 오른쪽으로 이동한다.
③ 토지, 설비 등이 부족하면 노동 수요곡선은 오른쪽으로 이동한다.
④ 노동에 대한 인식이 긍정적으로 변화하면 노동 공급곡선은 오른쪽으로 이동한다.

07 다음 〈보기〉의 내용을 참고할 때, S가 할 수 있는 최선의 선택으로 옳은 것은?

> **보기**
>
> • S는 퇴근 후 운동을 할 계획으로 헬스, 수영, 자전거, 달리기 중 하나를 고르려고 한다.
> • 각 운동이 주는 만족도(이득)는 헬스 5만 원, 수영 7만 원, 자전거 8만 원, 달리기 4만 원이다.
> • 각 운동에 소요되는 비용은 헬스 3만 원, 수영 2만 원, 자전거 5만 원, 달리기 3만 원이다.

① 헬스   ② 수영
③ 자전거   ④ 달리기

배우기만 하고 생각하지 않으면 얻는 것이 없고, 생각만 하고 배우지 않으면 위태롭다.

-공자-

PART 1

경영학원론

01 **경영이란?**

1. 경영

일반적으로 각 경제주체들이 경제생활을 함에 있어 필요로 하는 재화 및 서비스를 만들어 공급하는 활동을 말한다.

(1) 경제활동과의 관계

경제활동은 사람들의 욕구 등을 채워 줌으로써 삶의 질을 높이는 것을 목적으로 하고, 이는 개별경제주체들에 의해 이루어진다.

(2) 경영학의 정의

기업조직이라는 실체를 대상으로 기업에 관련되는 각종 현상을 과학적 방법으로 연구하여 이에 관한 지식을 체득하고 체계화한 학문을 말한다. 즉, 개별경제주체들의 경제적인 활동에 초점을 맞추고 있는 학문분야이다.

경영학의 도식화

과학 ┬→ 형식(관념)과학 : 논리학 · 철학 · 수학 · 기타

    └→ 경험(현실)과학 : ┬→ 자연과학 : 물리학 · 생물학 · 화학 · 기타

                      └→ 사회과학 : 정치학 · 사회학 · 기타 · 경제과학 ┬→ 경제학

                                                                                  └→ 경영학

---

2. 경영의 분류 : 인사관리, 생산관리, 경영정보시스템, 마케팅, 회계, 재무 등

1. 연구대상 : 개별경제주체들의 경제적 활동

(1) 개별경제 : 국민경제에 상응하는 개념이자 국민경제를 구성하는 단위

(2) 개별경제의 형태

구분	내용	사례
기업경영	각 사업체로서의 영리적인 단위 경제	기업, 공장, 회사, 상점
재정경영	국가, 지방자치제의 단위 경제	세무서, 중앙청, 법원
가정경영	가정이 중심이 되는 단위 경제	가계
기타경영	기업, 재정, 가정을 제외한 기타 개별 경제	교회, 학교

(3) 주대상

오늘의 경제활동은 주로 기업경영에 의해 지탱되고 있는 자본주의 경제체제하에 있으므로 기업경영이 주된 관심사가 되고 있다.

2. 지도원리 : 수익성, 생산성, 조직균형

1. 경영학의 특성

(1) 이론경영학과 실천경영학

① 이론경영학

㉠ 이론을 추구하는 이론적 경영학을 말한다.

㉡ 경영의 경험적 사실을 분석해서 경영의 새로운 법칙을 추구하고 발견하여 구축해 나가는 것을 사명으로 한다.

② 실천경영학

㉠ 인간의 행동에 있어서의 실천 및 지침을 연구하는 경영학을 말한다.

㉡ 경영목적을 실천적으로 달성할 수 있는 여러 경영기술 또는 관리방법을 모색하는 것을 사명으로 한다.

(2) 과학론과 기술론

① 과학론 : 고유의 연구대상을 지녔다는 점에서 과학으로 본다.

② 기술론 : 실천적 이론과학의 성격상 기술적 측면에 많은 관심을 지니고 있다.

(3) 실증경영학과 규범경영학

① 실증경영학

㉠ 현실사회에 존재하는 경영원리의 해명을 목적으로 하는 실증이론

㉡ 사실 그대로 기술하고 분석한 결과를 얻는 일련의 체계적인 지식

㉢ 특정의 윤리적·규범적 판단과는 상관없이, 경영현상에 의해 발생하는 변화가 가져오는 결과를 정확히 예측하려고 할 때 필요한 일반적인 원리를 도출하는 것

② 규범경영학

㉠ 어떤 경영현상이나 경영정책의 결과가 바람직한지 그렇지 않은지에 대한 문제를 다루는 것

㉡ 여러 경영현상을 비교해서 어느 것이 사회적 견지에서 바람직한지를 평가하는 판단기준 설정에 관한 이론

2. 경영학 연구방법

(1) 일반적 연구방법 : 귀납법, 연역법, 역사적 방법

(2) 특수한 연구방법 : 통계적 방법, 실험적 방법, 사례적 방법, 모형적 방법

CHAPTER 02 경영의 발달

1. 고전학파

(1) 테일러의 과학적 관리론

① 개요 : 시간연구 및 동작연구, 작업연구를 통해 하루의 표준 작업량을 설정하여 할당된 과업을 초과 달성한 근로자에게는 높은 임금률을 적용하고, 그렇지 못한 근로자에게는 낮은 임금률을 적용하는 차별적 성과급 제도를 도입하여 노동의 분업에 입각한 직무전문화를 통해 효율성을 추구한다.

② 주요 내용 : 시간 및 동작연구, 차별적 성과급제도, 종업원 선발 및 교육, 직능식제도와 직장제도

(2) 포드 시스템

① 개요 : 유동작업을 기반으로 하는 새로운 생산관리 방식으로 포드는 자동차 공장에 컨베이어 시스템을 도입함으로써 대량생산을 통한 원가절감에 성공하였다.

② 포드의 3S : 부품의 표준화(Standardization), 제품의 단순화(Simplification), 작업의 전문화(Specialization)

③ 테일러와 포드 시스템의 비교

테일러 시스템	포드 시스템
• 시간과 동작연구를 통한 과업관리 • 차별성과급 도입 : 객관적이고 과학적인 방법을 사용한 임금률 • 과학적 관리 방법을 도입한 표준화 • 작업의 과학화와 개별생산관리 • 인간노동의 기계화시대	• 동시관리 : 작업조직의 철저한 합리화에 의해 작업의 동시적 진행을 기계적으로 실현하고 관리를 자동적으로 전개 • 컨베이어 시스템, 대량생산 • 공장 전체로 확대 • 인간에게 기계의 보조역할 요구

(3) 페이욜의 관리 5요소 및 관리원칙

① 페이욜의 관리 5요소 : 계획, 조직, 명령, 조정, 통제

② 페이욜의 경영의 6가지 기능 : 기술적 활동, 재무적 활동, 상업적 활동, 회계적 활동, 보전적 활동, 관리적 활동

③ 페이욜의 관리일반원칙 14가지 : 분업, 권한과 책임, 규율, 명령의 일원화, 지휘의 일원화, 전체의 이익을 위한 개인의 복종, 보수, 집권화, 계층의 연쇄, 질서, 공정성, 직장의 안정성, 주도권, 단결심

(4) 막스 베버

① 개요
- ㉠ 베버의 관료제 이론은 권한구조에 대한 이론에 기반을 두고 있다.
- ㉡ 막스 베버는 권한의 유형을 카리스마적 권한, 전통적 권한, 합리적·법적 권한으로 구분하고, 이 중 합리적·법적 권한에 기반한 관료제 모형이 근대사회의 대규모 조직을 설명하는 데 가장 적절하다고 보았다.

② 막스 베버 관료제의 특징
- ㉠ 안정적이면서 명확한 권한계층
- ㉡ 태도 및 대인관계의 비개인성
- ㉢ 과업전문화에 기반한 체계적인 노동의 분화
- ㉣ 표준화된 운용절차의 일관된 시스템 및 규제
- ㉤ 생산수단의 소유자가 아닌 관리자
- ㉥ 문서로 된 규칙, 의사결정, 광범위한 파일
- ㉦ 기술적인 능력에 의한 승진을 기반으로 하는 평생의 경력관리

2. 인간관계학파

(1) 메이요의 인간관계론

① 개요
- ㉠ 호손실험 : 1차(조명도 실험), 2차(계전기 조립 실험), 3차(면접 실험), 4차(배전기권선작업 실험)
- ㉡ 민주적 리더십을 강조
- ㉢ 비공식 조직을 강조
- ㉣ 기업조직은 경제적·기술적·사회적인 시스템
- ㉤ 조직의 성과로 연결되는 종업원 만족의 증가
- ㉥ 인간의 사회적·심리적 조건 등을 중요시
- ㉦ 의사소통 경로개발과 참여 중요시

② 호손실험의 영향
- ㉠ 이 실험으로 인해 인간에 대한 관심을 높이는 계기가 되었다.
- ㉡ 인간의 감정, 배경, 욕구, 태도, 사회적 관계 등이 효과적인 경영에 상당히 중요함을 인지하게 되었다.
- ㉢ 구성원들 상호 간 관계에서 이루어지는 사회적인 관계가 비공식 조직을 만들고, 이는 공식조직만큼이나 생산성에 영향을 미친다는 사실을 인지하게 되었다.

(2) 뢰슬리스버거의 사회체계론

① 개요
- ㉠ 기업을 기술적 조직과 인간적 조직으로 나누고, 인간적 조직은 개인적 조직과 사회적 조직으로 구분하였으며, 사회적 조직 내 공식 조직과 비공식 조직이 존재한다고 보았다.
- ㉡ 비공식 조직에서는 감정의 논리가, 공식 조직에서는 비용·능률의 논리가 적용되어야 함을 주장하였다.

② 뢰슬리스버거의 인간행동의 3가지 측면
　　㉠ 논리적 행동 : 객관적인 지식에 의한 논리적인 이해에 따르는 행동
　　㉡ 비논리적 행동 : 환경에 의해 좌우되는 사회적 감정에 따르는 행동
　　㉢ 비합리적 행동 : 비합리적 행동이 사회적 감정에 따르는 행동

3. 조직론의 발전

(1) 버나드의 이론

① 개요
　　㉠ 저서 『경영자의 기능』에서 기업조직을 협동체계로 파악하였다.
　　㉡ 대외적·전체적·동태적 관점에서 새롭게 접근하여 비교적 균형 잡힌 이론을 제시하였다.
　　㉢ 기업조직에는 협동시스템으로서의 공헌의욕, 공통목적, 의사소통이 중요하다고 보았다.
　　㉣ 결합된 협동노력에는 개인적 의사결정과 조직적 의사결정이 있으며, 이 두 가지가 균형을 이루어
　　　 야 한다고 보았다.
② 버나드의 조직이론체계(조직의 존속요건)
　　㉠ 공헌의욕 : 조직 활동에 공헌하고자 하는 구성원들의 의욕으로, 구성원 개개인들이 느끼는 만족
　　　 및 불만의 결과를 말한다.
　　㉡ 공통목적 : 협동하고자 하는 공통의 목적을 말한다. 여러 힘을 결합하고 공헌의욕을 발휘시키기
　　　 위해서는 기업조직에 공통의 목적이 있어야 한다.
　　㉢ 의사소통 : 기업조직의 각 구성원이 공통의 목적을 인지할 수 있게 하는 소통 과정을 말한다.
　　　 공헌의욕이 고취되고 공통목적을 이루려면 의사소통이 필요하다.
③ 버나드의 의사결정체계
　　㉠ 개인적 의사결정 : 개인이 기업조직에 기여할 것인가의 여부, 즉 기업조직에 공헌하는 사람이
　　　 될 것인지 말 것인지에 관한 의사결정
　　㉡ 조직적 의사결정 : 기업조직의 목적과 관련되는 직위를 기반으로 한 비개인적인 의사결정

(2) 사이먼의 이론

① 개요
　　㉠ 사이먼은 『관리행동』에서 조직 내 전문화, 커뮤니케이션, 의사결정 등에 중점을 두고 논의를 전
　　　 개하였다.
　　㉡ 기업조직은 경제학에서 가정하고 있는 객관적 또는 초합리적인 의사결정을 할 수 없고, 현실적인
　　　 제약 아래 제한된 의사결정을 하게 된다.
② 현실적으로 합리성이 달성될 수 없는 이유
　　㉠ 객관적인 합리성의 경우 가능한 한 전체 대안의 열거를 요구하지만, 현실적으로는 그중에서 일부
　　　 만 열거할 수 있다.
　　㉡ 객관적인 합리성은 전체 대안의 결과에 대한 완전한 지식을 요구하나, 현실적으로 우리의 지식은
　　　 언제나 단편적이고 불완전하다.
　　㉢ 어떠한 결과에 대한 지식이 완전하더라도 우리는 동시에 그 모두를 완전한 형태로 평가할 수
　　　 없다.

(3) 사이어트와 마치의 이론

① 개요

　㉠ 사이어트와 마치는 사이먼과 함께 의사결정학파의 대표적 연구자이며, 고전경제학이론과 근대조직이론을 통합하였다.

　㉡ 이들은 저서 『기업의 행동이론』에서 경제학과 조직이론의 관점에서 기업의 경제적 의사결정이 현실적으로 어떻게 이루어지고 있는가를 설명하였다.

　㉢ 새로운 기업이론을 구축하기 위해서는 조직의 목표형성, 조직의 기대형성, 조직에 의한 수단선택과 관련되는 3가지 하위이론이 필요하다고 보았다.

② 3가지 하위이론

　㉠ 조직목표이론 : 기업조직에서 어떻게 목표가 설정되고, 그것이 시간의 흐름에 따라 어떻게 변화되며 기업조직이 그 목표에 얼마만큼 주목하는지를 고찰한다.

　㉡ 조직기대이론 : 기업조직이 새로운 대안 및 정보 등을 언제 어떻게 탐색하는지, 정보 등이 어떠한 방식으로 처리되는지 등을 다룬다.

　㉢ 조직선택이론 : 기업조직이 활용 가능한 대안들에 대해 서열을 매겨 그중 하나를 선택하게 하는 과정을 다룬다.

4. 경영학 이론의 통합화 시도

		조직에 대한 관점				
인간에 대한 관점		폐쇄적		개방적		사전규정에 의해
	합리적	1900 ~ 1930 (테일러, 베버, 페이욜)	고전	상황이론 적합	1960 ~ 1970 (챈들러, 로렌스와 로시, 톰슨)	사전규정에 의해
			제1상한	제3상한		
	사회적	1930 ~ 1960 (메이요, 맥그리거, 셀즈닉)	제2상한	제4상한	1970 ~ (웨이크, 마치)	분위기에 의해
			인간관계론	–		

(1) 폐쇄 – 합리적 조직이론(1900 ~ 1930년)

① 조직을 외부환경과 관계없는 폐쇄체계로 파악하고, 인간 역시 합리적으로 사고하며 행동하는 것으로 파악한다.

② 테일러, 베버, 페이욜, 귤릭, 어윅 등이 대표적 학자(제1상한)이다.

③ 오늘날의 인간공학 및 산업공학을 중심으로 한 경영과학의 학문영역을 구축하고 있다.

(2) 폐쇄 – 사회적 조직이론(1930 ~ 1960년)

① 조직을 외부환경과 관계없는 폐쇄체계로 파악하였지만, 조직 구성원들의 인간적인 측면을 수용하고 있는 관점이다.

② 메이요, 뢰슬리스버거, 딕슨, 맥그리거, 셀즈닉 등이 대표적 학자(제2상한)이다.

③ 종업원들의 업무태도, 작업집단 내 인간관계, 노조, 리더십, 커뮤니케이션 등에 관심을 두고 조직 구성원들의 사기를 생산성과 연결한다.

④ 외부환경 문제에는 소홀하였고, 기업조직의 인간적·사회적 측면만을 지나치게 강조하였다는 비판을 받고 있다.

(3) 개방 – 합리적 조직이론(1960 ~ 1970년)

① 조직을 외부환경에 대해서 개방체계로 파악하였지만, 조직 구성원들에 대해서는 다시 합리적 전제로 돌아갔다.

② 번스와 스토커, 챈들러, 우드워드, 로렌스와 로시, 톰슨 등이 대표적 학자(제3상한)이다.

③ 이론에 환경을 반영하여 기업을 외적인 힘에 의해 형성되는 것으로 보았다.

④ 유기체의 생존 원천에 대한 관점을 조직 내에서 외부환경으로 옮겼다.

⑤ 현재는 관료제적 사고의 틀을 벗어날 수 있는 조직과 관리의 이론으로 타 환경의 요구에 대응할 수 있는 방안을 제시해 주는 상황적합이론의 관점으로 정리되어 조직개발 실행에 활용되고 있다.

(4) 개방 – 사회적 조직이론(1970년대 이후)

① 조직을 환경에 대해서 개방체계를 파악하고, 구성원들이 지닌 비합리성·비공식성 등을 수용하였다.

② 웨이크, 힉슨, 마치와 올슨, 페퍼와 샐런시크 등이 대표적 학자(제4상한)이다.

③ 생존을 중요시하는 기업조직의 비합리성·비공식성에 초점을 맞춰 기업조직의 비합리적인 동기적 측면을 중점적으로 다루고 있다.

④ 기업조직의 목적 및 수단 등을 분류하지 못하는 비합리성을 반영한다.

---

02 독일의 경영학사

1. 경영경제학으로서의 독일 경영학의 발달

(1) 경영경제학의 형성시대

① 19C 말을 전후로 독일 경제가 약 10년 동안 급속한 발전을 보임에 따라 상업경영적 측면과 공업경영적 측면에서 이론과 실제의 차이가 발생하였고, 이에 새로운 이론적 기반이 필요해졌다.

② 곰베르크는 개별경제학을 상업경영학과 공업경영학으로 분류하였다.

③ 개별경제학은 이후 경제적 경영학, 사경제학, 경영과학 등 여러 명칭으로 불리다가 1902년 이후 독일 경영학의 정식 명칭인 '경영경제학'으로 정착되었다.

2. 경영경제학의 발전

(1) 1차 논쟁

① 1912년 바이어만과 쇠니츠의 『과학적 사경제학의 기초와 체계』에서 발단이 된 것으로 슈말렌바흐와의 논쟁을 말한다.

② 주요 이슈는 '경영학이 이론과학인가, 실천과학인가'의 문제였으며, 바이어만과 쇠니츠는 경제학에 근거를 두고 있는 학자들로서 이론과학을 주장한데 반해 슈말렌바흐는 이전 상업학의 회계, 계산제도에 관심을 두고 있었으므로 응용과학이자 기술론임을 주장하였다.

(2) 2차 논쟁

① 리거가 1928년에 그의 저서 『사경제학 입문』에서 경영학은 순수과학이어야 함을 강조한 것으로부터 발단하였다.

② 기술론을 주장하는 슈말렌바흐를 선두로 한 쾰른학파와의 논쟁이다.

③ 1, 2차 논쟁으로 기술론적 경향이 우세해졌다.

(3) 3차 논쟁

① 1952년 구텐베르크의 『경영경제학원리 제1권 - 생산론』이 발표되면서 시작된 것으로, 구텐베르크는 이론적 경제학, 이론과학적 경영경제학을 주장하였으며, 멜레로비츠를 비롯한 많은 학자들이 응용과학적 경영경제학을 주장하였다.

② **결과** : 구텐베르크를 추종하는 학자들이 더 많아서 이론적 경영경제학이 우세한 것으로 결론지었다.

③ 3차 논쟁은 논쟁의 영역이 훨씬 넓어져서 경영경제학(경영학)과 국민경제학(경제학)의 이론적인 통합의 문제, 경영경제학에서의 수학적 기법의 도입 문제나 생산·판매·인사·조직론 등 경영학의 핵심 분야를 포괄하고 있다는 것이 특징이다.

(4) 4차 논쟁

① **배경** : 독일경제의 침체, 실업자의 증대, 석유쇼크, 경쟁질서 후퇴, 기업집중·독점현상, 미국 경영학의 현실의 설명능력에 대한 관심 고조 등이 있다.

② 구텐베르크를 중심으로 하는 이론적 경영경제학에 대한 비판입장으로 하이넨, 슈미츠, 키르슈 등을 중심으로 비판합리주의적 경영경제학이 대두, 이외 니클리슈를 추종하는 신규범주의 경영경제학의 대두로 규범론파가 부활하였다.

CHAPTER 03 경영환경

01 이론적 관점

1. 경영환경의 중요성

기업조직이 영속체로서 생명을 존속하고 성장 및 발전하기 위해서는 외부환경 및 내부환경에 대한 고찰을 충실히 해야 한다. 이는 외부로부터 각종 원자재, 노동력 등을 공급받아 생산하며, 이렇게 생산된 제품이 다시 외부 시장으로 판매되어야 함을 의미한다.

2. 경영환경의 의미

(1) 기본특성

① 경영에서의 외부 요인 또는 일반적 환경
② 경영환경 : 경영행동을 직접적으로 규제하는 외부 요인의 집합

(2) 경영외계의 환경

1930년대의 대공황 이후에는 정부·노동조합·출자자 등의 이해자 집단이 주요 환경 요소로 인지되었으나, 1960년대 이후에는 자연·자원·국제정세 등이 새로운 주요 환경요소로 부각되었다.

(3) 환경적응의 중요성

경영환경은 시대의 변화에 따라 점점 더 확대되어 가고 있다. 급변하는 환경에 기업조직이 적응하기 위해서는 기업의 경영목적 및 사회목적의 균형을 찾아야 하며, 그로 인한 전략적 적응이 요구된다(적응방식은 기업조직의 행동범위 또는 행동양식의 차이에 따라 달라짐).

1. 경영환경

(1) 일반환경

경제적 환경, 정치적 환경, 사회문화적 환경, 자원 환경, 기술적 환경

(2) 과업환경

① 특정 경영주체가 목표설정 및 목표를 달성하기 위한 의사결정을 내리는 데 직접적으로 영향을 미치는 환경을 의미하는 것으로 각 경영주체에 따라 다르게 나타난다.

② 과업환경은 기업의 행동에 직접적인 영향을 미치며, 그 범위가 일반 환경에 비해 작고, 기업조직이 일정 수준 통제할 수 있다는 특징이 있다.

③ 환경의 2가지 차원(환경의 동태성 및 복잡성의 정도)

③ 환경의 2가지 차원(환경의 동태성 및 복잡성의 정도)

　㉠ 환경의 동태성 : 환경이 안정적이냐 동태적이냐를 말하는 것으로 미래 사건 예측의 확실성 및 불확실성과 관련 있다.

　㉡ 복잡성의 정도 : 환경요소들이 단순한가 그렇지 않은가를 말하는 것으로 상호작용하는 환경요소의 수와 관련 있다.

　㉢ 환경의 2가지 차원 도식화

구분		환경의 복잡성	
		단순	복잡
환경의 동태성	안정적	(단순)+(안정)=(낮은 불확실성) 예 컨테이너 제조업, 음료병 제조업	(복잡)+(안정)=(다소 낮은 불확실성) 예 대학, 병원
	동태적	(단순)+(동태적)=(다소 높은 불확실성) 예 유행의류 제조업, 장난감 제조업	(복잡)+(동태적)=(높은 불확실성) 예 전자산업, 석유회사

2. 환경의 분석

(1) 외부환경의 분석

외부환경을 분석하기 위해서는 환경의 구성요소인 경제적, 정치적, 사회적, 기술적인 측면에 대해 분석해야 하며, 이를 기반으로 사업의 기회 및 외형요인, 제약요인들을 분석한다.

(2) 내부환경의 분석

① 기업조직의 외부환경 분석을 통해 기업조직의 활동영역이 정해지면 구체적인 경영활동을 실행하기 위해 내부환경에서 인적 자원, 물적 자원, 재무적 자원에 대한 자세한 분석을 해야 한다.

② 구체적인 활동에는 기업조직의 내부능력 및 역량 등이 필요하며, 이러한 능력은 기업 조직의 자원과도 관련된다.

③ 기업조직의 자원

인적 자원	• 관리인력 : 능력 있는 관리자의 확보 • 전문인력 : 제조·공급 및 과학 분야의 전문적인 지식을 지닌 우수 인력을 확보하고 있는 정도
물적 자원	• 공장입지 : 시장접근성, 원재료의 공급, 노동력 공급의 용이성, 수송수단의 활용성 • 우수한 공장설비 : 제조공장의 능률성, 연구 및 실험시설, 창고 및 기계설비 • 원자재의 확보 : 원자재 공급의 장기적인 계약
재무적 자원	• 재무적 자원의 배분능력 : 예산편성의 과정, 수익성이 가장 높은 부문에 재무적인 자원을 배분하고 있는지의 여부 • 재무적 자원의 통제능력 : 컴퓨터에 의한 재무구조 모델의 활용 • 자금조달능력 : 유보이익, 주식의 발행

03 국제기업환경

1. 국제기업환경 문제의 대두

(1) 국제기업환경 문제가 중요한 이유

① 진출하려는 국가마다 정치적, 경제적, 법률적, 사회문화적 체제 및 제도 등이 다르기 때문
② 외국시장의 여러 환경 요소들은 국내에서보다 경직적이며, 일방적이다. 또한, 언어 등과 같은 문화적 환경요인은 불가피한 요인으로 작용할 수 있다.

2. 국제기업환경의 영역

(1) 정치적 환경

정치적 이념, 정치적 안정성, 경제에 대한 정부의 규제, 국제관계

(2) 법률적 환경

국제분규의 관할권, 국제상사분규의 중재, 국제법률지식

(3) 문화적 환경

언어, 물질문명, 교육, 종교, 미적 감각

01 경영제도의 역사적 발전과정

1. 자본주의 기업의 성장

(1) 원시공동체 사회와 사유제도의 이행, 개인기업의 등장, 공동출자사업형태로의 발전(코멘다, 소키에타스)을 거쳐 16C에 이르러서야 초기의 주식회사가 등장하였다.

(2) 개인기업 : 사회적 분업이 진전되고 사유제의 확대로 인해 소유자는 축적된 자본을 기반으로 기업조직을 자신의 지배하에 두게 되는데, 이를 개인기업이라 한다.

(3) 공동기업 : 개인기업은 자체적인 한계로 인해 복수의 출자자로 구성되는 공동기업 또는 공동출자기업으로서 자본적인 협동에 의존하는 기업의 형태가 형성된다.

2. 공동출자사업 형태

코멘다(Commenda), 소키에타스(Societas)

3. 주식회사의 등장

(1) 1602년 네덜란드 동인도 회사에서 시작

(2) 1807년 프랑스의 상법전에서 명문으로 규정

(3) 독일에서는 1951년 공동결정법 및 1952년 경영제도법, 1976년 공동결정법의 특별법에 의해 노동자의 기업참가를 인정

(4) 국내는 1897년 처음으로 '주식회사 공립한성기업'이 설립되었으며, 1899년에 '주식회사 대한천일은행'이 창립

4. 자본주의 기업과 사회주의 기업

(1) 자본주의 기업

　① 자본주의에서 기업은 이윤을 목표로 재화와 그에 따르는 서비스를 생산·공급하는 단위

　② 사적 소유권을 지닌 자본가가 소유하는 사적인 경제단위

　③ 자본을 투자해서 가능한 한 자본의 가치를 증대시키려고 노력

④ 시장에서 생산요소를 구입하여 이를 내부에서 결합, 변화시킴으로써 재화 및 서비스를 생산·공급
⑤ 시장에서의 완전경쟁을 가정

(2) 사회주의 기업

① 사회주의에서 기업은 사회적인 조직체 및 사회적 제품생산을 위한 조직체
② 지속적인 제품생산의 조직체
③ 사회주의적 생산 및 사회적 이익이 목적
④ 영구적인 존속체

02　경영제도의 유형

1. 기업의 법률형태

(1) 영리기업

개인기업, 민법상 조합, 익명조합, 회사기업

(2) 주식회사

① 사기업인 영리기업에 해당한다.
② 주주와 회사 간 관계가 비인격적이므로 물적회사 또는 자본회사의 성격을 지니게 된다.
③ 대규모 경영에 대한 양산체제를 특징으로 하는 현대산업사회의 전형적인 기업형태이다.

(3) 비영리 기업

출자자인 구성원에게 기업의 이윤을 분배할 것을 목적으로 하지 않는 기업형태로 각종 협동조합과 상호 보험회사 등이 이에 속한다.

(4) 공기업

① 국가나 지방공공단체가 법률에 의거해서 출자하고 직·간접적으로 경영하는 기업으로서 공적 목적을 위한 조직체이다.
② 설립 이유
　㉠ 재정사업 : 세제 외 국가수입의 증가를 도모하기 위해 공기업을 운영하는 것으로 국내에서는 기존에 담배 및 홍삼 등이 공영전매사업으로 된 적이 있다.
　㉡ 공공정책 : 전화·전신·우편·전기·철도·수도·가스 또는 항만·도로 등의 사회생활의 필수적인 기반이 되는 공익사업을 말한다.
　㉢ 경제 및 사회정책 : 국토 및 지역개발, 산업의 육성 등의 경제정책적인 과제와 노동자의 생활안정, 사회복지, 실업구제 등의 사회정책적 과제를 수행하기 위해 많은 자본이 필요하지만 사기업이 이를 담당할 수 없는 경우 공기업을 형성하게 된다.

2. 기업의 경제형태

(1) 점부(占部)의 기업경제형태론(개인기업, 인적 집단기업, 혼합적 집단기업, 자본적 집단기업)

① 개인기업
- ㉠ 개인의 자기자본과 자기노동의 결합형태
- ㉡ 출자자의 수는 1인이며, 동시에 소유(출자)와 경영이 합일
- ㉢ 경영관리 노동 및 작업노동 사이에 분업이 존재
- ㉣ 자본결합형태 이전의 상태
- ㉤ 기업가 기능의 확충 및 기업자본의 집중이라는 한계
- ㉥ 의사형성과 그 실행 측면에서 신축적

② 인적 집단기업
- ㉠ 소유 및 경영의 합일체
- ㉡ 소수 기업가의 기능 자본에 의한 결합형태
- ㉢ 기업가의 인적 결합을 중요시(예 합명회사)

③ 자본적 기업집단
- ㉠ 소유와 경영을 분리
- ㉡ 기능 자본 및 광범위한 지분 자본을 결합해서 형성되며, 자본의 증권화에 의해 자본이 소단위주식으로 분할되어 증권시장에서 매매됨으로써 지분 자본의 결합범위는 확대
- ㉢ 3권 분립형인 최고경영기관의 체제(예 주식회사)

(2) 모리슨의 공기업 경제형태론

① 공기업을 국가 또는 공공단체가 소유하고 지배하는 기업적인 요소를 지니는 사업체로서 공공소유, 공공목적, 기업적 요소를 갖춘 형태로 규정한다.
② 행정 및 경영의 분리를 주장함으로써 독립채산제를 준수할 것을 주장한다.
③ 공기업체는 자립적인 조직체로 정당, 행정, 기타 특정 이해집단 등 특정 환경주체의 지배를 받게 된다.
④ 공기업체는 기능적 조직체이고, 이는 전문경영자에 의해 구성되는 경영기관을 지닌다.

02　기업의 결합

1. 기업결합의 형태

(1) 기업결합

① 법적으로 독립적인 복수의 기업이 결합해서 자본적, 인적, 기술적으로 밀접한 관계를 가진 통일적인 집단을 형성하는 것을 말하며, 사업자단체 또는 동업조합, 카르텔(Cartel), 사업제휴 등이 이에 속한다.

② 기업결합의 도식화

합일적 결합	• 회사의 합병 • 영업의 전부양도
기업계약적 결합	• 영업의 일부양도 • 영업 임대차 • 경영위임 • 손익공통계약
기업 집중화	• 자본적 결합 : 지주지배, 의결권 신탁, 주식의 상호 보유 • 인적 결합 : 임원파견, 동종관계 • 기술적 결합 : 콤비나트
제휴적 결합	• 카르텔 • 기술제휴 • 판매제휴

(2) 기업결합의 유형

카르텔(Cartel), 신디케이트(Syndicate), 트러스트(Trust), 콤비나트(Kombinat), 컨글로머릿(Con – glomerate), 콘체른(Concern)

(3) 기업합병

① 법률적으로 독립적인 복수의 기업이 단일조직이 되는 형태
② 피합병기업은 완전히 독립성을 상실
③ 흡수합병 및 신설합병
  ㉠ 흡수합병 : 어떠한 하나의 회사기업이 타 회사기업을 흡수하는 것
  ㉡ 신설합병 : 합병을 당하는 회사기업이 모두 해산·소멸함과 더불어 신회사기업이 설립되는 것

(4) 기업계열화

① 대기업과 중소기업 간 밀접한 거래관계가 형성되고 있는 기업 간 결합
② 기술혁명 또는 판매경쟁의 격화에 대응하기 위해 대기업이 기술 및 판매 등에서 중소기업을 육성, 강화하면서 이를 하청화하는 형태

2. 기업집중의 배제 및 제한

기업의 집중은 시장독점을 통해 공정한 자유경쟁과 공공이익을 저해하고 중소기업 및 일반소비자에게 피해를 주게 되는데, 이런 피해를 막기 위해 기업집중은 다양한 법률로서 제한된다. 국내에서는 공정거래위원회를 발족해서 각종 법규 및 고시를 통해 기업집중과 같은 불공정거래행위를 시정조치하고 있다.

1. 기업의 국제화

(1) 개요

① 국제기업환경을 전제로 하는 기업 활동의 국제적인 전개를 의미한다.

② 기업의 국제화에 있어서 기업조직 자체의 의사결정이 주도적인 역할을 수행하지만, 정부도 이에 대해 직·간접적인 역할을 수행한다.

(2) 기업의 국제화 과정

상품의 수출입 단계(간접 수출입 단계 및 직접 수출입 단계) → 자본의 수출입 단계(자본대여 및 자본투자) → 기술정보의 수출입 단계(기술제휴에 의한 특정 기술, 상품 또는 관리상의 노하우거래 사용료의 지불) → 인적자원의 교환 단계(노동력 및 경영 인력의 교류) → 현지사업 단계(플랜트 수출입) → 현지진출 단계(현지 자회사의 법인화)

2. 합작회사

(1) 개요

① 2개 이상의 기업이 공동으로 출자하여 공동으로 경영을 하는 결합형태

② 통상적으로 합작회사는 공동출자액에 의해 공동손익을 분담해서 1개 또는 복수의 특정 사업을 대상으로 설립

(2) 특징

공동목적성, 기업목적성, 단일목적성, 공동계산성, 일시적 목적성 등

3. 다국적 기업

(1) 개념

통상적으로 2개국 또는 그 이상의 국가에서 직접적으로 기업 활동을 전개하는 모든 기업체로, 특정국가의 이익을 초월하여 범세계적인 시야에서 경영활동을 수행한다.

(2) 다국적 기업의 특징

경영활동의 세계지향성, 기업조직구조의 분권화, 기업소유권의 다국적성, 인적 구성의 다국적성, 국제협력체제의 실행, 이윤의 현지기업에 대한 재투자성

(3) 다국적 기업의 문제점

산업정책의 효과감소, 세계적인 독과점체제의 파급, 투자국 국내고용의 쇠퇴에 대한 영향, 연구개발 및 기술 독점 등의 본국집중(독점)에 의한 수입국 기술진보의 저해, 각국의 세금제도 차이를 활용한 과세의 회피, 국제투자를 위한 수입국과 투자국과의 마찰문제

01 기업윤리

1. 기업윤리헌장

(1) 제정

기업경영이라는 상황하에서 발생하는 행동 또는 태도에 대한 옳고 그름을 체계적으로 구분하는 판단기준

(2) 의미

기업인의 윤리적인 행동 규준을 공포한 것으로, 개별기업인의 기본적 정책결정 및 이 정책의 계획적인 집행 등을 포괄적으로 관리하는 지도 원리로서의 의미를 지닌다.

2. 미국에서의 사기업에 대한 사회적 비판의 내용

(1) 거대기업이 막강한 경제력 및 정치력을 행사한다.
(2) 거대기업은 자기 보존적이고 무책임한 권력 엘리트에 의해 지배된다.
(3) 거대기업은 근로자 및 소비자를 착취하고 인간성을 박탈한다.
(4) 거대기업은 환경 및 생활의 질을 파괴한다.

3. 기업윤리의 형성과 실천

(1) 개요

기업윤리의 과제는 기업윤리를 제도화하는 것에 있으며, 이는 기업윤리의 실천을 위한 제도화로서의 역할뿐만 아니라 경영제도의 혁신을 위한 대안으로서의 의미도 있다.

(2) 개인 및 조직을 위한 윤리원칙 : 블랜차드와 필은 개인 및 조직을 위한 원칙을 5P로 분류

자긍심(Pride), 목적(Purpose), 일관성(Persistence), 인내(Patience), 전망(Perspective)

(3) 기업윤리의 강화 방법

① 최고경영자가 윤리경영에 대한 몰입을 강조
② 기업윤리에 대한 강령의 작성 및 발표
③ 순응 메커니즘의 수립
④ 결과의 측정
⑤ 기업조직의 잘못을 보고하려는 종업원들의 활동

02　기업의 사회적 책임(CSR; Corporate Social Responsibility)

캐롤(Carroll)의 CSR 피라미드 4단계 : 경제적 책임 < 법률적 책임 < 윤리적 책임 < 자선적 책임(가장 높은 단계의 책임)

1. 사회적 책임의 긍정론

(1) 기업조직이 적극적이면서 자발적으로 이해관계자들의 요청을 받아들여서 이에 대응하는 것이 기업 자체의 존속 및 성장에 있어서 필요하다는 견해

(2) 데이비스에 의한 사회적 책임 긍정론의 주요 논거 12가지

　　기업에 대한 공공기대의 변화, 보다 좋은 기업환경, 공공의 이미지, 정부에 의한 규제의 회피, 사회문화 규범, 책임과 권력의 균형, 사회관심을 구하는 시스템의 상호의존성, 주주의 관심, 기업에 사회적 책임을 맡기는 것이 효율적이라는 점, 기업은 자원을 보유하고 있다는 점, 사회문제는 이윤이 될 수 있다는 점, 예방은 치료보다 효과적이라는 점

2. 데이비스에 의한 사회적 책임 부정론의 주요 논거 9가지

　　이윤극대화, 사회관여의 기업비용, 사회적 책임의 사회비용, 사회기술의 결여, 기업의 주요 목적에 대한 위협, 국제수지의 악화, 기업의 충분한 사회 권력 보유, 변명의무의 결여, 광범한 지지의 결여

> **더 알아보기**
>
> **사회적 책임의 긍정론 및 부정론의 공통점**
> - 두 가지 이론 모두 자유기업체제의 사회에서 사회적인 문제가 존재하고 있다는 것을 소극적 및 적극적으로 인정하고 있다.
> - 다원사회에 있어서 기업 및 정부를 영향력이 있는 사회제도로 인식하고 있다는 점에서 공통점이 있다.

3. 사회적 책임윤리의 정립

(1) 현대의 기업조직에서의 주요 과제는 사회적인 책임윤리의 정립으로 기업조직의 윤리위기를 극복하는 데 있지만, 기업조직의 사회적인 책임윤리가 무엇이고, 이를 어떻게 정립해야 할지는 아직도 불분명하다.
(2) 기업윤리에 있어 괴리는 사회적 경제 질서의 변화에 이념적으로 적응하지 못함으로 인해 발생한다.
(3) 현대적인 기업경영에 있어서 이념적인 갈등은 사회적 책임주의와 영리주의의 상치에서 야기되므로 양자의 경영 정책적 조화가 기업윤리위기의 극복책이 된다.

경영목표와 의사결정

01 경영목표

1. 경영목표와 경영이념

(1) 경영목표

① 기업이 경영활동을 통하여 실현하고자 하는 상태
② 경영목표 형성의 3가지 차원 : 경영목표의 내용, 경영목표의 범위, 경영목표의 실현기간

(2) 경영이념 : 경영신조, 경영신념, 경영이상 등으로 표현되며, 경영철학의 규범적인 가치체계이다.

2. 목표차원과 목표시스템

(1) 목표차원(추구하는 목표의 개념을 규정하기 위해서 사용되는 3가지 방향)

① 목표의 내용 : 목표의 내용은 목표의 수립 및 실현에 있어 행위 유발의 직접적인 요인이 되므로 해석상의 혼선이 빚어지지 않도록 명확해야 하며, 가치 있는 활동 및 환경과 연관되는 상황 등을 포함해야 한다.
② 목표의 추구 정도 : 의사결정이론에 의해 2가지 가능성으로 제시[극대화 원리, 만족(최적)화 원리]된다.
③ 시간적 관련성 : 목표의 시점과 기간을 결정해야 한다.

(2) 목표시스템

① 여러 가지 목표의 개념이 규정되면 이를 기반으로 목표시스템이 형성된다.
② 목표시스템에 대한 연구는 기업조직이 동시에 여러 가지의 목표를 추구하는 경우에 우선순위를 정하는 데 있어 중요한 의미를 지닌다.

3. 단일목표체계로서의 이익추구

(1) 이윤극대화의 문제점(비판)

① 이윤 : 본질적으로 기업조직 활동의 결과로 인해 나타난 것이자 동시에 기업조직의 생존과 발전을 유지할 수 있는 기본적 원동력이다. 이익은 기업가의 경제적인 기능수행에 대한 자극이 됨과 동시에 그러한 활동성과를 종합적으로 측정할 수 있는 척도가 된다.
② 이윤극대화 가정의 의의 : 기업조직이 이윤극대화(Profit Maximization)를 추구한다는 가정이다. 완전경쟁하에서의 기업조직은 이윤극대화라는 목적을 위해 한계수입 및 한계비용이 일치하는 부분에서 생산량과 가격을 결정한다고 보기 때문이다.

(2) 수정된 대표적 기업모형

① 매리스(R. Marris)의 성장균형 모형
② 보몰(W. Baumol)의 판매수입극대화 모형
③ 윌리엄슨(O. E. Williamson)의 경영자재량극대화 모형
④ 쿠퍼(W. W. Cooper)의 유동성 모형
⑤ 비드린마이어(J. Bidlingmaier)의 수익범위 모형

(3) 이윤극대화 비판의 이유

① 이윤극대화 가설은 언제나 합리적으로 행동하는 경제인을 전제로 하고 있다.
② 기업조직의 제도적·역사적 변화를 무시하고 있다.
③ 이윤극대화 가설은 정태적인 가설이며, 동시에 장·단기의 구별이 불가능하다.

(4) 이윤극대화 추구에 대한 제한

① 이윤극대화의 경우 제한된 합리화 원리에 의해 제한될 뿐만 아니라 오늘날 기업형태의 발전, 기업규모 확대, 이해집단의 영향과 기술혁신 등을 기반으로 한 산업사회의 발전 등에 의해 제한된다.
② 딘(J. Deen)의 이윤제한 이유 : 대다수의 기업조직은 이윤의 추구와 더불어서 안정성도 추구하는데, 경우에 따라서 이윤의 추구와 안정의 추구가 상충되기도 한다. 이는 이익이 많아지면 안전성이 작아지고, 이익이 적으면 안전성이 커진다는 것을 의미한다. 이에 표준이윤, 적정이윤, 안전이윤, 목표이윤 등의 개념들이 기업목표설정 및 예산통제에서 중요시되고 있다.

(5) 이익이론 및 이익개념의 내용

① 이익이론 : 이익이 무엇에 근거해서 누구에게 귀속되며 어떤 원인에 의해 발생하는지에 대한 이론적인 설명이자 실제로 이익이 어떤 구성요소에 의해 파악되며 해당 내용은 어떻게 달라질 수 있는지에 대한 연구
② 이익개념에 대한 여러 견해
　㉠ 상법상 이익 : 기간 순손익이 아닌 시점이익(회계학적 견해와는 다소 차이가 있음)
　㉡ 회계학상 이익 : 기간 순손익
　㉢ 경제학상 이익 : 미래지향적인 이윤개념(경제학상 주가 되는 이익개념은 기본적으로 현가계산에 의한 상법상 시점의 이익)
　㉣ 세법상 이익 : 회계학상의 이익개념과 동일하게 기간손익을 전제로 한 법인세의 과세가능 순손익

4. 복수목표 시스템

기업이 대규모화되고 제도적으로 발전함에 따라 이익추구만을 유일목적으로 추구할 수 없게 되고 기업은 사회적 목표인 사회적 책임의 추구와 같은 복수목표체계하에서 움직이게 되었다.

1. 의사결정의 기본적 특징

(1) 의사결정

기업조직의 경영에 있어 기업의 목적을 효과적으로 달성하기 위해서 둘 이상의 대체 가능한 방법들 가운데 한 가지 방향을 과학적, 조직적 및 효과적으로 결정하는 것을 의미한다.

(2) 의사결정의 주요 요소

① 의사 담당자 : 개인, 집단, 조직 또는 사회
② 환경 : 확실성, 위험, 불확실성 상황으로 구분
③ 대상 : 결정사항으로 생산, 마케팅, 재무 등이 해당

(3) 사이먼의 의사결정 과정

① 정보활동 : 결정을 필요로 하는 갖가지 조건에 관련된 환경의 탐색(의사결정기회의 발견)
② 설계활동 : 가능한 대체적인 활동방안의 개발 분석(여러 가지 대체안의 탐구)
③ 선택활동 : 특정 대체안의 선정 및 복수 대체안의 평가(대체안의 선택)
④ 검토활동 : 과거의 선택에 대한 평가(사후적인 평가)

2. 의사결정 문제와 의사결정 모형

사이먼은 의사결정 유형을 정형적, 비정형적인 것으로 분류하고 정형적 의사결정은 구조화된 결정 문제, 비정형적 의사결정은 비구조화된 결정 문제라고 하였다.

구분	정형적 의사결정	비정형적 의사결정
문제의 성격	보편적, 일상적인 상황	비일상적, 특수 상황
문제해결 방안의 구체화 방식	문제해결이 조직의 정책 또는 절차 등에 의해 미리 상세하게 명시	해결안은 문제가 정의된 다음에 창의적으로 결정
의사결정의 계층	주로 하위층	주로 고위층
의사결정의 수준	업무적·관리적 의사결정	전략적 의사결정
적용조직의 형태	시장 및 기술이 안정되고, 일상적이며 구조화된 문제해결이 많은 조직	구조화되어 있지 않으며, 결정사항이 비일상적이고 복잡한 조직
전통적 기법	업무절차, 관습 등	직관, 판단, 경험법칙, 창조성 등
현대적 기법	EDPS, OR 등	휴리스틱 기법

3. 앤소프(H. I. Ansoff)의 의사결정 모형

(1) 전략적 의사결정

① 기업조직의 외부문제에 관한 것으로, 기업조직이 생산하고자 하는 제품의 믹스 및 제품을 판매하려는 시장의 선택에 대한 것

② 시장의 상황에 따라 어떤 제품을 어느 정도 생산할지, 어떤 제품에 어느 정도의 자원을 투입할 것인지에 관한 기본적 의사결정

(2) 관리적 의사결정

최대한의 과업능력을 이끌어내기 위해 기업조직의 자원을 조직화하는 문제에 대한 의사결정

(3) 업무적 의사결정

기업자원의 전환과정에 있어 효율을 최대로 하기 위한 의사결정으로, 현 업무의 수익성을 최대로 하는 것을 목적으로 한다. 각각의 기능 부분 및 제품라인 등에 대한 자원의 분배, 업무의 일정계획화, 통제활동 등이 주요 내용이다.

4. 불확실성 · 확실성 · 위험하에서의 의사결정

(1) 불확실성하에서의 의사결정

의사결정의 결과에 대해 높은 불확실성이 존재하는 의사결정

(2) 확실성하에서의 의사결정

의사결정의 결과를 확실하게 예측할 수 있는 상황에서의 의사결정

(3) 위험하에서의 의사결정

불확실성 및 확실성의 중간으로, 결과에 대한 확률이 주어질 수 있는 상황하에서의 의사결정

CHAPTER 07 경영관리론

01 경영관리론의 학문적 의의

1. 독일 경영학과 미국 경영학의 비교

(1) 독일 경영학(경영경제학)

상업학으로부터 시작해서 이론적인 측면이 강한 학문

(2) 미국 경영학(경영관리학)

실제 경영에서 나타나는 문제의 해결에 관심을 가지고 시작해서 실천적 측면이 강한 학문

2. 경영에 대한 관점

(1) 사회학 : 사회학자들은 매니지먼트를 '계급 및 지위 시스템'으로 간주한다.

(2) 경제학 : 경제학자들은 매니지먼트를 토지, 노동, 자본 등과 같은 생산요소의 하나로 간주한다.

(3) '경영자 혁명' : 경영관리자들이 두뇌 및 교육엘리트가 되고자 하는 현상을 '경영자 혁명'이라 하는 학자들도 있다.

3. 매니지먼트에 대한 정의

(1) 매니지먼트를 일반적인 관리로 보는 관점

① 매니지먼트는 특정 종류의 인간행위 또는 사회적인 현상을 의미하는 것으로 '조직화된 집단 내에서 활동하는 사람들을 통해 일을 이룩하게 하는 과정'으로 본다.

② 쿤츠(H. Koontz)와 오도넬(C. O'Donnell) : 매니지먼트를 '타인으로 하여금 목표를 달성하게 하는 기능'이라 정의하였다.

(2) 매니지먼트를 경영관리로 보는 관점

타인들로 하여금 목표를 달성하게 하는 과정이나 기능은 물론 변화하는 환경에 대응하기 위한 전략적 관리도 그 연구대상에 포함해야 한다는 관점이다.

1. 매니지먼트를 일반적인 관리로 보는 관점

(1) 테일러 및 페이욜의 공헌

① 테일러 이전에는 매니지먼트를 과학적 인식의 대상이라기보다 경영자들의 직관 또는 경험의 문제로 인지하였다.

② 페이욜 이전에는 매니지먼트에 생산·판매·회계·보전·재무 등 5가지의 직능이 필요함을 알고 있었지만, 기업조직의 전체 목표를 달성할 수 있도록 조정하는 '관리'라는 직능은 거의 인지하지 못했다.

③ 페이욜의 경우, 관리가 계획·조직·지휘·조정·통제의 과정으로 이루어짐을 인지하고, 매니지먼트의 교육에 대한 필요성을 느꼈으며, 관리론에 대한 이론의 체계화를 추구하였다.

(2) 인간관계론의 공헌

인간관계론의 관점에서 인간관계론의 핵심은 여전히 관리자 기능을 중심으로 하는 관리과정론에 입각해 있다고 할 수 있다.

(3) 관리기능(과정)의 내용

① 페이욜의 관리기능

㉠ 페이욜은 기업에 있어 매니지먼트의 핵심이 되는 관리기능(과정)을 처음 제시하였다.

㉡ 페이욜은 기업조직에 존재하는 산업활동을 기술적 활동, 상업적 활동, 재무적 활동, 보전적 활동, 회계적 활동, 관리적 활동의 6가지로 구분하였고, 마지막 6번째 활동인 관리적 활동은 계획·조직·명령·조정·통제라는 5가지의 관리요소 또는 관리기능들로 구성된다고 하였다.

㉢ 페이욜이 주장하는 산업활동 중 관리활동을 중요시하며, 이를 일반적인 관리로 바라보는 입장의 학자들을 관리과정학파라고 한다.

② 쿤츠 및 오도넬의 관리과정

㉠ 쿤츠와 오도넬은 관리과정학파의 대표적 학자로서 관리과정을 계획, 조직화, 충원, 지휘 및 통제로 구분하였다.

㉡ 조직화 및 충원, 지휘 등의 활동 중 주로 사람의 활동과 연관되는 과정 또는 기능 등을 강조한 것이라 할 수 있다.

2. 매니지먼트를 경영관리로 보는 관점

(1) 경영관리로서의 매니지먼트의 본질

기존에는 관리적 기능에서 의사결정에만 관심을 기울이고 전략적 계획은 무시되었다. 그 이유는 20세기 이후에 갑자기 형성된 대규모 인적조직을 어떻게 구조화하고 지휘할 것인가에만 관심이 있었고, 기술적으로나 사회적으로는 급속한 변화도 없었기 때문이다. 하지만 최근에는 이러한 기업외부의 환경변화에 적응하기 위해 전략적 관리와 대응이 반드시 요구되며, 기술적·사회적 변화를 경영관리 관점에서 파악해야 할 필요성이 있다.

(2) 경영관리의 내용

① **전략적 관리** : 선정된 목적을 달성할 수 있도록 조직체 및 환경과의 관계를 결정·유지하며, 해당 조직체의 하위부분이 효과적이면서 능률적으로 활동할 수 있도록 자원을 배분하는 과정을 말한다.

② **업무적 관리** : 일상 업무의 처리 및 그와 관련된 관리과정으로서 관리적 결정 또는 작업적 결정이 주된 의사결정영역이다.

03　경영계획과 경영통제

1. 경영계획

(1) 경영계획의 의의

① **개념**

㉠ 기업조직의 장래 관리활동에 대한 의사결정 및 그 과정을 말한다. 경영계획은 경영자가 수행하는 최초의 경영관리 과정이면서 경영관리의 최종적 과정인 경영통제의 전제조건이다.

㉡ 경영계획은 관리활동의 출발점으로 기업조직이 지향해야 할 목표를 제시한다.

② **분류**

㉠ 광의 : 목표 및 전략을 모두 포함한다.

㉡ 협의 : 방침, 절차, 프로그램, 규정, 예산만을 경영계획에 포함시킨다.

(2) 경영계획의 필요성

미래의 불확실성 및 변화에 대처하기 위하여 경영자가 경영목표에 주의 및 관심을 집중하도록 한다. 비생산적이거나 비경제적인 노력을 배제함으로써 경제성 및 효율성을 높일 수 있다.

(3) 계획의 체계

쿤츠는 경영계획을 목적, 목표, 전략, 방침, 규칙, 절차, 프로그램, 예산 체계 등으로 구분하였다.

① **스케줄** : 기업조직의 목표달성을 위해 어떤 일을 어떤 순서대로 수행해야 하는지에 대한 시간적인 순서이다.

② **프로그램** : 목표달성을 위해 필요하며 목표달성과 연결되어 있는 제반활동이나 연속되는 행동시스템을 말한다. 즉, 프로그램은 어떤 일정 행동방침을 실행하기 위해 필요한 요소들의 복합체이다.

③ **예산** : 계획기능 중 하나인 통제를 위한 불가결의 수단이다. 이와 동시에 예산편성은 기업조직의 제반 계획을 통합하기 위한 중요 수단이기도 하다.

④ **절차** : 미래 시점에서 발생하는 활동의 관습적인 처리방법을 설정하는 것이며, 업무수행에 있어서 기본이 되는 계획이다.

(4) 계획의 종류 : 종합계획, 단기계획, 개별계획, 부문계획 등

(5) 경영계획의 원칙(쿤츠) : 합목적성의 원칙, 계획우선의 원칙, 보편성의 원칙, 효율성의 원칙

(6) 계획의 단계
① 문제의 인식
② 목표의 설정
③ 계획의 전제 수립
④ 대안의 모색 및 검토
⑤ 대안의 평가
⑥ 대안의 선택
⑦ 파생계획의 수립
⑧ 예산에 의한 계획의 수량화

2. 경영통제

(1) 개요
① 경영관리과정에서 수립된 목표·계획 등이 실제로 수행된 결과와 괴리가 존재할 시 이를 조정해서 기업조직의 목표 달성을 가능하게 해야 하는데, 이러한 관리활동을 나타내는 것이 경영통제이다.
② 통제는 기본적으로 목표 또는 계획과 성과 사이의 편차 측정 및 편차 수정이라는 내용을 내포하고 있다.

(2) 범위
① 통제는 기업조직의 목표 또는 계획과 성과 사이의 편차를 측정하는 것을 내포하고 있지만 동시에 그 이상의 의미를 지니기도 한다.
② 피드백에 의한 통제(사후통제) : 회계보고에 기반을 둔 역사적 자료, 다시 말해 과거사실에 대한 자료를 통제 수단으로 삼아 계획을 한 번 수행한 후 사후적으로 편차를 조정해서 기업조직의 목표를 달성하는 것을 말한다.
③ 피드포워드 통제(사전통제) : 미래에 발생 가능한 편차의 원인이 발생하지 않도록 문제점을 사전에 제거함으로써 한 번의 계획수정으로 목표를 달성할 수 있게 하는 것을 말한다.

(3) 경영통제 과정
① 표준의 설정
㉠ 개념 : 표준은 기업조직의 경영목표에 의해 수립되며, 일종의 계획에 준하는 경영통제의 기준이라 할 수 있다. 이는 실제적인 성과의 측정을 위한 기반이 된다.
㉡ 설정 : 표준은 제품의 양, 작업시간 및 속도, 서비스의 단위, 불합격품의 수량 등 물리적인 기준으로 표현할 수도 있고 수입, 비용 또는 투자액과 같이 금전적인 기준으로도 표현 가능하다.

ⓒ 종류

물리적 표준	비금전적인 측정표준으로 통상적으로 원료에 노동력을 작용시켜 가공함으로써 재화 및 용역을 생산하는 작업장에서 주로 쓰이고 있다. [예] 마력당 연료소모량, 단위생산당 작업시간 등
원가측정	금전적 측정표준으로 작업장에서 주로 물리적 표준과 동일하게 쓰이고 있다. [예] 단위생산당 간접원가, 단위생산당 직접원가, 단위생산당 원재료비 등
자본적 표준	원가표준을 변형한 것으로 물리적인 항목에 금전적 측정치를 활용한 것이지만, 이는 작업의 비용보다도 기업에 투입된 자본과 연관이 있다. [예] 유동비율, 부채비율, 자본이익률, 재고회전율 등
수익 표준	화폐 단위를 매출에 활용한 것을 말한다. [예] 고객 1인당 매출액, 철재 1톤당 수익 등
프로그램 기준	신제품개발계획이나 변동예산계획 또는 판매진들의 자질향상계획 등을 설정할 시 활용하는 표준이다.
추상적 표준	물리적·화폐적 측정치로는 표현이 불가한 경우에 활용되는 표준으로 인간관계적인 요소가 성과측정의 고려대상이 되는 경우에는 필요하지만, 어느 정도가 효과적인지 파악하기에는 어려움이 있다. [예] 충성심 제고, 사기 양양

② 성과의 측정

   ⓐ 성과측정의 단계는 통제의 중심부를 차지하는 단계라 할 수 있다.

   ⓑ 통상적으로 성과측정은 기업조직의 규모가 커질수록 복잡해진다. 이를 해결하기 위해서는 정형적 성과의 측정은 하위계층에 일임하고 최고경영층에서는 비정형적인 성과의 측정만을 담당하는 예외의 원칙을 활용하거나 스태프 조직을 활용하는 것이 필요하다.

③ 편차의 수정

   ⓐ 표준 및 성과의 편차를 수정하는 단계이다.

   ⓑ 편차 수정을 위해서는 내·외부 조건을 조정하거나 하급자들의 감독·훈련 및 선발 등을 재검토할 필요가 있다.

(4) 경영통제를 위한 기법

① 통제수단

   ⓐ 통제의 기능이 활발히 수행되도록 적절한 정보를 제공해 주는 하나의 절차이자 기법이다.

   ⓑ 통제가 잘 이루어지기 위해서는 기업조직의 강점 및 약점을 인지해야 하는데, 이때 통제의 수단은 이를 파악함에 있어 상당히 유용하게 작용한다.

② 예산제도에 의한 통제

   ⓐ 예산제도는 오래되었으면서도 통상적으로 보급되는 통제의 수단이다.

   ⓑ 예산통제는 크게 이익계획을 기초로 한 형태와 적립식 형태로 나뉜다.

③ 합리적인 예산통제를 위한 조건

   ⓐ 기업의 조직구성원들은 모두가 예산통제제도에 대해 충분하게 이해함과 동시에 예산통제제도를 지원해야 한다.

   ⓑ 예산통제를 위한 조직이 확립되어 있어야 한다.

   ⓒ 예산통제를 위해서는 예산통제의 방침 또는 절차 등을 명시한 예산통제 관리규정이 정비되어 있어야 한다.

ⓐ 예산통제제도는 계수를 통한 통제방식이므로 이를 다룰 수 있는 적절한 회계조직이 확립되어 있어야 한다.

ⓜ 예산기간의 경우 회계기간의 장단, 제조기간의 장단, 장기예측의 필요 유무, 계절적 요인 등에 따라 달라질 수 있지만, 예산통제제도를 지속적으로 내부통제에 활용하기 위해서는 회계연도와 동일하게 설정하는 것이 바람직하다.

④ 기타 방법에 의한 전통적 통제기법

　ⓞ 통계적 자료에 의한 방법

　ⓛ 손익분기점 분석에 의한 방법

$$\text{(손익분기점 매출수량)} = \frac{\text{(고정비)}}{\text{(단위공헌이익)}}$$

$$\text{(손익분기점 매출액)} = \frac{\text{(고정비)}}{\text{(공헌이익률)}}$$

　ⓒ 특수한 보고서 및 그 분석에 의한 방법

　ⓐ 개인적 관찰에 의한 방법

　ⓜ 내부감사에 의한 방법

CHAPTER 08 전략수립과 전략실행

01 경영전략과 전략개발

1. 경영전략의 의의와 구성요소

(1) 의의

변화하는 기업환경하에서 기업조직의 존속 및 성장을 도모하기 위해 기업조직의 활동을 환경의 변화에 전체적이고 계획적으로 적응시키는 전략을 말한다.

(2) 구성요소

① 앤소프의 전략 구성요소 : 제품·시장분야, 성장벡터, 경쟁상의 이점, 시너지
② 호퍼와 센델의 전략 구성요소 : 전략영역, 자원전개, 경쟁우위, 시너지

2. 전략계획과 전략개발

(1) 전략계획

공식화된 계획 설정 과정에서 전략 개념을 도입한 계획 설정(이에 대한 명칭 및 내용은 다양함)으로, 변화하는 환경에 대응하고 경영의 잠재적 수익능력을 종합적으로 개발하기 위한 미래지향적 의사결정시스템을 말한다.

(2) 관리문제 영역의 혁신과 전략계획(앤소프의 5단계 분류)

① 사회적(정치적) 관리
  ㉠ 기업의 최상단에는 사회적·정치적 관리가 위치한다.
  ㉡ 사회에 있어 기업조직의 정당성·합법성, 존재이유를 판단하고 결정한다.
② 기업가적 관리
  ㉠ 기업가적 관리는 기업을 위한 이익잠재력을 창출해 낸다.
  ㉡ 기업의 유지·발전의 기회를 포착하며 실현시키고, 위협을 인지하고 회피하는 것이다.
③ 경쟁적 관리 : 잠재적인 이익을 현실이익으로 전환하는 것과 관련된다.
④ 경영적 관리 : 위에 제시된 3가지 관리활동이 요구하는 능력을 제공하는 것으로, 3가지 관리에 대해 기능·가치·구조·시스템 등을 지원하는 관리이다.
⑤ 로지스틱스 과정 : 비관리적인 성격, 병참적 활동이나 생산적 활동이라 불리며 자원의 조달·변환·유통 등의 복잡한 단계를 포함한다.

(3) 전략계획의 특징(G. A. Steiner)

① '전략계획은 과정이다' : 전략계획은 목표의 개발과 더불어 시작되는 일종의 과정으로 전략 수립을 위한 지속적인 과정이 되어야 함을 의미한다.

② '전략계획은 하나의 철학이다' : 전략계획은 이미 정해진 과정, 절차 또는 기법보다 한 차원 높은 사고의 과정이나 지적 활동이다.

③ '전략계획은 의사결정의 미래성을 다룬다' : 공식적 전략계획은 미래에 존재하는 기회 및 위협의 구별을 의미하며, 이는 합리적 의사결정의 기초가 된다.

④ '총괄적인 전사적 계획은 계획의 구조로 정의되기도 한다' : 단기적인 업무계획 및 전략계획을 통합하는 계획의 구조가 됨을 의미한다.

(4) 전략개발과 전략유형

① 전략개발의 방법

㉠ 갭 분석: 검토하려는 목표 혹은 단순하게 연장된 성과의 차이를 통해 설정된 목표가 달성될 것인지의 여부를 분석하기 위한 방법이다.

㉡ ETOP 분석 : 환경의 위협 및 기회에 대해 배경조사, 각 지표에 대한 과거행위의 측정, 중요지표의 선택, 각 지표에 대한 예측, 잠재적인 미래 상황의 식별, 시나리오의 작성 등과 같은 프로파일을 통해 새로운 전략개발을 모색하기 위한 방법이다.

㉢ SWOT 분석 : 환경의 기회 및 위협 등을 파악하고, 기업 조직의 강점 및 약점을 인지해서 여러 형태의 전략적인 반응을 유도하고자 하는 방법이다.

㉣ 이슈분석 : 환경의 변화에 대한 미세 신호를 포착해서 이를 통해 위협을 극복하고 기회를 파악하여 충격적인 놀라움의 원인 및 반응 등을 전략적으로 분석하는 방법이다.

② 경영전략의 유형

㉠ 스타이너(Steiner)와 마이너(Miner)의 분류

- 조직계층별 분류 : 경영전략을 분권화된 기업조직에서 본사 수준의 전략 및 사업부 수준의 전략으로 분류한다.
- 영역에 기초를 둔 분류 : 경영전략을 기본전략 및 프로그램 전략으로 분류한다.
- 목적 또는 기능에 의한 분류 : 경영전략을 성장 및 생존목적을 위한 전략과 제품·시장전략으로 분류한다.
- 물질적·비물질적 자원별 분류 : 통상적으로 전략은 물질적인 자원을 대상으로 하지만 경영자의 스타일이나 사고패턴, 철학과 같은 비물질적인 자원과도 관련되며, 경영전략을 물질적 자원을 위한 전략과 비물질적 자원을 위한 전략으로 분류하기도 한다.
- 경영자의 개인적 선택에 의한 분류 : 경영전략을 개개인의 개인적 지위 및 가치관의 차이에 따라 분류한다.

㉡ 외형적인 전략출현 중심의 분류

- 생산지향 전략 : 외부환경을 보완적인 요인으로 보고 내부 환경의 전략적 요인을 추구하는 전략으로, 생산시스템의 혁신 및 제품표준화 또는 제품개발에 의한 생산의 효율화를 목적으로 한다.
- 시장지향 전략 : 시장 환경에서 전략적인 요인을 찾는 전략으로, 제품·시장전략이 중심이다.
- 산업지향 전략 : 산업계의 경쟁관계에서 전략적인 요인을 찾는 전략으로, 전사적 전략이 중심이다.

3. 제품의 표준화 전략과 다각화 전략

표준화, 단순화, 전문화를 주축으로 제품개발과 시장침투가 핵심적 내용을 구성하고 있다. 제품의 라이프사이클에 따른 제품개발, 계열화, 확대전략 등이 구체적으로 나타나는 전략이며, 최근에는 생산성 향상을 위한 측면에서 생산성 전략이 나타나기도 한다.

(1) 제품의 표준화 전략

① 포드 시스템
  ㉠ 포드의 생산전략은 제품의 표준화, 부품 등의 호환성 제고, 이를 가능하게 하는 부품의 집중생산 및 컨베이어 시스템을 활용한 흐름작업화 등을 가리킨다.
  ㉡ 생산전략에 있어 공통적 사항은 표준화, 단순화, 전문화이다.
  ㉢ 포드의 생산전략은 확대전략(Expansion Strategy)의 특징을 지닌다.

> **더 알아보기**
>
> **포드 시스템에 대한 비판**
> • 동시작업 시스템의 문제 : 한 라인에서 작업이 중지될 경우 전체 라인의 작업이 중지되어 제품생산에 큰 차질을 빚게 한다.
> • 인간의 기계적 종속화 : 컨베이어 시스템 등의 생산기계에 이상이 있을 시 생산은 중단되고 사람은 아무런 일도 하지 못하게 된다.
> • 노동착취의 원인 제공 : 생산라인에서 사람은 쉬지 못할 뿐만 아니라 떠날 수도 없기 때문에, 이러한 생산과정은 노동의 과부하를 불러일으킬 수 있다.
> • 다양한 욕구 충족 : 제품의 단순화, 표준화는 효율적이지만 다양한 욕구를 충족시키기에는 역부족이다.

② 확대 전략
  ㉠ 제품의 개발 : 기존제품을 대신할 신제품 개발을 위해 제품수명주기를 고려해야 한다.
  ㉡ 계열화 : 포드에 의해 시작된 것으로 주로 수직적인 계열화이고, 각기 다른 생산공정 및 생산영역을 하나의 경영시스템하에 둔 것이다.
  ㉢ 확대 : 통상적으로 확대전략은 현존 제품의 시장지위를 높이는 전략이다.
③ **생산성 전략** : 제조전략의 기반이 되고 있지만, 제조공정의 원가절감 및 작업자 만족, 제품의 품질향상이라는 상호배반적 측면이 있으므로 최적화에 다다르는 과정이 쉽지 않다.

(2) 제품의 다각화 전략

① **시장지향전략의 출현** : 시장이 잠재적으로 크고 더욱 동질적이며 안정되어 있다는 가정하에서 제품 표준화 전략을 중심으로 한 생산전략이 가능했지만, 이러한 가정이 타당성을 지니지 못하는 상황에서는 시장지향적인 전략이 중요시된다.
② **다각화 전략의 성장벡터 유형**
  ㉠ 개념 : 앤소프는 제품의 생산지향적 전략에서 시장지향적 전략으로의 전환 과정에서 필연적인 제품전략으로서 나타나는 제품개발, 시장침투, 시장개발 등의 전략을 확대전략으로 파악하고 이와 대비되는 전략을 다각화 전략으로 보았다.

ⓛ 앤소프(H. I. Ansoff)의 성장벡터

	기존 제품	신제품
신시장	시장 개발 (Market Development)	다각화 (Diversification)
기존시장	시장 침투 (Market Penetration)	제품 개발 (Product Development)

위험도 →

위험도 ↑

- 시장침투(시장진입) 전략 : 기존 상품으로 기존 시장에 진입
  - 이미 존재하는 상품을 가지고 더 깊고 체계적으로 시장에 침투하는 방법이다. 시장점유율을 높여 경쟁자의 시장점유율을 빼앗거나 기존 고객들의 구매를 늘리기 위해 노력한다.
- 제품개발 전략 : 기존 시장에 신제품으로 진입
  - 기존 고객들의 욕구를 충족시켜 왔고 고객들의 브랜드에 대한 충성도가 높은 기업에게 유리한 전략이다.
- 시장개발 전략 : 새로운 시장에 기존제품으로 진입
  - 기존 시장이 포화되어 다른 지역이나 고객군을 공략하는 전략으로, 시장침투보다 위험이 크다. 따라서 신제품 개발에 혁신과 차별화를 두어야 한다.
- 다각화전략 : 신제품으로 새로운 시장에 진입
  - 특별히 위험이 큰 전략이다. 성공적으로 진출하기 위해서는 기업이 사업을 다각화했을 때 기존에 기업이 가지고 있는 역량이 새로운 사업에 얼마나 도움을 주는지를 나타내는 개념인 시너지를 생각해야 한다.

더 알아보기

다각화의 종류
- 수직적 다각화 : 기업이 자신의 사업 분야에 포함된 분야로 사업영역을 확장하는 것
- 수평적 다각화 : 자신의 사업 분야와 동등한 수준의 분야로 다각화하는 것
- 집중적 다각화 : 핵심기술 한 가지에 집중해서 판매하는 것 또는 다른 관점에서 바라보면 경영합리화의 목적, 시장통제의 목적, 금융상 이점 등을 목적으로 상호 간 협정 또는 제휴를 통해 과다경쟁으로 인한 폐해를 없애고 기업조직의 안정 및 시장지배를 목적으로 하는 것
- 복합적 다각화 : 해당 사업이 연계된 동종업종의 것, 자신들의 업종과는 전혀 다른 양상의 분야로 확장해서 운영하는 것

4. 기업의 산업경쟁 전략과 포트폴리오 전략

(1) 마이클 포터의 경쟁전략

기업의 경쟁력을 결정하는 5가지 요인(잠재적 진입자, 산업 내 경쟁자, 공급자, 구매자, 대체품)이 기업을 위협하는 환경에서 경쟁우위에 서기 위해 취할 수 있는 공격적 또는 방어적인 전략을 말한다.

(2) 경쟁전략

① 기업조직에서의 경쟁전략은 기업조직이 어떻게 경쟁에 들어가는지 그리고 목표는 무엇인지, 이러한 목표를 실현하기 위해 필요한 정책은 무엇인지에 대해 결정하는 것이다.

② 경쟁전략의 형태

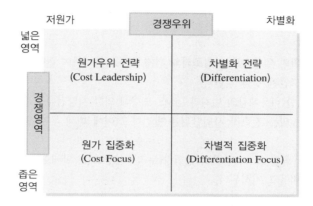

ⓐ 코스트 리더십 전략(원가우위 전략) : 비용요소를 철저하게 통제하고 기업조직의 가치사슬을 최대한 효율적으로 구사하는 전략이다.

ⓑ 차별화 전략 : 소비자들이 가치가 있다고 판단하는 요소를 제품 및 서비스 등에 반영해서 경쟁사의 제품과 차별화한 후 소비자들의 충성도를 확보하고 이를 통해 가격 프리미엄 또는 매출증대를 꾀하는 전략이다.

ⓒ 집중적 전략 : 메인 시장과는 다른 특성을 지니는 틈새시장을 대상으로 원가우위 또는 차별화 전략을 통해 소비자들의 니즈를 충족시켜 나가는 전략이다.

(3) 경쟁전략을 위한 산업구조적 요인의 분석(경쟁 5요인)

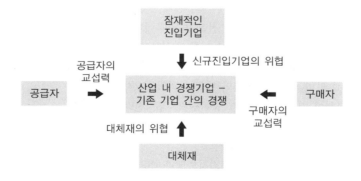

포터의 산업 환경 분석

산업 환경의 분석은 기업조직의 전략에 직접적으로 영향을 미치기 때문에 전략 수립에 있어 가장 중요한 요소 중 하나이다.
- 잠재적인 진입자의 위협
- 기존 기업들 간의 경쟁
- 구매자의 교섭력
- 공급자의 교섭력
- 대체품의 위협

(4) 포트폴리오 전략

① 경영자전략계획의 일환으로 기업조직의 환경위험을 분석하여 활용이 가능하도록 기업의 잠재능력 개발을 위해 고안된 것을 말한다.

② 경험곡선에 의한 비용체감의 법칙과 PIMS 모형에 의한 시장점유율 및 ROI 결정법칙을 합함으로써 현재 잠재력이 있는 전략적 사업단위를 발견하고 이에 대해 투자 또는 환수를 정하는 전략이다.

③ 경험곡선

제품의 단위당 실질 코스트는 누적경험량(누적생산량 또는 판매량)이 증가함에 따라 단위당 비용이 20 ~ 30%의 비율로 저하된다.

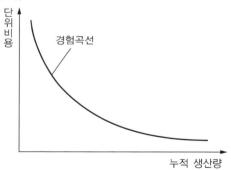

④ 경험곡선과 PIMS

㉠ 시장점유 및 투자수익률과의 정(+)의 관계를 실제적으로 검증한다.

㉡ 특정 사업에 있어 투자수익률이 전략 변화에 어떠한 영향을 미치는지 또는 반대로 전략 변화가 투자수익률에 어떤 영향을 미치는지를 분석한다.

㉢ PIMS는 이익모형으로 기업조직의 수익성에 영향을 미치는 요소 및 그 영향 정도, 전략과 시장조건의 변화에 따른 투자수익률의 변화를 파악하고자 한다.

㉣ PIMS 모형이 제시하는 전략 : 구축전략, 유지전략, 철수전략

⑤ 성장 – 점유 매트릭스(BCG 매트릭스 모형)

㉠ 최초의 표준화된 포트폴리오 모형

㉡ 각 SBU의 수익과 현금흐름이 실질적으로 판매량과 밀접한 관계에 있다는 가정하에 작성된 모형으로 수익의 주요 지표로서 현금흐름에 초점을 두고 상대적 시장점유율과 시장성장률이라는 2가지 변수를 고려하여 사업 포트폴리오를 구성한다.

ⓒ 세로축을 시장성장률로 두고, 가로축을 상대적 시장점유율로 두어 2×2 매트릭스를 형성한다.
ⓓ 시장성장률은 각 SBU가 속하는 산업 전체의 평균매출액 증가율로 표시되며, 시장성장률의 고·
　저를 나누는 기준점으로는 전체 산업의 평균성장률을 활용하게 된다.

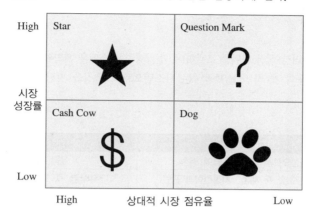

PART 1

더 알아보기

BCG 매트릭스 모형

별(Star) 사업부	• 시장성장률도 높고 상대적 시장점유율도 높은 경우에 해당하는 사업이다. • 이 사업부의 제품들은 제품수명기기상에서 성장기에 속한다.
현금젖소(Cash Cow) 사업부	• 시장성장률은 낮지만 상대적 시장점유율은 높은 사업부이다. • 이 사업부의 제품들은 제품수명주기상에서 성숙기에 속한다. • 이에 속한 사업은 많은 이익을 시장으로부터 창출해 낸다. 시장의 성장률이 둔화되었기 때문에 그만큼 새로운 설비투자 등과 같은 신규 자금의 투입이 필요 없고, 시장 내에 선도 기업에 해당하므로 규모의 경제와 높은 생산성을 누리기 때문이다.
물음표(Question Mark) 사업부	• 다른 말로 '문제아'라고도 한다. • 이 사업부의 제품들은 시장성장률은 높으나 상대적 시장점유율이 낮은 사업이다. • 이 사업부의 제품들은 제품수명주기상에서 도입기에 속한다. • 시장에 처음으로 제품을 출시한 기업 이외 대부분의 사업부들이 출발하는 지점이 물음표 사업부이며, 새로 시작하는 사업이기 때문에 기존의 선도 기업을 비롯한 여러 경쟁기업에 대항하기 위해 새로운 자금 투자를 상당량 필요로 한다.
개(Dog) 사업부	• 시장성장률도 낮고 시장점유율도 낮은 사업부이다. • 이 사업부의 제품들은 제품수명주기상에서 쇠퇴기에 속한다. • 낮은 시장성장률 때문에 그다지 많은 자금의 소요를 필요로 하지는 않지만, 사업활동에 있어서 얻는 이익도 매우 적은 사업이다. • 이 사업에 속한 시장의 성장률이 향후 다시 고성장을 할 가능성이 있는지 또는 시장 내에서 자사의 지위나 점유율이 높아질 가능성은 없는지 검토해 보고 이 영역에 속한 사업들을 계속 유지할 것인가 아니면 축소 내지 철수할 것인가를 결정해야 한다.

1. 전략경영의 출현과 특징

(1) 전략경영

전략경영은 경영관리상의 전 범위를 포괄하며, 전략경영 시스템은 계획활동뿐만 아니라 기업조직의 활동·동기부여·통제 등의 제 국면을 포괄하는 시스템으로의 특징을 지닌다.

(2) 전략경영의 특징

전략계획	전략경영
문제해결과정으로서의 전략수립에 역점	실행 및 통제의 문제를 포함
기업의 외적 관계성, 즉 제품·시장전략과 관련	내부배열, 즉 조직시스템 및 조직 변화와 관련
전략의 결정 시 기술적·경제적·정보적 측면에 집중	기업조직 내외의 사회적·정치적 요소에도 주목

(3) 호퍼와 센델의 전략경영 형성 단계(7단계)

전략의 식별 → 환경의 분석 → 자원의 분석 → 갭의 분석 → 전략적 대체안 → 전략의 평가 → 전략의 선택

2. 전략과 조직의 구조와 과정 및 문화

(1) 구조 및 과정

① 통상적으로 구조는 조직구성요소의 상호 관련된 틀 또는 패턴이 되고, 과정의 경우에는 조직구성요소의 결합에 있어 행동이나 기능 등이 된다.
② 구조는 기업조직 시스템의 정태적 현상이며, 과정은 기업조직 시스템의 동태적 현상이다.

(2) 전략과 구조의 맥락

① 통상적으로 과거에는 기업조직이 환경변화에 적응하기 위해서 전략목적을 설정하면 이를 이루기 위해 그에 맞는 적정한 조직구조가 자동으로 설계된다는 가정이 지배적이었지만, 현대에 와서는 기업의 조직구조가 전략적인 선택에 의해 형성된다는 명제로 수정·보완되었다.
② 챈들러의 경우, 미국 내 대기업을 상대로 한 연구에서 집권화된 기업조직으로 시작한 기업이 다양화 전략에 따라 사업부제로 이행하였음을 발견하고, '구조는 전략에 따른다'라는 명제를 만들어 냈다. 하지만 이런 명제는 조직 및 환경과의 맥락에서 지나치게 기계론적이고, 결정론적이라는 비판을 받았다.

(3) 전략과 문화

① 기업문화론에 대한 연구는 기업의 조직구조 및 관리시스템을 변혁시키고자 하는 문제의식으로부터 시작되었고, 계량모형에 의한 합리적인 경영기법의 한계를 극복하고자 시도된 새로운 접근 방법이다.

② 핵스와 마이루프의 경우 전략경영의 통합적 전망이라는 전략은 기업문화의 내부로 통합되어야 함을 주장하고, 전략경영은 기업 조직의 모든 기능 및 구조계층을 연결시키는 기업가치·경영능력·조직책임 그리고 관리시스템을 개발하는 것이라 정의하였다.

③ 오늘날의 조직문화 또는 기업문화는 경영전략의 수립 및 실행에 있어 중요한 전략적 과제로 나타나고 있다.

(4) 마일스와 스노우가 말하는 전략·구조 유형

전략	목표	조직구조의 특성
방어형 전략	안정 및 능률	• 분업의 범위가 광범위하고 공식화의 정도가 높은 기능별 조직구조를 취하는 경향 • 집권화된 통제 및 복잡한 수직적 정보시스템 • 단순한 조정메커니즘과 계층경로를 통한 갈등 해결
탐사형 전략	유연성	• 분업의 정도가 낮으며, 공식화의 정도가 낮은 제품별 조직구조를 취하는 경향 • 분권화된 통제 및 단순한 수평적 정보시스템 • 복잡한 조정메커니즘과 조정자에 의한 갈등 해결
분석형 전략	안정 및 유연성	• 기능별 구조 및 제품별 구조를 결합한 느슨한 조직구조를 취하는 경향 • 중간 정도로 집권화된 통제 • 극도로 복잡하면서 고비용의 조정메커니즘 • 어떠한 갈등은 제품관리자에 의해 해결되고, 어떠한 갈등은 계층경로를 통해 해결됨

CHAPTER 09 조직구조와 조직문화

01 조직구조

1. 조직구조의 구성

(1) 로빈스(S. P. Robbins)의 조직구조의 구성요소 : 복잡성, 공식화, 집권화

(2) 조직구조 분석을 위한 구성요소 : 분화, 통합, 권한 시스템, 관리 시스템

(3) 공식조직과 비공식조직

① 공식조직 : 구성요소 간 합리적 관계패턴을 공식적으로 확립시키기 위해 계획적이면서 의도적으로 만든 조직이다. 공식조직을 구성함에 있어서는 기능(과제)의 분화 및 지위의 형성, 직위에 대한 권한 및 책임의 한계를 명시적으로 규정화하는 것 등이 문제가 된다.

② 비공식조직 : 자연발생적으로 생겨난 조직으로 소집단의 성질을 띠며, 조직 구성원은 밀접한 관계를 형성한다.

> **더 알아보기**
>
> 비공식조직의 특징
> - 비공식조직의 구성원은 감정적 관계를 가지고 개인적 접촉성을 나타냄
> - 비공식조직의 구성원은 집단접촉의 과정에서 나름대로의 역할을 담당함
> - 비공식적인 가치관, 규범, 기대 및 목표를 가지고 있으며, 조직의 목표달성에 큰 영향을 미침

(4) 분업구조와 분권화

① 분업구조 : 조직의 목표를 세분화한 것으로 조직단위의 연결 또는 네트워크로 생각할 수 있다.

② 구성요인

　㉠ 복잡성 : 조직 내에 존재하는 분화의 정도이다.

　㉡ 수직적 분화 : 계층의 형성을 의미한다.

　㉢ 수평적 분화 : 부문화의 형성을 의미한다.

　㉣ 분업 : 전문화에 의한 업무의 분화이지만 통합을 전제로 한다.

　㉤ 의사결정의 권한 : 분산화된 형태로 나타난다.

③ 관료제 : 베버는 조직의 규모가 커져 감에 따라 발전된 합리적 구조를 관료제라고 하였으며 근대적이고 합법적인 지배를 기반으로 하고 있다고 주장했다. 이와 더불어 관료제는 직위의 계층적인 배열, 비인격적 관계, 추상적인 규칙시스템 등을 특성으로 하고 있다고 보았다.

(5) 계층구조와 권한 관계

① 경영조직에서는 조직구성원 개개의 과제 및 기능을 상호 조정하기 위해서 상·하위의 계층 구분이 불가피하며, 이에 따라 조직구조인 계층구조를 지니게 된다. 계층구조의 분석에 있어 권한이 중요시 되고, 조직에서의 권한은 통상적으로 직무를 수행할 수 있는 권리 및 그에 따른 권력 등을 포함하는 것으로 정의된다.

② 사이먼(H. A. Simon)이 주장하는 권한의 기능

권한의 기능	내용
책임이행의 강요	책임이 이행되지 않았을 시 구체적 제재의 권한이 발동되는 것
의사결정에 있어서 전문성의 확보	권한의 행사로서 의사결정의 전문성을 높이는 것
활동 간 조정	전체 집단구성원으로 하여금 특정한 정책의 결정에 따르도록 유도하는 것

(6) 커뮤니케이션의 구조 및 품의제도

① 의사소통구조 : 의사소통은 적어도 두 사람 사이의 정보전달 과정이며, 조직에서의 의사소통 관계를 의사소통 구조라고 한다.
   ㉠ 버나드에 의하면 조직을 구성하는 기본 조건은 의사소통, 공동 목적, 협동의욕의 세 가지가 갖추어져야 한다고 하였다. 이처럼 의사소통은 조직의 목적을 각 구성원에게 효과적으로 전달할 수 있도록 명료성, 일관성, 자기적시성, 분포성, 타당성, 적응성, 관심과 수용의 원칙 등이 지켜져야 한다.
   ㉡ 집권화 체제에서 주로 활용되고 있는 수단의 하나가 품의제도이다.

② 품의제도
   ㉠ 경영관리상 중요 문제를 하위자가 상위자에게 상신해서 결재를 받는 것과 직능적으로 관련 있는 타 직위에 회의(回議)하는 것을 의미한다.
   ㉡ 문서의 형식으로 절차에 의해 양식화하고 확인·기록·보존하는 것이다.
   ㉢ 상신·결재·회의·양식화하는 공식적인 커뮤니케이션 수단이며, 이는 기록 및 확인요소를 포함한다.

(7) 조직시스템의 형상(민츠버그가 분류한 조직형상의 구성요소)

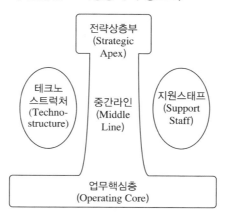

주요 사항

- 업무핵심층(Operating Core) : 제품 및 서비스 생산과 직접 관련된 기본적인 업무를 수행한다.
- 전략상층부(Strategic Apex) : 기업조직에 대한 전반적인 책임과 함께 조직의 방향설정과 전략개발 등을 담당한다.
- 중간라인(Middle Line) : 업무핵심층과 전략상층부를 연결해 주는 역할을 수행한다.
- 테크노스트럭처(Techno – structure) : 업무의 흐름을 설계하고 수정하며, 종업원들을 훈련시키는 등 전문적인 기술지원을 하지만 직접적인 작업을 수행하지는 않는다.
- 지원스태프(Support Staff) : 전문화된 단위로서 작업흐름과 분리되어서 작업을 수행하는 다른 부문을 전체적인 차원에서 지원해 주는 역할을 수행한다.

2. 경영조직 구조의 형태와 유형

(1) 민츠버그의 분류

단순구조, 기계적 관료제, 전문적 관료제, 사업부제, 애드호크라시

(2) 일반적 분류

기업조직의 기본적 형태는 라인조직, 집권화 및 분권화를 기준으로 하는 사업부제 조직이다. 집권식 기능조직과 분권적 조직의 결합인 매트릭스 조직 등으로 분류된다.

(3) 라인조직

① 단일 라인조직
　㉠ 한 사람의 의사 및 명령이 하부에 직선적으로 전달되는 형태의 조직이다. 군대식 조직과 같이 지휘명령권이 명확하며, 계층원리 또는 명령일원화 원리에 의해서 설계된 조직형태이다.
　㉡ 모든 조직의 기본형태로 소규모의 기업경영형태에서 볼 수 있다. 의사결정이 신속하며 하급자의 훈련이 용이하나 업무의 과다한 집중으로 인한 비효율성이 발생한다.

② 복수 라인조직
　㉠ 명령권자 및 수령라인이 복수인 조직형태로, 이러한 조직의 시작은 테일러(Taylor)이다.
　㉡ 감독의 전문화가 이루어지나, 명령의 이원화에 따른 문제발생의 소지가 있다.

③ 스태프 라인조직
　㉠ 복수 기능식 라인조직의 결함을 보완하고, 단일 라인조직의 장점을 살릴 수 있는 혼합형 조직형태이다. 라인이 명령권을 지니며, 스태프는 권고·조언·자문 등의 기능을 지닌다.
　㉡ 라인 및 스태프의 분화에 의한 전문화의 이점을 살릴 수 있으나, 라인 및 스태프 간 갈등발생이 우려된다.

(4) 사업부제 조직

① 기능조직이 점차 대규모화됨에 따라 제품이나 지역, 고객 등을 대상으로 해서 조직을 분할하고 이를 독립채산제로 운영하는 방법이다. 그러므로 사업부는 기능조직과 같은 형태를 취하고 있으며, 회사 내의 회사라고 볼 수 있다.

② 내용

    ⊙ 챈들러의 '구조는 전략에 따른다.'라는 명제는 사업부제 조직을 바탕으로 한다.

    ⓒ 사업부제 조직의 형태로는 제품별 사업부제, 지역별 사업부제, 고객별 사업부제의 형태 등이 있다.

③ 기능별 조직과 사업부제 조직의 비교

구분	기능별 조직	사업부제 조직
장점	• 기능별로 최적방법(품질관리, 생산관리, 마케팅 등)을 통일적으로 적용 • 전문화에 의한 지식경험의 축적 및 규모의 경제성 • 인원·신제품·신시장의 추가 및 삭감이 신속하고 신축적 • 자원(사람 및 설비)의 공통 이용	• 부문 간 조정이 용이 • 제품별 명확한 업적평가, 자원의 배분 및 통제 용이 • 사업부별 신축성 및 창의성을 확보하면서 집권적인 스태프와 서비스에 의한 규모의 이익 추구 • 사업부장의 총체적 시각에서의 의사결정
단점	• 과도한 권한의 집중 및 의사결정의 지연 • 기능별 시각에 따른 모든 제품 및 서비스 경시 • 다각화 시 제품별 조건의 적합적 관리 불가능 • 각 부문의 업적평가 곤란	• 단기적인 성과를 중시 • 스태프, 기타 자원의 중복에 의한 조직슬랙의 증대 • 분권화에 의한 새로운 부문 이기주의의 발생 및 사업부 이익의 부분 극대화 • 전문직 상호 간 커뮤니케이션의 저해

(5) 매트릭스 조직

① 기존의 조직체계에서 특정 사업(프로젝트)을 수행하거나 특정 업무가 하나의 조직단위에 국한되지 않고 각 조직단위에 관계되는 경우 이렇게 관계된 조직의 단위로부터 대표자를 선정해 새로운 조직체를 형성하는 조직형태이다.

② 통상적으로 추진한 사업이 종료되면 해산하지만 문제가 반복성을 띠게 되면 계속 존속하게 되는 특징이 있다. 신축성 및 균형적 의사결정권을 동시에 부여함으로써 경영을 동태화하는 순기능도 있지만, 조직의 복잡성이 증대된다는 역기능도 가지고 있다.

---

02 조직구조

1. 조직문화의 개념

(1) 개념

한 조직의 구성원들이 공유하는 신념, 가치관, 이념, 관습, 지식 및 기술을 총칭한 것

(2) 조직문화에 대한 정의

① Pettigrew : 언어, 상징, 이념, 전통 등 조직체 개념의 총체적 원천

② Sathe : 조직 구성원들이 보편적으로 공유하는 중요한 가정

③ Deal과 Kennedy : 현재 활용되고 있는 행동양식

④ O'Reilly : 강력하고 공유된 핵심가치

⑤ Hofstede : 사람에게 공유되고 있는 집합적인 심리적 프로그래밍

⑥ Bate : 조직자극에 대해 합의된 지각

⑦ Ouchi : 조직구성원에게 조직의 가치 및 신념 등을 전달하는 의식, 상징 등의 집합

⑧ Peters와 Waterman : 신화, 전설, 스토리, 우화 등과 같이 상징 수단에 의해 전달되고 지배적이면서 일관된 공유가치의 집합

(3) 조직문화에 대한 주요 측면

① 작업 집단 내 형성되는 규범

② 사람이 상호작용할 시 관찰되는 행동의 규칙성(사용하는 언어, 의식 등)

③ 소비자 및 종업원에 대한 정책결정의 지침이 되는 경영철학

④ '최상의 품질', '저렴한 가격' 등과 같이 조직에 의해 강조되는 지배적인 가치관

⑤ 조직구성원들이 소비자나 외부사람들과 접촉하는 방식과 사무실 내 물질적인 배치 등에서 느끼는 분위기 또는 느낌

⑥ 신입자가 조직의 구성원으로 인정받기 위해 습득해야 하는 불문율로, 조직 내에서 잘 어울려 지내는 데 필요한 규칙

2. 조직문화의 수준

(1) 샤인(E. Schein)의 조직문화 수준

① 첫 번째 수준 : 당연하다고 생각하는 가장 기본적인 믿음으로 외부에서 관찰이 불가능하며, 의식하지 못하는 상태에서 작용한다.

② 두 번째 수준 : 기본적인 믿음이 표출되어 인식의 수준으로 나타난 것으로 옳고 그름이 결정될 수 있는 가치관이다.

③ 세 번째 수준 : 인간이 창출한 인공물, 기술이나 예술, 행동양식들에 의해 가치관이 표출되어 나타난 것으로 관찰 가능한 것이다.

더 알아보기

조직문화의 중요성

- 전략수행에의 영향 : 기업조직이 전략을 수행함에 있어 조직이 지니는 기존의 가정으로부터 벗어난 새로운 가정, 가치관, 운영방식 등을 따라야 한다.
- 합병, 매수 및 다각화 등에의 영향 : 기업조직의 합병, 매수 및 다각화를 시도할 때 기업조직의 문화를 고려해야 한다.
- 신기술 통합에의 영향 : 기업조직이 신기술을 도입할 경우에 조직구성원들은 이에 대해 많은 저항을 하게 되기 때문에 일부 직종별 하위문화를 조화시키고, 일부의 지배적인 기업조직의 문화를 변경하는 것이 필요하다.
- 집단 간 갈등 : 기업조직의 전체적 수준에서 각 집단의 하위문화를 통합해 주는 공통적 문화가 존재하지 않을 경우, 각 집단에서는 서로 상이한 문화의 특성으로 인해 심각한 경쟁과 마찰 및 갈등이 발생하게 된다.

- 화합 및 의사소통에의 영향 : 기업조직 내에서 상이한 문화적 특성을 지닌 집단의 경우 상황을 해석하는 방법 및 지각의 내용 등이 달라질 수 있다.
- 사회화에의 영향 : 기업조직에 신입이 들어와서 사회화되지 못한 경우에 불안, 소외감, 좌절감 등을 겪게 되고, 그로 인해 이직을 하게 된다.
- 생산성에의 영향 : 강력한 조직의 문화는 생산성을 제한하는 방향으로 흐를 수도 있지만, 자신의 성장 및 기업의 발전을 동일시하는 경우는 생산성을 향상시키는 방향으로 영향을 미치게 된다.

3. 조직문화의 형성

(1) 가글리아드의 조직문화 형성과정의 4단계

① 1단계 : 기업조직이 형성되는 단계로 리더가 지니는 비전이 조직의 목적과 구성원들에게 과업을 분배하는 데 있어 평가 및 준거의 기준으로 활용되는 단계이다.

② 2단계 : 리더의 기본적인 신념에 의해 이루어지는 행동이 바람직한 결과를 가져왔을 때 이러한 신념은 경험에 의해 확인되고 조직의 각 구성원들에 의해 공유되어 행동의 준거로 활용된다.

③ 3단계 : 같은 결과가 연속적으로 달성됨으로 인해 조직의 구성원들은 이러한 가치를 당연한 것으로 받아들이고, 그러한 효과에서 벗어나 원인을 규명하는 데 집중하게 된다.

④ 4단계 : 전 구성원들에 의해 의문 없이 그러한 가치가 수용되고, 구성원들이 더더욱 당연한 가치로 받아들임으로 인해 더 이상 의식적으로 그것을 인식하려 하지 않는 단계이다.

(2) 조직문화의 형성에 영향을 미치는 요인

조직문화는 외부환경에의 적응 및 내부적 통합을 추구하는 과정으로부터 형성된 것으로서 조직의 역사, 한 국가의 사회문화, 관습, 규범 등에 의해 영향을 받는다.

4. 조직문화와 조직설계

(1) 숄츠가 말하는 조직문화 차원

① 환경적 차원에 따른 조직문화(제1유형) : 기업과 환경과의 관계를 다루는 방법의 결과에 관한 것으로 강인하고 억센 문화, 열심히 일하고 잘 노는 문화, 회사의 운명을 거는 문화, 과정을 중시하는 문화 등으로 분류된다.

② 내부적 차원(제2유형) : 기업의 문제해결태도와 관련된 내부적 상황에 관한 것으로 생산적 문화, 관료적 문화, 전문적 문화 등으로 분류된다.

③ 진화적 차원(제3유형) : 기업의 성장단계에 따라서 나타나는 문화적 특성에 관한 것으로 안정적 문화, 반응적 문화, 예측적 문화, 탐험적 문화, 창조적 문화 등으로 분류된다.

④ 제1 ~ 3유형이 조화를 이루고 있는 경우에 바람직한 문화 형태를 나타내며, 이러한 구성형태에 적절한 조직구조가 설계되어야 함을 제시하고 있다. 제1유형의 경우는 기계적 관료조직, 제2유형은 전문적 관료조직, 제3유형은 애드호크라시와 창업기업이 적합한 형태이다.

5. 조직문화의 변화

(1) 조직문화의 변화과정

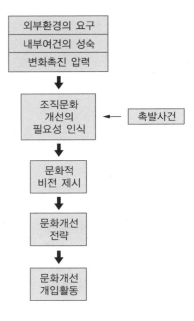

(2) 조직문화 변화의 계기가 되는 요소들

환경적인 위기, 경영상의 위기, 내적혁명, 외적혁명, 큰 잠재력을 지닌 환경적 기회

(3) 조직문화의 변화방법

1차 방법은 경영자 및 관리자들의 행동과 관련된 것이고, 2차 방법은 1차 방법을 강화시켜 주는 활동이다. 1·2차적 방법들은 최고경영자가 일관성 있게 적극적으로 수행할 때 가능하다.

① **1차적 방법** : 경영자의 관점과 관심사, 중요한 사건 또는 조직의 위기에 대한 경영자의 대응방식, 경영자가 모범을 보이고 지도, 보상 및 승진에 대한 결정기준 제시, 모집·선발·퇴직의 기준 제시 등

② **2차적 방법(1차적 방법을 강화시켜 주는 방법)** : 새로운 조직문화에 적합한 조직구조 설계, 조직시스템과 절차 확립, 물리적인 환경 조성, 중요 사건 또는 영웅적인 인물에 대한 일화의 전파, 조직의 철학·신념에 대한 공식적 언급 등

(4) 조직사회화

① 조직문화를 효과적으로 관리하기 위해서는 조직문화 형성단계에서부터 체계적인 관리가 필요하다. 따라서 신입사원이 들어오는 경우에는 이에 대한 사회화가 체계적으로 이루어져야 한다.

② **조직사회화의 단계** : 적합한 인재 선발(1단계) → 훈련을 통한 신념 및 가치관의 주입(2단계) → 교육 및 훈련을 통한 핵심기능의 숙지(3단계) → 정확한 업무평가 및 그에 따른 적절한 보상(4단계) → 조직 공동가치와의 일체감 형성(5단계) → 가치 주입(6단계) → 일관성 있는 역할모델 제시(7단계)

CHAPTER 10 인사관리와 노사관계관리

01 인사관리

1. 인사관리의 개념

(1) 인사관리의 의의

기업조직에 필요한 인력을 획득, 이를 조달하고 유지 및 개발하며, 유입된 인력을 효율적으로 관리・활용하는 체제

① 인사관리의 주요 기능으로는 직무의 분석 및 설계, 모집 및 선발, 훈련 및 개발, 보상 및 후생복지, 노조와의 관계 등이 있다.

② 전통적 인사관리와 현대적 인사관리의 비교

구분	전통적 인사관리	현대적 인사관리
중점	직무중심의 인사관리	경력중심의 인사관리(예 CDP 제도)
강조점	조직목표만을 강조	조직목표와 개인목표의 조화(예 MBO)
인간관	소극적, 타율적 X론적 인간관	주체적, 자율적 Y론적 인간관
안목	주어진 인력을 활용하는 단기적인 안목	인력을 육성, 개발하는 장기적 안목
노동조합	노동조합의 억제(부정)	노사 간 상호협동에 의한 목적달성

(2) 인사관리의 목표

생산성 향상, 근로생활의 질(QWL) 향상

(3) 인사관리의 환경

① 내부환경

　㉠ 노동력 구성비의 변화 : 구성원들의 중고령화, 관리직 및 전문직의 증가, 여성근로자의 증가로 인한 여성들의 사회 참여 의욕이 점차적으로 증가한다.

　㉡ 조직규모의 확대 : 기업조직의 규모 확대와 더불어 인사관리의 기능분화가 발생한다.

　㉢ 가치관의 변화 : 조직중심에서 개인주의적인 성향이 우선시되는 방향으로 가치관이 변화한다.

② 외부환경

　㉠ 경제여건의 변화 : 경기가 호황일 때 임금, 승진, 복지후생 등의 고용조건이 좋아지지만, 경기가 불황일 때 유휴인력, 실업, 정리해고 등의 문제가 발생한다.

　㉡ 정부개입의 증대 : 사회보장에 관한 관심의 증가로 인해 정부 개입도 증가한다.

　㉢ 정보기술의 발전 : 사무자동화, 공장자동화, 경영정보시스템 등의 정보기술의 발달로 인해 새로운 인사체제 확립이 필요하다.

　㉣ 노동조합의 발전 : 근로자에 대한 노동조건의 향상과 더불어 경영참가 등 인사관리상의 참여도 요구되고 있다.

2. 직무분석과 직무평가

(1) 직무분석

① 직무분석의 의의
  ㉠ 직무의 성격·내용과 연관된 각종 정보를 수집, 분석, 종합하는 활동으로, 기업조직이 요구하는 업무의 내용을 정리·분석하는 과정을 의미한다.
  ㉡ 사람 중심의 관리가 아닌 업무 중심의 인사관리를 하기 위해서 기본적으로 직무분석이 선행되어야 한다.

② 직무분석 방법 : 관찰법, 면접법, 설문지법, 중요사건법, 워크샘플링법

③ 직무기술서 : 종업원의 직무분석 결과를 토대로 직무수행과 관련된 각종 과업 및 직무행동 등을 일정한 양식에 따라 기술한 문서를 말한다.

④ 직무명세서 : 직무분석의 결과를 토대로 특정한 목적의 관리절차를 구체화하기 편리하도록 정리하는 것을 말한다. 각 직무수행에 필요한 종업원들의 행동이나 기능·능력·지식 등을 일정한 양식에 기록한 문서를 의미하며, 직무명세서는 특히 인적요건에 초점을 둔다.

(2) 직무평가

① 기업조직에서 각 직무의 숙련·노력·책임·작업조건 등을 분석 및 평가하여 다른 직무와 비교한 직무의 상대적 가치를 정하는 체계적인 방법을 의미한다.

② 직무급 도입의 기초 : 직무평가는 '동일노동 동일임금'을 기본원리로 하는 직무급 제도의 기초가 된다.

③ 직무평가의 방법

비교기준 비교대상	직무전반	구체적 직무요소
직무 대 직무	서열법 (Ranking Method)	요소비교법 (Factor Comparison Method)
직무 대 기준	분류법 (Job Classfication Method)	점수법 (Point Method)

  ㉠ 정성적 방법 : 서열법, 분류법(또는 등급법)
  ㉡ 정량적 방법 : 점수법, 요소비교법

3. 인사관리의 주요활동(확보 → 개발 → 활용 → 보상 → 유지)

(1) 확보

① 인적자원관리 과정에서 가장 먼저 이루어지는 과정이며, 기업조직의 목표를 달성함에 있어서 필요한 인력의 내용 및 수를 조직이 확보해 나가는 과정이다. 이 단계에서는 주로 인적자원의 충원계획에 따른 모집이나 선발 및 배치관리가 이루어진다.

② 특징 : 기업조직 내에서 해고, 퇴직, 승진, 이동 등에 따른 현재 및 미래 직무 공백을 분석하고, 기업조직의 확장 또는 변경 등에 대비해서 조직의 인력흐름을 조절한다.

(2) 개발

① **인력개발** : 기업조직 내 인력자원을 타 자원(정보자원, 재무자원, 기타 물리적 자원)과 마찬가지로 기업의 장·단기전략과 그에 따른 목표를 달성하는 데 있어 주요 수단으로 여기고 조직전략 및 목표에 맞게 개발, 이를 통해 타 인사기능과 효과적인 연관관계를 맺어 인력자원의 효율적인 활동을 통해 궁극적으로 기업조직의 유효성을 향상시키는 기능을 의미한다.

② **개인개발** : 구성원(종업원) 스스로가 종사하고 있는 직종에 연관된 신지식 및 기술 등을 습득하고, 긍정적인 태도 및 행동양식을 보여 줌으로써 업무향상을 꾀하도록 인력개발을 하는 것을 말한다.

③ **경력개발** : 기업조직이 미래 사업에 배치할 인력개발을 목표로 미래 직무에 필요로 하는 기술을 개발하기 위해 개개인의 관심, 적성, 가치관, 활동 및 업무 등을 파악하는 개발과정이다.

④ **조직개발** : 조직구조 전체를 하나의 시스템으로 간주하고 인력자원에 관련한 여러 가지의 변수, 즉 조직구조·과정·문화·전략 등의 상호작용을 분석해서 변수 및 업무에 대한 문제를 해결, 기업 전 조직을 새롭고 창조적인 체제로 개선해 나가는 것을 말한다.

(3) 활용

인적자원의 개발관리를 통해 개발된 인적자원을 효율적으로 활용하기 위해서는 조직의 특성 및 직무특성 등의 재설계 또는 건전한 조직풍토 및 기업문화의 정립이 요구된다. 이러한 인적자원의 활용을 위해서는 MBO, 소집단 활동, 프로젝트 팀 등의 활동이 활성화되어야 한다.

(4) 보상 및 유지

① 인적자원을 효율적으로 활용한 대가로 기업이 개인에게 주는 경제적 보상으로 임금과 복지후생이 있다.

② **복지후생** : 기업조직이 종업원과 가족들의 생활수준을 높이기 위해 마련한 임금 이외의 제반급부이다. 복지후생제도는 기업에서 노사 간 관계의 안정, 공동체의 실현 및 종업원들의 생활안정과 문화향상 등의 필요에 의해 발전하고 있다.

③ 복지후생을 증진하는 주체는 통상적으로 기업 측이 맡고 있지만, 관리운영을 반드시 기업 측이 담당할 필요는 없다.

4. 임금관리

(1) 임금관리의 내용

임금은 주로 육체노동자에게 지급되는 것을 말하며, 봉급은 주로 정신노동자에게 지급되는 것을 말한다. 통상적으로 봉급 및 임금은 종업원이 노동하여 얻는 소득을 의미하는 것으로, 근로기준법에서는 임금을 "사용자가 근로의 대가로 근로자에게 지급하는 임금, 봉급, 그 밖에 어떠한 명칭으로든지 지급하는 일체의 금품"으로 정의하고 있다.

(2) 임금관리의 체제

① **임금의 수준** : 임금수준은 조직의 종업원에게 제공되는 임금의 크기와 관계가 있는 것으로, 가장 기본적이면서도 적정한 임금수준은 조직 종업원의 생계비의 수준 및 기업의 지불능력, 현 사회 일반의 임금수준 및 동종업계의 임금수준을 고려하면서 관리되어야 한다.

② **임금의 체계** : 임금체계는 조직의 각 종업원에게 총액을 분배하여 종업원 간의 임금격차를 가장 공정하게 설정함으로써 종업원이 이에 대해 이해하고 만족하며, 이러한 임금차이가 업무의 동기유발이 되도록 하는 데 의미가 있다.

③ **임금의 형태** : 임금형태는 임금 계산이나 그 지불방법에 대한 것으로, 조직 종업원의 작업의욕 상승과 직접적으로 연관이 있으며 이에 따라 합리성이 요구된다. 보통 시간급·일급·월급·연봉제 등의 형태로 나뉜다.

④ **임금관리의 3요소**

임금관리 3요소	핵심사항	분류(고려 대상)
임금수준	적정성	생계비 수준, 사회적 임금수준, 동종업계 임금 수준 감안
임금체계	공정성	연공급, 직능급, 성과급, 직무급
임금형태	합리성	시간급제, 일급제, 월급제, 연봉제

(3) 임금의 결정요소

생계비 수준, 기업의 지불능력, 사회 일반적 임금수준

(4) 최저임금제

① **개념** : 해당 국가가 종업원에 대한 임금액의 최저한도선을 정하고, 사용자에게 그 지급을 법적으로 강제하는 제도를 말한다.

② **목적**

㉠ 경제정책적인 목적 : 저임금 근로자의 구매력을 증가시켜 불황기에 유효수요 축소의 방지, 부당한 임금절하에 의한 생산비 절하 방지

㉡ 사회정책적인 목적 : 저임금 근로자의 빈곤 퇴치, 미숙련·비조직 근로자에 대한 노동력 착취 방지, 소득재분배

㉢ 산업정책적인 목적 : 저임금 의존적 경쟁 지양, 기술개발 및 생산성 향상을 통한 공정한 경쟁의 유도, 노동쟁의 예방

1. 노사관계관리의 개념

노사관계란 노동시장에서 노동자(종업원)와 사용자가 서로 간에 형성하는 관계를 말한다. 실질적으로는 노동조합 및 기업에 영향을 끼치는 정부와 연관되는 각종 문제들을 대상으로 하며, 노사협조와 산업평화를 목적으로 하는 것이 일반적이다.

(1) 발전과정

전제적 노사관계 → 온정적 노사관계 → 근대적 노사관계 → 민주적 노사관계

(2) 기본목표

노사 간 질서의 확립, 올바른 이념의 정립, 노사관계의 안정 등

2. 노동조합

(1) 개념

노동자가 주체가 되어 자주적으로 단결하여 근로조건의 유지 및 개선, 기타 노동자의 경제적·사회적인 지위의 향상을 도모하기 위한 목적으로 조직하는 단체 또는 그 연합단체를 말한다.

(2) 기능

① **기본기능** : 노동자들이 노동조합을 형성하기 위해서 비조합원인 근로자들을 조직하는 제1차적 기능인 근로자 기능과 조직된 해당 노동조합을 유지하는 제2차적 기능인 노동조합 기능으로 나뉜다.
② **집행기능**
　⊙ 단체교섭 기능 : 노동자와 사용자 간의 단체교섭을 통해서 근로조건 유지·개선 내용에 대해 노사 간에 일치점이 나타나게 되면 이를 단체협약으로 이행한다.
　⊙ 경제활동 기능 : 경제활동 기능은 크게 공제적 기능과 협동적 기능으로 구분된다. 공제적 기능은 노동조합의 자금원조 기능으로 볼 수 있는데, 이는 노동자들이 어떠한 질병이나 재해, 사망 또는 실업에 대비해서 노동조합이 사전에 공동기금을 준비하는 상호부조의 활동(상호보험)을 의미한다. 협동적 기능은 노동자가 취득한 임금을 보호하기 위한 소비 측면의 보호로서 생산자 협동조합이나 소비자 협동조합 및 신용조합, 노동은행 활동 등을 의미한다.
　⊙ 정치활동 기능 : 노동자들이 자신들의 경제적인 목적을 달성하기 위해 부득이하게 정치적인 활동을 전개하는 것으로, 노동관계법 등의 법률 제정이나 그에 대한 촉구와 반대 등의 정치적 발언권을 행사하며, 이를 위해서 어느 특정 정당을 지지하거나 반대하는 등의 정치활동을 전개하는 것을 가리킨다.
③ **참모기능** : 기본기능과 집행기능을 보조하거나 참모하는 역할을 수행하는 기능이다. 노동자들이 만든 노동조합의 임원이나 조합원들을 대상으로 한 교육활동이나 각종 선전활동, 조사연구활동 및 사회봉사활동 등의 내용을 포함한다.

(3) 노동조합의 조직형태

① **직업별 노동조합** : 기계적인 생산방법이 도입되지 않았던 수공업 단계에서 산업이나 기계에 상관없이 서로 동일한 직능(예 인쇄공이나 선반공 또는 목수 등)에 종사하는 숙련노동자들이 자신들이 소속되어 있는 회사를 초월해서 노동자 자신들의 직업적인 안정과 더불어 경제적인 부분에서의 이익을 확보하기 위해 만든 배타적인 노동조합이다.

② **산업별 노동조합** : 직종이나 계층 또는 기업에 상관없이 동일한 산업에 종사하는 모든 노동자가 하나의 노동조합을 결성하는 새로운 형태의 산업별 노동조합이다. 이들 산업별 노동조합은 노동시장에 대한 공급통제를 목적으로 숙련 또는 비숙련 노동자들을 불문하고 동종 산업의 모든 노동자들을 하나로 통합해서 조직된다.

③ **기업별 노동조합** : 동일한 기업에 종사하는 노동자들이 해당 직종 또는 직능에 대한 차이 및 숙련의 정도를 무시하고 조직하는 노동조합으로, 이는 개별 기업을 존립의 기반으로 삼고 있는 것을 가리킨다.

④ **일반 노동조합** : 기업 및 숙련도, 직능과는 상관없이 하나 또는 여러 개의 산업에 걸쳐서 각기 흩어져 있는 일정 지역 내의 노동자들을 규합하는 노동조합을 가리킨다. 어느 특정한 직종이나 산업 및 기업에 소속되지 않는 노동자들도 자유로이 가입할 수 있는 반면에 조직으로서 갖추어야 하는 단결력이 약화되므로 전반적인 이해관계에 대한 문제가 나타날 우려가 있다.

(4) 노동조합의 탈퇴 및 가입

① **오픈 숍(Open Shop)** : 사용자가 노동조합에 가입한 조합원뿐만 아니라 비조합원도 자유롭게 채용할 수 있도록 하는 제도를 말한다. 종업원의 노동조합에 대한 가입·비가입 등이 채용이나 해고조건에 전혀 영향력을 끼치지 못하는 것이라 할 수 있다. 노동조합에 대한 가입 및 탈퇴에 대한 부분은 종업원들의 각자 자유에 맡기고, 사용자는 비조합원들도 자유롭게 채용할 수 있기 때문에 조합원들의 사용자에 대한 교섭권은 약화된다.

② **클로즈드 숍(Closed Shop)** : 기업의 결원에 대한 보충이나 신규채용 등에 있어 사용자가 조합원 중에서 채용을 하지 않으면 안 되는 것을 의미한다. 노동조합의 가입이 채용의 전제조건이 되므로 조합원의 확보방법으로서는 최상의 강력한 제도라 할 수 있으며, 클로즈드 숍하에서는 노동조합이 노동의 공급 등을 통제할 수 있기 때문에 노동가격(임금)을 상승시킬 수 있다.

③ **유니언 숍(Union Shop)** : 사용자의 노동자에 대한 채용은 자유롭지만, 일단 채용이 된 후 종업원들은 일정기간이 지난 후에는 반드시 노동조합에 가입해야만 하는 제도이다.

3. 단체교섭과 단체협약

(1) 단체교섭의 의의

① 노동조합과 사용자 간에 노동자들의 임금이나 근로시간, 기타 근로조건에 대한 협약체결을 위해서 대표자를 통해 집단적인 타협을 하고 또 체결된 협약을 이행·관리하는 절차이다. 노사의 대표자가 노동자의 임금·근로시간 또는 제 조건에 대해서 협약을 체결하기 위해 평화적으로 타협점을 찾아가는 절차를 가리킨다.

② 단체교섭의 기능
　　㉠ 사용자 측 : 근로자 전체 의사를 수렴한 노조와의 대화 채널이며, 노사관계의 안전장치로도 생각할 수 있다.
　　㉡ 근로자 측 : 근로자 자신들의 근무조건을 유지 및 향상시키며 구체적인 노조활동의 자유를 사용자로부터 얻어 내기 위한 중요 수단이다.
③ 단체교섭 방식
　　㉠ 기업별 교섭 : 기업 내 조합원들을 교섭의 단위로 해서 기업단위노조와 사용자 간에 행해지는 교섭방식
　　㉡ 집단교섭 : 여러 개 단위노조와 사용자가 집단으로 연합전선을 구축하는 교섭방식
　　㉢ 통일교섭 : 전국에 걸친 산업별 노조 또는 하부단위노조로부터 교섭권을 위임받은 연합체 노조와 이에 대응하는 산업별 또는 지역별 사용자단체 간의 단체 교섭방식
　　㉣ 대각선 교섭 : 단위노조가 소속된 상부단체와 각 단위노조에 대응하는 개별 기업의 사용자 간에 행해지는 교섭방식
　　㉤ 공동교섭 : 기업별 노동조합 또는 지역 – 기업단위지부와 상부단위의 노조가 공동으로 참가하여 기업별 사용 측과 행하는 교섭방식

(2) 단체협약

① 노동자들이 사용자에 대해서 평화적인 교섭 또는 쟁의행위를 거쳐서 쟁취한 유리한 근로조건을 협약이라는 형태로 서면화한 것이다.
② 단체교섭에 의해 노사 간의 입장에 합의를 보게 되었을 때 단체협약이 된다. 단체협약의 경우에 성립이 되고 나면, 그것이 법에 저촉되지 않는 한 취업규칙 및 개별근로계약에 우선해서 획일적으로 적용해야 한다. 이는 협약서 작성에 있어 상당히 강력한 규제로 작용한다.
③ 기능 : 근로조건 개선기능, 산업평화 기능
④ 단체협약의 유효기간 : 2년을 초과하는 유효기간을 정할 수 없고, 그 유효기간을 정하지 아니한 경우 또는 2년을 초과하는 유효기간을 정한 경우에 그 유효기간은 2년으로 한다(노동조합 및 노동관계조정법 제32조).

4. 부당노동행위

우리나라의 경우 개별적인 근로자를 대상으로 한 부당노동행위와 노동조합을 대상으로 하는 부당노동행위로 구별해서 다음과 같은 5가지 종류의 부당노동행위를 규정하여 이를 금지하고 있다(노동조합의 조직·가입·활동 등에 관한 불이익 대우, 황견계약의 체결, 단체교섭의 거부, 노동조합의 조직·운영에 대한 지배·개입과 경비원조, 단체행동에의 참가·기타 노동위원회와의 관계에 있어 행위에 관한 보복적 불이익 대우).

5. 쟁의행위와 쟁의조정제도

(1) 노동쟁의

종업원들의 노동시간, 복지후생, 임금, 해고 등에 대해서 노사 간의 의견 불일치로 인해 발생하는 분쟁상태

(2) 쟁의행위의 유형

구분	유형	내용
노동자 측면의 쟁의행위	파업	• 노동조합 안에서의 통일적 의사결정에 따라 근로계약상 노동자가 사용자에게 제공해야 할 의무가 있는 근로의 제공을 거부하는 쟁의수단
	태업 · 사보타주 (Sabotage)	• 태업 : 노동조합이 형식적으로는 노동력을 제공하지만 의도적으로 불성실하게 노동을 제공함으로써 작업능률을 저하시키는 행위 • 사보타주(Sabotage) : 태업에서 더 나아가 능동적으로 생산 및 사무를 방해하거나 원자재 또는 생산시설 등을 파괴하는 행위
	생산관리	• 노동조합이 직접적으로 사업장이나 공장 등을 점거하여 직접 나서서 기업경영을 하는 행위
	준법투쟁	• 노동조합이 법령 · 단체협약, 취업규칙 등의 내용을 정확하게 이행한다는 명분하에 업무의 능률 및 실적을 떨어뜨려 자신의 주장을 받아들이도록 사용자에게 압력을 가하는 집단행동 예 일제휴가, 집단사표, 연장근무의 거부 등
	불매동맹 (Boycott)	• 노동조합이 사용자나 사용자와 거래 관계에 있는 제3자의 제품구입 또는 시설 등에 대한 이용을 거절하거나 그들과의 근로계약 체결 거부 등을 호소하는 행위
	피켓팅 (Piketting)	• 노조의 쟁의행위를 효과적으로 수행하기 위한 것으로, 비조합원들의 사업장 출입을 저지하고, 이들을 파업에 동조하도록 호소하여 사용자에게 더 큰 타격을 주기 위해 활용되는 행위
사용자 측면의 쟁의행위	직장폐쇄 (Lock Out)	• 노동조합과 사용자 간에 임금 및 기타 제 근로 조건에 대해서 주장이 일치하지 아니하는 경우 사용자 측이 자기의 주장을 관철하기 위해서 노동자가 제공하는 노동력의 제공을 거부하고, 노동자에게 경제적 타격을 입힘으로써 압력을 가하는 실력행위

(3) 쟁의권 행사의 절차

① 쟁의의 신고 : 노동쟁의가 발생하였을 시 쟁의 당사자 중 어느 한 쪽이 지체 없이 이를 관할 행정관청 및 노동위원회에 신고하고, 상대측에 통고해야 한다.

② 조정기간 : 신고된 노동쟁의가 노동위원회의 적법판정을 받게 되었다 할지라도 일반사업에 있어 10일, 공익사업에 있어 15일을 경과하지 않으면 최종수단인 쟁의행위를 할 수 없다.

(4) 노동쟁의의 조정

① 조정 : 관계당사자의 의견을 들어 조정안을 만들고 노사의 수락을 권고하는 형태이다. 노동위원회에서 구성한 조정위원 3인으로 구성된 조정위원회에서 담당한다.

② 중재 : 조정과는 다르게 노사의 자주적인 해결의 원칙과는 거리가 먼 형태로 중개절차가 개시되면 냉각기간이 경과했더라도 그날로부터 15일간 쟁의행위를 할 수 없고, 중재재정의 내용은 단체협약과 동일한 효력을 지닌다.

③ 긴급조정 : 쟁의행위가 국민경제 및 국민의 일상생활을 위태롭게 할 경우 당사자에게 의견을 묻지 않고 고용노동부장관의 직권으로 결정하는 것으로, 이는 쟁의권에 대한 중대한 제약이다.

6. 경영참가와 성과배분제도

(1) 경영참가

① 노동자 또는 노동조합이 사용자와 공동으로 기업의 경영관리기능을 담당 수행하는 것을 말한다.

② 국가별, 지역별, 기업의 규모별로 차이가 있지만 일반적으로 널리 사용되고 있는 경영참가의 기본유형으로는 자본참가, 이익참가, 경영의사결정참가 등의 세 가지가 있다.

(2) 성과배분제도

① 기업이 생산성 향상으로 얻은 성과를 배분하는 제도로서, 생산성 향상을 위한 인센티브 제도라고 할 수 있다. 생산성 향상의 성과가 뚜렷했을 때에만 성과배분제의 효과를 가질 수 있다.

② 성과배분제도의 종류

　ㄱ 일반적 성과배분제도 : 상여금제, 이윤분배제, 종업원지주제도 등

　ㄴ 공장단위 성과배분제도 : 스캔론플랜, 럭커플랜, 링컨플랜, 프랜치시스템 등

7. 사회보장제도

(1) 개요

① 사회보험에 의한 제 급여 및 무상으로 행해지는 공공부조를 말한다.

② 사회보험은 부조와 더불어서 사회보장의 2대 지주를 형성하고 있으며, 사회보장의 한 부분이다.

(2) 사회보험의 4대 지주 : 국민건강보험, 연금보험, 고용보험, 산업재해보상보험

8. ILO 가입과 노사관계

(1) ILO : 근로조건을 개선하고 근로자들의 권익보호 및 복지증진을 통해 사회의 정의를 구현하고, 세계의 항구적 평화달성에 공헌하고자 설립된 노·사·정의 3자 기구

(2) 기대효과 : 국가의 지위향상, 국내 노동 분야의 발전, 노동 분야의 국제협력확대, 민간차원의 노동외교 활성화, 국제노동계 동향 및 정보파악 용이 등

CHAPTER 11 생산관리

01 생산관리의 개념

1. 생산관리의 생성 및 발전 배경

(1) 생성 및 발전

생산 활동에 대한 이론은 스미스의 분업이론, 바비지의 시간연구 및 공정분석에 의한 분업 실천화 방안에 기초하고 있고, 테일러가 이들의 이론을 바탕으로 표준시간 설정에 따른 과학적 관리 및 과업관리를 주창하면서 현대생산관리가 나타나게 되었다.

(2) 생산관리이론의 발전 배경

SA(System Approach), OR(Operation Research), 컴퓨터 과학(Computer Science) 등 현대 과학기술의 발전으로 폭발적으로 성장하였다.

2. 생산관리의 기능

설계기능, 계획 및 통제기능

02 생산시스템

1. 생산시스템의 개요

시스템의 기본형태

(1) 생산시스템의 개념

시스템은 하나의 전체를 이루도록 각각이 서로 유기적으로 관련된 형태이다. 이는 환경과도 연관되어 있으며 관계로서 결합된 개체들의 집합이다.

56 • 5대 항만공사 종합직무능력평가

(2) 생산시스템의 특징

① 생산시스템은 일정한 개체들의 집합이다.
② 생산시스템의 각 개체들은 각기 투입, 과정, 산출 등의 기능을 담당한다.
③ 단순하게 개체들을 모아놓은 것이 아닌 의미가 있는 하나의 전체이며, 어떠한 목적을 달성하는 데 기여할 수 있다.
④ 각각의 개체는 각자의 고유 기능을 갖지만 타 개체와의 관련을 통해서 비로소 전체의 목적에 기여할 수 있다.
⑤ 생산시스템의 경계 외부에는 환경이 존재한다.

(3) 생산시스템의 구조

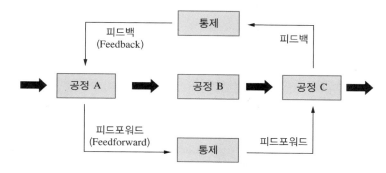

2. 생산시스템의 유형

(1) 생산의 형태에 따른 분류

① 주문생산시스템
② 예측생산시스템

(2) 제품의 종류 또는 생산량에 따른 분류

① 다품종 소량생산시스템
② 소품종 대량생산시스템

(3) 중단 여부에 따른 분류

① 연속생산시스템 : 중단 없이 지속적으로 가동·생산되는 방식으로 화학, 정유, 시멘트 산업 등과 같은 화학적인 공정을 필요로 하는 산업들이 대표적이다.
② 반복생산시스템 : 일정 크기의 로트를 설정해서 작업 실행 및 작업 중단을 반복하는 생산방식으로 TV, 자동차, 전화기 등의 여러 분야에 활용되고 있다.
③ 단속생산시스템 : 주문된 제품의 수량 및 납기 등에 맞추어 생산하는 방식이다.

3. 진보적 생산시스템

(1) JIT(Just – In – Time) 시스템(＝적시생산시스템)

① 필요한 시기에 필요한 양만큼의 단위를 생산해 내는 시스템을 말한다.

② 푸시 시스템 : 작업이 생산의 첫 단계에서 방출되고 차례로 재공품을 다음 단계로 밀어내어 최종 단계에서 완성품이 나온다.

③ 풀 시스템 : 필요한 시기에 필요한 양만큼 생산해 내는 시스템으로, 이는 수요변동에 의한 영향을 감소시키고 분권화에 의해 작업관리의 수준을 높인다.

④ JIT의 효과 : 납기 100% 달성, 고설계 적합성, 생산 리드타임의 단축, 수요변화의 신속한 대응, 낮은 수준의 재고를 통한 작업의 효율성 증가, 작업 공간 사용의 개선, 분권화를 통한 관리의 증대, 재공품 재고변동의 최소화, 각 단계 간 수요변동의 증폭전달 방지, 불량 감소, 유연성 등이 있다.

(2) 셀 제조시스템(CMS; Cell Manufacturing System)

① 다품종 소량생산에서 부품설계, 작업준비 및 가공 등을 체계화하고 유사한 가공물을 집단으로 가공함으로써 생산효율을 높이는 기법을 말한다.

② 셀 제조시스템의 효과 : 작업공간의 절감, 유연성의 개선, 도구사용의 감소, 작업준비시간의 단축, 로트 크기의 감소, 재공품 재고 감소 등이 있다.

(3) 유연생산시스템(FMS; Flexible Manufacturing System)

① 특정 작업계획으로 여러 부품들을 생산하기 위해 컴퓨터에 의해 제어 및 조절되며, 자재취급시스템에 의해 연결되는 작업장들의 조합을 말한다.

② 보다 넓은 개념으로 보면 다품종 소량의 제품을 짧은 납기로 해서 수요변동에 대한 재고를 지니지 않고 대처하면서 생산효율의 향상 및 원가절감을 실현할 수 있는 생산시스템을 가리킨다.

(4) 동시생산시스템 및 최적생산기법

① 일정한 계획에 대한 시뮬레이션 기법으로 세부적인 일정계획에 대한 모듈은 알려지지 않고 있지만, 제품이 만들어지는 것을 보여 주기 위해 '제품 네트워크'를 활용한다.

② 최적생산기법의 핵심은 '병목자원의 관리'로, 병목자원은 시장수요에 미달되거나 같은 성능을 지닌 자원을 가리킨다. 주요 목표는 효율의 증가, 재고의 감소 및 운영비용 절감 등을 동시에 만족시키는 것이다.

(5) 컴퓨터통합생산시스템(CIMS; Computer – Integrated Manufacturing System)

① 제조활동을 중심으로 해서 기업의 전체 기능을 관리 및 통제하는 기술 등을 통합시킨 시스템을 말한다.

② 공장자동화로서의 CIMS는 과거 자동화시스템보다 유연성이 크다.

1. 제조전략의 의의

(1) 개념

① 원가, 품질, 신뢰성 및 신축성 등을 달성하기 위해 수립하는 것이다.

② 기업조직의 경영전략 및 제조전략은 별개의 개념으로 구분하는 것이 어려우며, 기업 전체의 각 부문이 상호 연관성 있게 추진 및 운영되어야 한다.

(2) 기대효과

제조활동 성과를 높이기 위한 제조전략의 개발은 기업조직의 경쟁력 향상에 중요한 구성요소이며, 이러한 제조전략이 수행될 때 생산성 향상, 품질 향상, 원가 절감, 소비자 욕구에 대해 신속하면서도 신축적인 대응 등의 결과를 기대할 수 있다.

2. 제조전략의 전략방향

(1) 전략적 접근

① 제조전략의 수립 및 발전방향

　㉠ 통상적으로 제조전략은 경영전략에서 소외되거나 타 전략의 일부로서 수동적으로 수립되었다.

　㉡ 마케팅 및 재무 부문과 상호 관련되어 수립되어야 한다.

　㉢ 마케팅 및 재무 부문에 고정되어 있는 비용구조를 제조, 배분, 공급 등과 동일한 분야에서 경쟁력을 갖추도록 개선해야 한다.

　㉣ 사업정책 또는 기업정책의 수립 시 제조전략을 기반으로 삼아야 한다.

　㉤ 제조활동의 핵심, 활동관점에 대해 재인식하며, 경쟁국들의 상대적 성공에 관심을 가져야 한다.

　㉥ 제조전략의 전개를 위한 기업조직의 재편성에 노력해야 한다.

② 제조전략 수립 시 주의사항

　㉠ 제조전략은 단순하면서도 추진이 가능해야 하고, 추후 전망이 있어야 하며 커뮤니케이션이 용이해야 한다.

　㉡ 디자인, 마케팅, 구매, 엔지니어링, 인사, 재무, 통상품질 등과 같은 부분과 상호 관련되어야 한다.

(2) 시간 중심 제조전략

① 생산, 신제품의 개발, 판매 및 유통에서 선도적 역할을 수행하고 있는 회사는 시간을 유효하게 관리함으로써 경쟁력에서 우위를 점하고 있다.

② 세계시장을 석권 중인 제조회사의 특징

　㉠ 단기간 동안 다량의 새로운 모델을 개발한다.

　㉡ 단기속성계획으로 신제품 개발 및 제조가 이루어진다.

　㉢ 전략적 요인상 시간이란 자본, 생산성, 품질 및 더 나아가 기술 혁신과도 비슷한 개념으로 볼 수 있다.

ⓡ 전통적 제조과정과 시간 중심 제조과정의 비교

구분	전통적 제조과정	시간 중심 제조과정
생산시간	최대화 노력	최소화 노력
생산설비 배치	하나의 공정 후에 다음 단계가 수행되어 시간낭비	제품 중심으로 각 부문의 움직임을 최소화해서 시간 절약
일정계획	중앙집권적인 일정계획	국부적인 일정계획

(3) 기술적 접근

① 각각의 회사는 요구되는 상황에 따라 스스로의 목표 및 전략에 맞추어 제조기술과 도입 및 운영에 대한 프로젝트를 준비해야 한다.

② 제조전략은 원가, 품질, 신뢰성 및 신축성 등을 이루기 위해 수립하는 것이므로 제조전략에서의 설계에서는 이 4가지 성과 측정 시스템을 고려해야 한다.

04 생산계획·운영 및 통제

1. 생산예측

(1) 생산예측의 개념

미래의 시점에 있어 또는 미래의 시점에 다다르기까지의 해당 제품에 대한 수요를 과거 및 현재를 기반으로 일정한 조건하에서 예상하는 것을 말한다.

(2) 생산예측의 방법

① 정성적 방법

㉠ 시장에 신제품이 처음으로 출시될 때처럼 새로운 제품에 대한 수요예측의 자료가 충분하지 못할 경우에 주로 활용한다.

㉡ 논리적이고 선입견 없는 체계적인 방식으로 정보를 수집한다.

㉢ 델파이법, 위원회에 의한 예측법, 시장조사법, 과거자료유추법 등이 해당한다.

> **더 알아보기**
>
> **델파이법**
> • 가능성 있는 미래기술 개발방향과 시기 등에 대한 정보를 취득하기 위한 방식이다.
> • 회합 시 발생하기 쉬운 심리적 편기를 배제할 수 있다.
> • 회답자들에 따른 가중치를 부여하기 어렵다는 문제점이 있다.

② 정량적 방법

㉠ 인과적 방법

• 과거 자료의 수집이 쉽고 예측하려는 요소 및 그 외의 사회경제적 요소와의 관련성을 비교적 명백하게 밝힐 수 있을 때 활용한다.

- 인과모형은 자료 작성 등에 있어 많은 기간의 준비가 필요한 반면에 미래 전환기를 예언하는 최선의 방식이기도 하다. 예측방법 중 가장 정교한 방식으로 관련된 인과관계를 수학적으로 표현한다.
- 투입산출모형, 회귀모형, 경기지표법, 계량경제모형, 제품수명주기 분석법, 소비자 구매 경향조사법 등이 해당한다.
  ⓒ 시계열분석 방법
- 제품 및 제품계열에 대한 수년간의 자료 등을 수집하기 용이하며, 변화하는 경향이 비교적 분명하며 안정적일 경우에 활용한다.
- 추세변동(경향변동) : 상승·하락적인 장기적 추세 및 방향을 나타내는 변동을 말하며 이동평균법, 최소자승법, 목측법, 지수평활법 등이 해당된다.
- 계절변동 : 주기가 1년 이내인 계절의 변화와 연관되어 발생하는 경제통계상의 변동을 말한다.
- 순환변동 : 일정 주기를 가지고 반복되는 변동으로 경향선상의 장기적 진동을 말한다.
- 불규칙변동 : 우연한 사건의 결과로 발생되는 변동을 말한다.

2. 총괄생산계획

(1) 의의

① 특정한 시간에 대한 예측수요량을 기반으로 제품 생산능력을 적절하게 할당 및 배분해서 생산시설을 효과적으로 운용하기 위한 기준이자 시설능력의 제약적 조건하에서 단위기간별 수요를 충족시키기 위해 작업자의 증원, 잔업, 하청 또는 재고의 비축 등의 변수 등 어떠한 것을 활용할 것인지를 결정하는 것을 의미한다.

② 생산계획의 구분
  ㉠ 장기계획 : 통상적으로 1년 이상의 계획기간을 대상으로 매년 작성되며, 기업에서의 전략계획, 판매 및 시장계획, 재무계획, 사업계획, 자본·설비투자계획 등과 같은 내용을 포함한다.
  ㉡ 중기계획 : 대체로 6 ~ 8개월의 기간을 대상으로 해서 분기별 또는 월별로 계획을 작성하고, 계획기간 동안에 발생하는 총생산비용을 최소로 줄이기 위해 월별 재고수준, 노동력 규모 및 생산율 등을 결정하는 수요예측, 총괄생산계획, 대일정계획, 대일정계획에 의한 개괄적인 설비능력계획 등을 포함한다.
  ㉢ 단기계획 : 대체로 주별로 작성되며, 1일 내지 수 주간의 기간을 대상으로 한다.

(2) 총괄생산계획의 내용

① 총괄생산계획의 생산전략
  ㉠ 생산율을 일정하게 고정시키면서 재고를 활용해서 수요에 대한 변화를 흡수한다.
  ㉡ 수요변화에 대응하기 위해 노동력의 규모를 변화시켜 생산율을 조절하며, 재고는 안전 재고 수준만을 보유한다.
  ㉢ 노동력의 규모를 고정시키고 그 대신에 잔업 또는 단축노무 등으로 인한 생산시간 등을 조절해서 생산율을 변동시킴으로써 수요의 변화에 대응한다.

② 총괄생산계획에서의 비용요소

  ㉠ 기본 생산비 : 일정 기간 동안 정상적 생산 활동을 통해 일정량을 생산할 때 발생하는 공정비 및 공정생산비로 정규작업대금 및 기계준비비 등이 포함된다.

  ㉡ 생산율 변동비용 : 기존 생산율을 변동시킬 경우에 발생하는 비용으로 고용・해고비용, 하청비용, 잔업비용 등이 포함된다.

  ㉢ 재고비용 : 재고유지비(창고운영비, 세금, 보험금, 감가상각비등), 기회손실비(기회이익의 손실) 등이 포함된다.

  ㉣ 재고부족비용 : 수요에 대응할 재고가 없을 경우에 발생하는 판매수익의 손실, 미납주문, 신뢰도 상실 등을 의미한다.

3. 재고관리 및 통제

(1) 재고의 기능

① **고객에 대한 서비스** : 많은 양의 재고를 보유하게 되면 수요의 불규칙적 변동에도 불구하고 품절 예방이 가능하며, 더불어 소비자가 요구하는 가용성도 지닐 수 있다.

② **생산의 안정화** : 재고량 조절을 통해 고용수준이나 조업시간 또는 설비가동률을 안정적으로 유지해 나갈 수 있다.

③ **부문 간 완충** : 수요나 생산능력이 급격하게 변동하더라도 구매・판매・제조・인사・재무 등의 여러 부문 간 활동들의 충격을 완화한다.

④ **취급수량의 경제성** : 경제적 발주량의 실행으로 인해 대량취급의 이점을 얻을 수 있다.

⑤ 투자・투기의 목적으로 보유한다.

⑥ 재고보유를 통해 판매를 촉진한다.

(2) 재고관리 시스템

정기발주 시스템	정량발주 시스템
• 발주 간격을 정해서 정기적으로 발주하는 방식이다. • 단가가 높은 상품에 적용된다. • 발주할 때마다 발주량이 변하는 것이 특징이며, 발주량이 문제가 된다.	• 재고가 일정 수준의 주문점에 다다르면 정해진 주문량을 주문하는 시스템이다. • 매회 주문량을 일정하게 하고 소비의 변동에 따라 발주시기를 변동한다. • 조달 기간 동안의 실제 수요량이 달라지나, 주문량은 언제나 동일하므로 주문 사이의 기간이 매번 다르고, 최대 재고 수준도 조달 기간의 수요량에 따라 달라진다.
〈특징〉 • 일정 기간별 발주 및 발주량 변동 • 운용자금의 절약 • 재고량의 발주 빈도 감소 • 고가품, 수요변동, 준비기간 장기 • 사무처리 수요 증가 • 수요예측제도의 향상 • 품목별 관리	〈특징〉 • 일정량을 발주하고 발주 시기는 비정기적 • 발주 비용이 저렴 • 계산이 편리해서 사무관리가 용이 • 저가품, 수요안정, 준비기간 단기 • 재고량의 증가 우려 • 정기적인 재고량 점검

(3) 재고 관련 비용

재고유지비(Holding Cost), 품절비(Stock-out Cost), 발주비(Ordering Cost), 구매비(Purchase Cost)

4. 공정관리

(1) 개념

일정 품질 및 수량의 제품을 적시에 생산할 수 있도록 인적 노력 및 기계설비 등의 생산자원을 합리적으로 활용할 것을 목적으로 공장 생산 활동을 전체적으로 통제하는 것이다.

(2) 공정관리의 기능

① 공정관리의 기능은 크게 계획기능과 통제기능 2가지로 분류된다[계획기능(절차계획, 공수계획, 일정계획 등), 통제기능(작업할당, 진도관리 등)].

② **절차계획의 주요 결정사항** : 제품생산에 있어 필요로 하는 작업의 내용 및 방법, 각 작업의 실시장소 및 경로, 각 작업의 실시순서, 각 작업의 소요시간·표준시간, 경제적 제조 로트의 결정, 제품생산에 있어 필요로 하는 자재의 종류 및 수량, 각 작업에 사용할 기계 및 공구 등이 있다.

③ **공수계획** : 계획생산량 완성에 있어 필요로 하는 인원 또는 기계의 부하를 결정해서 이를 현유인원 및 기계의 능력 등과 비교해서 조정하는 것으로, 가장 많이 활용되는 기준은 작업시간으로서 기계시간(Machine Hour)과 인시(Man Hour)가 대표적이다.

④ **일정계획** : 생산계획을 구체화하는 과정을 말하며 기준일정 결정과 생산일정 결정으로 나뉜다. 통상적으로 대일정계획, 중일정계획, 소일정계획의 3단계로 분류한다.

⑤ **작업할당** : 절차계획에서 결정된 공정절차표 및 일정계획에서 수립된 일정표에 의해 실제 생산 활동을 시작하도록 허가하는 것을 가리킨다.

⑥ **진도관리** : 진행 중인 작업에 대해 첫 작업부터 완료되기까지의 진도상태를 관리하는 것을 의미한다. 통상적으로 간트 차트식의 진도표 또는 그래프식 진도표, 작업관리판 등이 활용된다.

5. 자재관리 계획

(1) MRP(Material Requirement Planning)

소요량에 의해 최초의 주문을 계획할 때, 자재소요의 양적·시간적인 변화에 맞춰 기주문을 재계획함으로써 정확한 자재의 수요를 계산해 나가는 방법이다.

① MRP의 특징
 ㉠ 설비가동능률의 증진
 ㉡ 적시 최소비용으로 공급
 ㉢ 소비자에 대한 서비스의 개선
 ㉣ 의사결정의 자동화에 기여
 ㉤ 생산계획의 효과적인 도구

② MRP 전제조건

    ⊙ 전체 재고품목들을 확인·구별할 수 있어야 한다.

    ⓛ 재고기록서에 기록된 자료들은 정확성 및 유용성이 높아야 한다.

    ⓒ 원자재·가공조립품·구입품 등을 표시할 수 있는 자재명세서가 준비되어야 한다.

    ⓔ 어떠한 제품이 언제 얼마나 필요한지를 나타내는 정확한 생산 종합계획이 수립되어야 한다.

③ MRP의 효율적 적용을 위한 가정

    ⊙ 제조공정이 독립적이어야 한다.

    ⓛ 전체 자료의 조달기간 파악이 가능해야 한다.

    ⓒ 재고기록서의 자료 및 자재명세서의 자료가 일치해야 한다.

    ⓔ 전체 조립구성품들은 조립착수 시점에서 활용이 가능해야 한다.

    ⓜ 전체 품목들은 저장이 가능해야 하며, 매출행위가 있어야 한다.

(2) MRP II

① 고전적 MRP 시스템에 생산계획 및 생산일정 등과 같은 계획기능, 구매활동 등과 같은 실행기능이 덧붙여진 시스템이다.

② MRP II 시스템 구축

    ⊙ 프로젝트 팀을 지정하고 높은 수준을 지닌 전문가를 선정한다.

    ⓛ 프로젝트 팀에 모든 문제를 위임한다.

    ⓒ 필요로 하는 자원을 제공한다.

    ⓔ 충분한 사내교육을 실시한다.

    ⓜ 실제 운영 이전의 예비수행계획을 준비한다.

    ⓗ 각 부서로 하여금 리더십을 지니도록 한다.

6. 품질관리

(1) 품질관리의 개념 및 특성

① 소비자들의 요구에 부흥하는 품질의 제품 및 서비스를 경제적으로 생산 가능하도록 기업조직 내 여러 부문이 제품의 품질을 유지·개선하는 관리적 활동의 체계를 의미한다.

② 품질관리의 구체적 목표

    ⊙ 제품시장에 일치시킴으로써 소비자들의 요구를 충족시킨다.

    ⓛ 다음 공정의 작업을 원활하게 한다.

    ⓒ 불량, 오작의 재발을 방지한다.

    ⓔ 요구품질의 수준과 비교함으로써 공정을 관리한다.

    ⓜ 현 공정능력에 따른 제품의 적정품질수준을 검토해서 설계, 시방의 지침으로 한다.

    ⓗ 불량품 및 부적격 업무를 감소시킨다.

③ 품질관리의 실시효과
  ㉠ 불량품이 감소되어 제품품질의 균일화를 가져온다.
  ㉡ 제품원가가 감소되어 제품가격이 저렴해진다.
  ㉢ 생산량의 증가와 합리적 생산계획을 수립한다.
  ㉣ 기술부문과 제조현장 및 검사부문의 밀접한 협력관계가 이루어진다.
  ㉤ 작업자들의 제품품질에 대한 책임감 및 관심 등이 높아진다.
  ㉥ 통계적인 수법의 활용과 더불어 검사비용이 줄어든다.
  ㉦ 원자재 공급자 및 생산자와 소비자와의 거래가 공정하게 이루어진다.
  ㉧ 사내 각 부문의 종사자들이 좋은 인간관계를 지니게 되고, 사외 이해관계자들에게는 높은 신용을
    지니게 한다.

(2) 종합적 품질경영(TQM; Total Quality Management)

경영자의 열의 및 리더십을 기반으로 지속된 교육 및 참여에 의해 능력이 개발된 조직의 구성원들이
합리적이면서 과학적인 관리방식을 활용해서 기업조직 내 절차를 표준화하며, 이를 지속적으로 개선해
나가는 과정에서 종업원의 니즈를 만족시키고 소비자 만족 및 기업조직의 장기적인 성장을 추구하는
관점에서의 경영시스템을 말한다.

01   마케팅의 본질

1. 마케팅의 의의 및 특성

(1) 마케팅의 정의

개인 및 조직의 목표를 만족시키기 위해 재화·서비스·가격설정·촉진·유통 등을 계획하고 실시하며 통제하는 경영관리 과정이다.

(2) 마케팅의 특성

① 모든 기업조직의 활동들(예 생산, 재무, 판매 등)을 고객의 욕구에 부응하도록 통합한다.

② 고객의 욕구를 충족시킴으로써 모든 목표, 즉 금전적, 사회적, 개인적인 목표를 달성할 수 있다는 점을 강조한다.

③ 고객의 욕구에 부응하는 데 있어 나타나는 사회적 결과에 관심을 가진다.

④ 제품, 서비스, 아이디어를 창출하고 이들의 가격을 결정하고 이들에 관한 정보를 제공하고 이들을 배포하여 개인 및 조직체의 목표를 만족시키는 교환을 성립하게 하는 일련의 인간 활동을 말한다.

⑤ 단순히 영리를 목적으로 하는 기업뿐만 아니라 비영리조직까지 적용되고 있다.

⑥ 단순한 판매나 영업의 범위를 넘어 고객을 위한 인간 활동이며, 눈에 보이는 유형의 상품뿐만 아니라 무형의 서비스까지도 마케팅 대상이다.

⑦ 계획·실시·통제라는 경영관리의 성격을 지닌다.

(3) 마케팅의 본질

① 개인 및 조직의 목표 만족 : 마케팅 활동은 단지 영리를 추구하는 기업조직만이 실행하는 것은 아니다.

② 교환의 성립 : 기업조직은 소비자들에게 제품 및 서비스, 정보 등을 제공하며, 소비자들은 그에 대한 대가로 노력, 시간, 돈 등을 기업조직에 제공함으로써 서로 간의 교환이 이루어진다.

③ 일련의 인간 활동 : 마케팅 요소 4P's를 혼합하는 활동[4P : 제품(Product), 가격(Price), 유통(Place), 프로모션(Promotion)]

2. 마케팅의 기본 요소

필요(Needs)와 욕구(Wants), 수요(Demands), 제품(Products), 교환(Exchange), 시장(Market)

3. 마케팅 개념의 발전 단계

생산개념	• 생산지향성 시대는 무엇보다도 저렴한 제품을 선호한다는 가정에서 출발함 • 소비자는 제품 이용 가능성과 저가격에만 관심이 있다고 할 수 있음 • 기업의 입장에서는 대량생산과 유통을 통해 낮은 제품원가를 실현하는 것이 목적이 됨 • 제품의 수요에 비해서 공급이 부족하여 고객들이 제품구매에 어려움을 느끼기 때문에 고객들의 주된 관심이 '지불할 수 있는 가격으로 그 제품을 구매하는 것'일 때 나타나는 이념

↓

제품개념	• 소비자들이 가장 우수한 품질이나 효용을 제공하는 제품을 선호한다는 개념 • 제품지향적인 기업은 다른 어떤 것보다도 나은 양질의 제품을 생산하고 이를 개선하는 데 노력을 기울임

↓

판매개념	• 기업이 소비자로 하여금 경쟁회사 제품보다는 자사제품을 더 많이 구매하도록 설득하여야 하며, 이를 위하여 이용 가능한 모든 효과적인 판매활동과 촉진도구를 활용하여야 한다고 보는 개념 • 생산능력의 증대로 제품공급의 과잉상태가 나타나게 되며, 고압적인 마케팅 방식에 의존하여 광고, 유통 등에 많은 관심 • 소비자의 욕구보다는 판매방식이나 판매자 시장에 관심을 가짐

↓

마케팅 개념	• 고객중심적인 마케팅 관리이념으로서 고객욕구를 파악하고 이에 부합되는 제품을 생산하여 고객욕구를 충족시키는 데 초점을 둠 • 고객지향 : 소비자들의 욕구를 기업 관점이 아닌 소비자의 관점에서 정의하는 것(소비자의 욕구를 소비자 스스로가 기꺼이 지불할 수 있는 가격에 충족시키는 것) • 전사적 노력 : 기업의 각 부서 중에서 직접적으로 소비자를 상대하는 부문은 마케팅 부서이나 고객중심의 개념으로 비추어 보면 기업 내 전 부서의 공통된 노력을 요구, 기업의 전 부서가 고객지향적일 때 올바른 고객욕구의 충족이 이루어질 수 있음 • 고객만족을 통한 이익의 실현 : 마케팅 개념은 기업 목적 지향적이어야 하며, 적정한 이익의 실현은 기업 목적달성을 위한 필수불가결한 요소로 이러한 이익은 결국 고객만족 노력에 대한 결과이기 때문에 동시에 기업이 이익만을 추구할 경우에는 이러한 목적은 실현될 수 없음

↓

사회지향적 개념	• 기업의 이윤을 창출할 수 있는 범위 안에서 타사에 비해 효율적으로 소비자의 욕구를 충족시키도록 노력하는 데 있어서는 마케팅 개념과 일치 • 사회지향적 마케팅은 단기적인 소비자의 욕구충족이 장기적으로는 소비자는 물론 사회의 복지와 상충됨에 따라서 기업은 마케팅활동의 결과가 소비자는 물론 사회 전체에 어떤 영향을 미치게 될 것인가에 대한 관심을 가져야 하며 부정적 영향을 미치는 마케팅활동을 가급적 자제하여야 한다는 사고에서 등장한 개념임(고객만족, 기업의 이익에 더불어 사회 전체의 복지를 요구하는 개념)

4. 현대 마케팅의 특징

소비자 지향성, 기업목적 지향성, 사회적 책임 지향성, 통합적 마케팅 지향성

1. 상황분석

마케팅관리 과정에서 가장 먼저 해야 할 일은 자사의 제품이 당면하고 있는 환경 및 상황에 대한 명확한 분석이다.

2. 목표시장 선정 전략의 수립(시장세분화 → 표적시장 → 포지셔닝)

(1) 시장세분화

가격이나 제품에 대한 반응에 따라 전체시장을 몇 개의 공통된 특성을 가지는 세분시장으로 나누어서 마케팅을 차별화시키는 것을 말한다.

(2) 표적시장

세분시장이 확인되고 나면, 기업은 어떤 세분시장을 얼마나 표적으로 할 것인지를 결정한다.

(3) 포지셔닝

자사 제품의 큰 경쟁우위를 찾아내어 이용함으로써 선정된 목표시장의 소비자들의 마음속에 자사의 상품을 자리 잡게 하는 것을 말한다.

3. 마케팅믹스 전략의 수립

기업조직이 표적시장에서 자사의 마케팅 목표를 이루기 위해 기업이 통제 가능한 요소인 제품, 가격, 유통, 프로모션(판매촉진)을 효율적으로 구사해서 혼합하는 것을 가리킨다.

(1) 제품

소비자들에게 필요하며 그들의 욕구를 만족시켜 주는 재화 및 서비스, 아이디어 등

(2) 가격

소비자들이 제품을 소유하기 위해 지불하는 가치

(3) 유통

소비자들이 제품을 구매하는 장소

(4) 프로모션

소비자와 판매자 간 커뮤니케이션 수단

4. 마케팅 조사

(1) 개요

① 마케팅 의사결정을 하기 위해 필요한 각종 정보를 제공하기 위해 자료를 수집·분석하는 과정이다.

② 마케팅 조사는 서로 간의 관련이 있는 사실들을 찾아내고 분석하고, 가능한 조치를 제시함으로써 마케팅 의사결정을 돕는다.

(2) 마케팅 조사의 절차과정

1단계 조사문제의 정의와 조사목적의 결정	• 통상적으로 마케팅 조사를 수행하기 위해서는 먼저 조사문제를 정확하게 정의해야 함 • 마케팅 조사는 특정한 의사결정을 위해 수행되는 것이므로 의사결정 문제에서부터 조사 문제가 결정됨

↓

2단계 마케팅 조사의 설계	• 연구에 대한 구체적인 목적을 공식화하여 조사를 수행하기 위한 순서와 책임을 구체화시켜야 함 • 보통 연구조사의 주체, 대상, 시점, 장소 및 방법 등을 결정하는 단계임

↓

3단계 자료의 수집과 분석	• 자료의 수집방법, 설문지의 작성, 조사대상에 대한 선정 및 실사 등을 통해 자료를 수집함 • 분석하고 나온 결과에 대해 의미 있는 해석이 뒤따라야 함

↓

4단계 보고서 작성	• 분석이 완료된 후에 마케팅 의사결정자의 의사결정에 도움이 되도록 조사결과와 결론에 대한 조사 보고서를 작성해야 함

03   마케팅 환경

1. 거시적 환경

(1) 개념

특정 개별기업의 마케팅활동에 직접적으로 영향을 미치지 않고 간접적이며, 단기적으로는 잘 변하지 않는 환경요인을 의미한다(사회, 문화, 정치, 경제, 법, 기술적 환경 등).

(2) 거시적 환경요인의 종류

인구통계적 환경요소, 경제적 환경요소, 기술적 환경요소, 법적·정치적 환경요소, 사회·문화적 환경요소

2. 내부 환경

최고경영층, 각 기능부서

3. 과업 환경

원료공급자, 중개업자, 소비자

4. 제약 환경

경쟁업자, 공중(정부, 금융, 매체, 시민운동 등 기업과 이해관계를 가지고 있거나 기업 활동에 영향을 미치는 집단)

5. 소비자 환경

```
┌─────────────────────────────┐
│      〈마케팅 요인〉          │
│  제품, 가격, 유통, 프로모션   │
└─────────────────────────────┘
            ▼ 외적요인

┌────────┐ ┌────────┐ ┌────────┐ ┌────────┐ ┌────────┐
│ 문제인식 │ │ 정보탐색 │ │ 대안평가 │ │ 구매결정 │ │ 구매 후 │
│        │ │        │ │        │ │        │ │  행동  │
└────────┘ └────────┘ └────────┘ └────────┘ └────────┘

            ▲ 내적요인

┌──────────────────────────┐   ┌──────────────────────┐
│ 〈문화적, 사회적, 개인적 요인〉│   │    〈심리적 요인〉     │
│ 문화, 사회, 계층, 준거집단,  │   │ 동기유발, 지각, 학습 태도 │
│     가족, 생활 양식        │   │                      │
└──────────────────────────┘   └──────────────────────┘
```

(1) 소비자 행동모델 및 영향요소

① 사회적 요인 : 가족, 준거집단, 역할 및 지위
② 문화적 요인 : 소비자들 스스로가 속한 문화, 사회계층, 하위문화
③ 개인적 요인 : 연령, 직업, 경제상황, 생활주기, 개성 및 자아개념
④ 마케팅 자극 : 가격, 제품, 유통촉진 요인
⑤ 심리적 요인 : 지각, 동기, 학습, 신념 및 태도

(2) 소비자 구매의사결정과정

문제의 인식 → 정보의 탐색 → 대안의 평가 → 구매 → 구매 후 행동

1. 목표시장 선정 전략

시장 세분화	• 시장 세분화를 위한 세분화 기준변수 파악 • 각 세분시장의 프로파일 개발
표적시장 선정	• 세분시장 매력도 평가를 위한 측정변수 개발 • 표적시장 선정
포지셔닝	• 표적시장별 포지셔닝을 위한 위치 파악 • 표적시장별 마케팅믹스 개발

2. 시장 세분화

(1) 의의

전체시장을 하나의 시장으로 보지 않고, 소비자 특성의 차이 또는 기업의 마케팅 정책, 예를 들어 가격이나 제품에 대한 반응에 따라 전체시장을 몇 개의 공통된 특성을 가지는 세분시장으로 나누어서 마케팅을 차별화시키는 것이다.

(2) 시장 세분화의 이점

① 새로운 마케팅 기회를 효과적으로 포착
② 마케팅 믹스를 정밀하게 조정
③ 각 세분시장의 반응특성에 따라 자원을 효율적으로 할당

(3) 시장 세분화의 요건

구분	개념
측정가능성	마케터는 각 세분시장에 속하는 구성원을 확인하고, 세분화 근거에 따라 그 규모나 구매력 등의 크기를 측정할 수 있어야 한다.
유지가능성	각 세분시장은 별도의 마케팅 노력을 할애받을 만큼 규모가 크고 수익성이 높아야 한다.
접근가능성	마케터는 각 세분시장에 별도의 상이한 마케팅 노력을 효과적으로 집중시킬 수 있어야 한다.
실행가능성	마케터는 각 세분시장에 적합한 마케팅 믹스를 실제로 개발할 수 있는 능력과 자원을 가지고 있어야 한다.
내부적 동질성과 외부적 이질성	특정한 마케팅 믹스에 대한 반응이나 세분화 근거에 있어서 같은 세분시장의 구성원은 동질성을 보여야 하고, 다른 세분시장의 구성원과는 이질성을 보여야 한다.

3. 시장 표적화

(1) 개념

자사가 경쟁우위가 어느 세분시장에서 경쟁우위를 확보할 수 있는지를 평가해서 상대적으로 경쟁우위가 있는 세분시장을 선택하는 것이다.

(2) 목표시장 선정전략

① **무차별적 마케팅 전략**
- ㉠ 개념 : 전체 시장을 하나의 동일한 시장으로 간주하고, 하나의 제품을 제공하는 전략이다.
- ㉡ 장점 : 규모의 경제, 즉 비용을 줄일 수 있다.
- ㉢ 단점 : 모든 계층의 소비자를 만족시킬 수 없으므로 경쟁사가 쉽게 틈새시장을 찾아 시장에 진입할 수 있다.

② **차별적 마케팅 전략**
- ㉠ 개념 : 전체 시장을 여러 개의 세분시장으로 나누고, 이들 모두를 목표시장으로 삼아 각기 다른 세분시장의 상이한 욕구에 부응할 수 있는 마케팅믹스를 개발하여 적용함으로써 기업의 마케팅 목표를 달성하고자 하는 것이다.
- ㉡ 장점 : 전체 시장의 매출은 증가한다.
- ㉢ 단점 : 각 세분시장에 차별화된 제품과 광고 판촉을 제공하기 위해 비용도 늘어난다.
- ㉣ 특징 : 주로 자원이 풍부한 대기업이 사용한다.

③ **집중적 마케팅 전략**
- ㉠ 개념 : 전체 세분시장 중에서 특정 세분시장을 목표시장으로 삼아 집중 공략하는 전략이다.
- ㉡ 장점 : 해당 시장의 소비자 욕구를 보다 정확히 이해하여 그에 걸맞은 제품과 서비스를 제공함으로써 전문화의 명성을 얻을 수 있으며 생산·판매 및 촉진활동을 전문화함으로써 비용을 절감시킬 수 있다.
- ㉢ 단점 : 대상으로 하는 세분시장의 규모가 축소되거나 경쟁자가 해당 시장에 뛰어들 경우 위험이 크다.
- ㉣ 특징 : 자원이 한정된 중소기업이 사용한다.

4. 제품 포지셔닝

(1) 개념

자사 제품의 큰 경쟁우위를 찾아내어 이용함으로써 선정된 목표시장의 소비자들의 마음속에 자사의 상품을 자리 잡게 하는 것, 즉 소비자들에게 경쟁제품과 비교하여 자사제품에 대한 차별화된 이미지를 심어 주기 위한 계획적인 전략접근법이다.

(2) 포지셔닝 전략유형

① **제품속성에 의한 포지셔닝**
- ㉠ 자사제품의 속성이 경쟁제품에 비해 차별적 속성을 지니고 있어서 그에 대한 혜택을 제공한다는 것을 소비자에게 인식시키는 전략으로서 가장 널리 사용되는 포지셔닝 전략
- ㉡ 스웨덴의 'Volvo(안전)', 쉐보레의 '스파크(저렴한 유지비)', '파로돈탁스(타사 제품과는 달리 잇몸질환을 예방해 준다는 속성을 강조)' 등

② **이미지 포지셔닝**
제품이 지니고 있는 추상적인 편익을 강조하는 전략

③ **경쟁제품에 의한 포지셔닝**
소비자가 인식하고 있는 기존의 경쟁제품과 비교함으로써 자사 제품의 편익을 강조하는 방법

④ **사용상황에 의한 포지셔닝**

자사 제품의 적절한 사용상황을 설정함으로써 타사 제품과 사용상황에 따라 다르다는 것을 소비자에게 인식시키는 전략

⑤ **제품사용자에 의한 포지셔닝**

제품이 특정 사용자 계층에 적합하다고 강조하여 포지셔닝하는 전략

(3) 포지셔닝 맵

① 소비자의 마음속에 자리 잡고 있는 자사의 제품과 경쟁 제품들의 위치를 2차원 또는 3차원의 도면으로 작성해 놓은 도표

② 작성 절차 : 차원의 수를 결정 → 차원의 이름을 결정 → 경쟁사 제품 및 자사 제품의 위치를 확인 → 이상적인 포지션의 결정

---

05 제품관리

1. 제품의 의의 및 유형

(1) 제품의 개념

일반적으로 소비자들의 기본적인 욕구와 욕망을 충족시켜 주기 위한 것으로, 시장에 출시되어 사람의 주의, 획득, 사용이나 소비의 대상이 되는 것을 말한다.

(2) 제품차원의 구성 : 핵심제품, 유형제품, 확장제품

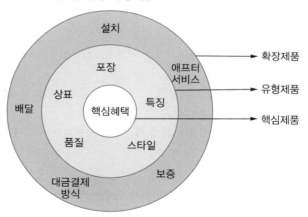

(3) 구매관습에 따른 소비재 분류

① **소비재** : 구매자가 일반적으로 개인이 최종적으로 사용하거나 소비하는 것을 목적으로 구매하는 제품이다.

㉠ **편의품** : 구매빈도가 높은 저가의 제품인 동시에 최소한의 노력과 습관적으로 구매하는 경향이 있는 제품

ⓛ 선매품 : 소비자가 가격, 품질, 스타일이나 색상 면에서 경쟁제품을 비교한 후에 구매하는 제품

ⓒ 전문품 : 소비자가 자신이 찾는 품목에 대해서 너무나 잘 알고 있으며, 그것을 구입하기 위해서 특별한 노력을 기울이는 제품

구분	편의품	선매품	전문품
구매 전 계획정도	거의 없음	있음	상당히 있음
가격	저가	중·고가	고가
브랜드 충성도	거의 없음	있음	특정상표 선호
고객쇼핑 노력	최소한	보통	최대한
제품회전율	빠름	느림	느림

② **산업재** : 구매자가 개인이 아니라 기업 등의 조직으로 최종 소비가 목적이 아니라 다른 제품을 만들기 위하여 또는 제3자에게 판매할 목적으로 구매하는 제품이다. 원자재와 자본재로 구분된다.

ⓐ 원자재의 구분

- 원자재 : 제품의 제작에 필요한 모든 자연생산물을 의미한다.
- 가공재 : 원료를 가공 처리하여 제조된 제품으로서 다른 제품의 부분으로 사용되는데, 다른 제품의 생산에 투입될 경우에 원형을 잃게 되는 제품이다(철강, 설탕 등).
- 부품 : 생산과정을 거쳐 제조되었지만, 그 자체로는 사용가치를 지니지 않는 완제품으로, 더이상 변화 없이 최종 제품의 부분이 된다(소형 모터, 타이어 등).

ⓑ 자본재의 구분

- 설비 : 고정자산적 성격이 강하고 매우 비싸며 건물, 공장의 부분으로 부착되어 있는 제품이다.
- 소모품 : 제품의 완성에는 필요하지만, 최종 제품의 일부가 되지 않는 제품이다(윤활유, 페인트 등).

2. 제품의 구성요소

(1) 제품기능

① **특징** : 타사의 제품과 차별되는 기본요소 또는 구조적·기능적인 차이점과 더불어 소비자들에게 제공하는 이점 및 효과이다.

② **품질** : 비슷한 제품과의 우위성을 나타내며, 기술적인 수준과 상업적인 질이라는 2가지 측면을 고려해야 한다.

③ **스타일** : 제품에 대한 선호 및 취향에 맞게 다양성을 부여하는 것이다.

(2) 상표

① 사업자가 자기가 취급하는 상품을 타사의 상품과 식별(이름, 표시, 도형 등을 총칭)하기 위하여 상품에 사용하는 표지를 나타낸다.

② **상표명** : 상표를 나타내는 구체적인 이름을 의미한다.

③ **상표마크** : 상표에 드러난 심벌모형을 의미한다.

④ **구매자 입장에서 상표의 좋은 점**

ⓐ 공급업자가 생산하는 제품의 질을 보증하는 역할을 수행한다.

ⓑ 상품구매의 효율성을 높여준다.

⑤ 회사 입장에서 상표의 좋은 점

      ⊙ 상표를 사용함으로써 판매업자로 인한 주문 처리와 문제점 추적을 쉽게 할 수 있다.

      ⓒ 자사만의 제품특성에 대한 법적 보호를 받음으로써 타사가 모방할 수 없게 해준다.

      ⓒ 고객에 대한 기업의 이미지가 상승한다.

      ⓔ 고객의 자사제품에 대한 신뢰도를 구축하여 꾸준하게 구매가능성이 높은 고객층을 확보하도록 해 준다.

(3) 포장

① 물품을 수송·보관함에 있어서 이에 대한 가치나 상태 등을 보호하기 위하여 적절한 재료나 용기 등에 탑재하는 것을 말한다(상표에 대해 소비자로 하여금 바로 인지하게 하는 역할을 수행).

② 목적

제품의 보호성	포장의 근본적인 목적임과 동시에 제품이 공급자에서 소비자로 넘어가기까지 운송, 보관, 하역 또는 수송·배송을 함에 있어서 발생할 수 있는 여러 위험요소로부터 제품을 보호하기 위함이다.
제품의 경제성	유통상의 총비용을 절감한다.
제품의 편리성	제품취급을 편리하게 해 주는 것으로 제품이 공급자의 손을 떠나 운송, 보관, 하역 등 일련의 과정에서 편리를 제공하기 위함이다.
제품의 촉진성	타사 제품과 차별화를 시키면서 자사 제품 이미지의 상승효과를 불러와 소비자들로 하여금 구매충동을 일으키게 한다.
제품의 환경보호성	공익성과 함께 환경 친화적인 포장을 추구해 나가는 것을 의미한다.

(4) 고객서비스

서비스 요소는 서비스의 종류를 의미하는데, 이는 소비자들이 중요하다고 여기는 요소의 중요도에 따라 충족시켜 주어야 하고, 서비스의 수준은 소비자들이 기대하는 수준 및 경쟁사의 수준 등을 고려해서 결정해야 한다.

3. 제품전략

(1) 제품수명주기 및 제품전략

제품이 시장에 처음 출시되는 도입기 → 본격적으로 매출이 증가하는 성장기 → 매출액 증가율이 감소하기 시작하는 성숙기 → 매출액이 급격히 감소하여 더 이상의 제품으로 기능을 하지 못하는 쇠퇴기로 이루어진다.

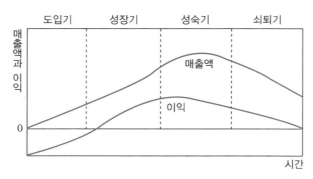

	시기별 특징
도입기	• 제품이 시장에 처음 소개된 시기, 즉 제품이 처음으로 출시되는 단계로서 제품에 대한 인지도나 수용도가 낮고, 판매성장률 또한 매우 낮다. • 시장 진입 초기이므로 과다한 유통·촉진비용이 투입된다. • 경쟁자가 없거나 소수에 불과하다. • 제품수정이 이루어지지 않은 기본형 제품이 생산된다. • 기업은 구매가능성이 가장 높은 고객에게 판매의 초점을 맞추고, 일반적으로 가격은 높게 책정되는 경향이 있다.
성장기	• 제품이 시장에 수용되어 정착하는 단계이다. • 실질적인 이익이 창출되는 단계이다. • 도입기에서 성장기에 들어서면 제품의 판매량은 빠르게 증가한다. • 이윤도 증가하지만 유사품, 대체품을 생산하는 경쟁자도 늘어난다. • 가격은 기존 수준을 유지하거나 수요가 급격히 증가함에 따라 가격이 약간 떨어지기도 한다.
성숙기	• 경쟁제품이 출현해서 시장에 정착되는 성숙기에는 대부분의 잠재소비자가 신제품을 사용하게 됨으로써 판매 성장률은 둔화되기 시작한다. • 경쟁심화를 유발시킨다. • 많은 경쟁자들을 이기기 위해서 제품에 대한 마진을 줄이고, 가격을 평균 생산비 수준까지 인하하게 된다. • 기존과는 달리 제품개선 및 주변제품개발을 위한 R&D 예산을 늘리게 된다. • 강진 약퇴의 현상이 발생하게 된다.
쇠퇴기	• 제품이 개량품으로 대체되거나 제품라인으로부터 삭제되는 시기이다. • 거의 모든 제품들의 판매가 감소하면서 이익의 잠식을 초래하게 된다.

(2) 제품믹스 전략

① **제품믹스** : 일반적으로 기업이 다수의 소비자에게 제공하는 모든 형태의 제품 계열과 제품품목을 통합한 것을 말한다.

② **제품계열** : 제품믹스 중에서 물리적·기술적 특징이나 용도가 비슷하거나 동일한 고객집단에 의해 구매되는 제품의 집단이다. 즉, 특성이나 용도가 비슷한 제품들로 이루어진 집단을 말한다.

    ㉠ 제품믹스의 폭 : 기업이 가지고 있는 제품계열의 수를 의미한다.

    ㉡ 제품믹스의 깊이 : 각 제품계열 안에 있는 품목 수를 의미한다.

    ㉢ 제품믹스의 길이 : 제품믹스 내의 모든 제품품목의 수를 의미한다.

4. 신제품 관리

(1) 신제품 개발

① 자사의 목표와 마케팅목표를 달성하는 데 있어 신제품이 수행해야 할 전략적 역할을 규명하는 것이다.
② 신제품 개발 계획을 입안하기 위해 마케팅 관리자는 신제품 개발 과정에서 이루어져야 할 주요 의사결정영역을 미리 확인하고 영역별 의사결정요소들을 검토해야 한다.

(2) 신제품 개발 과정

① 아이디어 창출
② 아이디어 선별(평가)
③ 제품개념 및 테스트
④ 마케팅전략 개발
⑤ 사업성 분석
⑥ 제품개발
⑦ 시험마케팅
⑧ 상업화

06 가격관리

1. 가격의 의의 및 중요성

(1) 가격의 의의

공급자로부터 제공받는 재화와 서비스에 대해 소비자가 이에 대한 대가로 지급하는 화폐의 양을 말한다. 경제학에서는 상품의 교환가치라고 정의하기도 한다.

(2) 가격의 역할

① 품질에 대한 정보제공의 기능을 한다.
② 타 마케팅믹스 요소 중에서 자사의 이익을 결정하는 유일한 변수 역할을 한다.
③ 경쟁의 도구 역할을 한다.

2. 가격결정에 대한 영향 요인

(1) 내부요인 : 마케팅 목표, 마케팅믹스 전략, 원가
(2) 외부요인 : 시장과 수요, 경쟁자, 기타 환경요인

3. 가격산정 방법

(1) 원가 가산법

$$(\text{제품단위원가}) + (\text{표준이익}) = \frac{(\text{단위원가})}{1 - (\text{예상판매수익률})}$$

(2) 목표수익률 가산법

$$(\text{단위원가}) + \frac{(\text{투자액}) \times (\text{목표수익률})}{(\text{예상판매량})}$$

(3) 경쟁자 중심 가격결정

경쟁자들이 정하는 가격을 가격결정 기준으로 삼는 것이다. 선도기업의 가격을 기준으로 해서 자사의 제품 가격을 결정하는 후발업체 및 중소기업 등이 주로 활용하는 방식이다.

(4) 소비자 기대수준 가격산정법

소비자들의 지각수준을 파악하기 위한 마케팅 조사가 우선적으로 이루어져야 한다.

4. 최종가격 선정 전략

(1) 제품믹스 가격전략

가격계열화	• 하나의 제품에 대해서 단일가격을 설정하는 것이 아닌 제품의 품질이나 디자인의 차이에 따라 제품의 가격대를 설정하고, 그러한 가격대 안에서 개별 제품에 대한 구체적인 가격을 결정하는 가격정책을 말한다. • 기업에서는 가격을 이용해서 여러 제품들 간의 품질 차이를 납득시킬 수 있는 것을 의미한다.
2부제 가격 또는 이중요율	• 제품의 가격체계를 기본가격과 사용가격으로 구분하여 2부제로 부가하는 가격 정책을 말한다. • 전기, 전화[(기본요금)+(사용요금)], 수도 등의 공공요금 및 택시 요금, 놀이공원[(입장료)+(시설이용료)] 등이다. • 구매량과는 상관없이 기본가격과 단위가격이 적용된다.
부산품 전략	• 주산물에 대하여 종속의 위치에 놓이는 입장이지만 생산과정에서 필연적으로 발생하는 작업 쓰레기와는 구별되며, 그 자체가 제품가치를 지니고 있어 그대로 또는 가공 후에 판매되거나 자가 소비된다. • 가치가 없던 것들을 재가공하여 또 다른 부가가치로 만드는 것을 의미한다.
묶음가격	• 두 가지 또는 그 이상의 제품 및 서비스 등을 결합해서 하나의 특별한 가격으로 판매하는 방식의 마케팅 전략으로, 제품이나 서비스의 마케팅 등에서 종종 활용하는 기법이다. • 식료품의 묶음판매, 휴가상품 패키지, 패스트푸드점의 세트메뉴, 프로야구 시즌티켓 판매 등이 있다. • 묶음판매를 하는 주요한 이유는 가격차별화를 통한 이익의 증대를 가져오기 위함이다.

(2) 심리적 가격결정방법

단수가격 (Odd Pricing)	• 시장에서 경쟁이 치열할 때 소비자들에게 심리적으로 값싸다는 느낌을 주어 판매량을 늘리려는 가격결정방법이다. • 제품의 가격을 100원, 1,000원 등과 같이 현 화폐단위에 맞게 책정하는 것이 아니라 그보다 조금 낮은 95원, 990원 등과 같이 단수로 책정하는 방식이다. • 소비자의 입장에서는 가격이 상당히 낮게 느껴지고 정확한 계산에 의해 가격이 책정되었다는 느낌을 줄 수 있다.
관습가격 (Customary Pricing)	• 일용품의 경우처럼 장기간에 걸친 소비자의 수요로 인해 관습적으로 형성되는 가격이다. • 소매점에서 포장 과자류 등을 판매할 때, 생산원가가 변동되었다고 하더라도 품질이나 수량을 가감하여 종전가격을 그대로 유지하는 것을 의미한다.
명성가격 (Prestige Pricing)	• 자신의 명성이나 위신을 나타내는 제품의 경우에 일시적으로 가격이 높아짐에 따라 수요가 증가되는 경향을 보이기도 하는데, 이를 이용하여 높은 가격을 설정하는 방법이다. • 제품의 가격과 품질의 상관관계가 높게 느껴지게 되는 제품의 경우 고가격을 유지한다.
준거가격 (Reference Pricing)	• 구매자는 어떤 제품에 대해서 자기 나름대로의 기준이 되는 준거가격을 마음속에 지니고 있어서 제품을 구매할 경우 그것과 비교해 보고 제품 가격이 비싼지 그렇지 않은지 여부를 결정하는 것이다. • A구매자가 B백화점에서 청바지 가격이 대략 10만 원 정도라고 생각했는데, 15만 원의 청바지를 보면 비싸다고 느끼는 경우에 A구매자에게 청바지의 준거가격은 10만 원 정도이다.

(3) 지리적 가격조정

균일운송가격	지역에 상관없이 모든 고객에게 운임을 포함한 동일한 가격을 부과하는 가격정책으로, 운송비가 가격에서 차지하는 비율이 낮은 경우에 용이하다.
FOB (Free On Board) 가격	균일운송가격과 반대로 제품의 생산지에서부터 소비자가 있는 곳까지의 운송비를 소비자가 부담하도록 하는 방법으로, 일반 소비재의 경우에는 현실적인 적용이 어렵고, 발생하는 건수가 많지 않은 산업재·제조업자와 중간상간의 거래에 많이 이용된다.
구역가격	하나의 전체 시장을 몇몇의 지대로 구분하고, 각각의 지대에서는 소비자들에게 동일한 수송비를 부과하는 방법으로 지역 간의 운송비 차이를 일정 정도 반영하면서 가격관리의 효율성도 같이 취할 수 있는 방법(FOB 가격과 균일운송가격의 중간 형태)이다.
기점가격	공급자가 특정한 도시나 지역을 하나의 기준점으로 하여 제품이 운송되는 지역과 상관없이 모든 고객에게 동일한 운송비를 부과하는 방법이다.
운송비 흡수가격	특정한 지역이나 고객을 대상으로 공급업자가 운송비를 흡수하는 방법으로, 이런 가격결정은 사업 확장, 시장 침투 또는 경쟁이 심한 시장에서의 유지를 위해 사용한다.

5. 가격조정전략

(1) 가격인상전략

제품원가의 상승, 기능 및 속성 등의 개량으로 인한 재포지셔닝의 경우, 쇠퇴기의 경우에 있어 독점적인 지위를 누리는 경우에 활용하는 전략을 말한다.

(2) 가격인하전략

수량할인	제품을 대량으로 구입할 경우에 제품의 가격을 낮추어 주는 것이다.
현금할인	제품에 대한 대금결제를 신용이나 할부가 아닌 현금으로 할 경우에 일정액을 차감해 주는 것이다.
계절할인	제품판매에서 계절성을 타는 경우에 비수기에 제품을 구입하는 소비자에게 할인혜택을 주는 것이다.
기능할인 (거래 할인)	유통의 기능을 생산자 대신 수행해 주는 중간상, 즉 유통업체에 대한 보상성격의 할인이다.
공제	가격의 일부를 삭감해 주는 것(보상판매와 촉진공제로 나뉨)이다.

1. 유통경로의 의의 및 중요성

(1) 의의
① 기업이 소비자에게 전달하는 제품과 서비스가 다양한 경로를 거쳐 목표로 한 최종 소비자에게 보내지거나 소비하게 되는 경로를 말한다.
② 어떤 제품을 최종 소비자가 쉽게 구입할 수 있도록 해 주는 과정이다.

(2) 유통경로의 중요성
① 제품, 가격, 지불조건 및 구입단위 등을 표준화시켜 상호 간 거래를 용이하게 한다.
② 총 거래 수를 최소화시키고, 상호 간 거래를 촉진함으로써 교환과정을 촉진시킨다.
③ 소품종을 대량생산하는 생산자와 다품종을 소량소비하는 소비자 간 제품 구색 차이를 연결시켜 준다.
④ 판매자에게 소비자 정보 및 잠재 소비자의 도달 가능성을 높여 주고, 소비자들에게는 탐색비용을 낮춰줌으로써 생산자와 소비자를 연결시켜 준다.
⑤ 타 믹스요소와는 다르게 용이하게 변화시킬 수 없는 비탄력성을 지니며, 각국의 특성에 따른 고유 유통경로가 존재하는 유통경로의 특수성으로 인해 중요 전략적 위치를 차지한다.

2. 유통경로 전략

(1) 경로 커버리지 결정
경로 커버리지는 유통집중도라고 하는데, 이는 어느 특정지역에서 자사 제품을 취급하는 점포의 수를 의미한다.

집약적 유통	• 가능한 한 많은 소매상들이 자사의 제품을 취급하게 함으로써 포괄되는 시장의 범위를 확대시키려는 전략이다. • 편의품은 소비자가 제품구매를 위해 많은 노력을 기울이지 않기 때문에 대체로 이 전략을 취한다. • 장점 : 충동구매의 증가 및 소비자에 대한 인지도 확대, 편의성의 증가 등 • 단점 : 낮은 순이익, 소량주문, 재고 및 주문관리 등의 어려움, 중간상 통제에 대한 어려움 등
전속적 유통	• 판매지역별로 하나 또는 극소수의 중간상들에게 자사제품의 유통에 대한 독점권을 부여하는 방식의 전략이다. • 소비자가 제품구매를 위해 적극적으로 정보를 탐색하고, 그러한 제품을 취급하는 점포까지 가서 기꺼이 쇼핑하는 노력도 감수하는 특성을 지닌 전문품에 적절한 전략이다. • 장점 : 중간상들에게 독점판매권과 함께 높은 이익을 제공함으로써 그들의 적극적인 판매노력을 기대할 수 있다. 중간상의 판매가격 및 신용정책 등을 강하게 통제할 수 있으며, 동시에 자사의 제품 이미지에 적합한 중간상들을 선택함으로써 브랜드 이미지 강화를 꾀할 수 있다. • 단점 : 제한된 유통으로 인해 판매기회가 상실될 수 있다.
선택적 유통	• 집약적 유통과 전속적 유통의 중간 형태에 해당하는 전략으로 판매지역별로 자사의 제품을 취급하기를 원하는 중간상들 중에서 일정 자격을 갖춘 하나 이상 또는 소수의 중간상들에게 판매를 허가하는 전략이다. • 소비자가 구매 전 상표 대안들을 비교·평가하는 특성을 지닌 선매품에 적절하다. • 특징 : 판매력이 있는 중간상들만 유통경로에 포함시키므로 만족스러운 매출과 이익을 기대할 수 있으며, 생산자는 선택된 중간상들과의 친밀한 거래관계의 구축을 통해 적극적인 판매 노력을 기대할 수 있다.

(2) 유통경로 통합수준에 따른 유통경로 전략

① 수직적 통합은 대량판매체제의 필요성, 거래비용의 절감, 유통지배력, 안정된 가격 및 원료공급의 확보라는 이점을 지닌다.
② 막대한 자금의 소요, 기업조직의 융통성 감소 및 전문화 상실 등의 문제점이 있다.

3. 유통기구

(1) 소매상

소매상은 개인용으로 사용하려는 최종 소비자에게 직접 제품과 서비스를 제공하여 소매활동을 하는 유통기관을 말한다(전문점, 편의점, 슈퍼마켓, 백화점, 할인점, 양판점, 회원제 도매클럽 등).

(2) 도매상

제품을 재판매하거나 산업용 또는 업무용으로 구입하려는 재판매업자나 기관구매자에게 제품이나 서비스를 제공하는 상인 또는 유통기구를 말한다(상인 도매상, 제조업자 도매상, 대리인 및 브로커 등).

4. 물적 유통관리

(1) 개념

조달, 생산, 판매활동 등에 수반되는 각종 물적 흐름을 효과적으로 관리하는 과정이다.

(2) 물적 유통의 중요성

① 물류관리는 회사의 유통경로 활동 및 마케팅 등 단순한 물류에 국한된 문제만이 아닌 회사전체의 맥락과 함께 고려해야 한다.
② 기술의 발전과 더불어 물류관리는 너무나 큰 연관이 있기 때문에 현대에 들어와서 정보처리 전산화 및 자동화된 물류설비의 발전 등은 개개의 기업 물류활동을 훨씬 더 원활하게 수행하게끔 하는 기반이 된다.
③ 비용절감의 문제에서 벗어나 고객만족 차원에서의 물류관리가 더더욱 중요시되고 있다.

1. 촉진믹스의 본질

(1) 개요
① 어떤 특정한 기간 동안 자사가 기울이는 여러 가지 촉진적 노력들의 결합체를 의미한다.
② 소비자들의 수요 자극, 제품에 대한 정보제공, 제품의 차별화 및 판매의 안정화 등을 목표로 한다.

(2) 촉진믹스의 구성요소
광고활동, 인적판매활동, 판매촉진활동, 홍보활동

(3) 촉진믹스의 결정 요인
제품·시장 유형, 촉진전략의 방향, 제품수명주기단계, 구매의사결정단계 등

더 알아보기

푸시전략과 풀전략

푸시(Push) 전략	• 제조업자가 소비자를 향해 제품을 밀어낸다는 의미로 제조업자는 도매상에게 도매상은 소매상에게, 소매상은 소비자에게 제품을 판매하게 만드는 전략을 말한다. • 푸시전략은 소비자들의 브랜드 애호도가 낮고, 브랜드 선택이 점포 안에서 이루어지며, 동시에 충동구매가 잦은 제품의 경우에 적합한 전략이다.
풀(Pull) 전략	• 제조업자 쪽으로 당긴다는 의미로 소비자를 상대로 적극적인 프로모션 활동을 하여 소비자들이 스스로 제품을 찾게 만들고 중간상들은 소비자가 원하기 때문에 제품을 취급할 수밖에 없게 만드는 전략을 말한다. • 광고와 홍보를 주로 사용하며, 소비자들의 브랜드 애호도가 높고, 점포에 오기 전 브랜드 선택에 대해서 관여도가 높은 상품에 적합한 전략이다.

2. 촉진관리 과정(커뮤니케이션 과정)

(1) 표적청중의 확인
표적청중들에 따라 메시지의 내용, 매체, 전달시기 등이 달라진다.

(2) 목표의 설정
정보의 제공, 제품의 차별화, 수요의 자극, 판매 안정화 등

(3) 메시지의 결정
대상과 목표 등이 명확해지면 효과적인 메시지를 작성해야 한다.

(4) 매체의 선정

자사의 촉진목표에 부합하는 경로를 선택한다.

(5) 촉진예산설정

매출액비율법, 가용자원법, 목표과업법, 경쟁자기준법 등

(6) 촉진믹스결정

각각의 촉진믹스 요인의 특징을 파악한 후 그에 맞는 촉진수단을 선정한다.

(7) 촉진효과의 측정

매출액을 측정하는 방식과 표적고객의 인지도를 측정하는 방식 등

3. 판매촉진

(1) 개념

자사의 제품이나 서비스의 판매를 촉진하기 위해서 단기적인 동기 부여 수단을 사용하는 방법을 총망라한 것으로, 광고가 서비스의 구매이유에 대한 정보를 제공하고, 이에 따라 판매를 촉진시키는 방법을 가리킨다.

(2) 특징

① 장점 : 즉각적인 반응의 유발, 단기간의 수급조절이 가능, 신제품 사용유도에 적합하다.
② 단점 : 브랜드충성도가 높은 소비자들에게는 효과가 떨어지며, 모방이 용이하다.

4. 인적판매

(1) 개요

① 신제품, 기술적으로 복잡한 제품, 고가격의 제품 등 이들의 촉진을 위해서 인적판매가 필요하다.
② 판매원은 제품정보를 소비자에게 대면하여 제공함으로써 구매할 때 또는 사용 중에 발생할 수 있는 위험 등을 줄이는 역할을 한다(자사와 고객들 간의 지속적인 관계를 이어 주는 창구 역할).

(2) 특징

장점	단점
• 타 촉진수단에 비해서 개인적이며, 직접적인 접촉을 통해서 많은 양의 정보제공이 가능하다. • 각 소비자들의 니즈와 구매시점에서 반응이나 판매상황에 따라 상이한 제안을 할 수 있다. • 판매낭비를 최소화하고 실제 판매를 발생시킨다.	• 높은 비용을 발생시킨다. • 능력있는 판매원의 확보가 쉽지 않다. • 소비자들이 판매원에 대해 좋지 않은 이미지를 가지고 있다.

(3) 인적판매의 과정

준비단계
1. 고객예측 2. 사전준비

➡️

설득단계
3. 접근 4. 제품소개 5. 의견조정 6. 구매권유

➡️

고객관리단계
7. 사후관리

5. PR(Public Relations)

(1) 개요

① 사람이 아닌 다른 매체를 통해서 제품이나 기업자체를 뉴스나 논설의 형식으로 널리 알리는 방식이다.

② 소비자들이 속해 있는 지역사회나 단체 등과 호의적인 관계를 형성하기 위해서 벌이는 여러 가지 활동 등을 의미한다.

③ 기업의 대표적인 PR 수단

수단	내용
출판물	사보, 소책자, 연례 보고서, 신문이나 잡지 기고문
뉴스	회사 자체, 회사의 임직원 또는 제품 등에 대한 뉴스거리를 발굴하여 언론매체에 등재
이벤트	기자회견, 세미나, 전시회, 기념식, 행사 스폰서십
연설	최고경영자 또는 임원들이 각종 행사에 참석하여 연설
사회 봉사활동	지역사회나 각종 공익 단체에 기부금을 내거나 임직원들이 직접 사회봉사활동에 참여
기업 아이덴티티	고객 및 일반 대중들에게 통일된 시각적 이미지를 주기 위해 로고, 명함, 문구, 제복, 건물 등을 디자인하는 것

(2) 특징

비용이 거의 들지 않으며, 매체의 독립성으로 인한 효과가 높다.

6. 광고

(1) 개요

광고주가 비용을 지불하고 사람이 아닌 각종 매체를 통하여 자사의 제품을 널리 알리는 촉진활동이다.

(2) 광고와 PR의 차이점

광고	PR
매체에 대한 비용을 지불한다.	매체에 대한 비용을 지불하지 않는다.
상대적으로 신뢰도가 낮다.	상대적으로 신뢰도가 높다.
광고 내용, 위치, 일정 등의 통제가 가능하다.	통제가 불가능하다.
신문 광고, TV와 라디오 광고, 온라인 광고 등이 있다.	출판물이나 이벤트, 연설 등이 있다.

CHAPTER 13 경영정보

01 경영정보시스템의 일반 개념

1. 경영정보시스템의 정의

(1) 경영정보시스템(MIS; Management Information System)

기업조직의 목표를 달성하기 위해 정보, 업무, 조직원 및 정보기술 등이 조직적으로 결합된 것을 말한다.

(2) 킨(P. Keen)

'기업조직의 정보시스템을 효율적으로 설계하고 설치 및 활용하는 것'이라고 정의한다.

2. 조직에서 정보시스템의 역할

(1) 계획

어떠한 작업(일)을 할 것이며, 언제 어떠한 결과가 산출되는가를 결정하는 과정으로 목표 및 수단을 필요로 한다.

(2) 통제

업무가 계획했던 대로 순차적으로 진행되어 수립된 목표 달성이 가능하도록 실제 업무에서 발생했던 정보를 활용하는 과정이다.

(3) 조직

계획 수립 후 해당 계획을 효과적으로 실행하기 위해 업무를 분화해서 각각의 분화된 업무의 목표 달성이 가능하도록 조직화하는 과정이다.

3. 조직 수준에 따른 정보시스템

(1) 조직 수준의 정보시스템

① 구조화된 활동 : 판단 및 통찰력 등이 불필요하며, 대다수의 경우 의사결정과정이 자동화되어 있는 활동을 의미한다.

② 비구조화된 활동 : 창조적 능력 및 판단 등을 필요로 하는 활동으로 의사결정과정을 자동화시키는 것이 상당히 어렵다.

③ 앤소니에 의한 경영활동의 분류
　㉠ 운영통제 : 세부적인 업무 등이 실행되도록 관리하는 과정을 말한다.
　㉡ 관리통제 : 관리자가 경영자원을 획득해서 이를 효율적으로 활용하도록 관리하는 과정을 말한다.
　㉢ 전략계획 : 기업조직의 목표설정 및 변경, 이러한 목표를 변경하기 위해 활용하는 경영자원의 획득과 연관된 의사결정을 하는 과정을 말한다.

(2) 부서 수준의 정보시스템
① 해당 부서의 생산성을 높임과 동시에 목표 달성이 가능하도록 해야 한다.
② 부서 등은 기업조직의 내·외부로 제공하는 제품 등이 경쟁력을 지닐 수 있도록 지원을 한다.

(3) 개인 수준의 정보시스템
① 사용자가 하나뿐인 시스템이며, 주의해야 할 요소 및 자료의 양은 상당히 제한적이다.
② 개인 스스로가 창출하는 제품 및 서비스의 질을 높이는 것이 주요 목적이다.

4. 정보시스템의 구성 요소

(1) 정보시스템의 역할
기업조직의 의사결정자는 의사결정과 연관된 지식의 확대를 통해 환경의 불확실성 등이 감소된 상태에서 의사결정을 하기 위해 정보를 활용한다.

(2) 정보시스템의 구성
통상적으로 소프트웨어(프로그램), 하드웨어, 절차, 자료, 사람 등으로 구성된다.

5. 자료와 정보

(1) 자료
① 자료 : 어떠한 현상이 일어난 사건, 사실 등을 있는 그대로 기록한 것으로 주로 기호·숫자·음성·문자·그림·비디오 등의 형태로 표현한다.
② 1차 자료 : 현재 수행 중인 조사목적을 달성하기 위해 조사자가 직접 수집한 자료이다.
③ 2차 자료 : 현재의 조사목적에 도움을 줄 수 있는 기존의 모든 자료이다.

(2) 정보
① 개인 또는 조직이 효과적인 의사결정을 하는 데 있어 의미가 있으면서 유용한 형태로 처리된 자료를 말한다.
② 정보의 특징 : 정확성, 완전성, 경제성, 신뢰성, 관련성, 단순성, 적시성, 입증가능성, 통합성, 적절성, 누적가치성, 매체의존성, 결과지향성, 형태성

6. 시스템

(1) 개념

조직, 체계, 제도 등 요소들의 집합 또는 요소와 요소 간의 유기적인 집합이다. 즉, 지정된 정보 처리 기능을 수행하기 위해 조직화되고 규칙적으로 상호 작용하는 방법, 절차 그리고 경우에 따라 인간도 포함하는 구성 요소들의 집합을 의미한다.

(2) 시스템의 구성요소 : 입력(Input), 처리(Process), 출력(Output)

(3) 시스템의 특징

① 개개요소가 아닌 하나의 전체로 인지되어야 한다.
② 상승효과를 동반한다.
③ 계층적 구조의 성격을 지닌다.
④ 통제되어야 한다.
⑤ 투입물을 입력받아서 처리과정을 거친 후에 그로 인한 출력물을 밖으로 내보낸다.

---

02 거래처리 시스템

1. 개요

(1) 기업조직에서 일상적이면서 반복적으로 수행되는 거래를 쉽게 기록·처리하는 정보 시스템으로서 기업 활동의 가장 기본적인 역할을 지원한다.

(2) 내용

① 컴퓨터를 활용해서 제품의 판매 및 구매와 예금의 입출금·급여계산·물품선적·항공예약과 같은 실생활에서 가장 일상적이면서 반복적인 기본적 업무를 효율적으로 신속·정확하게 처리해서 DB에 필요한 정보를 제공한다.
② 온라인 처리방식 또는 일괄처리방식에 의해 거래데이터를 처리한다.

(3) 목적 : 다량의 데이터를 신속·정확하게 처리하기 위함이다.

2. 경영정보 시스템(MIS; Management Information System)

(1) 기업조직에서 활용하는 효율적인 정보시스템의 개발 및 사용을 의미한다. 정규적으로 구조화되어 있으며, 요약된 보고서를 관리자에게 제공하는 정보시스템을 말한다.

(2) 경영정보 시스템은 기업조직에서 발생되는 경영활동의 실적 추적정보 및 조직 내 부서 간의 업무협조를 공고히 하는 데 필요한 정보를 생성해 낸다.

3. 의사결정지원 시스템(DSS; Decision Support System)

(1) 반구조적 또는 비구조적 의사결정을 지원하기 위해 의사결정자가 데이터와 모델을 활용할 수 있게 해주는 대화식 시스템이다.

(2) 특성

① 의사결정자 및 시스템 간의 대화 방식의 정보처리가 가능하도록 설계되어야 한다.
② 그래픽을 활용해서 해당 정보처리 결과를 보여 주고 출력하는 기능이 있어야 한다.
③ 여러 가지 원천으로부터 데이터를 획득해서 의사결정에 필요한 정보처리를 할 수 있도록 설계되어야 한다.
④ 의사결정이 이루어지는 과정 중에 발생 가능한 환경의 변화를 반영할 수 있도록 유연하게 설계되어야 한다.

4. 사무자동화 시스템

(1) 기업조직 내 일상의 업무소통 및 정보처리 업무 등을 지원하는 시스템을 의미한다.
(2) 조직원 개인의 생산성 향상뿐만 아니라 구성원들의 사고 및 의사소통 등 새로운 방식의 업무수행방법을 제시하는 역할도 수행한다.

5. 최고경영자 정보시스템

(1) 조직의 최고 경영층에게 주요 성공요인과 관련된 내·외부 정보를 손쉽게 접할 수 있도록 해주는 컴퓨터 기반의 시스템이다.
(2) 다량의 자료를 사용자가 원하는 방식으로 요약한 정보를 의미하며, 사용자의 입장에서는 알고 싶어 하는 정보에 대한 상세함의 정도에 따라 갖가지 형식으로 그림 또는 표 등의 선택이 가능하다.

---

03 컴퓨터와 컴퓨터 시스템

1. 하드웨어

(1) 중앙처리장치(CPU)

기억장치에서 읽어 온 데이터에 대해서 연산처리, 비교처리, 데이터 전송, 편집, 변환, 테스트와 분기, 연산제어 등의 조작을 수행하고, 데이터 처리 순서를 표시하는 프로그램을 기억장치로부터 인출하여 여러 가지의 장치를 구동하면서 조작한다.

① 제어장치 : 데이터 처리 시스템에서 하나 이상의 주변장치를 제어하는 기능 단위로서 기억장치에 저장되어 있는 프로그램 명령을 순차적으로 꺼내어 분석 및 해독해서 각 장치에 필요한 지령 신호를 주고, 장치 간의 정보 조작을 제어하는 역할을 수행한다.

② 연산 및 논리장치 : 컴퓨터의 처리가 이루어지는 곳으로 연산에 필요한 데이터를 입력받아 제어장치가 지시하는 순서에 따라 연산을 수행한다.

③ 주기억장치 : 프로그램이 실행될 때 보조기억장치로부터 프로그램 및 자료를 이동시켜 실행시킬 수 있는 기억장치이다.

(2) 입력장치

컴퓨터 시스템에 데이터 입력을 위해 사용되는 장치이다(마우스, 키보드, 스캐너, 터치스크린, 라이트 펜 등).

(3) 출력장치

컴퓨터에서 정보를 처리한 후에 해당 결과를 기계로부터 인간이 인지할 수 있는 언어로 변환하는 장치이다(모니터, 스피커, 프린터 등).

2. 소프트웨어

(1) 응용 소프트웨어

① 개인 및 조직의 일에 대한 컴퓨터 활용 수단으로 특정 분야의 응용을 목적으로 개발된 프로그램이다. 사용자가 바라는 기능을 수행하기 위해 컴퓨터의 성능을 소비하는 것을 뜻하는 컴퓨터 소프트웨어에 속한다. 실제 업무 처리를 위해 제작된 프로그램으로 프로그래머나 회사에서 제품으로 만들어진 프로그램이다.

② 응용패키지 프로그램

㉠ 패키지 소프트웨어는 여러 사용자 요구에 맞게 개발한 프로그램으로 표준화되고 특성화된 프로젝트로서 사용자들이 쉽게 활용하도록 소프트웨어 개발회사에서 제작한 프로그램이다.

㉡ 통상적으로 패키지 프로그램은 마이크로 컴퓨터에서 광범위하게 사용되며, 개인의 생산성을 높이는 도구로 사용된다(예 스프레드시트, 워드프로세서, 데이터베이스 관리 소프트웨어, 그래픽 소프트웨어, 개인 정보 관리 소프트웨어, 압축 소프트웨어 등).

(2) 시스템 소프트웨어

① 운영체제(OS) : 사용자가 컴퓨터 자원을 효율적으로 관리할 수 있도록 편의를 제공하는 프로그램으로 사용자와 컴퓨터의 중간자적인 역할을 담당한다.

② 언어번역기

㉠ 컴파일러 : 고급언어로 쓰인 프로그램을 그와 의미적으로 동등하면서도 컴퓨터에서 즉시 실행이 가능한 형태의 목적 프로그램으로 바꾸어 주는 번역 프로그램이다.

㉡ 인터프리터 : 소스 코드를 직접 실행하거나 소스 코드를 효율적인 다른 중간 코드로 변환하고 이를 바로 실행하는 방식이다.

③ 유틸리티 프로그램 : 프로그램이나 데이터를 한 매체에서 다른 매체로 옮기거나 데이터의 내용이나 배치 순서를 바꾸거나 프로그램 개발 시 에러 등을 쉽게 찾아낼 수 있게 하는 등의 여러 프로그램을 집합적으로 일컫는 말이다.

3. 컴퓨터의 유형

(1) 슈퍼 컴퓨터

가장 빠르고 크다. 주로 거래처리 및 보고서 작성보다도 긴 연산 등에 활용되는 것으로 가격 면에서 가장 고가이다.

(2) 메인 프레임

다량의 DB와 갖가지 주변 기기들의 지원이 가능하다. 많은 유저들의 요구사항을 한 번에 처리할 수 있으므로 특히 대기업이 자료처리의 중심으로 많이 활용하고 있다.

(3) 미니 컴퓨터

초창기에는 상당한 시장발전 가능성을 보였지만, 마이크로 컴퓨터의 등장으로 인해 현대의 컴퓨터 시장에서는 시장위치의 확보에 있어 상당한 어려움을 겪고 있다.

(4) 마이크로 컴퓨터

수요가 증가하고 있는 기종으로, 소프트웨어의 개발 및 판매도 상당히 상승하고 있다. 유저들이 용이하게 운반하도록 점점 더 소형화되고 있는 추세이다.

04 시스템 개발 과정

1. 정보요구사항 결정 단계

프로젝트 팀 구성 → 문제 정의 → 구체적인 정보요구사항의 결정 → 타당성의 조사 → 경영자의 승인 획득

2. 시스템 개발 단계

정보요구사항의 결정 → 선택안의 평가 → 설계 → 구현

3. 선택안 평가

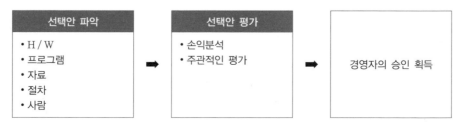

4. 설계

시스템의 설계 시 고려사항 : H / W에 대한 구체적인 사항, 프로그램, 자료, 절차, 사람, 경영자의 승인 획득

5. 구현

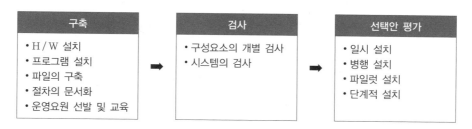

정보시스템의 활용

1. 통신

(1) EDI(Electronic Data Interchange)

전자문서교환이라고도 하며, 기업 사이에 컴퓨터를 통해서 표준화된 양식의 문서를 전자적으로 교환하는 정보전달방식이다.

(2) 전자우편

PC통신의 전자우편과 비슷한 개념으로 전 세계를 대상으로 편지를 보낼 수 있는 서비스이다.

(3) 화상회의

지역적으로 거리가 먼 임원들이 서로 한 자리에 모여 회의를 해야 할 필요가 없기 때문에 비용 절감이 가능하다.

2. 의사결정

기업조직이 해결해야 할 문제의 구조화 등에 따라 의사결정의 질을 높이는 데 있어서 정보시스템의 역할이 달라짐을 말하며, 최종 사용자 S / W 또는 정보통신네트워크 등은 의사결정의 질을 높이는 데 있어서 상당히 중요한 역할을 수행한다.

3. 전문가 시스템의 활용

(1) 개념

능력진단과 같은 운영업무를 위해 전문가의 조언을 제공하거나 관리적인 의사결정을 위한 전문가의 조언을 제공하는 시스템이다.

(2) 전문가 시스템의 특성

① 연역적인 추론방식이다.
② 실용성이 있다.
③ 전문가의 지식으로 이루어진 지식베이스를 사용한다.

(3) 전문가 시스템의 주요 구성요소

지식베이스, 추론기관, 설명기관, 사용자인터페이스, 블랙보드 등

CHAPTER 14 회계

01 회계의 기초

1. 회계의 개요

(1) 회계의 의의

회계는 정보이용자가 합리적인 판단이나 의사결정을 할 수 있도록 기업 실체에 대한 유용하고 경제적인 정보를 식별·측정하여 전달하는 과정이다.

(2) 회계의 기본가정(계속기업의 가정)

① 회계의 기본가정은 기업실체를 둘러싼 환경으로부터 도출해 낸 회계이론 전개의 기초가 되는 사실들을 말하며, 회계공준 또는 환경적 가정이라고도 한다.

② 재무제표는 일반적으로 기업이 계속기업이며 예상 가능한 기간 동안 영업을 계속할 것이라는 가정하에 작성된다. 즉, 기업실체의 경영활동에 있어서 청산, 사업축소 등을 하지 않고 설립 목적을 수행하기에 충분할 정도로 장기간 존속한다는 것을 가정한다는 의미이다.

③ 계속기업의 가정은 '역사적 원가' 평가의 근거가 된다.

(3) 회계상의 거래

① 기업의 경영활동 결과 자산·부채·자본·수익·비용의 증감변화를 일으키는 모든 사실을 회계상의 거래라 하며, 이를 화폐금액으로 표시할 수 있어야 한다.

② 일상생활에서 이루어지는 거래당사자 간의 일반적인 합의를 의미하는 경제상의 거래와는 구별되는 한편 일상생활에서는 거래로 간주하지 않는 일방적인 손실 혹은 이득에 대하여도 회계상으로는 거래로 인식되어 재무제표에 반영되는 경우가 존재한다.

회계상의 거래인 것	회계상의 거래가 아닌 것
• 현금의 수입과 지출 • 상품의 매매거래 • 채권·채무 및 손익의 발생 • 건물(자산) 등의 사용에 의한 가치 감소 • 유가증권(주식, 채권 등)의 구입과 처분 • 화재나 도난에 의한 자산의 소멸 • 기부금의 수수, 현금분실 또는 도난	• 상품의 주문 • 건물 임대차 계약, 매매 계약 • 직원의 채용 • 약속, 의뢰, 보관, 위탁 • 전기, 수도료 등의 고지서 수취

③ 거래의 8요소는 동시에 결합되어 나타나게 되는데, 이를 거래의 결합관계라고 한다.

차변	대변
자산의 증가	자산의 감소
부채의 감소	부채의 증가
자본의 감소	자본의 증가
비용의 발생	수익의 발생

(4) 회계의 구분

① 회계는 재무회계(Financial Accounting), 관리회계(Managerial Accounting), 세무회계(Tax Accoun-ting)로 구분된다.

재무회계	회계투자자, 금융기관, 소비자, 일반대중, 노동조합, 정부 기관 등 일반목적의 재무제표 작성을 주요 목적으로 하는 회계(외부보고용 회계)이다.
관리회계	경영자가 경영활동에 필요로 하는 모든 회계정보를 생산하고 이를 분석하는 것을 주요 목적으로 하는 회계(내부 보고용 회계)이다.
세무회계	기업은 여러 종류의 과세, 즉 법인세, 부가가치세, 관세, 지방세 등에 대한 세무신고를 해야 하며, 세무신고는 관련 법규가 정하는 바에 따라 작성(세무신고를 위한 회계)한다.

② 재무회계와 관리회계 비교

구분	재무회계	관리회계
보고대상	외부정보 이용자	내부정보 이용자
보고시기	정기보고	수시보고
기준	GAAP	원가계산시스템
형식	일정한 형식	일정한 형식 없음
보고내용	주로 제무제표와 부속자료	제한 없음 (주로 원가, 예산, 기타 분석 자료)

2. 재무제표

재무제표는 기업실체의 외부 정보이용자에게 기업실체에 관한 재무적 정보를 전달하는 핵심적 재무보고 수단이다.

(1) 재무제표 작성의 일반사항

공정한 표시와 한국채택국제회계기준의 준수, 계속기업, 발생기준 회계, 중요성과 통합표시, 상계, 보고 빈도, 비교정보, 표시의 계속성

(2) 재무제표 종류

특정시점의 상태	특정기간의 변동
재무상태표	포괄손익계산서, 자본변동표, 현금흐름표

① 재무상태표

재무상태표는 일정시점 현재 기업이 보유하고 있는 경제적 자원인 자산과 경제적 의무인 부채 그리고 자본에 대한 정보를 제공하는 재무보고서이다. 재무상태표는 복식부기에 의해 작성된 회계정보를 통합하여 만들어지기 때문에 차변의 자산총액과 대변의 부채, 자본 총액이 일치하게 된다. 이러한 원리를 대차평균의 원리라고 한다.

$$(자산) = (부채) + (자본)$$

㉠ 자산(Asset)

유동자산	당좌좌산	• 현금 및 현금성 자산, 매출채권, 단기투자자산 등
	재고자산	• 상품, 제품, 반제품, 재공품, 원재료, 저장품 등
비유동 자산	투자자산	• 타기업의 지배나 여유자금을 장기적으로 투하한 것 • 지분증권, 영업활동에 사용되지 않는 투자 부동산, 설비확장 목적으로 보유하고 있는 특정목적예금 등
	유형자산	• 실물이 구체적인 물리적인 형태로 존재하는 자산 • 토지, 건물, 기계장치 등
	무형자산	• 구체적인 물리적 형태는 존재하지 않지만 식별 가능하고 기업이 통제하고 있으며 미래에 경제적 효익이 있는 비화폐성 자산 • 영업권, 산업재산권, 광업권, 개발비 등
	기타 비유동자산	• 임차보증금, 이연법인세자산 등

㉡ 부채(Liabilities)

유동부채	• 기업의 일상 영업거래 및 재무거래에서 발생하는 것 • 단기금융부채(매입채무, 단기차입금, 미지급금), 선수금, 예수금, 미지급비용, 미지급법인세, 선수수익 등
비유동부채	• 상환 만기가 1년 이상의 부채 • 사채, 장기차입금, 장기제품보증충당부채, 장기매입채무, 퇴직급여충당금, 이연법인세부채, 장기미지급금 등

㉢ 자본(Capital)

자본금	• 기업의 주주가 기업에 출자한 금액 • 보통주자본금, 우선주자본금
자본 잉여금	• 증자나 감자 등 주주와의 거래에서 발생하여 자본을 증가시키는 잉여금 • 주식발행초과금, 감자차익, 자기주식처분이익 등
자본조정	• 당해 항목의 특성상 소유주지분에서 가감되어야 하거나 아직 최종결과가 미확정 상태여서 자본의 구성항목 중 어느 것에 가감해야 하는지 알 수 없는 항목 • 주식할인발행차금, 자기주식, 감자차손, 자기주식처분손실, 배당건설이자, 미교부주식배당금 등
기타포괄 손익 누계액	• 포괄손익이란 자본의 변동 중에서 주주와의 거래에서 생긴 자본의 변동을 제외한 모든 변동 • 매도가능증권평가손익, 해외사업환산손익, 위험회피 파생상품평가손익 등
이익 잉여금	• 손익계산서에 보고된 손익과 다른 자본 항목에서 이입된 금액의 합계액에서 주주에 대한 배당, 자본금으로의 전입 및 자본조정 항목의 상각 등으로 처분된 금액을 차감한 잔액 • 법정적립금, 임의적립금 및 미처분이익잉여금(또는 미처리결손금) 등 손익거래에 의하여 발생한 매기의 이익을 그 원천으로 함

② 포괄손익계산서

포괄손익계산서는 일정기간 동안 기업의 재무성과에 대한 정보를 제공하는 재무보고서이며 미래의 현금흐름과 수익창출능력 등의 예측에 유용한 정보를 제공하는 보고서이다.

㉠ 성격별 포괄손익계산서

성격별 분류법에서는 당기손익에 포함된 비용을 그 성격별로 통합하며, 기능별로 재배분하지 않는다. 비용을 성격별로 분류한다는 것은 각 항목을 유형별로 구분, 표시한다는 것으로 감가상각비, 운송비, 광고비 등으로 분류한다.

㉡ 기능별 포괄손익계산서

기능별 분류법은 비용을 매출원가, 물류원가, 관리활동원가 등과 같이 기능별로 분류하는 방법으로 매출원가법이라고도 한다. 이 방법에서는 매출원가를 반드시 다른 비용과 분리하여 공시한다. 비용의 성격에 대한 정보가 미래현금흐름을 예측하는 데 유용하기 때문에 비용별 포괄손익계산서를 사용하는 경우에는 성격별 분류에 따른 추가 공시가 필요하다.

성격별 포괄손익계산서		기능별 포괄손익계산서	
수익	×××	수익	×××
기타수익	×××	매출원가	(×××)
총비용		매출총이익	×××
제품과 재공품의 변동		기타수익	×××
원재료와 소모품의 사용액		물류원가	(×××)
종업원급여비용		관리비	(×××)
감가상각비와 기타상각비		기타비용	(×××)
기타비용	(×××)	금융원가	(×××)
법인세비용차감전순이익	×××	법인세비용차감전순이익	×××
법인세비용	(×××)	법인세비용	(×××)
당기순이익	×××	당기순이익	×××
기타포괄이익	×××	기타포괄이익	×××
총포괄이익	×××	총포괄이익	×××

③ 자본변동표

자본변동표는 기업의 경영에 따라 자본이 변동되는 흐름을 파악하기 위해 일정기간 동안 자본의 크기와 그 변동에 관한 정보를 제공하는 재무보고서이다.

④ 현금흐름표

현금흐름표는 일정기간 동안 기업의 현금 조달과 사용을 나타내는 표로, 기업의 현금 및 현금성자산 창출능력과 기업의 현금흐름 사용 필요성에 대한 평가의 기초를 재무제표 이용자에게 제공한다.

㉠ 영업활동 현금흐름 : 기업 고유활동인 생산 제품의 판매, 원재료와 상품의 구입에 따른 현금 유·출입 상황

㉡ 투자활동 현금흐름 : 유가증권 및 토지의 매입·매각, 예금 등에 따른 현금 유·출입 상황

㉢ 재무활동 현금흐름 : 단기차입금, 회사채 및 증자 등에 따른 현금 유·출입 상황

⑤ 주석

주석은 재무상태표, 포괄손익계산서, 자본변동표 및 현금흐름표에 표시된 개별 항목과 관련된 양적·질적인 정보를 제공한다. 주석이 제공하는 정보는 다음과 같다.

㉠ 재무제표 작성 근거와 구체적인 회계정책에 대한 정보

㉡ 한국채택국제회계기준에서 요구하는 정보이지만 재무제표 어느 곳에도 표시되지 않는 정보

㉢ 재무제표 어느 곳에도 표시되지 않지만 재무제표를 이해하는 데 목적 적합한 정보

1. 재고자산

(1) 재고자산의 의의

재고자산은 판매를 위하여 보유하거나 생산과정에 있는 자산 및 생산 또는 서비스 제공과정에서 투입될 원재료나 소모품의 형태로 존재하는 자산을 말한다. 용역 제공기업의 재고자산에는 관련된 수익이 아직 인식되지 않은 용역원가가 포함된다.

(2) 재고자산 흐름

(3) 기말재고자산에 포함할 항목

구분		인식여부	기말재고에의 포함 여부
미착상품 (구매자의 입장)	도착지인도조건	매입으로 인식하지 않음	제외
	선적지인도조건	매입으로 인식함	포함
적송품	수탁자 보관분	매출로 인식하지 않음	포함
	수탁자 미보관분	매출로 인식함	제외
저당상품		매출로 인식하지 않음	포함
반품권이 부여된 재고자산	반품가능성 예측 가능	매출로 인식함	제외
	반품가능성 예측 불가능	매출로 인식하지 않음	포함
할부판매상품(장단기 포함)		매출로 인식함	제외

(4) 재고자산 평가방법

① 개별법

개별법은 개개의 상품 또는 제품에 대하여 개별적인 원가를 계산하는 방법이다. 상호 교환될 수 없는 재고자산항목의 원가와 특정 프로젝트별로 생산되고 분리되는 재화 또는 용역의 원가는 개별법을 사용하여 결정한다.

장점	• 실제원가와 실제수익이 대응되므로 대응원칙에 가장 충실하다.
	• 소량인 재고자산에 적용이 용이하다.
단점	• 재고자산 종류, 수량이 많은 경우 적용이 어렵다.
	• 원가를 실무자가 임의로 조정하여 당기손익을 조작할 수 있다.
	• 여러 재고자산에 공통적인 부대비용을 임의로 배분하여 원가를 조작할 수 있다.

② 가중평균법

기초 재고자산과 회계기간 중 매입 또는 생산된 재고자산의 원가를 가중평균하여 재고항목의 단위원가를 결정하는 방법이다. 가중평균법에는 총평균법과 이동평균법이 있다. 총평균법은 실사법하에서의 가중평균법을 의미하며, 이동평균법은 계속기록법하에서의 가중평균법을 말한다.

장점	• 실무적 적용이 편리하며 이익조작의 가능성이 적다. • 실제 물량흐름을 개별적으로 파악하기 힘들므로 평균원가 사용이 보다 적절할 수 있다.
단점	• 수익과 비용의 적절한 대응이 어렵다. • 기초재고의 원가가 평균단가에 합산되어 기말재고의 금액에 영향을 미칠 수 있다.

③ 선입선출법(FIFO; First – In First – Out method)

선입선출법은 물량의 실제흐름과는 관계없이 먼저 매입 또는 생산한 항목이 먼저 판매 또는 사용된 것으로 가정하여 기말 재고액을 결정하는 방법이다.

장점	• 실제 물량흐름과 유사하므로 개별법과 유사한 결과를 얻을 수 있다. • 체계적이고 객관적이므로 이익조작의 가능성이 작다. • 기말재고자산이 현행원가의 근사치로 표시된다.
단점	• 현행수익에 과거원가를 대응시키므로 대응원칙에 충실하지 못하다. • 물가가 상승하는 경우 과거의 취득원가가 현행 매출수익에 대응되므로 당기순이익이 과대계상된다.

④ 후입선출법(LIFO; Last – In First – Out method)

후입선출법은 나중에 구매 또는 생산한 항목이 먼저 판매 또는 사용된 것으로 가정하고 재고자산을 평가하는 방법이다. 기업회계기준에서는 후입선출법을 사용할 수 없도록 하고 있다.

장점	• 대응원칙에 충실 : 현행수익에 현행원가가 대응되므로 대응원칙에 충실하다. • 가격정책결정에 유용 : 판매가격은 최근 구입한 원가를 초과해야 하므로 최소한 후입선출법을 적용할 때도 이익이 발생하여야 한다. • 세금효과로 인한 현금흐름 개선 : 당기순이익이 적게 계상되어 세금 납부를 이연할 수 있으므로 현금흐름이 좋아진다.
단점	• 기말 재고자산의 부적절한 평가 : 기말 재고자산이 과거 취득원가로 기록된다. • 후입선출청산현상 : 판매량 급증의 경우 과거 가격으로 평가된 재고층이 매출원가로 계상되어 당기순이익이 증가된다. • 불건전한 구매관습 : 후입선출청산을 회피하기 위해 불필요한 재고자산을 구입하거나 당기순이익을 증가시키기 위해 재고자산을 구입하지 않고 고갈시키는 불건전한 구매관습을 통해 당기순이익을 조작할 수 있다. • 낮은 당기순이익 : 당기순이익이 적게 계상된다. • 실제 물량흐름과 불일치

⑤ 재고자산 평가방법의 비교

구분	크기비교	비고
기말재고자산	선입선출법 > 이동평균법 > 총평균법 > 후입선출법	제외
매출원가	선입선출법 < 이동평균법 < 총평균법 < 후입선출법	−
당기순이익	선입선출법 > 이동평균법 > 총평균법 > 후입선출법	−
법인세	선입선출법 > 이동평균법 > 총평균법 > 후입선출법	과세소득이 충분함
현금흐름	선입선출법 < 이동평균법 < 총평균법 < 후입선출법	법인세효과

2. 감가상각

(1) 감가상각의 의의

감가상각은 자산의 취득가액을 사용가능연한인 내용연수 동안 체계적인 방법을 통해 비용으로 배분하는 원가의 배분과정이다. 각 사업 연도의 손익계산을 정확하고 공정하게 하고, 상품과 제품의 원가계산을 적절하게 하기 위함에 그 목적이 있다. 자산은 시일의 경과와 경제 사정의 변화에 따라 경제가치가 감소되어 간다. 감가상각의 원인은 다음과 같다.

- 사용에 의한 소모
- 시간의 경과에 따르는 퇴화
- 기능적 감가 : 물질 자체로는 사용가치가 있으나 경제적 이용가치의 상실을 의미한다. 유행의 변천과 새로운 발명에 의한 구식화 등이 이에 속한다.

(2) 감가상각대상금액과 감가상각기간

① 감가상각기준액

$$[감가상각대상금액(감가상각기준액)] = (자산의\ 원가) - (잔존가치)$$

② 잔존가치

자산의 내용연수가 만료되는 시점에 남아 있는 자산적 가치를 잔존가치라고 한다. 자산의 처분으로부터 현재 획득할 금액에서 추정 처분부대원가를 차감한 금액의 추정치를 말한다.

③ 내용연수

자산이 영업활동에 사용될 수 있는 예상기간, 즉 수명을 말하며 자산이 사용불능이 되어 폐기할 때까지의 추정연수를 말한다. 반드시 기간적인 의미만 있는 것이 아니라 생산량 또는 활동능력으로 평가될 수도 있다.

(3) 감가상각방법

① 정액법

정액법은 매기 균등액을 감가상각비로 계산하는 방법으로, 자산의 경제적 유용성이 내용연수 동안 매년 동일하고 관련된 수선유지비도 매년 동일하다고 가정한다.

$$(상각률) = \frac{1}{(추정내용연수)}$$
$$(매년\ 감가상각비) = [(취득금액) - (잔존가치)] \times (상각률)$$

㉠ 장점 : 계산이 간단하다.
㉡ 단점 : 자산의 경제적 유용성이 내용연수 동안 동일한 것으로 가정하는데, 일반적으로 자산의 생산성은 취득 초기에 높고 후기로 갈수록 낮아지는 현실을 반영하지 못한다. 또한, 수선유지비는 내용연수 후기로 갈수록 증가하는데 이러한 현실을 반영하지도 못한다.

② 정률법

$$(상각률)=1-\sqrt[n]{\frac{(잔존가치)}{(취득금액)}}\ (n=내용연수)$$

$$(매년\ 감가상각비)=[(취득원가)-(상각전\ 감가상각누가액)]\times(상각률)$$

③ 연수합계법

$$(특정연도의\ 상각률)=\frac{(특정연도초의\ 잔존내용연수)}{(내용연수의\ 합계)}$$

$$(특정연도의\ 감가상각비)=[(취득원가)-(잔존가치)]\times(상각률)$$

④ 이중체감법

이중체감법의 상각률은 정액법 상각률의 2배를 사용한다.

$$(상각률)=\frac{1}{(내용연수)}\times2$$

$$(매년\ 감가상각비)=[(취득원가)-(상각전\ 감가상각누계액)]\times(상각률)$$

⑤ 생산량비례법

보유 중인 자산의 감가가 단순히 시간이 경과함에 따라 나타나는 것이 아니라 생산량에 비례하여 나타난다는 것을 전제로 하여 감가상각비를 계산하는 방법이다. 주로 광산, 유전, 산림 등과 같은 소모성 또는 고갈성 자산의 채취산업에서 많이 사용된다.

$$(매년\ 감가상각비)=[(취득원가)-(잔존가치)]\times\frac{(당기실제생산량)}{(추정총생산량)}$$

3. 현금 및 현금성자산

(1) 현금

현금은 기업이 보유하고 있는 자산 중 가장 유동성이 높은 자산으로서 통화와 통화대용증권이 있다. 회계상으로 현금은 지폐나 주화 등 통화와 타인발행수표 등 통화대용증권 및 보통예금, 당좌예금 등 요구불예금으로 구성된다.

(2) 현금성자산

현금성자산이란 투자나 다른 목적이 아닌 단기적인 현금수요를 충족하기 위한 목적으로 보유하는 것으로 현금과 거의 유사한 환금성을 갖는 자산을 말한다. 기업회계기준서에서는 현금성자산을 유동성이 매우 높은 단기 투자자산으로서 확정된 금액의 현금으로의 전환이 용이하고 가치변동의 위험이 경미한 자산으로 정의하고 있다. 이때의 단기란 일반적으로 취득일로부터 투자자산의 만기일 또는 상환일이 3개월 이내인 경우를 의미한다(주식은 만기가 없어 현금성자산이 아님).

(3) 금융상품

금융기관이 취급하는 정기예금·정기적금·사용이 제한되어 있는 예금 및 기타 정형화된 상품 등으로 단기적 자금 운용 목적으로 소유하거나 기한이 1년 내에 도래하는 단기금융상품과 단기금융상품에 속하지 아니하는 정기예금 등의 장기금융상품으로 구분된다.

(4) 현금 및 현금성자산과 금융상품의 분류

구분	분류항목		계정분류
현금 및 현금성자산	통화 및 타인발행수표, 보통예금·당좌예금 등 요구불예금, 우편환증서, 송금환, 기일도래 공사채이자표, 배당금지급통지표, 공장·지점전도금, 현금성자산		–
금융상품	정기예금·정기적금 사용이 제한된 예금 환매채(RP)·양도성예금증서(CD) 등 금융상품	취득일로부터 3개월 이내 만기도래	현금성자산*
		보고기간말로부터 1년 이내 만기도래	단기금융 상품
		보고기간말로부터 1년 이후 만기도래	장기금융 상품
기타 항목	선일자수표(매출채권 또는 미수금), 직원가불금 및 차용증서(단기대여금), 우표 및 수입인지(선급비용 또는 소모품), 당좌개설보증금(장기금융상품), 당좌차월(단기차입금)		–

*사용이 제한된 예금은 제외함

4. CVP(Cost-Volume-Profit) 분석

(1) CVP 분석의 개요

① CVP 분석이란 조업도(Volume)와 원가(Cost)의 변화가 이익(Profit)에 미치는 영향을 분석하는 기법을 말한다.

② 분석내용
  ㉠ 손실을 보지 않기 위해서 달성하여야 하는 판매량 및 매출액
  ㉡ 목표이익을 얻기 위해서 달성하여야 하는 판매량 및 매출액
  ㉢ 특정판매량을 통해서 얻을 수 있는 이익
  ㉣ 판매량이나 원가가 변동 시 이익에 미치는 영향

(2) CVP 분석의 기본 개념

① CVP 분석의 기본 공식
  (이익) = (매출액) − (총비용)
      = (매출액) − [(총변동비 + (총고정비)]
      = [(매출액) − (총변동비)] − (총고정비)
      = (공헌이익) − (총고정비)

② 공헌이익(CM; Contribution Margin)
  ㉠ 재무회계의 매출총이익과 같이 순이익 산출과정의 중간이익 개념으로서 고정원가를 회수하고 순
    이익창출에 공헌하는 이익을 의미한다. 따라서 매출액에서 변동비를 차감하면 공헌이익이 되며,
    공헌이익에서 고정비를 차감하면 순이익이 산출된다.
  ㉡ 공헌이익과 공헌이익률

공헌이익	(매출액)－(변동비)
	(고정비)＋(이익)
단위공헌이익	(총공헌이익)/(판매수량)
	(판매가격)－(단위변동비)
	(판매가격)×(공헌이익률)
공헌이익률	(공헌이익)/(매출액)
	(단위공헌이익)/(판매가격)

③ 손익분기점(BEP; Break－Even Point)
  매출액이 총원가와 동일한 지점, 즉 이익이 '0'이 되는 매출액 수준을 나타낸다.

$$(BEP매출수량) = \frac{(고정비)}{(단위공헌이익)}$$

$$(BEP매출액) = \frac{(고정비)}{(공헌이익률)}$$

(3) CVP 분석의 가정과 한계
① 원가요소 중에서 변동비와 고정비로 구분하기 어려운 것이 있다.
② 판매수량이 오를수록 판매단위는 고정적인 것이 아니며 매출액선과 총비용선이 직선이라는 가정은
  비현실적이다.

CHAPTER 15 재무관리

01 재무관리의 기초

1. 재무관리의 개요

(1) 재무관리의 목표

이익의 극대화(전통적인 재무관리의 목표), 기업가치의 극대화, 자기자본가치의 극대화

(2) 투자안의 경제성 분석기법

① 경제성 분석기법의 구분

② 경제성 분석기법의 의의 및 의사결정기준

㉠ 비할인현금흐름

회수기간법	• 투자안에서 발생하는 현금유입액으로 투자원금을 회수하는 데 걸리는 시간 • 독립적 투자안 : 회수기간이 목표 회수기간보다 짧으면 채택 • 배타적 투자안 : 회수기간이 가장 짧은 투자안 선택
회계적 이익률법 (ARR)	• (회계적 이익률)=(연평균순이익)÷(연평균 투자액) • 독립적 투자안 : 회계적 이익률이 목표이익률보다 크면 채택 • 배타적 투자안 : 회계적 이익률이 가장 큰 투자안 선택

ⓛ 할인현금흐름

순현재가치법 (NPV)	• 현금유입액의 현재가치에서 현금유출액의 현재가치를 뺀 값 • 독립적 투자안 : NPV가 0보다 크면 채택 • 배타적 투자안 : NPV가 가장 큰 투자안 선택
내부수익률법 (IRR)	• 투자로부터 얻게 될 현금유입액의 현재가치가 현금유출액의 현재가치와 같게 해주는 할인율 • 독립적 투자안 : IRR이 자본비용보다 크면 채택 • 배타적 투자안 : IRR이 가장 큰 투자안 선택
수익성지수법 (PI)	• 현금유입액의 현재가치를 현금유출액의 현재가치로 나눈 값 • 독립적 투자안 : PI가 1보다 크면 채택 • 배타적 투자안 : PI가 가장 큰 투자안 선택

2. 위험과 수익률

(1) 위험의 의의와 측정

① 불확실성과 위험

불확실성	미래 수익을 현재시점에서 확실하게 알 수 없고, 단지 확률분포의 형태로 예측할 수 있는 상황
위험(Risk)	미래에 실제로 실현되는 성과가 기대성과와 다를 가능성으로 분산이나 표준편차로 측정할 수 있다.

② 투자수익률과 기대수익률

투자수익률	투자수익률은 기간의 투자수익[(투자안의 기말가치)−(기초투자액)]을 기초 투자액으로 나눈 값
기대수익률	기대수익률은 미래에 평균적으로 예상되는 수익률로서 상황별로 발생 가능한 수익률에 그 상황이 발생할 확률을 곱한 다음 이를 모두 합산한 값

(2) 포트폴리오 이론

① 투자자금을 여러 위험자산에 나누어 투자할 경우 최적의 선택과정을 설명하는 이론이다.
② 포트폴리오의 기대수익률은 각 주식의 투자비율을 가중치로 해서 개별주식의 기대수익률을 가중평균한 값이다.
③ 다른 조건이 동일하다면 개별주식 수익률 간의 상관계수가 작아질수록 포트폴리오의 위험이 작아지므로 상관계수가 작은 주식으로 포트폴리오를 구성할수록 위험분산효과가 크게 나타난다.
④ 위험분산효과는 포트폴리오의 구성자산 수를 증가시킴에 따라 포트폴리오의 위험을 현저하게 줄일 수도 있다.
⑤ 자산수익률의 분산은 포트폴리오의 구성자산 수를 증가시킴에 따라 제거할 수 없는 체계적 위험(Systematic Risk)과 제거할 수 없는 비체계적 위험(Unsystematic Risk)으로 구성된다.

체계적 위험	• 경제성장률, 이자율, 인플레이션, 환율, 국제유가 등 경제 전반에 영향을 미치는 요인들의 변동에 따른 위험 • 모든 주식에 공통적으로 영향을 미치기 때문에 여러 주식으로 포트폴리오를 구성해서 투자해도 제거할 수 없다.
비체계적 위험	• 주식을 발행한 기업의 경영성과, 경영진의 교체, 신 제품개발의 성패 등과 같이 그 기업에만 영향을 미치는 요인들로 인한 위험 • 주식 수를 충분히 증가시켜서 투자하면 완전히 제거할 수 있다.

(3) 자본자산가격결정 모형(CAPM)

① 자본시장선(CML)

$$E(R_P) = R_f + \left[\frac{E(R_M - R_f) - R_f}{\sigma_M} \right] \sigma_P$$

② 증권시장선(SML)

$$E(R_i) = R_f + [E(R_M) - R_f]\beta_i$$

1. 자본시장과 주식평가

(1) 금융시장

직접금융시장	중개기관을 거치지 않고 자금의 최종수요자와 공급자간에 직접증권(기업이 발행하는 주식이나 회사채, 정부 등이 발행하는 국공채 등)의 매매를 통하여 자금의 수급이 이루어지는 시장
간접금융시장	자금의 공급자와 최종수요자 사이에 중개기관(은행, 보험회사 등)이 개입하여 자금의 수급이 이루어지는 시장

(2) 주식평가

① 단순화된 배당평가 모형

무성장 모형	성장이 없다고 가정하여 배당금이 매년 일정할 것으로 기대되는 주식의 평가모형 $P_0 = \dfrac{D_1}{(1+r)} + \dfrac{D_1}{(1+r)^2} + \dfrac{D_1}{(1+r)^3} + \cdots = \dfrac{D_1}{r}$
고든의 항상성장 모형	주식에 대한 배당금이 매년 일정한 비율로 증가한다고 가정하는 평가모형 $P_0 = \dfrac{D_1}{(1+r)} + \dfrac{D_1(1+g)}{(1+r)^2} + \dfrac{D_1(1+g)^2}{(1+r)^3} + \cdots = \dfrac{D_1}{r-g}$ (단, $r > g$)

(D_1 : 차기주당배당금, V_0 : 당기 1주당 현재가치, r : 요구수익률, g : 성장률)

② 주가배수 모형

㉠ 주가배수 모형이란 주가를 주당순이익(EPS)으로 나눈 주가배수를 이용하여 주가를 평가하는 방법이다.

㉡ 주가수익비율(PER)은 현재의 주식가격을 기대주당이익(EPS)으로 나눈 값이다.

$$PER = \frac{(\text{현재의 주가})}{(\text{기대주당이익})} = \frac{P_0}{EPS}$$

$$P_0 = PER \times EPS$$

ⓒ PER의 장단점

장점	단점
• 성장성과 위험 등 기업의 여러 특성들을 나타내는 지표가 될 수 있다. • 대부분의 주식에 적용하여 간단하게 계산할 수 있고, 자료를 쉽게 구할 수 있기 때문에 주식 간 비교가 용이하다.	• 순이익이 0보다 작으면 음수가 되어 의미가 없다. • 순이익의 변동성이 크면 기간에 따라 크게 변할 수 있다. • 순이익의 회계처리방법에 따라 달라질 수 있다.

2. 채권

(1) 채권의 개요

① 채권의 의의

채무자가 채권자에게 정해진 조건에 따라 이자와 원금을 상환하겠다는 것을 약속하기 위하여 발행해주는 증서이다. 채권에는 만기일, 액면가, 표면이자율이 기재된다.

만기일	원금을 상환하기로 약속한 날
액면가	만기일에 상환하기로 약속한 원금
표면이자율	만기까지 매기 지급하기로 약속한 이자율을 말하며, 액면이자율이라고도 함

② 채권의 종류

이표채 (Coupon Bond)	만기와 표면이자율이 정해져 있어서 만기일까지 매기 정해진 이자를 지급해주고 만기일에 원금을 상환해주는 채권
무이표채 (Zero Coupon Bond)	표면이자율이 0인 채권으로 이자는 지급하지 않고 만기일에 원금만 상환해주는 채권
영구채 (Perpetual Bond)	만기가 무한대인 채권으로 원금상환은 없고 매기말에 정해진 이자만 영구히 지급해주는 채권

(2) 시장이자율과 채권가격(말킬의 정리)

① 시장이자율과 채권가격

ⓐ 채권가격은 시장이자율과 역의 관계에 있다. 즉, 시장이자율이 하락하면 채권가격은 상승하고, 시장이자율이 상승하면 채권가격은 하락한다.

ⓑ 만기가 정해진 상태에서 이자율의 상승 또는 하락 폭이 동일하다면, 이자율의 하락으로 인한 채권가격 상승 폭이 이자율의 상승으로 인한 채권가격 하락 폭보다 크다.

② 만기와 채권가격

ⓐ 다른 조건이 동일하다면, 만기가 길어질수록 일정한 이자율변동에 따른 채권가격 변동폭이 커진다.

ⓑ 시장이자율의 변동에 따른 채권가격 변동 폭은 만기가 길어질수록 증가하지만, 만기의 한 단위 증가에 따른 채권가격 변동 폭은 만기가 길어질수록 감소한다.

③ 표면이자율과 채권가격

다른 조건이 동일하다면 표면이자율이 낮아질수록 이자율 변동에 따른 채권가격 변동률이 커진다.

3. 채권의 듀레이션

(1) 듀레이션의 의의

듀레이션은 채권투자로부터 발생하는 현금흐름을 회수하는 데 걸리는 평균기간을 의미한다. 각 현금흐름이 발생하는 시점까지의 기간을 각 시점에서 발생하는 현금흐름의 현재가치가 전체 현금흐름의 현재가치(채권의 시장가치)에서 차지하는 비중을 가중치로 하여 평균한 값을 말한다.

$$D = 1 \times \frac{\dfrac{D}{(1+r)}}{P_0} + 2 \times \frac{\dfrac{D}{(1+r)^2}}{P_0} + \cdots + n \times \frac{\dfrac{D^n}{(1+r)^n}}{P_0}$$

(2) 듀레이션의 특징

① 만기가 길수록 듀레이션은 커진다.
② 표면이자율이 높을수록 듀레이션은 작아진다.
③ 만기수익률이 높을수록 듀레이션은 작아진다.
④ 이자 지급빈도가 증가할수록 듀레이션은 작아진다.

03 파생상품

1. 선물

(1) 선도거래와 선물거래

① 선도거래는 미래의 특정시점에 정해진 가격으로 특정자산을 사고팔기로 현재시점에서 약정하고 약정에 따라 미래에 상품을 인수도하면서 대금을 결제하는 거래를 말한다.
② 선물거래는 품질과 가격 등이 표준화된 일정량의 상품을 현재시점에서 약정된 가격으로 미래의 일정시점에 매입 또는 매도하기로 조직화된 거래소 내에서 약정하는 거래를 말한다.

구분	선도거래	선물거래
시장형태	비조직적 시장	조직화된 거래소
거래방법	당사자 간에 직접 계약	공개호가방식
거래조건	당사자 간의 합의	표준화
가격형성	계약 시 한 번만 결정됨	매일 새로운 가격이 형성됨
이행보증	거래당사자의 신용도에 좌우	청산소가 거래의 이행을 보증
실물인도	만기일에 실물을 인수도	대부분 반대매매를 통하여 청산
결제방식	만기일에 한 번 결제	일일정산

(2) 선물과 옵션

구분	선물	옵션
권리와 의무 관계	매입자와 매도자 모두 계약 이행에 대한 의무를 부담	매입자는 권리만 갖고 매도자는 의무만 부담
대가의 수금	매입자와 매도자 모두 증거금을 납부할 뿐 둘 간에 주고받는 대가는 없음	매입자는 매도자에게 옵션의 대가를 지급하고 매도자는 증거금을 납부
위험의 범위	매입자와 매도자 모두 반드시 계약을 이행해야 하는 의무를 부담하므로 위험에 한계가 없음	매입자는 불리할 경우 권리 행사를 포기하여 위험을 한정시킬 수 있음

2. 옵션

(1) 옵션의 정의 및 특성

① 옵션이란 미리 정해진 기간 동안에 정해진 가격으로 특정 자산을 사거나 팔 수 있는 권리가 부여된 증권을 말한다.

② 옵션매입자는 옵션에 부여되어 있는 권리를 갖고, 옵션매도자(또는 옵션발행자)는 옵션매입자가 권리를 행사할 경우 거래에 응해야 하는 의무를 부담한다. 따라서 옵션매입자가 옵션매도자에게 권리에 대한 대가인 옵션프리미엄을 지급한다.

③ 옵션의 가치는 기초자산의 가격에 따라 결정된다.

(2) 옵션의 종류

콜옵션 (Call Option)	정해진 가격으로 기초자산을 살 수 있는 권리가 부여된 옵션
풋옵션 (Put Option)	정해진 가격으로 기초자산을 팔 수 있는 권리가 부여된 옵션

(3) 옵션가격결정의 기초

① 옵션가격결정의 종류

종류	콜옵션	풋옵션
내가격 (ITM)	행사가격(E) < 기초자산가격(S)	행사가격(E) > 기초자산가격(S)
등가격 (ATM)	행사가격(E) = 기초자산가격(S)	행사가격(E) = 기초자산가격(S)
외가격 (OTM)	행사가격(E) > 기초자산가격(S)	행사가격(E) < 기초자산가격(S)

내가격은 옵션을 행사하면 이익을 얻는 상태이며, 등가격은 옵션을 행사해도 손익이 발생하지 않는 상태, 외가격은 옵션을 행사하면 손실을 입는 상태를 의미한다.

② 옵션가격의 결정요인

요인	콜옵션	풋옵션
행사가격	−	+
만기일	+	+
기초자산의 가치	+	−
기초자산의 변동성	+	+
무위험이자율	+	−

04 재무분석

1. 재무비율 분석

재무비율을 통해서 기업의 재무상태와 경영성과를 분석하는 방법이다. 즉, 재무제표의 자료를 기초로 하여 기업의 경제적 실체를 알려 줄 수 있는 재무비율을 계산한 다음 이를 관찰하여 기업의 현재와 미래의 모습을 분석한다.

장점	• 재무제표의 자료를 이용하여 간단하게 기업의 재무상태를 파악할 수 있다.
단점	• 과거의 자료를 중심으로 분석한다. • 일정시점이나 일정기간을 이용하므로 정보가 한정적이다. • 비율 상호 간의 연결이 없다. • 종합적인 결론을 얻을 수 없다. • 절대적인 기준치나 표준치가 없다.

2. 안정성비율

안정성비율이란 기업의 장기지급능력을 측정하는 데 사용되는 비율을 말한다. 재무상태표 간 항목들의 관계를 설명하는 정태비율로서 단기채무 지불능력인 재무유동성과 경기대응능력인 안정성을 측정하는 지표이다.

(1) 유동비율

$$(\text{유동비율}) = \frac{(\text{유동자산})}{(\text{유동부채})} \times 100$$

(2) 당좌비율

$$(당좌비율) = \frac{(당좌자산)}{(유동부채)} \times 100$$

(3) 부채비율

$$(부채비율) = \frac{[부채(타인자본)]}{(자기자본)} \times 100$$

(4) 고정비율

$$(고정비율) = \frac{(고정자산) + (투자자산)}{(자기자본)} \times 100$$

(5) 자기자본비율

$$(자기자본비율) = \frac{(자기자본)}{(총자산)} \times 100$$

(6) 유보율

$$(유보율) = \frac{(잉여금)}{(납입자본금)}$$

$$단, (잉여금) = (자본잉여금) + (이익잉여금)$$

(7) 이자보상비율

$$(이자보상비율) = \frac{(영업이익)}{[금융비용(이자비용)]} \times 100$$

3. 수익성비율

수익성비율은 기업이 얼마나 효율적으로 관리되고 있는가를 나타내는 종합적 지표이다. 일정한 기간에 있어서의 기업활동의 최종적인 성과, 즉 손익의 상태를 측정하고 그 성과의 원인을 분석, 검토하는 수익성분석을 행함으로써 재무제표의 내부 및 외부이용자들은 보다 합리적인 의사결정을 할 수 있다.

(1) 매출액순이익률

$$(\text{매출액순이익률}) = \frac{(\text{순이익})}{(\text{매출액})} \times 100$$

(2) 매출액영업이익률

$$(\text{매출액영업이익률}) = \frac{(\text{영업이익})}{(\text{매출액})} \times 100$$

(3) 총자산이익률

$$(\text{총자산이익률}) = \frac{(\text{당기순이익})}{(\text{총자산})} \times 100$$

(4) 자기자본순이익률

$$(\text{자기자본순이익률}) = \frac{(\text{순이익})}{(\text{자기자본})} \times 100$$

(5) 주당순이익

$$(\text{주당순이익}) = \frac{(\text{당기순이익})}{(\text{발행주식 수})}$$

(6) 배당성향

$$(\text{배당성향}) = \frac{(\text{배당금})}{(\text{당기순이익})} \times 100$$

4. 성장성비율

기업의 한 해 경영 규모 및 기업 활동의 성과가 전년도에 비하여 얼마만큼 증가하였는가를 보여주는 지표이다. 기업의 성장성을 판단하고 예측한 비율들을 비교 분석함으로써 기업 경영에 보다 효율적인 판단자료로 활용된다.

(1) 매출액증가율

$$(\text{매출액증가율}) = \frac{(\text{당기매출액}) - (\text{전기매출액})}{(\text{전기매출액})} \times 100$$

(2) 총자산증가율

$$(\text{총자산증가율}) = \frac{(\text{당기총자산증가액})}{(\text{전기말총자산})} \times 100$$

(3) 순이익증가율

$$(\text{순이익증가율}) = \frac{(\text{당기순이익증가액})}{(\text{전기순이익})} \times 100$$

(4) 납입자본증가율

$$(\text{납입자본증가율}) = \frac{(\text{당기납입자본증가액})}{(\text{전기말납입자본금})} \times 100$$

5. 활동성비율

기업이 소유하고 있는 자산들이 얼마나 효율적으로 이용되고 있는가를 추정하는 비율로, 일정기간(보통 1년)의 매출액을 각종 주요자산으로 나누어 산출한다. 따라서 회전율이 높다는 것은 자산의 활용도가 높음을 의미한다. 기업의 활동을 대표하는 것이 매출액이므로 매출액과 주요자산의 관계를 비율에 의해 평가하는 활동성비율은 기업을 이해하는 데 큰 도움이 된다.

(1) 총자본(총자산)회전율

$$(\text{총자본회전율}) = \frac{(\text{매출액})}{(\text{총자본})}$$

(2) 납입자본회전율

$$(\text{납입자본회전율}) = \frac{(\text{매출액})}{(\text{납입자본})}$$

(3) 재고자산회전율

$$(\text{재고자산회전율}) = \frac{(\text{매출액})}{(\text{재고자산})}$$

(4) 고정자산회전율

$$(\text{고정자산회전율}) = \frac{(\text{매출액})}{(\text{고정자산})}$$

6. 시장가치비율

기업의 경영활동을 통해서 나타난 경영성과를 실행시키는 과정 중에 시장에서 평가된 주식의 가치, 즉 시장가치비율은 증권시장에서 해당 기업의 주식가격을 주당이익이나 장부가치 등의 주식과 관련된 각종 비율로 나타내서 투자자 및 전문가들이 기업의 가치를 어떻게 바라보는가를 파악할 수 있다.

(1) 주가수익비율

$$(주가수익비율) = \frac{(주가)}{[주당순이익(EPS)]}$$

(2) 주가순자산비율

$$(주가순자산비율) = \frac{(주가)}{(주당순자산가치)}$$

(3) 토빈의 Q비율

$$(토빈의\ Q비율) = \frac{(기업의\ 시장가치)}{(기업실물자본의\ 대체비용)}$$

01 다음 중 기업의 경영이념에 대한 설명으로 옳지 않은 것은?

① 기업경영의 지도원리를 의미한다.

② 기업의 행동기준이 되는 존립철학이다.

③ 기업이 지향해 나가야 할 궁극적인 목적을 말한다.

④ 경영활동을 전개하는 데 있어 설정되어야 할 정신자세이다.

02 다음 중 제품수명주기의 정의로 옳은 것은?

① 제품개발에서부터 소비자에게 전달될 때까지의 기간을 말한다.

② 신제품이 시장에 도입되어 쇠퇴할 때까지의 기간을 말한다.

③ 계획에서부터 판매 이후 고객이 만족할 때까지도 포함되는 개념이다.

④ 제품개발에서부터 고객의 욕구가 충족될 때까지의 기간을 말한다.

03 다음 중 생산할 품목 수가 적고 생산공정이 단순한 생산계획에 그래프나 표를 이용하여 계획을 수립하는 총괄생산계획기법으로 옳은 것은?

① 도표적 접근방법

② 수리적 접근방법

③ 휴리스틱 접근방법

④ 확률적 접근방법

04 다음 중 유통경로에 대한 설명으로 옳지 않은 것은?

① 유통경로는 생산자로부터 소비자에게 제품이 전달되는 과정이다.

② 유통경로의 구성원들은 재화를 수송·운반하고 저장하며 정보를 수집한다.

③ 유통경로의 길이는 중간상 수준의 수를 말한다.

④ 유통경로는 서비스나 아이디어의 생산자들에게는 큰 의미가 없다.

05 다음 중 마이클 포터의 경쟁우위전략에 대한 설명으로 옳지 않은 것은?

① 차별화 우위전략은 경쟁사들로부터 차별화된 제품을 생산하여 높은 가격에 판매하는 방법이다.

② 비용 우위전략은 동질의 상품을 경쟁사들보다 저비용으로 생산하여 낮은 가격에 판매하는 것이다.

③ 비용 우위전략과 차별화 우위전략은 주로 대기업에 의해 수행된다.

④ 기업의 성공을 위해서는 비용 우위전략과 차별화 우위전략 등 두 가지 이상의 전략을 동시에 추구해야 한다.

06 다음 중 사이먼의 조직론의 중심개념으로 옳은 것은?

① 리더십　　　　　　　　　　　② 인간관계

③ 의사결정　　　　　　　　　　④ 권력관계

07 다음 중 거시적 마케팅 환경으로 옳지 않은 것은?

① 인구통계적 환경　　　　　　　② 경제적 환경

③ 기술적 환경　　　　　　　　　④ 경쟁자

08 소비자의 욕구를 확인하고 이에 알맞은 제품을 개발하며 적극적인 광고전략 등으로 소비자가 스스로 자사제품을 선택, 구매하도록 하는 것과 관련된 마케팅 전략으로 옳은 것은?

① 푸시전략　　　　　　　　　　② 풀전략

③ 머천다이징　　　　　　　　　④ 선형마케팅

09 다음 중 옵션거래에서의 콜옵션에 대한 설명으로 옳지 않은 것은?

① 콜옵션의 매입자는 옵션의 만기 내에 약속된 가격으로 구매할 권리를 갖는다.

② 구입할 수 있는 자산의 종류에는 제한이 없다.

③ 콜옵션은 가격이 내릴 때 거래하는 것이다.

④ 콜옵션의 매도자는 매입자에게 기초자산을 인도해야 할 의무를 가진다.

10 다음 중 복지후생에 대한 설명으로 옳지 않은 것은?

① 구성원의 직무만족 및 기업공동체의식 제고를 위해서 임금 이외에 추가적으로 제공하는 보상이다.

② 의무와 자율, 관리복잡성 등의 특성이 있다.

③ 통근차량 지원, 식당 및 탁아소 운영, 체육시설 운영 등의 법정복리후생이 있다.

④ 복리후생이 이루어지는 데에는 경제적·사회적·정치적·윤리적 이유가 있다.

11 다음 중 해리스(F. W. Harris)가 제시한 EOQ(경제적 주문량) 모형의 가정으로 옳은 것은?

① 단일품목만을 대상으로 한다.

② 조달기간은 분기 단위로 변동한다.

③ 수량할인이 적용된다.

④ 연간수요량은 알 수 없다.

12 다음 중 수요의 가격탄력성이 가장 높은 경우로 옳은 것은?

① 대체재나 경쟁자가 거의 없는 경우

② 구매자들이 높은 가격을 쉽게 지각하지 못하는 경우

③ 구매자들이 구매습관을 바꾸기 어려운 경우

④ 구매자들이 대체품의 가격을 쉽게 비교할 수 있는 경우

13 다음 중 분배적 교섭의 특성으로 옳은 것은?

① 나도 이기고 상대도 이긴다.

② 장기적 관계를 형성한다.

③ 정보공유를 통해 각 당사자의 관심을 충족시킨다.

④ 당사자 사이의 이해관계보다 각 당사자의 입장에 초점을 맞춘다.

14 다음 중 로저스(Rogers)의 혁신의 수용과 확산모형에서 신제품을 수용하는 소비자와 수용 소비자의 분포 비율을 바르게 짝지은 것은?

① 혁신자(Innovators) : 3%

② 조기수용자(Early Adopters) : 13.5%

③ 전기다수자(Early Majorities) : 24%

④ 후기다수자(Late Majorities) : 44%

15 다음 중 샤인(Schein)의 경력 닻 모형에 대한 설명으로 옳지 않은 것은?

① 전문역량 닻 : 일의 실제 내용에 주된 관심이 있으며 전문분야에 종사하기를 원한다.

② 관리역량 닻 : 특정 전문영역보다 관리직에 주된 관심이 있다.

③ 자율성·독립성 닻 : 조직의 규칙과 제약조건에서 벗어나려는 데 주된 관심이 있으며 스스로 결정할 수 있는 경력을 선호한다.

④ 기업가 닻 : 타인을 돕는 직업에서 일함으로써 타인의 삶을 향상시키고 사회를 위해 봉사하는 데 주된 관심이 있다.

16 다음 중 마이클 포터(M. Porter)가 제시한 산업경쟁에 영향을 미치는 5가지 요인으로 옳지 않은 것은?

① 제품의 대체가능성   ② 원가구조

③ 구매자의 교섭력   ④ 산업 내 경쟁업체들의 경쟁

17 다음 중 전문가시스템(ES)의 구성요소로 옳지 않은 것은?

① 지식베이스   ② 추론기관

③ 계획기관   ④ 설명기관

18 다음 중 허시와 블랜차드(P. Hersey & K. H. Blanchard)의 상황적 리더십 이론에 대한 설명으로 옳은 것은?

① 구성원의 성과에 따른 리더의 보상에 초점을 맞춘다.

② 리더는 구성원의 성숙도에 맞는 리더십을 행사함으로써 리더십 유효성을 높일 수 있다.

③ 리더가 구성원을 섬기고 봉사함으로써 조직을 이끈다.

④ 리더십 유형은 지시형, 설득형, 거래형, 희생형의 4가지로 구분된다.

19 다음 중 오하이오 주립대학 모형의 리더십 유형구분으로 옳은 것은?

① 구조적 리더십 – 배려적 리더십
② 직무 중심적 리더십 – 종업원 중심적 리더십
③ 독재적 리더십 – 민주적 리더십
④ 이상형 리더십 – 과업지향형 리더십

20 H주식의 금년도 말 1주당 배당금은 1,100원으로 추정되며, 이후 배당금은 매년 10%씩 증가할 것으로 예상된다. H주식에 대한 요구수익률이 15%일 경우, 고든(M. J. Gordon)의 항상성장 모형에 의한 H주식의 1주당 현재가치로 옳은 것은?

① 4,400원
② 7,333원
③ 11,000원
④ 22,000원

21 다음 중 관리회계에 대한 설명으로 옳지 않은 것은?

① 내부정보이용자에게 유용한 정보이다.
② 재무제표 작성을 주 목적으로 한다.
③ 경영자에게 당면한 문제를 해결하기 위한 정보를 제공한다.
④ 경영계획이나 통제를 위한 정보를 제공한다.

22 H기업의 관련 자료가 다음과 같을 때 간접법을 적용하여 계산한 영업활동으로 인한 현금흐름으로 옳은 것은?

• 당기순이익	10,000원	• 감가상각비	5,000원
• 매출채권 증가	5,000원	• 재고자산 감소	1,000원
• 매입채무 증가	3,000원	• 유형자산 증가	10,000원
• 장기차입금 증가	4,000원		

① 12,000원
② 13,000원
③ 14,000원
④ 18,000원

23 다음 중 특정 기업이 자사 제품을 경쟁제품과 비교하여 자사 제품이 유리하고 독특한 위치를 차지하도록 하는 마케팅 전략으로 옳은 것은?

① 관계마케팅
② 포지셔닝
③ 표적시장 선정
④ 일대일 마케팅

24 다음 중 인사고과에 대한 설명으로 옳지 않은 것은?

① 인사고과란 종업원의 능력과 업적을 평가하여 그가 보유하고 있는 현재적 및 잠재적 유용성을 조직적으로 파악하는 방법이다.
② 대비오차(Contrast Errors)는 피고과자의 능력을 실제보다 높게 평가하는 경향을 말한다.
③ 인사고과의 타당성은 고과내용이 고과목적을 얼마나 잘 반영하고 있느냐에 관한 것이다.
④ 현혹효과(Halo Effect)는 피고과자의 어느 한 면을 기준으로 다른 것까지 함께 평가하는 경향을 말한다.

25 다음 중 경영정보시스템 관련 용어에 대한 설명으로 옳은 것은?

① 데이터베이스관리시스템은 비즈니스 수행에 필요한 일상적인 거래를 처리하는 정보시스템이다.
② 전문가시스템은 일반적인 업무를 지원하는 정보시스템이다.
③ 전사적 자원관리시스템은 공급자와 공급기업을 연계하여 활용하는 정보시스템이다.
④ 최고경영자 정보시스템은 최고경영자 층이 전략적인 의사결정을 하도록 도와주는 정보시스템이다.

26 다음 중 자본예산의 평가기법과 포트폴리오에 대한 설명으로 옳지 않은 것은?

① 포트폴리오의 분산은 각 구성주식의 분산을 투자비율로 가중평균하여 산출한다.
② 비체계적 위험은 분산투자를 통해 제거할 수 있는 위험이다.
③ 단일 투자안의 경우 순현가법과 내부수익률법의 경제성 평가 결과는 동일하다.
④ 포트폴리오 기대수익률은 각 구성주식의 기대수익률을 투자비율로 가중평균하여 산출한다.

27 H기업의 A부품에 대한 연간 수요는 2,000개이다. A부품의 1회 주문비용은 1,000원, 연간 단위당 재고 유지비용은 400원일 때 경제적 주문량 모형을 이용하여 계산한 1회 경제적 주문량과 이때의 연간 총비용으로 옳은 것은?

① 50개, 20,000원

② 50개, 40,000원

③ 100개, 20,000원

④ 100개, 40,000원

28 다음 중 기업가 정신의 핵심요소로 옳지 않은 것은?

① 비전의 제시와 실현욕구

② 창의성과 혁신

③ 성취동기

④ 인적 네트워크 구축

29 다음 중 BCG 매트릭스에 대한 설명으로 옳은 것은?

① 횡축은 시장성장률, 종축은 상대적 시장점유율이다.

② 물음표 영역은 시장성장률이 높고, 상대적 시장점유율은 낮아 계속적인 투자가 필요하다.

③ 별 영역은 시장성장률이 낮고, 상대적 시장점유율은 높아 현상유지를 해야 한다.

④ 자금젖소 영역은 현금창출이 많지만, 상대적 시장점유율이 낮아 많은 투자가 필요하다.

30 다음 중 임금에 대한 설명으로 옳지 않은 것은?

① 직무급은 직무를 평가하여 상대적인 가치에 따라 임금수준을 결정한다.

② 직능급은 종업원의 직무수행능력을 기준으로 임금수준을 결정한다.

③ 메릭식 복률성과급은 임률의 종류를 두 가지로 정하고 있다.

④ 할증급은 작업한 시간에 비하여 성과가 낮다 하더라도 종업원에게 일정한 임금을 보장한다.

31 다음 중 정량적 수요예측 방법으로 옳지 않은 것은?

① 시계열 예측법　　　　　　　　② 인과형 예측법
③ 시장 조사법　　　　　　　　　④ 추세 분석법

32 다음 중 민츠버그의 조직구조 유형으로 옳지 않은 것은?

① 복합구조　　　　　　　　　　② 사업부제
③ 전문적 관료제　　　　　　　　④ 임시체제

33 기업이 실적이나 자산에 비해 상대적으로 저평가됨으로써 현재 발생하는 주당 순이익에 비해 낮은 가격에 거래되는 주식으로 옳은 것은?

① 성장주　　　　　　　　　　　② 황금주
③ 가치주　　　　　　　　　　　④ 황제주

34 다음 중 정성적 수요예측 방법으로 옳지 않은 것은?

① 시장조사법　　　　　　　　　② 델파이법
③ 패널동의법　　　　　　　　　④ 회귀분석법

35 다음 중 TQM의 구성요소로 옳지 않은 것은?

① 고객에 초점을 맞춘 개선 노력

② 세부조직의 명확한 목표설정

③ 분석적인 도구와 기술

④ 지원구조와 조직

36 공인회계사 또는 회계법인이 외부회계감사를 실시한 결과 기업회계에 위배되는 재무제표 표시를 일부 발견한 경우 감사인이 감사보고서에 표명하는 의견으로 옳은 것은?

① 적정의견

② 부적정 의견

③ 의견거절

④ 한정 의견

37 다음 글에서 설명하는 경제 용어로 옳은 것은?

> 소액주주권 보호 및 기업지배구조 개선을 위한 제도로, 2명 이상의 이사를 선임할 때 주당 이사 수와 동일한 수의 의결권을 부여하는 것이다. 3명의 이사를 선출할 때 1주를 가진 주주의 의결권은 3주가 된다는 계산이다. 소액주주들도 의결권을 하나에 집중시키면 자신들이 원하는 이사를 뽑을 수 있다는 장점이 있다.

① 황금주 제도

② 집중투표제

③ 전자투표제

④ 차등의결권 제도

38 유형자산의 감가상각에 대한 설명으로 옳지 않은 것은?

① 감가상각방법은 해당 자산에 내재되어 있는 미래 경제적 효익이 소비되는 형태를 반영한다.

② 유형자산에 내재된 미래 경제적 효익이 다른 자산을 생산하는 데 사용되는 경우 유형자산의 감가상각액은 해당 자산의 원가의 일부가 된다.

③ 원가모형과 재평가 모형 중 하나를 선택하여 유형자산의 분류별로 동일하게 적용한다.

④ 정액법의 경우 자산이 가동되지 않거나 유휴상태가 되면 감가상각이 완전히 이루어지기 전이라도 감가상각을 중단해야 한다.

39 다음 중 직무분석 시 보완적으로 사용하는 분석법에 해당하는 것을 〈보기〉에서 모두 고르면?

> **보기**
> ㉠ 면접법 　　　　　　　　　㉡ 중요사건법
> ㉢ 워크샘플링법 　　　　　　㉣ 설문지법
> ㉤ 관찰법

① ㉠, ㉡　　　　　　　　　　② ㉠, ㉤

③ ㉡, ㉢　　　　　　　　　　④ ㉢, ㉣

40 다음 중 재무제표 관련 용어와 그에 대한 설명을 바르게 짝지은 것을 〈보기〉에서 모두 고르면?

> **보기**
> ㉠ 매출채권 : 기업이 상품을 판매하는 과정에서 발생한 채권으로 외상매출금과 받을 어음으로 구분된다.
> ㉡ 당좌자산 : 기업이 판매하기 위하여 가지고 있거나 판매를 목적으로 제조 과정 중에 있는 자산을 의미한다.
> ㉢ 미수수익 : 수익이 실현되어 청구권이 발생했으나 아직 회수되지 않은 수익을 의미한다.
> ㉣ 자본잉여금 : 기업의 법정자본금을 초과하는 순자산금액 중 이익을 원천으로 하는 잉여금을 의미한다.

① ㉠, ㉡　　　　　　　　　　② ㉠, ㉢

③ ㉡, ㉢　　　　　　　　　　④ ㉡, ㉣

PART 2

경제학원론

CHAPTER 01 경제학의 기초

01 경제활동과 경제체제

1. 경제학의 개요

(1) 경제학의 정의

① 경제학은 사회과학의 독립된 한 분야로 경제문제를 다루는 학문이다.

② 경제학은 재화의 생산 및 교환, 분배, 소비에 관하여 연구하는 학문이다.

③ 즉, 경제학이란 개인이나 사회가 제한적이고 한정된 자원을 효율적·선택적으로 사용하여 여러 가지 재화와 용역을 생산·교환·분배·소비하는 데서 발생하는 여러 가지 경제현상을 연구 대상으로 하는 학문이다.

(2) 희소성의 원칙

① 희소성의 원칙이란 인간의 무한한 욕망을 충족시킬 재화나 용역이 상대적으로 부족한 것을 의미한다.

② 이러한 희소성으로 인해 사람들은 선택의 문제에 직면하게 되고, 기회비용을 파악하여 제한된 자원을 합리적으로 사용하기 위해 노력한다.

③ 즉, 희소성의 원칙은 모든 경제 이론의 출발점이며, 다른 모든 경제 원리나 이론들과 관련되어 있다.

(3) 경제재와 자유재의 비교

경제재 (Economic Goods)	• 희소성을 가지고 있는 자원으로 합리적인 의사결정으로 선택을 해야 하는 재화를 말한다. • 우리가 일상생활에서 돈을 지불하고 구입하는 일련의 재화 또는 서비스를 모두 포함한다.
자유재 (Free Goods)	• 희소성을 가지고 있지 않아 값을 지불하지 않고도 누구나 마음대로 쓸 수 있는 물건을 말한다. • 공기나 햇빛같이 우리의 욕구에 비해 자원의 양이 풍부해서 경제적 판단을 요구하지 않는 재화를 모두 포함한다.

2. 기회비용의 종류

경제적 비용 (기회비용)	명시적 비용 (회계적 비용)	기업이 생산을 위해 타인에게 실제적으로 지불한 비용 예 임금, 이자, 지대
	암묵적 비용 (잠재적 비용)	기업 자신의 생산 요소에 대한 기회비용 예 귀속 임금, 귀속 이자, 귀속 지대

3. 경제적 이윤과 회계적 이윤의 비교

경제적 이윤	회계적 이윤
• 매출액에서 기회비용을 차감한 이윤을 말한다. • 사업주가 자원배분이 합리적인지 판단하기 위한 지표이다. • 경제적 이윤은 경제적 부가가치(EVA)로 나타내기도 한다. • 경제학에서 장기적으로 기업의 퇴출 여부 판단의 기준이 된다.	• 매출액에서 명시적 비용만 차감한 이윤을 말한다. • 사업주가 외부 이해관계자(채권자, 주주, 금융기관 등)에게 사업성과를 보여 주기 위한 지표이다. • 회계적 이윤에는 객관적으로 측정 가능한 명시적 비용만을 반영한다.

4. 생산가능곡선(PPC; Production Possibility Curve)

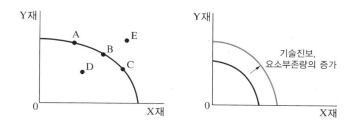

(1) 생산가능곡선의 개념

① 생산가능곡선이란 경제 내의 모든 생산요소를 가장 효율적으로 사용하여 최대로 생산할 수 있는 X재와 Y재의 조합을 나타내는 곡선을 말한다.

② 생산요소의 양이 주어져 있는 상태에서 X재와 Y재만을 생산한다고 가정하는 경우, X재의 생산량을 증가시키기 위해서는 Y재의 생산량을 감소시켜야 하므로 생산가능곡선은 우하향한다.

③ 기회비용체증 법칙으로 인해 생산가능곡선은 원점에 대하여 오목한 형태이다.

(2) 생산가능곡선의 이해 및 해석

① 생산가능곡선상에 위치한 점 A~C는 가장 효율적인 생산을 나타낸다.

② 생산가능곡선 내부에 위치한 점 D는 현재 보유하고 있는 생산요소를 효과적으로 사용하지 못하여 생산이 비효율적임을 나타낸다. 즉, 이 상황에서는 실업률이 올라가거나 공장의 가동률이 떨어진다.

③ 생산가능곡선 외부에 위치한 점 E는 현재의 기술수준과 주어진 생산요소로는 달성할 수 없는 생산조합을 나타낸다.

(3) 생산가능곡선의 이동

① 생산요소 부존량이 일정하더라도 기술진보가 이루어지면 생산 가능한 재화의 수량이 증가하므로 생산가능곡선은 바깥쪽으로 이동한다.

② 새로운 천연자원의 발견, 새로운 인구 유입 등으로 자원의 양이 증가하는 경우에도 생산능력이 확대되기 때문에 생산가능곡선은 바깥쪽으로 이동한다.

5. 경제체제와 자원배분

(1) 경제체제의 개념

경제체제란 인간의 경제생활을 영위하기 위해 각 구성원의 경제활동을 조정하여 경제문제를 해결하는 일련의 제도를 말한다.

(2) 경제체제의 분류

① 운용방식에 따른 분류 : 시장경제체제, 계획경제체제, 혼합경제체제
② 소유 형태에 따른 분류 : 자본주의체제, 사회주의체제

(3) 주요 3대 경제 문제(P. A. Samuelson)

① '어떤 재화를 얼마만큼 생산할 것인가?' : 생산물의 종류와 수량
② '어떻게 생산할 것인가?' : 생산방법
③ '누구를 위하여 생산할 것인가?' : 소득분배

02   경제이론

1. 경제변수의 구분

(1) 외생변수와 내생변수

① **외생변수** : 연립방정식으로 표시되는 경제모델에 사용되는 변수 중에서 그 값이 모형 외부에서 결정되는 변수로 정책변수(통화량, 정부지출 등), 자연적으로 주어진 변수(기후조건, 강수량 등) 등이 이에 해당된다.
② **내생변수** : 연립방정식으로 표시되는 경제모델에 사용되는 변수 중에서 그 값이 모형 내부에서 결정되는 변수로 가격·임금·이자율·국민소득·소비·투자 등의 경제변수인 경우가 많다.

(2) 유량변수와 저량변수

① **유량변수** : '일정기간'을 명시해야 측정할 수 있는 변수로 국내총생산(GDP), 국제수지, 수출, 수입, 소비, 투자, 수요, 공급 등이 포함된다.
② **저량변수** : '일정시점'에서 측정할 수 있는 변수로 통화량, 노동량, 자본량, 국부, 외채, 외환보유고 등이 포함된다.

2. 인과의 오류와 구성의 오류

(1) 인과의 오류

인과의 오류란 어떤 현상의 선후관계와 인과관계를 혼동하여 서로 무관한 사실을 관련짓는 오류를 의미한다.

(2) 구성의 오류

구성의 오류란 어떤 원리가 부분에서는 성립하지만 이를 전체로 확장하면 성립하지 않는 경우의 오류를 의미한다.

3. 실증경제학과 규범경제학

(1) 실증경제학

경제현상을 객관적으로 분석하고 경제변수들 간의 인과관계를 발견하여 경제현상의 변화를 예측하는 일련의 지식체계로, 가치판단이 개입되지 않으며 객관적인 인과관계만을 분석한다.

(2) 규범경제학

가치판단에 의하여 어떤 경제 상태가 바람직하고 어떤 경제 상태가 바람직하지 못한가를 평가하고 그 개선방안을 연구하는 분야로, 현실의 경제 상태를 개선하기 위해서 어떤 경제 정책을 실시하는 것이 바람직한 것인지에 대한 내용이 포함된다.

4. 상관관계와 인과관계

(1) 상관관계

상관관계란 두 변수 사이의 관계를 살펴볼 때 한 변수가 변화함에 따라 다른 변수도 변화하는 관계를 말한다.

(2) 인과관계

인과관계란 두 변수 사이의 관계를 살펴볼 때 한 변수의 변화가 다른 변수의 변화 원인이 되는 경향을 말한다.

5. 부분균형분석과 일반균형분석

(1) 부분균형분석

다른 조건은 모두 일정하다는 가정하에 특정부분만을 떼어 내서 분석하는 방법으로, 경제부문 간의 상호의존관계를 고려하지 않기 때문에 잘못된 결론에 도달할 수 있다.

(2) 일반균형분석

각 시장 간의 연관관계를 고려하여 분석하는 방법으로 특정시장에서 발생한 불균형이 다른 부문에 미치는 파급효과를 분석하여, 보다 엄밀한 분석결과의 도출이 가능하나 상대적으로 분석이 복잡하다는 단점을 지닌다.

01 수요 · 공급의 이론

1. 수요이론

(1) 의의

수요란 일정 기간 동안 주어진 가격하에서 수요자들이 구입하려고 의도하는 재화 또는 서비스의 총량을 의미한다.

(2) 수요함수와 수요의 법칙

① 수요함수

② 수요의 법칙

　㉠ 가펜(Giffen)재 : 가격이 하락하는 경우 대체효과의 크기보다 소득효과의 크기가 커서 수요량이 감소하는 재화로 열등재의 일종이다.

　㉡ 베블런 효과(Veblen's Effect) : 귀금속이나 화장품 등의 경우 가격이 상승할 때 오히려 수요량이 증가하는데, 이는 다른 사람들에게 과시하고 싶은 욕구 때문이다.

(3) 수요량의 변화와 수요의 변화

① 수요량의 변화 : 당해 재화의 가격변화로 인한 수요곡선상의 이동을 의미한다.

② 수요의 변화 : 당해 재화가격 이외의 다른 요인의 변화로 수요곡선 자체가 이동하는 경우를 말한다.

(4) 수요의 변화 요인

① 타 재화의 가격변화 : 대체재(커피와 홍차의 관계), 보완재

② 소비자 소득수준의 변화 : 우등재(상급재 · 정상재 · 보통재), 열등재(하급재)

③ 소득의 분포

④ 물가상승에 대한 기대(E)

2. 공급이론

(1) 의의

공급이란 일정 기간 동안 주어진 가격으로 생산자들이 판매하고자 의도하는 재화 또는 서비스의 총량을 의미한다.

(2) 공급함수

$S_n = f(P_n : P_1 \cdots P_{n-1}, F_1 \cdots F_m)$

(P_n : n재의 가격, $P_1 \cdots P_{n-1}$: 타 재화의 가격, $F_1 \cdots F_m$: 생산요소의 가격)

(3) 공급량의 변화와 공급의 변화

① 공급량의 변화 : 당해 재화의 가격 변화로 인한 공급곡선상의 이동을 의미한다.

② 공급의 변화 : 당해 재화가격 이외의 다른 요인의 변화로 공급곡선 자체가 이동하는 것을 말한다.

(4) 공급의 변화 요인

① 타 재화의 가격변화

② 생산요소의 가격변화

③ 기술의 변화

3. 시장균형

(1) 시장균형가격

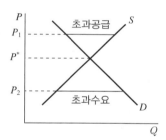

가격이 P_1인 경우 시장에는 기업이 팔고자 하는 상품 중 일부가 팔리지 않는 초과공급(Excess Supply) 상태가 나타난다. 초과공급의 존재는 가격을 P_1 밑으로 떨어뜨리며 가격이 P_2인 경우 시장에는 초과수요(Excess Demand)가 발생하여 가격이 상승하게 된다. 시장균형 가격인 P^*에서는 초과공급이나 초과수요가 생기지 않으며, 이 가격은 다른 교란요인이 없는 한 계속 유지될 수 있다.

(2) 시장균형의 변화

① 시장균형가격의 변화 : 수요가 증가하거나 공급이 감소하는 경우 시장가격은 상승하며 수요가 감소하거나 공급이 증가하는 경우 시장가격은 하락한다.

② 시장균형거래량의 변화 : 수요가 증가하거나 공급이 증가하는 경우 시장균형거래량은 증가하며 수요가 감소하거나 공급이 감소하는 경우 시장균형거래량은 감소한다.

1. 수요의 탄력성

(1) 의의

수요의 탄력성은 각 독립변수의 변화에 대해 수요량이 얼마나 민감하게 반응하는지를 하나의 숫자로 나타내 준다. 일반적으로 말해 'A의 B 탄력성(B Elasticity of A)'이라고 하는 것은 B라는 독립변수의 변화에 대해 종속변수 A가 얼마나 민감하게 반응하는가를 나타내는 특정한 탄력성을 뜻한다.

(2) 수요의 가격탄력성

① 의의 : 수요의 가격탄력성(Price Elasticity of Demand)은 상품가격의 변화율에 대한 수요량 변화율의 상대적 크기로 측정된다.

② 가격탄력성의 도출

$$\varepsilon_P = -\frac{(수요량의\ 변화율)}{(가격의\ 변화율)} = -\frac{\dfrac{\triangle Q_D}{Q_D}}{\dfrac{\triangle P}{P}} = -\frac{\triangle Q_D}{\triangle P} \cdot \frac{P}{Q_D}$$

③ 수요곡선이 직선인 경우

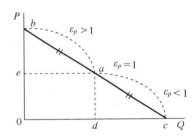

$$\frac{dQ_D}{dP}\,(기울기의\ 역수) = \frac{\overline{dc}}{\overline{ad}},\ P = \overline{ad},\ Q_D = \overline{Od}$$

$$\varepsilon_P = \frac{dQ_D}{dP} \cdot \frac{P}{Q} = \frac{\overline{dc}}{\overline{Od}} = \frac{\overline{eO}}{\overline{be}} = \frac{\overline{ac}}{\overline{ba}}$$

④ 예외적인 경우

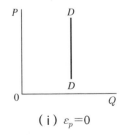

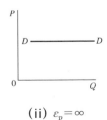

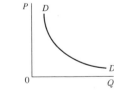

(i) $\varepsilon_p = 0$ (ii) $\varepsilon_p = \infty$ (iii) $\varepsilon_p = 1$

(3) 가격탄력성과 판매수입

구분	$\varepsilon_p > 1$(탄력적)	$\varepsilon_p = 1$(단위탄력적)	$0 < \varepsilon_p < 1$(비탄력적)	$\varepsilon_p = 0$(완전 비탄력적)
가격 상승	판매 수입 감소	판매 수입 변동 없음	판매 수입 증가	판매 수입 증가
가격 하락	판매 수입 증가	판매 수입 변동 없음	판매 수입 감소	판매 수입 감소

(4) 가격탄력성의 결정요인

① 재화의 성격

    ㉠ 사치재 : $\varepsilon_p > 1$

    ㉡ 필수재 : $0 < \varepsilon_p < 1$

② 대체재의 존재 여부

③ 전체 지출에서 차지하는 비중

(5) 기타의 수요탄력성

① 소득탄력성 : 수요의 소득탄력성(Income Elasticity of Demand)은 소득수준에 생긴 작은 변화에 대해 수요가 얼마나 민감하게 반응하는가를 나타내고 있다.

$$\varepsilon_M = \frac{[수요(량)의\ 변화율]}{(소득의\ 변화율)} = \frac{\triangle Q / Q}{\triangle M / M}$$

② 소득탄력성에 따른 재화의 분류

    ㉠ 다른 모든 조건이 동일할 때, 소득의 증가가 그 상품에 대한 수요를 증가시키면 그 상품을 정상재(Normal Goods)라 하고, 수요를 감소시키면 열등재(Inferior Goods)라고 한다.

       → 정상재 : $\varepsilon_M > 0$, 열등재 : $\varepsilon_M < 0$

    ㉡ 정상재는 수요증가율이 소득증가율보다 더 큰가의 여부에 따라 사치재(Luxuries)와 필수재(Necessities)로 구분할 수 있다. → 필수재 : $0 < \varepsilon_M < 1$, 사치재 : $\varepsilon_M > 1$

③ 교차탄력성

    ㉠ 교차탄력성(Cross Elasticity of Demand)은 한 상품의 가격에 생긴 변화에 대해 다른 상품의 수요가 얼마나 민감하게 반응하는가를 나타낸다.

$$\varepsilon_{xy} = \frac{[Y재\ 수요(량)의\ 변화율]}{(X재\ 가격의\ 변화율)} = \frac{\triangle Q_Y / Q_Y}{\triangle P_X / P_X}$$

    ㉡ 대체재의 관계에 있는 재화 간의 교차탄력성은 0보다 크며, 보완재의 관계에 있는 재화 간의 교차탄력성은 0보다 작다.

2. 공급의 가격탄력성

(1) 의의

공급의 가격탄력성은 제화 가격의 변화에 대한 공급의 변화정도를 나타낸다.

(2) 가격탄력성의 도출

$$\varepsilon_S = \frac{(공급량의\ 변화율)}{(가격의\ 변화율)} = \frac{\dfrac{\triangle Q_S}{Q_S}}{\dfrac{\triangle P}{P}} = \frac{\triangle Q_S}{\triangle P} \cdot \frac{P}{Q_S}$$

(3) 공급곡선의 가격탄력성

공급곡선의 절편이 P축에 존재하는 경우 가격탄력성은 1보다 크며, 공급곡선의 절편이 Q축에 존재하는 경우에는 1보다 작다. 만약 공급곡선이 원점을 지나는 직선인 경우 공급의 가격탄력성은 1이다.

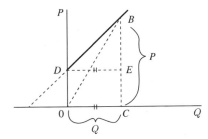

$$\varepsilon_S = \frac{\triangle Q_S}{\triangle P} \cdot \frac{P}{Q_S} = \frac{\overline{OC}}{\overline{BE}} \cdot \frac{\overline{BC}}{\overline{OC}} = \frac{\overline{BC}}{\overline{BE}} > 1$$

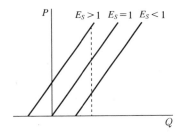

(4) 공급의 가격탄력성 결정요인

생산량 증가에 따른 한계비용 상승이 완만할수록, 기술수준의 향상이 빠를수록, 유휴설비가 많을수록, 측정기간이 길어질수록 공급의 가격탄력성은 커진다.

1. 가격규제의 종류

(1) 최고가격제도

최고가격제도는 소비자를 보호할 목적으로 시장균형가격보다 낮은 가격을 최고가격으로 설정하여 그 이상으로 가격이 올라가지 못하게 하는 제도를 말한다.

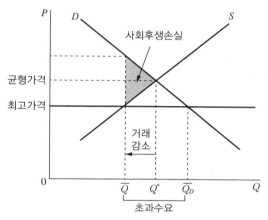

최고가격제도를 실시하는 경우 시장에는 초과수요가 발생하여 비시장적 자원배분이 발생하고 암시장이 형성될 가능성이 있으며 인위적인 가격규제에 의한 비효율이 발생한다.

(2) 최저가격제도

최저가격제도는 공급자 보호를 위해 시장균형가격보다 높은 가격수준에 최저가격을 설정하여 가격이 그 이하로 내려가지 못하게 하는 제도를 말한다.

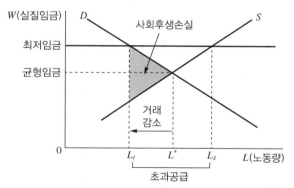

미숙련 노동시장에서 노동력 공급자 보호를 위한 최저가격제도인 최저임금제가 실시되면 시장 내의 초과공급 발생으로 비자발적 실업($L_1 L_2$)이 발생하며 인위적인 가격규제에 의해 사회적 비효율이 발생한다.

2. 물품세 부과의 경제적 효과

(1) 물품세 부과와 자원배분

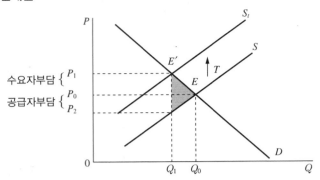

물품세 부과에 따라 소비자가격은 상승하며($P_0 \rightarrow P_1$), 공급자가 인식하는 가격수준은 하락한다($P_0 \rightarrow P_2$). 소비자가격의 상승분($\overline{P_1 P_0}$)이 소비자부담에 해당하며, 공급자가 인식하는 가격수준의 하락폭($\overline{P_0 P_2}$)이 공급자부담에 해당한다. 물품세 부과로 인하여 사회적으로 비효율이 발생하고 시장균형거래량은 감소한다.

(2) 물품세의 귀착

$$\frac{(수요의\ 가격탄력성)}{(공급의\ 가격탄력성)} = \frac{(공급자부담)}{(소비자부담)}$$

수요는 비탄력적일수록, 공급은 탄력적일수록 물품세는 소비자에게 많이 전가되며 수요와 공급이 비탄력적일수록 물품세 부과로 인한 정부의 조세수입액은 크다.

PART 2

01 한계효용이론

1. 총효용과 한계효용

효용 \ 재화	1	2	3	4	5
총효용	10	16	20	22	20
한계효용	10	6	4	2	−2

2. 한계효용체감의 법칙

한계효용체감의 법칙은 재화의 소비량이 증가함에 따라 추가적인 소비로부터 얻게 되는 한계효용은 점점 감소한다는 것이다. 이는 한계효용곡선이 우하향함을 의미한다.

3. 총효용과 한계효용과의 관계

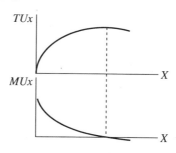

① 재화 n번째 단위의 총효용은 n번째 단위까지의 한계효용을 누계한 것과 같다.
② 총효용곡선상의 한 점에서의 기울기는 그 점에서의 한계효용이다.
③ 총효용 극대점에 이를 때까지 총효용은 증가하나 한계효용은 감소한다.
④ 총효용이 극대(극대점)일 때 한계효용은 0이 된다.
⑤ 총효용이 감소할 때 한계효용은 (−)의 값을 갖는다.

4. 한계효용균등의 법칙

$$\frac{MU_X}{P_X} = \frac{MU_Y}{P_Y}$$

1. 효용함수와 무차별곡선

(1) 효용함수

효용함수란 일정한 공리를 만족하는 소비자의 선호서열을 수치로 나타내는 함수를 말한다. 무차별곡선이론에서는 한계효용이론에서와 달리 서수적 효용을 전제로 한다. 한계효용이론에서는 효용수준을 절대적으로 측정가능하다는 기수적 효용을 전제로 하였으나 이러한 가정의 비현실성에 기인하여 무차별곡선은 서수적 효용을 전제로 하게 되었다.

(2) 무차별곡선

① 의의

무차별곡선(Indifference Curve)이란 동일한 수준의 효용을 가져다주는 모든 상품묶음을 연결한 궤적을 말한다.

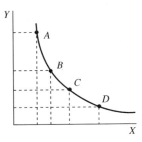

② 무차별곡선의 성질

X와 Y가 모두 재화일 때, 무차별곡선은 우하향하며, 원점에서 멀어질수록 높은 효용을 나타내고, 서로 교차하지 않고, 원점에 대해 볼록한 형태를 갖는다.

③ 무차별곡선의 형태

㉠ 일반적 재화(콥 – 더글러스 효용함수) : $U(L, K) = AX^{\alpha}Y^{\beta}$(단, $\alpha > 0$, $\beta > 0$, $\alpha + \beta = 1$)

㉡ 완전보완재(레온티에프 효용함수) : $U(X, Y) = Min(aX, bY)$(단, $a > 0$, $b > 0$)

㉢ 완전대체재(선형 효용함수) : $U(X, Y) = aX + bY$(단, $a > 0$, $b > 0$)

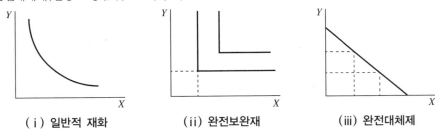

| (ⅰ) 일반적 재화 | (ⅱ) 완전보완재 | (ⅲ) 완전대체제 |

(3) 한계대체율(MRS$_{XY}$; Marginal Rate of Substitution of X for Y)

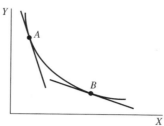

$$MRS_{XY} = -\frac{\triangle Y}{\triangle X} = \frac{MU_X}{MU_Y}$$

무차별곡선의 형태가 일반적인 경우 한계대체율은 체감한다(한계대체율체감의 법칙 : $MRS_{XY}^A >$ MRS_{XY}^B).

2. 예산선(Price Line or Budget Line)

(1) 예산선

$$M = P_X \cdot X + P_Y \cdot Y$$

(2) 예산선의 이동

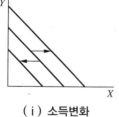

（ⅰ）소득변화

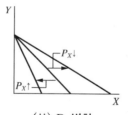

（ⅱ）P_X변화

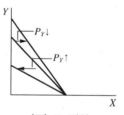

（ⅲ）P_Y변화

1. 소비자 균형

소비자 균형이란 주어진 예산제약하에서 소비자 효용을 극대화하고 있는 상태를 말한다.

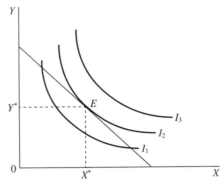

① 무차별곡선과 가격선이 접하는 점(E)

② [무차별곡선의 기울기의 절대치(MRS$_{XY}$)]=$\left[$가격선의 기울기의 절대치$\left(\dfrac{P_X}{P_Y}\right)\right]$

③ $\dfrac{MU_X}{MU_Y}=\dfrac{P_X}{P_Y}\left(\dfrac{MU_X}{P_X}=\dfrac{MU_Y}{P_Y}\right)$일 때 성립

2. 소비자 균형의 변화

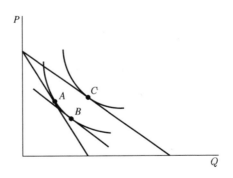

① 가격효과(A → C)
② 대체효과(A → B)
③ 소득효과(B → C)

구분	대체효과	보상수요곡선의 기울기	소득효과	가격효과	(마샬)수요곡선의 기울기
정상재	−	우하향	−	−	우하향
열등재	−	우하향	+	0, −, +	알 수 없음
기펜재	−	우하향	+	+	우상향

※ 가격변화 방향과 구입량변화 방향이 동일한 경우 (+), 반대일 경우 (−)로 표시한다.

3. 가격소비곡선(Price Consumption Curve)

(1) 가격소비곡선

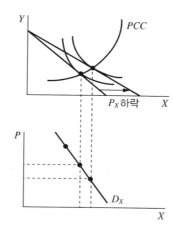

(2) 수요의 가격탄력성과 가격소비곡선

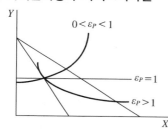

가격탄력성	가격소비곡선
$0 < \varepsilon_P < 1$	우상향
$\varepsilon_P = 1$	수평선
$\varepsilon_P > 1$	우하향

4. 소득소비곡선(Income Consumption Curve)

(1) 소득소비곡선

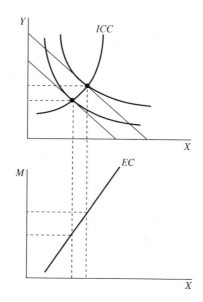

(2) 소득탄력성과 소득소비곡선

재화의 종류		소득탄력성	소득소비곡선	엥겔곡선
정상재	사치재	$\varepsilon_M > 1$	아래로 오목 / 우상향	아래로 오목 / 우상향
	–	$\varepsilon_M = 1$	원점을 통과하는 직선	원점을 통과하는 직선
	필수재	$0 < \varepsilon_M < 1$	아래로 볼록 / 우상향	아래로 볼록 / 우상향
중립재		$\varepsilon_M = 0$	수직선	수직선
열등재		$\varepsilon_M < 0$	• X재가 열등재인 경우 좌상향 • Y재가 열등재인 경우 우하향	좌상향

---

04 소비자 이론의 확장

1. 현시선호이론

(1) 의의

새뮤얼슨(P. A. Samuelson)이 제시하고 힉스(H. R. Hicks)에 의해 발전된 이론으로 한계효용이론에서의 효용의 기수적 가측성도 무차별곡선이론에서의 효용의 서수적 가측성을 나타내는 무차별곡선도 전제하지 않고 실제로 시장에서 나타난 소비자의 행동을 바탕으로 하여 소비자의 최적화를 분석하는 이론이다. 이 이론은 소비자가 일관적이고 합리적으로 행위한다고 전제하여 전개된다.

(2) 약공리와 강공리

① 약공리(제1공준, 일관성의 공준)

소비자가 A상품배합과 B상품배합 모두 선택 가능할 때 A를 선호한다면 A가 직접현시선호되었다고 말한다. 약공리란 A상품배합이 B상품배합에 대하여 직접현시선호되면 B는 A보다 직접현시선호될 수 없다는 것을 의미한다.

② 강공리(제2공준, 추이성의 공준)

소비자가 A, B라는 상품배합 중 A를 선택하고, B, C라는 상품배합 중 B를 선택한다면 A는 C에 대하여 간접현시선호되었다고 말한다. 강공리란 상품배합 A가 상품배합 C보다 간접현시선호되면 C가 A보다 간접현시선호될 수 없다는 것을 의미한다.

③ 약공리와 강공리의 관계

강공리가 성립된 경우 약공리는 이미 성립되어 있는 것으로, 강공리가 성립되면 약공리가 성립하나, 약공리가 성립한다고 하여 곧바로 강공리가 성립되는 것은 아니다.

2. 지수

(1) 의의
지수(Index)는 상품의 수량이나 가격에 생긴 평균적인 변화를 하나의 수치로 표현하는 것을 가능하게 하기 위해 고안된 개념이다.

(2) 수량지수
① 라스파이레스 수량지수(Laspeyres Quantity Index)
$$L_Q = \frac{P_{X_0}X_1 + P_{Y_0}Y_1}{P_{X_0}X_0 + P_{Y_0}Y_0} = \frac{P_0 \cdot Q_1}{P_0 \cdot Q_0}$$

② 파셰 수량지수(Paasche Quantity Index)
$$P_Q = \frac{P_{X_1}X_1 + P_{Y_1}Y_1}{P_{X_1}X_0 + P_{Y_1}Y_0} = \frac{P_1 \cdot Q_1}{P_1 \cdot Q_0}$$

③ 수량지수에 의한 후생평가
  ㉠ 만약 $L_Q \leq 1$이면 비교연도의 생활수준은 기준연도에 비해 명백하게 악화되었다고 평가할 수 있다.
  ㉡ 만약 $P_Q \geq 1$이면 비교연도의 생활수준은 기준연도에 비해 명백하게 개선되었다고 평가할 수 있다.

(3) 가격지수
① 라스파이레스 가격지수(Laspeyres Price Index)
$$L_P = \frac{P_{X_1}X_0 + P_{Y_1}Y_0}{P_{X_0}X_0 + P_{Y_0}Y_0} = \frac{P_1 \cdot Q_0}{P_0 \cdot Q_0}$$

② 파셰 가격지수(Paasche Price Index)
$$P_P = \frac{P_{X_1}X_1 + P_{Y_1}Y_1}{P_{X_0}X_1 + P_{Y_0}Y_1} = \frac{P_1 \cdot Q_1}{P_0 \cdot Q_1}$$

③ 후생평가 시 유의사항
라스파이레스지수는 현재 후생을 과대평가하는 경향이 있고, 파셰지수는 현재후생을 과소평가하는 경향이 있다.

④ 명목소득지수
$$N = \frac{M_1}{M_0} = \frac{P_{X_1}X_1 + P_{Y_1}Y_1}{P_{X_0}X_0 + P_{Y_0}Y_0} = \frac{P_1 \cdot Q_1}{P_0 \cdot Q_0}$$

3. 소비자잉여와 생산자잉여

(1) 소비자잉여(A. Marshall)

어떤 재화의 일정량 구입에 대하여 소비자가 지불할 용의가 있는 금액과 실제로 지불한 금액과의 차액으로, 이는 균형가격을 상회하는 수요곡선 내의 면적으로 표시할 수 있다.

(2) 생산자잉여

어떤 재화의 일정량 판매로 인하여 생산자가 실제로 받은 금액에서 판매할 용의가 있었던 금액을 차감한 것으로 공급곡선과 시장균형가격 사이의 면적으로 표시할 수 있다.

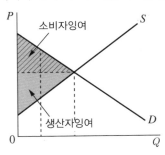

4. 보상변화와 동등변화

(1) 보상변화(Compensated Variation)

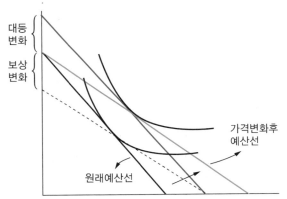

보상변화란 가격변화 후에도 가격변화 전의 효용수준을 달성하기 위해 보상해야 할 소득의 크기이므로 보상의 크기는 가격변동 후의 대체효과를 나타내는 예산선과 가격변동 후의 가격효과를 나타내는 예산선의 차이만큼이다.

(2) 동등변화(Equivalent Variation) 또는 대등변화

동등변화란 가격변화에 의한 효용의 변화를 소득으로 측정한 크기이다. 동등변화의 크기를 알기 위해서는 가격변화 이전의 소득수준을 가격변화 이후의 효용이 되도록 소득을 변화시켜 두 소득 사이의 차이를 계산하면 된다.

5. 사회복지제도

(1) 소득(현금)보조와 현물보조

현금보조를 하는 경우 소비자의 소득이 증가한 것과 동일한 효과가 발생한다. 현물보조를 하는 경우 현물로 지급된 재화의 소비가능영역이 증가하나 다른 재화와 교환이 불가능하기에 예산선이 굴절된 형태로 나타난다(예산선 : ABD). 현금보조와 현물보조의 상대적 유효성은 일단 현금보조가 더 효과적이다. 현물보조되지 않은 재화에 대해 편향적 선호를 가지고 있지 않은 소비자에게는 현금보조와 현물보조가 무차별하지만($U_{소득}$＝ 현물보조) Y재에 대해 편향적 선호를 가지고 있는 소비자(Y재를 A 이상 소비하는 소비자)에게는 현금보조가 더 우월하다.

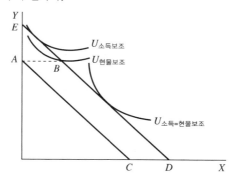

(2) 현금보조와 가격보조

현금보조는 소득증가와 동일한 효과가 있으며, 가격보조는 보조된 재화의 가격이 하락하는 것과 동일한 효과가 있다. 즉, 현금보조는 예산선의 기울기(상대가격비율)를 일정하게 유지하면서 보조를 해주는 효과를 갖는 데 비해 가격보조의 경우에는 상대가격비율을 변화시킨다. 가격보조가 주어질 때 소비자의 선택행위는 상대가격구조의 변화에 의해 교란되며, 이로 인해 효율성의 상실이 초래되는 결과가 나타나 현금보조가 더 우월하다.

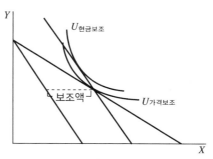

CHAPTER 04 생산자이론

01 생산이론

1. 생산기간

(1) 단기(Short – run Period)

생산요소 중 최소한 한 개 이상의 고정요소가 있는 상태를 말한다. 변화가 가능한 생산요소를 가변요소(Variable Factor)라 하고, 변화가 불가능한 생산요소를 고정요소(Fixed Factor)라 한다. 일반적으로 노동을 가변요소, 자본을 고정요소로 본다.

(2) 장기(Long – run Period)

모든 생산요소를 변화시킬 수 있는 상태를 말한다. 모든 생산요소가 가변요소로 이용된다. 따라서 노동과 자본 모두 가변요소이다.

2. 단기생산함수 : $Q = f(L, K) = f(L)$

(1) 의의 : 단기생산함수는 고정요소인 자본이 K로 고정된 상태에서 노동량만 변화가 가능할 때, 투입 노동량에 따른 생산량을 의미한다.

(2) 총생산물과 평균생산물, 한계생산물의 관계

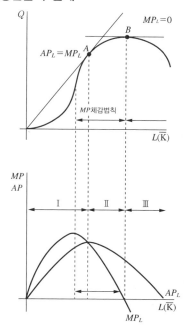

① 생산의 3단계

구분	제1단계(Ⅰ)	제2단계(Ⅱ)	제3단계(Ⅲ)
특징	원점에서 AP_L 최대점까지 : 비경제적인 영역	AP_L 최대점에서 $MP_L=0$까지 : 경제적인 영역	MP_L이 음인 영역 : 비경제적인 영역

② 노동의 평균생산성 : $AP_L = \dfrac{Q}{L}$

③ 노동의 한계생산성 : $MP_L = \dfrac{\triangle Q}{\triangle L}$

④ 한계생산곡선과 평균생산곡선의 특징

평균생산물이 증가하는 영역	평균생산물이 감소하는 영역	평균생산물이 극대인 점
$MP_L > AP_L$	$MP_L < AP_L$	$MP_L = AP_L$

ⓐ 평균생산물은 총생산곡선의 변곡점에서 가장 큰 값을 갖는다. 즉, 노동이 증가할수록 점점 커지다가 변곡점에서 극대값을 갖고 변곡점 이후에서는 점점 작아진다.

ⓑ 원점에서 그은 직선이 총생산곡선과 접하는 점에서 한계생산곡선은 평균생산곡선과 만난다.

ⓒ 한계생산과 평균생산이 일치하는 점 이전에는 한계생산이 평균생산보다 크고, 이후에는 평균생산이 한계생산보다 크다.

3. 장기생산함수 : Q=f(L, K)

(1) 등량곡선

① 의의 : 등량곡선이란 동일한 양의 산출량을 생산하는 데 필요한 두 생산요소의 여러 조합을 연결한 곡선이다.

② 등량곡선의 특징

　㉠ 우하향한다.

　㉡ 원점에 대해 볼록하다. 즉, $MRTS_{LK}$(한계기술대체율)가 체감한다.

　㉢ 동일한 생산기술의 두 등량곡선은 교차하지 않는다.

　㉣ 노동 – 자본 평면의 모든 점들은 그 점을 지나는 하나의 등량곡선을 갖는다.

　㉤ 원점에서 멀수록 더 높은 산출량을 의미한다.

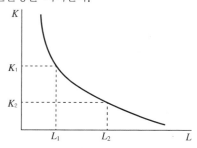

③ 한계기술대체율($MRTS_{LK}$; Marginal Rate of Technical Substitution)

　㉠ 의의 : 한계기술대체율($MRTS_{LK}$)이란 노동을 △L만큼 증가(감소)시켰을 때, 동일한 산출량을 생산하기 위한 자본의 감소(증가)량(△K)을 의미하며 등량곡선의 접선의 기울기와 같다.

$$MRTS_{LK} = -\frac{\triangle K}{\triangle L} = \frac{MP_L}{MP_K}$$

　㉡ 한계기술대체율체감의 법칙 : 한계기술대체율체감의 법칙이란 노동 투입량을 증가시킬수록 노동한 단위를 대체해야 하는 자본의 크기가 작아지는 것을 말한다. 한계기술대체율이 체감하는 이유는 생산기술이 강볼록성을 갖기 때문이다. 한계생산성 체감의 법칙과 한계기술대체율체감의 법칙은 관련이 없다.

(2) 등비용곡선(Iso – quantity Curve) : $wL + rK = C$

등비용곡선이란 지출액이 주어져 있을 때 주어진 가격하에서 투입할 수 있는 최대 투입요소의 조합을 의미하며 소비자의 예산선과 유사한 개념이다.

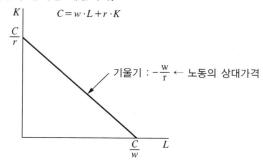

(3) 생산자균형 : 비용제약하의 생산극대$\left(\text{MRTS}_{LK} = \dfrac{w}{r} \right)$

① 생산자균형의 도출

등량곡선의 기울기의 절댓값인 MRTS_{LK}와 등비용곡선의 기울기의 절댓값, 즉 요소상대가격이 일치하는 수준에서 노동량과 자본량을 투입할 때 생산극대가 달성된다. 생산자균형점에서 $\dfrac{MP_L}{w} = \dfrac{MP_K}{r}$의 관계가 성립한다. 이는 화폐 단위당 한계생산물이 일치할 때 생산극대가 달성됨을 의미한다. 이를 화폐 단위당 한계생산물 균등의 법칙이라고 부른다.

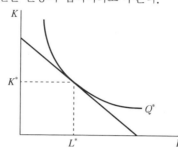

② 확장선(Expansion Path)

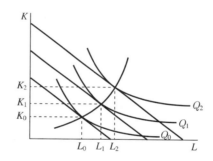

(4) 대체탄력성

① 대체탄력성의 개념

요소상대가격(한계기술대체율)의 변화율에 대한 자본과 노동의 투입비율의 변화정도를 보여주는 것이 대체탄력성이다. MRTS와 요소의 투입비율 사이의 변화율의 비율로 계산한다.

$$\sigma = \frac{\triangle \left(\dfrac{K}{L} \right) / \left(\dfrac{K}{L} \right)}{\triangle MRTS / MRTS} = \frac{\triangle \left(\dfrac{K}{L} \right) / \left(\dfrac{K}{L} \right)}{\triangle \left(\dfrac{w}{r} \right) / \left(\dfrac{w}{r} \right)}$$

② 각 생산함수의 대체탄력성

구분	콥 – 더글라스 생산함수	레온티에프 생산함수	선형생산함수
대체탄력성	1	0	∞
등량곡선의 형태	직각쌍곡선	L자 형태	직선
생산함수 형태	$Q = AL^{\alpha}K^{\beta}$	$Q = \text{Min}\left(\dfrac{L}{\alpha}, \dfrac{K}{\beta} \right)$	$Q = \alpha L + \beta K$

1. 비용의 개념

- 경제적 비용[(회계비용)+(기회비용)] : 경제학에서 비용은 회계비용뿐 아니라 기회비용까지 포함한 개념이다.
- 회계비용 : 회계비용은 기업이 경영활동과 관련하여 실제로 지출한 모든 경비를 말한다.
- 기회비용 : 기회비용이란 어떤 경제행위 대신 다른 경제행위를 했을 때 얻을 수 있으리라 예상되는 수익, 즉 어떤 경제행위를 함으로써 포기해야 하는 수익 중 가장 가치가 큰 것을 말한다.

2. 단기생산비용

(1) **단기총비용** : 단기에는 생산요소가 고정요소와 가변요소로 구성되므로 총비용을 고정요소에 투입된 고정비용(TFC; Total Fixed Cost)과 가변요소에 투입된 가변비용(TVC; Total Variable Cost)으로 나눌 수 있다.

TC=TFC+TVC

(2) **단기평균비용(AC)** : 단기평균비용은 산출량 1단위를 생산하는 데 평균적으로 지출된 비용을 의미한다. 따라서 단기평균비용은 총비용을 산출량으로 나눠 줌으로써 계산할 수 있다.

$$AC= \frac{TC}{Q} = \frac{TFC}{Q} + \frac{TVC}{Q} = AFC + AVC$$

(AFC : 평균고정비용, AVC : 평균가변비용)

① **평균비용(AC)** : 평균비용의 크기는 원점에서 총비용곡선상의 한 점에 그은 직선의 기울기와 같다. 평균비용은 평균고정비용과 평균가변비용의 합과 같다.

② **평균고정비용(AFC)** : 평균고정비용은 원점에서 고정비용곡선상의 한 점에 그은 직선의 기울기와 같다. 평균고정비용은 산출량이 증가할수록 점점 낮아진다.

③ **평균가변비용(AVC)** : 평균가변비용은 가변비용곡선의 한 점에 그은 직선의 기울기와 같다.

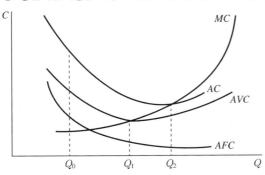

(3) 단기한계비용

$$\text{SMC} = \frac{\triangle TC}{\triangle Q} = \frac{\triangle TFC}{\triangle Q} + \frac{\triangle TVC}{\triangle Q}$$

(4) 평균비용과 한계비용

한계비용과 평균비용은 평균비용이 최저점인 생산량 Q_2 수준에서 동일한 값을 갖는다. 즉, 평균비용곡선과 한계비용곡선은 생산량 Q_2 수준에서 만난다. 평균비용의 최저점이 되기 전에는 한계비용보다 평균비용이 크고, 평균비용의 최저점을 지나면 한계비용이 평균비용을 능가한다. 또한, 평균가변비용과 한계비용은 평균가변비용곡선의 최저점(Q_1)에서 만난다. 평균가변비용도 평균비용에서와 마찬가지로 평균가변비용의 최저점이 되기 전에는 평균가변비용이 한계비용을 초과하고, 최저점을 지나면 한계비용이 평균비용을 능가한다.

PART 2

3. 장기생산비용

(1) 장기총비용함수

$$\text{LTC} = \text{TC(Q)}$$

(2) 장기평균비용

장기평균비용은 노동과 자본을 모두 변경시킬 수 있을 때 한 단위의 산출량을 생산하는 데 지출된 비용을 의미한다.

$$\text{LAC} = \frac{LTC}{Q}$$

LAC는 각 자본규모에 따른 단기평균비용곡선상에서 비용을 최소화하는 생산량에서의 평균비용을 연결한 것이다. 따라서 장기평균비용곡선은 단기평균비용곡선의 포락선(Envelope Curve)이다.

① 장기평균비용곡선과 단기평균비용곡선

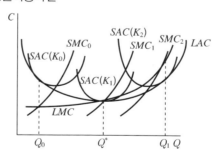

(3) 장기한계비용

장기한계비용곡선은 장기총비용곡선의 접선의 기울기를 의미한다.

(4) 규모에 대한 수익과 장기비용

① 규모에 대한 수익불변(CRS) : 투입요소를 일정 비율로 증가시킬 때 산출량은 동일한 비율로 증가한다. 따라서 비용의 측면에서 산출량증가비율과 투입요소의 비율이 일정하므로 요소가격이 불변이라면 장기평균비용도 일정하다.

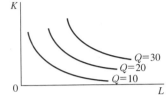

ㄱ $f(\alpha L, \alpha K) = \alpha f(L, K)$

ㄴ 규모에 대한 수익불변의 경우 등량곡선의 간격은 일정하게 나타난다.

② 규모에 대한 수익체증(IRS) : 투입요소를 일정한 비율로 증가시킬 때 산출량은 더 큰 비율로 증가한다. 산출량을 일정 비율로 증가시키는 데 필요한 투입요소의 증가비율은 산출량 증가비율보다 낮다. 따라서 산출량이 증가할수록 장기평균비용이 감소한다.

ㄱ $f(\alpha L, \alpha K) > \alpha f(L, K)$

ㄴ 규모에 대한 수익체증의 경우 등량곡선의 간격은 점점 좁아진다.

③ 규모에 대한 수익체감(DRS) : 산출량을 일정 비율로 증가시키기 위해 필요한 투입요소는 산출량 증가비율보다 높은 비율로 증가한다. 산출량을 일정 비율로 증가시키기 위해 산출량의 증가보다 더 많은 비율의 요소를 투입해야 하므로 장기평균비용이 증가한다.

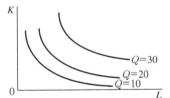

ㄱ $f(\alpha L, \alpha K) < \alpha f(L, K)$

ㄴ 규모에 대한 수익체감의 경우 등량곡선의 간격은 점점 넓어진다.

CHAPTER 05 시장이론

01 기업의 이윤극대화

1. 기업이윤과 기회비용

(1) 기업의 이윤

$$\pi = TR - TC$$

(2) 회계이윤과 기회비용

(기업의 이윤) = (총수익) − [(회계비용) + (기회비용)]

= [(총수익) − (회계비용)] − (기회비용)

= (회계적 이윤) − (기회비용)

2. 기업의 이윤극대화 조건

$\pi = TR(Q) - TC(Q)$

1계조건 : $MR = MC$

2계조건 : (MR의 기울기) < (MC의 기울기)

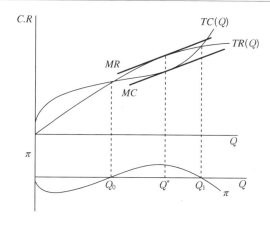

1. 성립요건

(1) 다수의 생산자와 수요자(가격순응자)
(2) 동질적인 제품
(3) 재화 및 생산요소의 자유로운 이동
(4) 완전한 정보

2. 완전경쟁기업의 수요곡선

가격순응자인 완전경쟁기업은 시장에서 결정된 가격수준에서 수평인 수요곡선을 갖는다. 이는 수요가 가격에 대해 완전탄력적임을 의미한다.

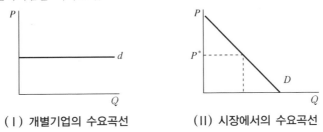

(Ⅰ) 개별기업의 수요곡선   (Ⅱ) 시장에서의 수요곡선

3. 완전경쟁기업의 균형

(1) 단기 이윤극대화

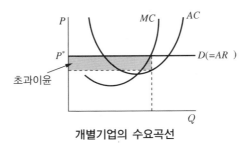

개별기업의 수요곡선

완전경쟁시장에서는 P＝MR＝AR의 관계가 성립한다. 따라서 이윤극대화 조건에서 P＝MR＝MC＝AR의 관계가 성립한다. 완전경쟁시장에서 단기에 신규기업의 진입이 불가능하기에 단기에는 초과이윤이 존재할 수 있다.

(2) 단기공급곡선

시장가격이 P_1 미만에서 결정되면 기업은 평균수익(AR)이 평균비용보다 낮아 손실이 발생한다. 그러나 단기에는 P≤AC라고 해서 조업을 중단하지는 않는다. AVC≤P인 경우에는 조업을 계속하는 것이 유리하기 때문이다. 다시 말해서 고정비용이란 단기에는 조정될 수 없는 비용을 의미하므로 단기에는 조업을 중단하더라도 고정비용은 계속 지출하게 되기 때문에 고정비용만큼 손실을 입게 된다. 따라서 단기에는 평균수익(AR＝P)이 평균비용보다 낮아 손실을 입더라도, 평균가변비용(AVC) 이상의 수익을 얻을 수 있다면 그 초과분(P－AVC)으로 고정비용의 일정부분이라도 충당할 수 있기 때문에 조업을 계속하게 된다. 즉, 평균가변비용(AVC)의 최저점이 조업중단점이 되는 것이다. 따라서 완전경쟁시장을 가정하고 있다는 전제하에 완전경쟁기업의 단기공급곡선은 평균가변비용곡선의 상방에 존재하는 한계비용곡선이다.

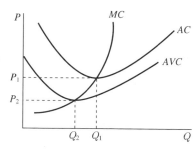

① 손익분기점(P_1, Q_1) : 정상이윤만 발생하는 평균비용의 최저점
② 조업중단점(P_2, Q_2) : 재화 1단위당 손실이 평균고정비용과 동일한 평균가변비용의 최저점

(3) 장기균형

① 장기균형의 조건 : P＝AR＝MR＝LMC＝LAC

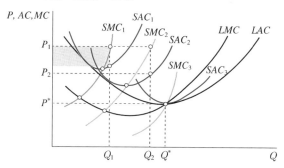

(생산량)＝Q_1인 경우 단기균형가격수준(P_1)에서 기업은 초과이윤을 얻는다. 단기초과이윤의 존재는 장기 신규기업의 진입과 기존 기업의 산출량의 증가를 통해 시장공급량을 증가시켜 결국 모든 기업이 정상이윤만 획득하는 장기균형에 도달한다.

② 완전경쟁산업의 장기공급곡선
　㉠ 비용불변산업의 경우 : 수량축에 평행
　㉡ 비용증가산업의 경우 : 우상향
　㉢ 비용감소산업의 경우 : 우하향

4. 자원배분의 평가

(1) P＝MC에서 자원배분이 이루어져 비효율이 발생하지 않는다.

(2) 장기에 최적 시설규모에서 생산이 이루어진다.

(3) 장기에 모든 기업이 정상이윤만 획득하게 된다.

03　독점시장

1. 의의

독점은 시장에 하나의 기업만 존재한다는 것을 의미한다. 독점시장은 하나의 기업이 시장을 지배하고 진입장벽이 존재하며, 공급자가 가격설정자(Price Setter)로 기능한다는 특징을 가지고 있다.

2. 독점발생의 원인(＝진입장벽의 존재)

독점은 시장규모가 협소할 때, 규모의 경제가 존재할 때, 생산요소의 공급원이 독점될 때, 국가에 의해 특허권이 설정될 때에 발생한다.

3. 독점기업의 단기균형

(1) 독점기업의 이윤극대화 조건

독점기업은 수요곡선에 해당하는 가격을 임의로 선택할 수 있는 가격설정자이다. 따라서 개별 독점기업이 직면하는 수요곡선은 시장수요곡선과 동일하다.

① 이윤함수 : $\pi = P(Q) \cdot Q - TC(Q)$

② 이윤극대화 조건 : MR＝MC

(2) 수요함수와 MR의 관계

수요곡선 D＝P(Q)로 우하향하고, 총수입은 TR＝P(Q)・Q이다.

$$AR = \frac{TR}{Q} = D(수요곡선)$$

$$MR = \frac{dTR}{dQ} = P\left(1 - \frac{1}{\varepsilon_P}\right), \ \varepsilon_P = (수요의\ 가격탄력성)$$

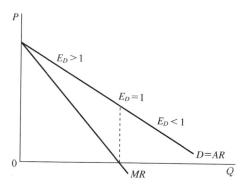

수요곡선이 우하향하므로 AR＞MR이 성립한다. 또한, 수요의 가격탄력성 $E_D = 1$일 때 MR＝0이다.

(3) 독점기업의 단기균형

독점기업의 이윤극대화 산출량은 MR＝MC인 Q_m에서 결정되며, 가격은 P_m에서 결정된다. 이때, 독점기업의 초과이윤(＝독점이윤)은 색칠해진 영역이다.

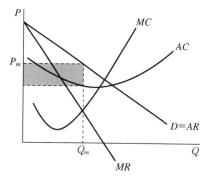

4. 독점기업의 장기균형

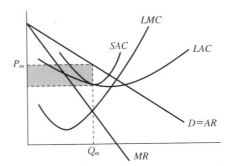

이윤극대화 산출량은 MR＝LMC인 Q_m 수준에서 결정되고, 장기독점가격은 산출량에 해당하는 수요곡선 위의 한 점인 P_m에서 결정된다. 완전경쟁기업이 장기에서 정상이윤만을 얻는 데 비해 독점기업은 장기에 반드시 0 이상의 이윤을 얻는다.

5. 가격차별(Price Discrimination)

(1) 의의
가격차별이란 동일한 재화에 대해 다른 가격을 책정하는 독점기업의 이윤극대화 행동 중 하나이다.

(2) 가격차별의 종류 : 1급 가격차별, 2급 가격차별, 3급 가격차별
① 3급 가격차별이란 수요곡선의 탄력성에 따라 '시장'을 분할하고, 각 시장의 탄력성에 따라 각각 다른 가격을 부과하는 가격차별정책이다.
② 이윤극대화 조건
　　㉠ 이윤함수 : $\pi = P_A(Q_A)Q_A + P_B(Q_B)Q_B$, $Q_A + Q_B = Q^*$
　　㉡ 이윤극대화 조건 : $MR_A = MR_B = MC$
③ 수요의 가격탄력성과 가격 사이의 관계(아모로소 – 로빈슨 공식)

가격과 한계수입은 $MR = P\left(1 - \dfrac{1}{\varepsilon_P}\right)$의 관계가 성립하므로 이윤극대화 조건은 다음과 같이 바꿀 수 있다.

$$P_A\left(1 - \frac{1}{\varepsilon_P^A}\right) = P_B\left(1 - \frac{1}{\varepsilon_P^B}\right) = MC$$

만약 $\varepsilon_P^A > \varepsilon_P^B$라면, $P_A < P_B$가 성립한다. 즉, 탄력성이 낮을수록 높은 가격을 부담한다.

6. 독점시장의 자원배분의 평가

(1) 자원배분의 비효율성

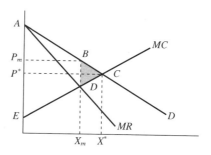

① $P_m >$ MR=MC, 완전경쟁에서보다 생산량은 적고 가격은 높게 된다.
② 사회적 후생손실(자중손실)이 발생한다[(자중손실)=△BCD].
③ 비효율성이 존재한다.

(2) 소득분배의 측면

① 소비자잉여를 독점이윤으로 전환시킴에 따라 소득분배의 불평등이 초래된다.
② 초과이윤의 존재와 경제력 집중으로 인해 소득불평등이 심화될 수 있다.

(3) 기타의 측면

① 규모의 경제에 의해 독점이 발생한 것이라면 독점의 자원배분이 완전경쟁시장에서보다 효율적일 수도 있다.
② 시장규모가 협소하여 1개 이상의 기업이 들어설 수 있는 여지가 없는 경우라면 독점은 불가피하다.
③ 기술혁신의 측면 : 독점기업은 안일하게 초과이윤을 향유하므로 기술혁신을 저해하는 측면이 있다. 반면, 슘페터(Schumpeter)에 따르면 독점에 따른 초과이윤을 누리기 위해 기술혁신이 촉진되는 효과도 있다고 한다.

7. 독점의 규제

개념			이윤극대화 조건의 변화	효과	평가
가격규제		가격의 상한을 설정	P=MC 수준에서 가격상한을 설정	• 가격 하락 • 생산량 증가	자연독점의 경우 기업은 손실을 볼 수 있음
조세부과	종량세	재화 1단위당 조세 부과	평균비용 상승, 한계비용 상승	• 가격 상승 • 생산량 감소 • 독점이윤 감소	자원배분왜곡에 따른 비효율 발생
	정액세	산출량과 관계없이 일정액을 부과	평균비용 상승, 한계비용 불변	• 가격 불변 • 생산량 불변 • 독점이윤 감소	자원배분상태는 불변이나 독점이윤을 제거하여 분배측면은 개선 가능
	이윤세	기업의 이윤에 조세 부과	이윤세의 부과는 기업의 이윤극대화 조건을 변화시키지 않음		

1. 독점적 경쟁시장의 특징

차별화된 재화의 공급, 다수의 기업 존재, 진입장벽의 부재, 비가격 경쟁

2. 독점적 경쟁기업의 단기균형

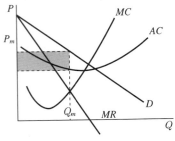

독점적 경쟁기업은 차별적 재화의 독점력을 이용하여 단기에는 독점기업과 같이 행동한다. 독점기업은 단기에 기업의 진입과 퇴출이 불가능하므로 색칠해진 영역만큼 초과이윤이 발생한다.

3. 독점적 경쟁기업의 장기균형

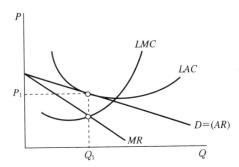

독점적 경쟁시장은 장기에 진입장벽이 존재하지 않아 진입과 퇴출이 자유로우므로 초과이윤이 발생하면 새로운 기업의 진입이 이뤄지며 개별기업이 직면하는 수요곡선이 초과이윤이 없을 때까지 이동하여 LAC와 접하게 된다. 손실이 발생하면 기존 기업의 퇴출이 이뤄진다. 따라서 장기에 독점적 경쟁기업의 가격은 D=MR=LAC인 수준에서 결정된다. 평균수익과 평균비용이 항상 일치하므로 초과이윤이 존재하지 않는다.

1. 의의

과점시장은 둘 이상 소수의 공급자가 시장을 지배하고, 진입장벽(Entry Barrier)이 존재한다. 동질(同質)의 상품이 거래되는 과점시장을 순수과점, 종류는 동일하지만 품질이 다른 상품을 거래하는 과점시장을 차별과점이라 한다.

2. 과점의 특징

과점시장은 시장 내 기업 간의 상호의존성, 기업 간의 비가격경쟁, 기술 혁신의 유인이 높다는 점 등의 특징을 가지고 있다.

3. 쿠르노(Cournot) 모형

(1) 가정

① 시장에 두 개의 기업만 존재하는 복점을 가정한다.
② 추측된 산출량의 변화는 0이라고 가정한다.
③ 두 기업은 동시에 의사결정을 하며 의사결정의 대상은 산출량이다.

(2) 시장균형

각 기업은 이윤극대화 식을 통해 반응곡선을 도출한다. 반응곡선이란 상대방의 산출량을 주어진 것으로 보았을 때 이윤극대화 산출량의 궤적을 말한다. 시장균형은 각 기업의 반응곡선이 만나는 점에서 이루어진다.

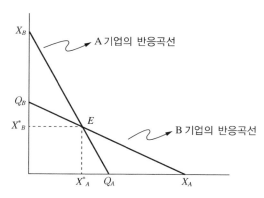

(3) 자원배분의 평가

수요곡선이 직선인 경우 완전경쟁시장, 독점시장, 쿠르노 모형에서의 산출량 간에는 다음의 관계가 성립한다.

- (독점기업의 산출량)$= \dfrac{1}{2} \times$ (완전경쟁기업의 산출량)

- (쿠르노 모형에서 각 기업의 산출량)$= \dfrac{1}{3} \times$ (완전경쟁기업의 산출량)

4. 베르트랑(Bertrand) 모형

(1) 기본가정

① 두 개의 기업이 존재하고 각 기업은 동시에 의사결정을 한다.
② 각 기업이 생산하는 재화는 동질적이며, 각 기업의 한계비용은 동일하다.
③ 의사결정 대상이 산출량은 가격이다.

(2) 시장균형

① 전략변수로서의 가격

전략변수가 가격인 과점시장에서 각 기업은 자신의 가격을 한계비용 이하로 가격을 낮출 수 없으므로 A기업과 B기업이 취할 수 있는 가장 낮은 가격은 한계비용이라고 할 수 있다. 또한, 독점가격보다 높은 가격을 제시하는 것은 이윤극대화 원리에 어긋나므로 A기업과 B기업이 취할 수 있는 가장 높은 가격은 독점가격인 P_M이다.

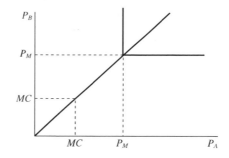

② 시장균형

각 기업은 동질의 상품을 공급하므로 어느 한 기업의 가격이 조금만 낮아도 수요를 독점할 수 있다. 따라서 각 기업은 서로 조금씩 낮은 가격을 제시하여 자신이 시장수요 전체를 독점하려 한다. 이러한 가격경쟁을 통해 시장가격은 두 기업이 제시할 수 있는 가장 낮은 가격인 한계비용수준에서 결정된다. 만약 두 기업의 한계비용이 다른 경우라면, 높은 한계비용을 가진 기업의 한계비용수준에서 가격이 결정되고, 시장수요는 낮은 한계비용을 가진 기업이 독점하게 된다.

5. 슈타켈버그(Stackelberg) 모형(수량선도 모형)

(1) 의의

슈타켈버그(Stackelberg)는 복점시장이 선도기업(Leader)과 추종기업(Follower)으로 구성되는 경우를 모형화하였다. 선도기업은 추종기업의 반응을 고려하여 먼저 의사결정을 하고, 추종기업은 선도기업의 산출량을 보고 자신의 이윤극대화 산출량을 결정한다. 따라서 추종기업의 추측된 변화는 0이지만 선도기업의 추측된 변화는 0이 아니다.

(2) 시장균형

① 선도기업과 추종기업의 시장균형

모형은 쿠르노의 경우와 같고, A기업이 선도기업이고 B기업이 추종기업이라고 할 때 선도기업인 기업 A는 기업 B의 반응을 추측하여 자신의 이윤극대화 산출량을 결정한다. 그리고 추종기업은 선도기업의 주어진 생산수준에서 자신의 이윤극대화 산출량을 결정한다.

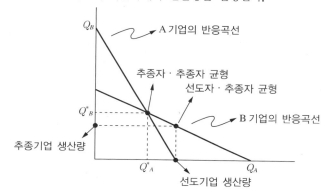

시장균형상태에서는 쿠르노 균형에 비해 선도기업의 산출량은 증가하고, 추종기업의 산출량은 감소한다.

② 선도기업 간의 시장균형

두 기업이 서로 선도자라고 생각하는 경우 두 기업은 모두 앞 모형의 선도기업처럼 행동할 것이다. 선도경쟁하의 균형은 존재할 수 없는 균형이다. 이처럼 각 기업이 서로 선도기업이 되려고 하는 것을 슈타켈버그 전쟁(Stackelberg Warfare)이라고 한다.

③ 자원배분의 평가

- (독점기업의 산출량)$=\dfrac{1}{2}\times$(완전경쟁기업의 산출량)

- (과점기업의 산출량)$=\dfrac{1}{3}\times$(완전경쟁기업의 산출량)

- (선도기업의 산출량)$=\dfrac{1}{2}\times$(완전경쟁기업의 산출량)

- (추종기업의 산출량)$=\dfrac{1}{4}\times$(완전경쟁기업의 산출량)

6. 담합모형

모형	내용
가격선도이론 (불완전한 담합)	• 가격선도자가 가격을 설정하면 추종자는 선도자가 정한 가격을 주어진 것으로 받아들이고 산출량을 결정한다.
카르텔 (완전담합)	• 동일산업에 속하는 기업들이 명시적으로 합의하여 가격이나 생산량을 정하는 것이다. • 카르텔은 단일독점기업과 동일하게 행동한다. • 카르텔이 형성되면 협정을 위반할 유인이 존재하여 내재적 불안정성을 가지고 있다.

7. 과점의 평가

(1) 과점의 비효율성

① 비효율적 생산 : 장기평균비용곡선의 최저점에서 생산이 이뤄지는 것이 아니다.

② 진입장벽 존재 : 일반적으로 정상이윤을 넘는 초과이윤을 수취한다.

③ 과다한 자원배분 : 광고비 등 비가격경쟁에 지나치게 많은 자원이 배분된다.

(2) 과점의 후생학적 장점

① 비가격경쟁의 일환으로 R&D 경쟁이 활발하다.

② 질적 수준이 높은 상품이나 다양한 상품을 공급함으로써 소비자들의 선택 가능성을 증대시켜 소비자의 효용 또한 증대시킬 수 있다.

③ 규모의 경제가 실현되므로 생산의 효율성을 증대시킬 수 있다.

---

06 게임이론

1. 우월전략균형

(1) 우월전략

우월전략이란 상대방의 전략에 상관없이 자신의 보수를 극대화하는 전략을 말한다.

(2) 우월전략균형

우월전략 균형은 경기자들의 우월전략 배합을 말한다.

A의 우월전략(자백), B의 우월전략(자백) → 우월전략균형(자백, 자백)

용의자 A \ 용의자 B	자백	부인
자백	-5, -5	-1, -10
부인	-10, -1	-2, -2

(3) 균형상태의 평가

① 각 경기자의 우월전략은 비협조전략이다.

② 각 경기자의 우월전략 배합이 열위전략의 배합보다 파레토 열위상태이다.

③ 자신만이 비협조전략(이기적인 전략)을 선택하는 경우 보수가 증가한다.

④ 효율적 자원배분(부인, 부인)은 협조전략하에 나타난다.

⑤ 각 경기자가 자신의 이익을 극대화하는 행동이 사회적으로 바람직한 자원배분을 실현하는 것은 아니다(개인적 합리성이 집단적 합리성을 보장하지 못한다).

2. 내쉬균형(Nash Equilibrium)

(1) 내쉬균형

상대방의 전략을 이미 주어진 것으로 보고 자신의 이익을 극대화하는 전략을 선택할 때 이 최적전략의 짝을 내쉬균형이라 한다. 내쉬균형은 존재하지 않을 수도, 복수로 존재할 수도 있다.

(2) 내쉬전략

내쉬균형은 상대방의 최적전략에 대해서만 최적대응이 될 수 있는 전략의 존재를 요구한다.

(3) 우월전략균형과의 관계

우월전략균형은 반드시 내쉬균형이나, 내쉬균형은 우월전략균형이 아닐 수 있다.

(4) 내쉬균형의 예

① 내쉬균형이 존재하지 않는 경우

A \ B	T	H
T	3, 2	1, 3
H	1, 1	3, −1

② 내쉬균형이 1개 존재하는 경우(자백, 자백)

A \ B	자백	부인
자백	−5, −5	−1, −10
부인	−10, −1	−2, −2

③ 내쉬균형이 2개 존재하는 경우(야구, 야구) (영화, 영화)

A \ B	야구	영화
야구	3, 2	1, 1
영화	1, 1	2, 3

3. 혼합전략균형

(1) 순수전략과 혼합전략

① 순수전략 : 경기자가 여러 가지 전략 중 특정한 한 가지 전략만 사용하는 것

② 혼합전략 : 각 경기자가 2가지 이상의 순수전략을 미리 선택된 확률에 의거, 혼합하여 사용하는 것(각 경기자가 혼합전략을 사용하는 이유는 자신의 행동을 상대방이 쉽게 예측하지 못하게 하기 위함임)

(2) 혼합전략 내쉬균형

모든 경기자가 각 순수전략을 사용할 확률, 즉 혼합전략을 더 이상 변경할 유인이 없는 상태를 말한다.

01 생산요소의 고용량과 가격

1. 생산요소에 대한 수요

생산요소에 대한 수요는 기업의 이윤극대화과정에서 결정되는데, 이는 결국 생산물시장에서 시장수요의 크기에 의해 좌우되므로 생산요소에 대한 수요는 파생수요로서의 성질을 갖게 된다. 생산요소에 대한 수요곡선은 우하향하는데, 이는 수확체감의 법칙 때문이다.

(1) 수요곡선

① 재화시장이 완전경쟁시장인 경우 : $W = MR \cdot MP_L = P \cdot MP_L = VMP_L$
② 재화시장이 불완전경쟁시장인 경우 : $W = MR \cdot MP_L = MRP_L$

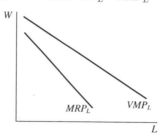

(2) 요소수요의 변화요인

내생변수인 요소가격이 하락하면 요소수요량이 증가하고(곡선상의 이동), 외생변수인 가격이 상승하거나 요소한계생산성이 증가하면 요소수요가 증가한다(곡선의 이동).

(3) 요소수요의 가격탄력성 결정요인

대체적인 요소가 많을수록, 재화수요가 탄력적일수록, 대체탄력성이 클수록, 측정기간이 길수록 요소수요의 가격탄력성은 커진다.

2. 생산요소에 대한 공급

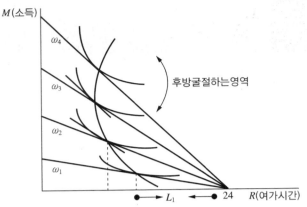

- 소득효과 < 대체효과 : 여가수요 감소, 즉 노동공급 증가 : 우상향하는 노동공급곡선
- 소득효과 > 대체효과 : 여가수요 증가, 즉 노동공급 감소 : 우하향하는 노동공급곡선

3. 완전경쟁요소시장의 균형

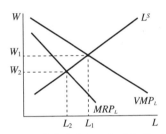

생산물시장이 불완전경쟁구조인 경우에는 완전경쟁구조인 경우에 비하여 고용량은 작고($L_1 > L_2$), 임금수준은 낮은($W_1 > W_2$) 상태에서 균형이 성립한다.

4. 불완전경쟁요소시장의 균형

(1) 수요독점인 경우

① 한계요소비용곡선

요소수요독점인 경우 수요독점자는 노동공급곡선(L^S)을 AFC_L로 인식하게 된다. 이때 AFC_L이 우상향하므로 MFC_L은 AFC_L보다 상방에 위치한다.

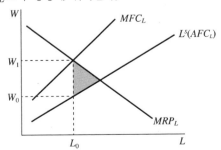

② 시장의 균형 : $\text{MFC}_L = \text{MRP}_L$

생산요소시장에서 수요독점인 경우 생산물시장은 불완전경쟁시장이 형성된다. 시장의 균형은 생산요소 1단위 고용에 따른 한계수입(MRP_L)과 생산요소 1단위 고용에 따른 한계비용(MFC_L)이 일치하는 점에서 고용량이 결정되고 결정된 고용량에 해당하는 공급곡선의 높이에 해당하는 점에서 임금이 결정된다.

③ 자원배분의 평가

생산요소시장이 수요독점인 경우 수요독점적 착취가 발생한다($W_1 - W_0$). 그리고 색칠해진 영역만큼의 사회적 비효율이 발생한다.

(2) 공급독점인 경우 : $\text{MR} = \text{MC}$

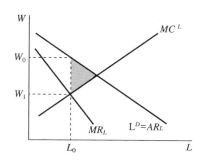

생산요소시장에서 공급독점인 경우 공급자는 이윤극대화 노동량을 노동공급자의 노동 1단위 추가공급에 따른 한계비용인 MC_L과 노동 1단위 추가공급에 따른 한계수입인 MR_L이 만나는 점(L_0)에서 결정하며, 결정된 공급량에 해당하는 수요곡선(L^D)의 높이(W_0)에서 임금을 결정한다.

5. 시장형태에 따른 이윤극대화 조건

구분		재화시장	
		완전경쟁	공급독점
요소시장	완전경쟁	$W = \text{AFC}_L = \text{MFC}_L = \text{MRP}_L = \text{VMP}_L$	$W = \text{MFC}_L = \text{MRP}_L < \text{VMP}_L$
	수요독점	$W(\text{AFC}_L) < \text{MFC}_L = \text{MRP}_L = \text{VMP}_L$	$W(\text{AFC}_L) < \text{MFC}_L = \text{MRP}_L < \text{VMP}_L$
	공급독점	$W(\text{AR}_L) > \text{MR}_L = \text{MC}_L = \text{VMP}_L$	$W(\text{AR}_L) > \text{MR}_L = \text{MC}_L < \text{VMP}_L$
	쌍방독점	$L^S : \text{MC}_L = \text{MR}_L$ $W^S : \text{AR}_L$ $L^D : \text{MFC}_L = \text{MRP}_L$ $W^D : \text{AFC}_L$	

(L^S : 공급자가 공급하려는 노동량, W^S : 공급자가 요구하는 임금, L^D : 수요자의 이윤극대화 수요량, W^D : 수요자가 요구하는 임금)

요소시장이 쌍방독점인 경우에는 노동공급자와 노동수요자가 이윤극대화를 하는 노동량이 상이하나, 우연히 같더라도 공급자와 수요자가 요구하는 임금수준이 상이하여 협상으로 임금을 결정한다.

1. 불평등도지수(Inequality Index)

(1) 십분위분배율(Deciles Distribution Ratio)

$$D = \frac{(하위\ 40\%의\ 소득점유비율)}{(상위\ 20\%의\ 소득점유비율)}(0 \leq D \leq 2)$$

(2) 로렌츠 곡선(Lorenz Curve)

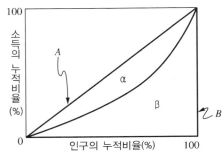

① 인구의 누적비율과 소득의 누적비율 사이의 관계를 나타낸 곡선

② 완전평등 시 로렌츠 곡선 : A

③ 완전불평등 시 로렌츠 곡선 : B

④ 로렌츠 곡선의 장단점 : 로렌츠 곡선으로 불평등도를 판단하는 방법은 최소한의 가치판단을 전제로 하고 있어서 높은 객관성이 유지되나 곡선 교차 시 평등도의 비교가 곤란하다. 아울러 서수적인 판단만이 가능하다.

(3) 지니계수(Gini's Coefficient)

① 로렌츠 곡선을 이용 : $G = \dfrac{\alpha}{\alpha + \beta}(0 \leq G \leq 1)$

② 평균소득격차의 개념을 사용 : $G = \dfrac{\triangle}{2\mu}$

$$\triangle = \frac{1}{n(n-1)}\sum_{i=1}^{n}\sum_{j=1}^{n}|y_i - y_j|(\triangle\ :\ 평균소득격차,\ \mu\ :\ 평균소득)$$

③ 비판

지니계수에 의한 평가는 일련의 가치판단을 전제로 하여 얻어진 것으로 상당한 주관성을 내포하고 있다.

(4) 앳킨슨 지수(Atkinson)

① 앳킨슨 지수의 도출

㉠ $A = 1 - \{\sum(\frac{y_i}{\mu})^{i=\varepsilon} \cdot f_i\}^{\frac{1}{i=\varepsilon}} = 1 - \frac{Y^{EDE}}{\mu}$

y_i : i번째 계층의 평균소득

μ : 전체인구의 평균소득

f_i : i번째 계층의 비율

㉡ 균등분배대등소득(Y^{EDE}; Equally Distributed Equivalent Income)
모든 사람에게 균등하게 소득을 분배하였을 경우에 사회후생 수준이 현재의 분배상태에서 사회
후생수준과 같아지도록 만드는 균등소득

② 사회후생함수에 따른 Y^{EDE}

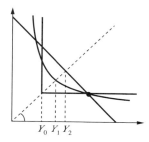

㉠ Y^{EDE}의 크기 : 공리> 평등> 롤즈($Y_2 > Y_1 > Y_0$)

㉡ Atkinson 지수의 크기 : 롤즈> 평등> 공리

2. 지대론

(1) 준지대

단기적으로 공급이 고정되어 있는 생산요소에 지불되는 보수를 준지대라 한다.

(준지대)=[판매수입(TR)]−[단기가변비용(TVC)]=[고정비용(TFC)]+(초과이윤)

완전경쟁시장인 경우 장기에 0이 되며, 단기에는 고정비용 중 매몰비용이 차지하는 비율에 따라 그 크기가
달라질 수 있다.

(2) 경제적 지대

① 의의 : 경제적 지대란 단기와 장기에 모두 발생가능하며 생산요소의 총 수입에서 이전수입을 차감한
것으로 측정된다. 이러한 경제적 지대는 생산요소의 공급탄력성이 비탄력적일수록 증가한다.

② 이전수입 : 이전수입이란 요소공급자에게 최소한 지급해야 하는 금액으로 생산요소를 공급하도록
하는 최소금액을 의미한다.

3. 탄력성과 경제적 지대

(1) 요소공급의 가격탄력성이 무한대인 경우
(요소소득)＝(이전수입), (경제적 지대)＝0

(2) 요소공급의 가격탄력성이 완전비탄력적인 경우
(요소소득)＝(경제적 지대), (이전수입)＝0

(3) 일반적인 우상향하는 공급곡선의 경우
(요소소득)＝(경제적 지대)＋(이전수입)

CHAPTER 07 시장과 효율성

01 일반균형이론과 자원배분의 효율성

1. 일반균형론

일반균형(General Equilibrium)이란 경제 안의 모든 시장이 동시에 균형이 달성되는 상태를 의미한다. 일반균형상태에서는 다음의 조건이 성립한다.

① 모든 소비자가 그의 예산제약하에서 효용이 극대화되는 상품묶음을 선택하고 있다.

② 모든 소비자가 원하는 만큼의 생산요소를 공급하고 있다.

③ 모든 기업이 주어진 여건하에서 이윤을 극대화하고 있다.

④ 주어진 가격체계하에서 모든 상품시장과 생산요소시장에서의 수요량과 공급량이 일치하고 있다.

> **더 알아보기**
>
> 왈라스 법칙(Walras Law)
>
> 왈라스 법칙이란 n개의 시장이 존재할 때, $(n-1)$개의 시장에서 동시에 균형이 달성되면 나머지 한 시장은 자동으로 균형이 달성된다는 법칙이다.

2. 자원배분의 효율성

(1) 경제적 효율성의 정의와 조건

① 파레토효율(파레토최적) : 하나의 자원배분상태에서 다른 어떤 사람에게 손해가 가도록 하지 않고서는 어떤 한 사람에게 이득이 되는 변화를 만들어 내는 것이 불가능한 상태. 즉, 더 이상의 파레토 개선이 불가능한 자원배분 상태를 말한다.

② 효율적인 자원배분을 위한 세 가지 한계조건

   ⊙ 생산의 효율성 조건 : $MRTS^X_{LK} = MRTS^Y_{LK}$

   ⓛ 교환의 효율성 조건 : $MRS^A_{XY} = MRS^B_{XY}$

   ⓒ 생산과 교환의 종합적 효율성 조건 : $MRS_{XY} = MRT_{XY}$

더 알아보기

효용가능경계
주어진 생산요소(L, K)로 한 경제 내에서 달성가능한 생산의 효율성을 만족하는 산출량조합(PPC, X, Y)의 각각에 대해서 교환의 효율성을 만족시킬 때의 소비자의 효용수준의 조합으로 도출된 개별효용가능곡선(UPC)의 포락선을 의미한다.

(2) 완전경쟁과 자원배분의 효율성

① 의의 : 후생경제학의 제1정리(First Theorem of Welfare Economy)
   모든 소비자의 선호체계가 강단조성을 가지고, 외부성이 존재하지 않을 경우 일반경쟁균형의 배분은 반드시 파레토효율적이다(시장의 힘에 의하여 달성된 균형이 계약곡선상에 위치한다).

② 경제적 의미 : 제1정리는 애덤 스미스(A. Smith)가 말한 '보이지 않는 손'이 자원을 효율적으로 배분한다는 말을 달리 표현한 것이다. 즉, 개별 경제주체들의 사익추구와 공익이 조화됨을 의미하는 것으로, 시장의 힘에 대한 신뢰를 이론적으로 정당화하며 시장의 제반 조건이 충족되는 경우 정부의 개입이 불필요하다는 것을 의미한다.

③ 제1정리의 한계 : 시장실패
   제1정리가 전제로 하는 완전경쟁시장의 조건은 현실에서 충족되기 어렵다. 또한, 제1정리는 자원배분의 효율성에 대해 말하는 것이지 분배의 공평성과는 상관이 없다.

④ 후생경제학의 제2정리(Second Theorem of Welfare Economy)
   ⊙ 의의 : 후생경제학 제1정리에 따르면 시장은 자원을 파레토효율적으로 배분한다. 하지만 제반 조건이 충족되지 못하는 경우 시장실패현상(효율성 측면, 공평성 측면)이 나타나게 되며, 이는 정부 개입의 필요조건이 된다. 후생경제학 제2정리는 정부개입의 이론적 근거와 정부개입방법의 기준을 제시하고 있다.

   ⓛ 내용 : 초기부존 자원이 적절히 분배된 상태에서 모든 소비자의 선호체계가 볼록성을 가지면 파레토효율적인 자원배분은 일반경쟁균형이 된다. 즉, 선호가 볼록한 경우 최초 자원배분을 적절히 재분배한 후 시장기능에 맡기면 어떠한 파레토효율적인 자원배분도 경쟁균형이 되도록 할 수 있다는 의미이다.

3. 시장실패와 정부실패

(1) 시장실패의 원인

① 불완전경쟁 : 독점, 과점, 독점적 경쟁 등을 의미한다. P > MC인 것이 특징이다.

② 공공재(Public Goods) : 비경합성과 배제불가능성을 지니는 공공재의 경우 과소공급과 무임승차의 문제가 발생한다.

③ 외부성(Externality) : 소비의 외부성이 존재하는 경우 SMB와 PMB가 일치하지 않게 되며, 생산의 외부성이 존재하는 경우 SMC와 PMC가 일치하지 않게 되어 과소·과다소비, 과소·과다생산이 이루어지게 된다.

④ 불확실성 : 불확실성이 존재하는 경우에 시장실패가 일어나는 것이 일반적이나, 완전한 조건부상품 시장이 존재하는 경우에는 시장실패가 발생하지 않는다(K. Arrow).

⑤ 불완전한 정보 : 역선택과 도덕적 해이

⑥ 완비되지 못한 시장 : 전쟁, 천재지변에 대한 보험시장이 존재하지 않는 경우

(2) 시장실패와 정부개입

시장의 실패가 발생할 경우 정부의 개입에 대한 필요성이 제기된다. 그러나 시장의 실패는 정부개입의 필요조건만을 제공할 뿐 충분조건까지 제공하는 것은 아니다. 즉, 정부의 개입이 오히려 비효율성을 심화시키는 정부실패의 발생가능성이 존재한다.

(3) 정부실패의 원인

① 제한된 정보(차선의 정리)

② 민간부분 반응의 통제 불가능성 : 최적정책의 동태적 비일관성, 루카스 비판(Lucas Critique)

③ 정치적 과정에서의 제약 : 이익집단이나 정치집단의 개입

④ 관료제에 대한 불완전한 통제 : X – 비효율성, 니스카넨의 모형, 울프(C. Wolf)의 내부성

⑤ 공공선택의 문제 : 이해당사자들의 타협을 통한 의사결정(불가능성 정리)

⑥ 재원조달 과정상의 비효율성

4. 사회후생함수(Social Welfare Function)

(1) 의미

사회후생함수란 사회구성원들의 효용수준이 주어져 있을 때, 이를 사회후생의 수준으로 나타내 주는 함수를 의미한다.

$SW = f(U_a + U_b)$, $U_a = $ (A의 효용), $U_b = $ (B의 효용)

(2) 유형

① 공리주의 사회후생함수 : $SW = U_A \cdot U_B = \sum U_i$

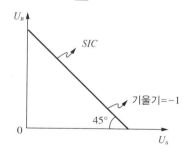

② 평등주의 사회후생함수 : $SW = U_A \cdot U_B$

평등주의 사회후생함수는 가중치를 사용하여 각 개인의 효용수준을 반영하여 사회후생수준을 측정한다.

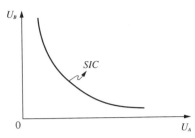

③ 롤즈주의 사회후생함수 : $SW = Min(\alpha U_A, \beta U_B)$(최소극대화의 원칙)

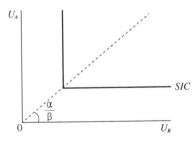

5. 애로우(K. Arrow)의 불가능성 정리

(1) 의미

개인적 선호로부터 선호의 완전성, 만장일치, 비독재성, 보편성과 독립성을 만족시키는 사회적인 선호(사회후생함수)를 도출하는 것은 불가능하다는 정리를 말한다.

(2) 내용 : 애로우의 가정

① **집단적 합리성** : 완전성(Completeness), 이행성(Transitivity)

완전성이란 모든 사회적 자원배분 상태를 비교평가할 수 있음을 의미한다. 이행성이란 자원배분 상태 사이에 $X \geq Y$, $Y \geq Z$이면, $X \geq Z$가 성립해야 함을 의미한다.

② **만장일치**(Unanimity) : 파레토원칙

모든 개인이 $X \geq Y$인 경우 사회적 선호도 $X \geq Y$가 되어야 한다.

③ **비독재성**(Non-dictatorship) : 사회적 선호는 어느 한 경제주체가 결정할 수 없다.

④ **보편성**(Universality) : 개인의 선호가 특정한 선호로 제약되어서는 안 된다.

⑤ **무관한 선택으로부터의 독립**(IIA) : 사회적 선호의 우선순위는 이에 대응하는 개별선호의 우선순위에 의해서만 결정되고 이와 관련 없는 다른 선호의 영향을 받지 않는다.

6. 차선의 정리 : 립시 & 랭카스터(Lipsey & Lancaster)

한 경제 내에서 효율적인 자원배분을 위해 n개의 효율성 조건이 만족되어야 한다고 할 때, 이미 하나 이상의 효율성 조건이 파괴되어 있는 상태에서는 만족되는 효율성의 조건이 많아진다고 해서 사회후생 측면에서 바람직하다고 할 수 없다.

---

02   공공재

1. 공공재의 의의 및 성격

(1) 의의

어느 사람에 의해 생산되는 즉시 그 집단의 모든 성원에 의해 소비혜택이 공유될 수 있는 재화 또는 서비스를 의미한다.

(2) 성격

비경합성, 배제불가능성

(3) 종류

① 순수 공공재 : 국방·치안서비스 등
② 비순수 공공재 : 불완전한 비경합성을 가진 클럽재(혼합재), 지방공공재

2. 공공재의 최적 공급량

(1) 부분균형분석 : 균형조건($\sum_{i=0}^{n} \mathrm{MB}_i = \mathrm{MC}$)

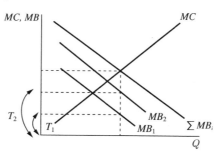

(2) 일반균형분석 : 균형조건($\sum \mathrm{MRS}_{XY}^i = \mathrm{MRT}_{XY}$)

3. 무임승차자의 문제

(1) 의의

무임승차자의 문제란 자신의 재화(공공재)에 대한 선호를 왜곡해서 표현하여 재화가 다른 사람에 의해 공급된 후 이에 편승하고자 하는 경향이 있기 때문에 발생하는 문제이다.

(2) 무임승차자 문제의 발생원인

공공재의 경우 소비자가 자신의 선호를 왜곡해서 표출함으로써 이득을 볼 여지가 생기는 것은 공공재의 배제 불가능성 때문이다. 공공재에 대한 선호를 왜곡하여 표출하는 무임승차자가 존재하는 경우 공공재는 과소공급되며 진실한 선호를 기준으로 할 때 후생손실이 발생하게 된다.

(3) 무임승차자 문제의 해결방안

협상에 의한 방법, 수요표출 메커니즘, 간접적 수요 추정

03   외부성

1. 의의

어떤 경제주체의 행위가 다른 경제주체에게 긍정적 또는 부정적 영향을 미치나, 이에 대해 보상을 지급하거나 지급받지 않는 성질을 말한다.

2. 외부성과 자원배분의 효율성

(1) 생산의 부정적 외부성

외부성이 존재하는 경우 사회적 최적기준과 개인의 최적조건이 일치하지 않게 된다. 따라서 비효율이 발생한다.

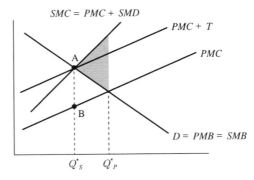

생산의 부정적 외부성이 존재하는 경우 SMC > PMC이다. 이때 사회적 최적생산량은 Q_S^*이며 사적 의사결정 하의 산출량은 Q_P로 사회적 최적산출량보다 많은 수준으로 색칠해진 영역만큼의 비효율이 발생한다. 피구조세를 부과하는 경우 사적 한계비용이 상승하여 사회적 최적생산이 가능하게 된다. 부과되는 조세액의 크기는 사회적 최적산출량 수준에서 SMC − PMC 차이(A − B)만큼이다.

(2) 외부성의 유형과 자원배분

① 소비의 외부 경제 : 과소소비

    사회적 한계편익 > 사적 편익 = 사적 한계비용 = 사회적 한계비용

② 소비의 외부 불경제 : 과다소비

    사회적 한계편익 < 사적 편익 = 사적 한계비용 = 사회적 한계비용

③ 생산의 외부 경제 : 과소생산

    사회적 한계편익 = 사적 편익 = 사적 한계비용 > 사회적 한계비용

④ 생산의 외부 불경제 : 과다생산

    사회적 한계편익 = 사적 편익 = 사적 한계비용 < 사회적 한계비용

3. 외부성의 해결방안

사적 해결방안	합병	외부성의 내부화를 이룰 수 있다.
	코즈 정리	재산권이 명확하게 설정되어 있고 거래비용이 작다면 외부성에 대한 재산권이 귀속여부에 관계없이 당사자 간의 자발적인 협상에 의해 해결 가능하다.
공적 해결방안	조세·보조금	외부한계비용만큼의 조세·보조금을 지급하는 경우 사적 비용(효용)과 사회적 비용(효용)과 동일하게 되어 효율적인 자원배분이 달성된다.
	오염배출권 제도	사회적 최적 수준만큼의 오염허가권을 정부가 경매 등의 방법으로 시장에 유통시키는 경우 오염 허가권의 가격은 외부성의 외부한계비용만큼으로 결정되며 자원배분의 효율성이 달성된다.

1. 기본개념정리

개념	정의
역선택	감추어진 특성에 대한 비대칭적 정보로 인해 정보를 갖지 못한 측이 교환에서 얻을 수 있는 최대한의 이익을 얻을 수 있는 선택을 하지 못하는 상황이다.
Signaling	감추어진 특성에 관한 관찰가능한 지표로서 정보를 보유한 측에서 적극적으로 정보를 알리려고 노력하는 것을 말한다. Signal은 감추어진 특성과 높은 상관관계가 있어야 하며 Signaling에 따른 비용이 적어야 한다.
Screening	정보를 보유하지 못한 측에서 불충분하지만 보유하고 있는 정보를 기초로 상대방의 감추어진 특성을 파악하는 행위이다.
Reputation	정보를 보유한 측의 오랜 기간 일관된 행위를 기초로 획득되는 것으로, 정보를 보유하지 못한 측에게 신호로 작용하게 된다.
도덕적 해이	감추어진 행동에 대한 비대칭적 정보하의 상황에서 한 경제주체의 행위의 결과가 다른 경제주체에 귀속됨에 따라 발생하는 경제주체의 부주의한 행동을 의미한다.
자기선택장치	정보가 없는 측에서 불리한 상황의 선택을 피하기 위해 고안한 장치로, 감추어진 속성을 가진 사람들이 자신의 속성에 따라서 선택을 하는 것이 자신에게 유리하기 때문에 스스로 자신의 속성을 드러내도록 고안된 장치를 의미한다. 이러한 자기선택장치는 정보를 보유한 측이 자신의 유형을 드러내는 것이 더 기대효용이 높도록 설계되어야 한다.

2. 정보의 비대칭 해결방안

역선택	도덕적 해이
• 신호발송 • 강제집행 • 평판과 표준화 • 신용할당(자본시장의 경우)	• 보험시장 : 공동보험, 기초공제제도 • 금융시장 : 담보설정, Monitoring • 노동시장 : 효율성임금

CHAPTER 08 국민소득결정이론

01 거시경제학의 기초개념

1. 국민소득의 순환구조

가계는 기업에 생산요소(주로 노동)를 제공한 대가로 소득(Y)을 얻고 이 소득을 기초로 소비(C)와 저축(S)을 한다. 기업은 가계가 제공하는 생산요소를 생산설비(기계나 공장)와 결합하여 생산물을 만들고 이를 시장에 판매한다. 이때 생산설비나 건물 등에 대한 기업의 지출은 투자(I)로 분류된다. 그림의 아랫부분은 가계가 제공하는 생산요소가 거래되는 생산요소시장, 그림의 윗부분은 기업이 생산하는 재화가 거래되는 생산물시장을 나타낸다.

국민경제와 국민소득의 순환과정

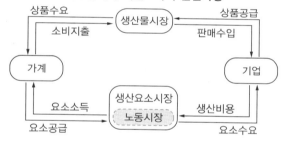

2. 국민소득의 측정 : 삼면등가의 법칙

(1) 국민소득의 개념

국민경제가 일정 기간(보통 1년)에 생산한 최종 생산물(재화·서비스)을 시장가격으로 평가한 총액으로 측정된다. 국민총생산(GNP)은 국민소득 순환과정에서 생산물시장(생산물의 생산, 생산물의 지출)에서 측정하거나 생산요소시장에서 요소소득의 흐름으로 측정할 수 있다.

(2) 삼면등가의 법칙

① **생산국민소득(GNP : 국민총생산)** : 생산물의 흐름을 통해서 파악되는 것으로 최종생산물의 시장가치를 합하여 계산한다.

② **지출국민소득(GNE : 국민총지출)** : 최종생산물에 대한 지출을 합산하여 계산한다[소비(C)＋투자(I)＋정부지출(G)＋순수출(X－M)].

③ **분배국민소득(GNI)** : 생산요소소득에 의해서 측정되는 것으로 요소시장에서 요소공급자의 요소소득(임금, 이자, 지대, 이윤)에 감가상각을 합산하여 계산한다[요소소득(임금＋이자＋지대＋이윤)＋감가상각].

(3) 주입과 누출

① 주입(Injection) : 소득순환의 외부로부터 유입되어 새로운 소득을 창출한다. 주입이 커지면 소득순환의 크기는 증가한다[투자(I), 정부지출(G), 수출(X) 등].

② 누출(Leakage) : 소득순환과정 안으로부터 구매력이 밖으로 빠져나가는 것으로 누출은 국민소득의 크기를 감소시킨다[저축(S), 조세(T), 수입(M) 등].

③ 주입과 누출 사이의 관계

주입＞누출	주입＝누출	주입＜누출
국민소득 증대	국민소득 균형	국민소득 감소

3. 국민총생산(GNP)과 GNP관련 지표들

(1) 국내총생산(GDP)

일정 기간 동안 한 나라(지역) 안에서 생산된 최종생산물의 시장가치의 합을 말한다.

① [국내총생산(GDP)]＝GNP－(순해외수취요소소득)＝GNP－[(해외수취요소소득)－(해외지불요소소득)]

해외수취요소소득은 자국민이 해외에서 벌어들인 임금, 이자 등 요소소득을 의미하며, 해외지불요소소득은 외국인이 자국에서 벌어들여 가지고 나간 임금, 이자 등을 의미한다.

② GNP와 비교

구분		GNP와의 관계
폐쇄경제		GNP＝GDP
개방경제	해외에 대한 투자가 활발한 경우	GNP＞GDP
	외국인의 자국투자가 활발한 경우	GNP＜GDP

(2) 기타 지표들

국민순생산 (NNP)	한 경제가 생산한 최종생산물의 가치 NNP＝GNP－(감가상각비)＝(임금)＋(이자)＋(지대)＋(이윤)＝(부가가치의 합)
국민소득 (NI)	생산에 참여한 생산요소의 대가로 지불한 보수의 합계 NI＝NNP－(간접세)＋(정부보조금)＝NNP－(순간접세)
개인소득 (PI)	일정기간 동안에 모든 가계에 실제로 수취된 소득 PI＝NI－(법인세)－(사내유보이익)＋(이전지출)－(사회보장부담금)
개인가처분소득 (PDI)	가계가 실제로 수령하여 자유롭게 처분할 수 있는 소득 PDI＝PI－(개인소득세＝[민간소비지출(C)]＋[개인저축(S)]

1. 고전학파의 국민소득결정이론

(1) 의의

한 나라의 국민소득수준은 그 나라의 생산기술, 자본량, 노동량 등 공급측면에 의해서 결정된다.

(2) 기본 가정

① 세이의 법칙(Say's Law)
② 모든 가격변수(물가, 명목임금, 명목이자율)는 완전 신축적이다.
③ 노동에 대한 수요와 공급은 실질임금의 함수이다.
④ 모든 시장은 완전경쟁시장이다.

(3) 균형국민소득의 결정

노동시장에서의 노동의 수요와 공급이 일치하는 균형고용량이 결정되면 총생산함수와 균형고용량을 통해 국민소득이 결정된다. 외적요인에 의해 물가가 상승하는 경우 일시적인 노동의 초과수요가 발생하나 즉각적으로 명목임금이 상승하므로 고용량은 불변이다. 노동시장에서 고용량이 불변이므로 총 산출량도 변하지 않는다. 따라서 고전학파의 총공급곡선(AS)은 수직선으로 나타난다.

(4) 시사점

고전학파모형은 공급애로가 있는 국민경제를 설명하기에 적합한 모형이다. 즉, 공급애로가 있는 국민경제는 국민소득을 증가시키기 위해서 생산능력을 향상시켜야 함을 시사한다.

2. 케인스의 국민소득결정이론

(1) 의의

경제는 불완전 고용상태가 일반적이며 한 나라의 국민소득수준은 수요측면에 의해서 결정된다.

(2) 가정(케인스 단순모형)

① 경제에 초과생산능력이 존재한다. 따라서 유효수요가 존재하는 경우 물가수준의 변화 없이 생산이 가능하다.
② 물가는 일정하다.
③ 소비는 소득의 함수이며, 한계소비성향은 0과 1 사이이다.
　　㉠ 소비함수 : $C = a + bY_d (a > 0, \ 0 < b < 1)$
　　㉡ 저축함수 : $S = -a + (1-b)Y_d$
④ 기업의 투자지출, 정부지출, 순수출은 모두 일정하다.

(3) 균형국민소득의 결정

① 주입과 누출에 의한 국민소득결정

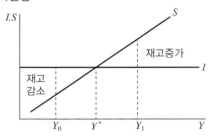

사전적인 투자수요와 저축이 일치하는 Y^*에서 국민소득이 균형을 이룬다. 국민소득이 Y_0에서는 사전적 투자(의도했던 투자)가 사후적 투자보다 많기 때문에 의도하지 않은 재고의 감소가 발생하고, 생산이 증가하여 균형국민소득(Y^*)으로 수렴한다. 국민소득이 Y_1에서는 사전적 투자가 사후적 투자보다 적기 때문에 의도하지 않은 재고의 증가가 발생하고, 생산이 감소하여 균형국민소득(Y^*)으로 수렴한다.

② 유효수요에 의한 국민소득결정

㉠ 총수요 : $Y^D = C + I = a + bY + I$

㉡ 총공급 : $Y^S = Y$

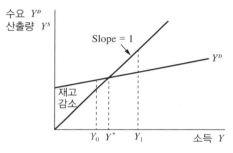

Y_0에서는 총수요가 총공급을 초과하므로 재고의 감소가 일어나고 이에 따라 생산이 증가하게 되어 국민소득이 증가하여 Y^*에 수렴하게 된다. Y_1에서는 총공급이 총수요를 초과하므로 재고의 증가가 일어난다. 따라서 생산이 감소하게 되어 국민소득이 감소하여 Y^*에 수렴하게 된다.

3. 고전학파와 케인스의 비교

구분	고전학파	케인스
경제환경	19세기까지의 물물교환경제	20세기의 화폐경제
분석중심	초과수요경제	초과공급경제
기본가정	공급측	수요측
경제이론	모든 시장은 완전경쟁, 가격 변수의 신축성, 완전정보	가격변수의 경직성, 불완전정보, 불완전경쟁시장
자본주의 경제의 안정여부	안정적	불안정적
정책	자유방임정책	정부의 적극적 개입

1. 인플레이션 갭과 디플레이션 갭

(1) 인플레이션 갭

(현실적인 총수요) − (완전고용 국민소득수준만큼의 총수요) = (완전고용 국민소득수준에서의 초과수요)

(2) 디플레이션 갭

(완전고용 국민소득수준만큼의 총수요) − (현실적인 총수요) = (완전고용 국민소득수준에서의 수요의 부족분)

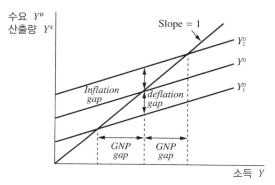

2. 승수이론

(1) 개념

독립지출(기초소비, 독립투자, 정부지출)이 증가하면 국민소득은 독립지출 증가분보다 몇 배로 증가하게 되는데, 이를 승수효과라고 한다.

$$(승수) = \frac{(균형국민소득\ 증가분)}{(독립지출\ 증가분)}$$

(2) 가정

① 국민경제에는 잉여생산능력이 존재한다.
② 한계소비성향은 일정하다.
③ 물가수준은 변하지 않는다.

(3) 승수의 도출(2부문모형 : 가계, 기업)

$Y^D = C + I = a + bY + I_0$

$(C = a + bY, \ I = I_0)$

균형국민소득을 도출하면 $Y = \dfrac{1}{1-b} \cdot I_0 + \dfrac{1}{1-b} \cdot a$가 도출된다.

도출된 국민소득 식을 통해

$\triangle Y = \dfrac{1}{1-b} \cdot \triangle I$임을 알 수 있다$\left[(승수) = \dfrac{1}{1-b} \right]$.

(4) 승수 크기 결정요인

$$\dfrac{1}{1 - b(1-t) + m - i}$$

한계소비성향(b)과 유발투자계수(i)가 클수록, 한계저축성향(s)과 조세율(t), 한계수입성향(m)이 작을수록 승수는 커진다.

(5) 승수의 계산

① 폐쇄경제에서 정액세만 존재하는 경우의 승수(MPC : 한계소비성향, t : 비례세율, m : 한계수입성향)

- 투자승수 : $\dfrac{1}{1 - MPC}$

- 정부지출승수 : $\dfrac{1}{1 - MPC}$

- 조세승수 : $-\dfrac{MPC}{1 - MPC}$

② 폐쇄경제에서 정액세와 비례세가 존재하는 경우의 승수

- 투자승수 : $\dfrac{1}{1 - MPC(1-t)}$

- 정부지출승수 : $\dfrac{1}{1 - MPC(1-t)}$

- 조세승수 : $\dfrac{-MPC}{1 - MPC(1-t)}$

③ 개방경제에서 정액세와 비례세가 존재하는 경우의 승수

- 투자승수 : $\dfrac{1}{1 - MPC(1-t) + m}$

- 정부지출승수 : $\dfrac{1}{1 - MPC(1-t) + m}$

- 조세승수 : $\dfrac{-MPC}{1 - MPC(1-t) + m}$

CHAPTER 09 거시경제의 균형

1. 의의

IS곡선은 생산물시장의 균형을 나타내는 이자율과 국민소득의 조합을 연결한 곡선으로 이자율 – 소득평면에서 일반적으로 우하향한다.

2. IS곡선의 도출 : 4부문 모형(가계, 기업, 정부, 해외)

(1) 균형국민소득 결정식에 아래 주어진 변수들을 대입한다.

- $Y = AE$
- $AE = C + I + G + (X - M)$
- $C = C_0 + cY_d (0 < c < 1)$
- $Y_d = Y - T$
- $T = T_0 + tY(t > 0)$
- $I = I_0 - br(b > 0)$
- $G = G_0$
- $X = X_0$
- $M = M_0 + mY(0 < m < 1)$

$Y = C_0 + c(Y - T_0 - tY) + I_0 - br + G_0 + (X_0 - M_0 - mY)$

$(1 - c(1 - t) + m)Y = C_0 - cT_0 + I_0 - br + G_0 + X_0 - M_0$

$Y = \dfrac{1}{(1 - c(1 - t) + m)}(C_0 - cT_0 + I_0 + G_0 + X_0 - M_0) - \dfrac{b}{(1 - c(1 - t) + m)}r$

(2) IS곡선의 함수식을 도출한다.

$r = -\dfrac{1 - c(1 - t) + m}{b}Y + \dfrac{1}{b}(C_0 - cT_0 + I_0 + G_0 + X_0 - M_0)$

3. IS곡선 기울기

(1) IS곡선의 기울기

이자율이 하락하는 경우 투자가 증가하여 생산물 시장에서 초과수요가 발생한다. 따라서 소득이 증가하여 생산물시장의 균형이 이루어진다. 결국 IS곡선의 기울기는 이자율 – 소득평면에서 우하향한다.

(2) IS곡선의 기울기 결정요인 : 4부문 모형

① 투자의 이자율탄력성(b)이 클수록 IS곡선은 완만하다(탄력적이다).

학파	b크기	IS곡선 기울기	효과적인 정책
케인스학파	작다	급경사	재정정책
통화주의학파	크다	완만	금융정책

② 한계소비성향(c)이 클수록 IS곡선은 완만하다(탄력적이다).
③ 한계저축성향(s)이 클수록 IS곡선이 급경사이다(비탄력적이다).
④ 세율(t)이 높을수록 IS곡선이 급경사이다(비탄력적이다).
⑤ 한계수입성향(m)이 클수록 IS곡선이 급경사이다(비탄력적이다).

(3) IS곡선 기울기에 대한 학파별 견해

구분	고전학파	통화론자	케인스학파	케인스 단순모형
투자의 이자율 탄력성	완전탄력적	탄력적	비탄력적	완전비탄력적
IS곡선의 기울기	수평	완만	가파른 형태	수직
재정정책의 유효성	무력	효과 적음 (구축효과가 크다)	효과 많음 (구축효과가 적다)	구축효과가 발생하지 않음

4. IS곡선의 이동

(1) IS곡선상의 이동

다른 모든 변수가 일정한 상태에서 이자율이 변하면 IS곡선상에서 균형점이 이동한다.

(2) IS곡선의 이동

정부지출을 G_0에서 G_1으로 증가시킨 경우 $C+I(r_0)+G_0$ 곡선이 $C+I(r_0)+G_1$으로 상방이동한다. 이러한 증가는 이자율 – 소득 평면에서 이자율 수준에 변화가 없이 소득이 증가한 경우이므로 IS곡선을 우측이동시킨다.

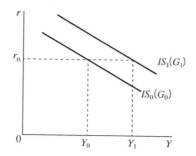

우측이동 : 주입의 증가, 누출의 감소	좌측이동 : 주입의 감소, 누출의 증가
• 기초소비(C_0) 증가 : 소비 증가, 저축(S) 감소	• 기초소비(C_0) 감소 : 소비 감소, 저축(S) 증가
• 독립투자(I_0) 증가 : 투자 증가	• 독립투자(I_0) 감소 : 투자 감소
• 정부지출(G) 증가 : 재정적자 증가, 조세(T) 감소	• 정부지출(G) 감소 : 재정적자 감소, 조세(T) 증가
• 수출(X) 증가, 수입(M) 감소 : 순수출(NX) 증가	• 수출(X) 감소, 수입(M) 증가 : 순수출(NX) 감소

PART 2

5. 생산물시장의 균형 및 불균형

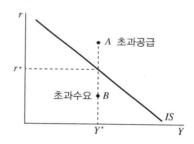

(1) IS곡선 상방영역(A점)

균형수준을 보장하는 이자율 수준보다 높은 이자율 수준으로 총수요가 총공급에 미달하여 생산물시장에 초과공급이 발생한다.

(2) IS곡선 하방영역(B점)

균형수준을 보장하는 이자율 수준보다 낮은 이자율 수준으로 총수요가 총공급을 초과하는 초과수요가 발생하는 영역이다.

1. 의의

LM곡선은 화폐시장의 균형을 나타내는 이자율과 국민소득의 조합을 연결한 곡선이며 일반적으로 LM곡선은 우상향한다.

2. LM곡선의 도출

(1) 화폐수요함수와 화폐공급함수

화폐수요는 소득의 증가함수이자 이자율의 감소함수이며 화폐공급은 중앙은행에 의해 외생적으로 주어지며 일정하다.

① 화폐수요 : $\dfrac{M^d}{P} = kY - hr \ (k > 0, \ h > 0)$

② 화폐공급 : $\dfrac{M^s}{P} = \dfrac{M_0}{P_0}$ (단, 물가수준은 P_0로 주어져 있고, 중앙은행의 명목통화량은 M_0라고 가정한다)

(2) LM곡선의 함수식

$$\dfrac{M^s}{P} = \dfrac{M^d}{P} \Rightarrow \dfrac{M_0}{P_0} = kY - hr \Rightarrow r = \dfrac{k}{h}Y - \dfrac{1}{h}\dfrac{M_0}{P_0}$$

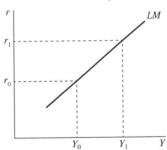

3. LM곡선의 기울기

(1) LM곡선의 기울기

화폐시장에서 이자율이 상승하는 경우 화폐수요가 감소하여 초과공급이 발생한다. 따라서 화폐시장의 균형을 유지하기 위해서는 소득이 증가하여 화폐수요가 증가하여야 한다. 결국 LM곡선은 우상향한다.

(2) LM곡선의 기울기 결정요인

① 화폐의 소득탄력성(마샬k)이 작을수록 LM곡선은 완만하다(탄력적이다).

② 화폐의 유통속도$\left(V=\dfrac{1}{k}\right)$가 클수록 LM곡선은 완만하다(탄력적이다).

③ 화폐의 이자율탄력성(h)이 클수록 LM곡선은 완만하다(탄력적이다).

학파	h크기	LM곡선 기울기	효과적인 정책
케인스학파	크다	완만	재정정책
통화주의학파	작다	급경사	금융정책

(3) LM곡선 기울기에 대한 학파별 견해

구분	고전학파	통화론자	케인스학파	케인스 단순모형
화폐수요의 이자율탄력성	• 완전비탄력적	비탄력적	탄력적	탄력적 (유동성 함정하 완전탄력적)
LM곡선의 기울기	• 수직	가파른 형태	완만	완만 (유동성 함정하 수평)
금융정책의 유효성	• 고전적이분성 • 효과 없음	유효	효과 적음	효과 적음 (유동성 함정하 효과 없음)

4. LM곡선의 이동

(1) LM곡선상의 이동

다른 모든 변수가 일정한 상태에서 이자율이 변하면 LM곡선상에서 균형점이 이동한다.

(2) LM곡선의 이동

중앙은행이 통화량을 M_0에서 M_1으로 증가시킨 경우 화폐시장은 초과공급상태가 된다. 소득수준이 변하지 않는다면 거래적 화폐수요가 변하지 않으므로 증가된 화폐공급은 투기적 화폐수요에 의해 흡수되어야 한다. 이 과정에서 균형이자율은 r_0에서 r_1으로 하락해야 한다. 주어진 소득수준 Y_0에서 화폐시장의 균형을 가져오기 위한 이자율의 하락은 LM곡선이 LM_0에서 LM_1으로 하방 또는 우측이동함을 의미한다.

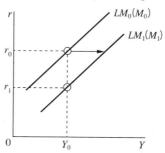

우측이동	좌측이동
• 통화공급량의 증가 • 물가수준의 하락 • 화폐수요의 감소	• 통화공급량의 감소 • 물가수준의 상승 • 화폐수요의 증가

5. 화폐시장의 균형 및 불균형

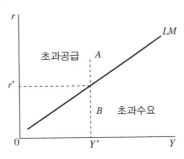

(1) LM곡선 상방영역(A점)

화폐시장의 균형을 보장하는 이자율 수준보다 높은 이자율 수준으로 화폐수요가 화폐공급보다 적은 초과공급영역이다.

(2) LM곡선 하방영역(B점)

화폐시장의 균형을 보장하는 이자율 수준보다 낮은 이자율 수준으로, 이는 화폐수요가 화폐공급수준보다 많은 초과수요영역이다.

6. 생산물시장과 화폐시장의 동시균형

(1) 균형국민소득과 균형이자율 결정

IS곡선과 LM곡선이 교차하는 점에서 균형국민소득과 균형이자율이 결정되며, 이 점에서 생산물시장과 화폐시장이 동시에 균형을 이루게 된다.

(2) 생산물시장과 화폐시장의 불균형

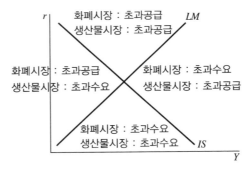

생산물시장에서 불균형이 발생하면 생산량을 통해서 불균형을 조정하며 화폐시장에서 불균형이 발생하면 이자율을 통해서 불균형이 조정된다.

1. 의의

생산물 시장의 균형과 화폐시장의 균형을 나타내는 IS – LM곡선으로부터 물가변화에 대한 총수요수준의 변화를 나타내는 총수요곡선을 도출할 수 있고 노동시장의 균형과 물가수준에 대한 기대 그리고 생산함수를 통하여 총공급곡선을 도출할 수 있다.

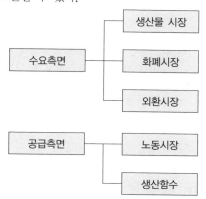

2. 총수요곡선

(1) 총수요곡선의 도출

물가수준이 하락하는 경우 실질통화공급량이 증가한다$\left(\dfrac{M}{P_0} \rightarrow \dfrac{M}{P_1} \right)$. 실질통화공급량의 증가에 따라 이자율이 하락하고$(r_0 \rightarrow r_1)$, 투자가 증가하여 소득이 증가한다$(Y_0 \rightarrow Y_1)$. 또한 물가가 하락하면 총수요는 증가하며 총수요곡선은 우하향한다.

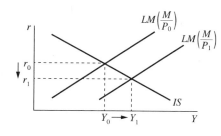
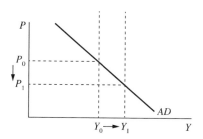

(2) 총수요곡선의 기울기

① 총수요곡선의 기울기는 물가하락에 따라 화폐시장에서 이자율이 하락할 때의 이자율 하락 정도와 이자율 하락에 따른 소득 증가의 크기와 관계 있다. 이자율 하락 정도는 화폐수요의 이자율탄력성과 관계가 있으며 이자율 하락에 따른 소득의 증가는 투자의 이자율탄력성과 관계가 있다.

② IS곡선이 완만할수록(투자의 이자율탄력성이 클수록), LM곡선의 기울기가 급경사일수록(화폐수요의 이자율탄력성이 작을수록) 총수요곡선의 기울기는 완만해진다.

(3) 총수요곡선의 이동

IS곡선이나 LM곡선이 우측으로 이동하는 경우 총수요곡선은 주어진 물가수준에서 우측으로 이동한다. 그러나 물가수준의 변화에 따른 실질통화공급의 변화는 총수요곡선의 이동이 아닌 총수요곡선상의 이동에 해당한다.

3. 총공급곡선

(1) 총공급곡선(AS)의 개념

① 각각의 물가수준에서 기업전체가 생산하는 재화의 공급량을 나타내는 곡선을 말한다.

② 총공급의 크기는 한 나라가 보유한 생산요소(노동, 자본 등) 부존량과 생산기술(총생산함수)에 의하여 결정된다.

(2) 단기총공급곡선

① 단기총공급곡선은 생산요소의 가격은 고정되어 있으나 상품의 가격은 변할 수 있는 기간에 도출되는 곡선을 말한다.

② 단기총공급곡선은 불완전한 정보와 비신축적인 임금 및 가격 등의 변수로 인해 우상향 형태로 도출된다.

(3) 장기총공급곡선

① 생산요소와 생산물의 가격이 모두 변할 수 있는 장기에 도출되는 총공급곡선을 말한다.

② 장기에는 물가가 상승하더라도 경제 전체의 총생산량은 변하지 않으므로 총공급곡선은 자연산출량 수준에서 수직선이 된다.

(4) 총공급곡선의 이동요인

① 총공급곡선은 물가(P)와 국민소득(Y) 간의 관계를 나타내는 좌표평면상의 그래프이므로 물가의 변동은 총공급곡선상의 이동을 가져온다.

② 물가 이외에 국내외 생산요소 가격 변화, 생산성 변화, 제도 변화 등과 같은 요인들의 변동은 총공급곡선의 이동을 가져온다.

③ 총공급곡선을 우측으로 이동시키는 요인들은 다음과 같다.

　㉠ 인구증가, 노동 의욕의 증가 등으로 임금이 하락하여 노동고용량이 증가하는 경우에는 총공급곡선이 우측으로 이동한다.

　㉡ 석유 등 원자재 가격의 하락으로 국외 생산요소의 가격이 하락하면 생산요소투입량이 증가하게 되어 총공급곡선이 우측으로 이동한다.

　㉢ 기술개발 등으로 인해 생산성이 증가하면 평균 생산비용이 줄게 되어 총공급곡선이 우측으로 이동한다.

　㉣ 법인세율의 인하로 생산비용이 감소하면 총공급곡선이 우측으로 이동한다.

　㉤ 기업에 대한 보조금으로 생산비용이 감소하면 총공급곡선이 우측으로 이동한다.

CHAPTER 10 거시경제안정화 정책

01 재정정책

1. 의의

정부지출과 조세를 변화를 통해 물가안정, 완전고용(실업감소), 국제수지균형 등을 달성하여 경제를 안정화시키려는 경제정책을 말하며, 정부지출을 위한 재원을 조세수입이나 국·공채의 발행(일반인에게)으로 조달하여 통화공급량에 영향을 미치지 않는 경우를 말한다.

2. 정부예산제약식

[정부지출(G)] − [조세(T)] = [통화공급증가($\triangle M$)] + [국·공채발행($\triangle B$)]
정부지출과 조세의 크기가 동일한 경우를 균형예산(균형재정)이라 한다. 정부지출의 크기가 조세수입의 크기를 초과하는 경우를 재정적자(적자예산)라 하며, 부족한 재원은 화폐를 발행하거나 국·공채발행을 통해 조달하게 된다.

3. 경기변동과 재정의 기능

(1) 재정의 자동안정화장치

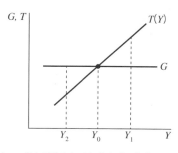

국민소득이 Y_0일 때 정부지출(G)과 조세수입(T)은 동일하게 되어 균형재정상태를 이룬다. 국민소득이 Y_0에서 Y_1으로 경기가 과열되는 경우 조세수입(누출)이 증가하여 경기과열을 억제시켜 준다. 소득이 감소하는 경우에는 조세수입(누출)이 감소하여 경기침체를 완화시켜 준다. 재정의 자동안정화장치로는 누진세제도, 실업보험, 각종 사회보장제도 등이 있다.

(2) 재정적 견인(Fiscal Drag)

(3) 정책함정

4. 재정정책의 효과 : 확대재정정책

정부가 정부지출 증가나 조세의 감소 등 확대재정정책을 실시할 경우 IS곡선은 우측으로 이동하게 되어 [IS(G_0) → IS(G_1)] 국민소득은 증가하고(Y_0 → Y_1) 이자율도 상승한다(r_0 → r_1). 이자율 상승에 따라 케인스 단순모형에서의 승수효과보다 작은 소득의 증가가 발생하는데, 이처럼 정부지출 증가로 인한 총수요 증가효과가 민간투자의 감소로 상쇄되는 현상을 구축효과(Crowding – out Effect)라고 한다. 이러한 구축효과는 확대재정정책이 이자율을 상승시키기 때문에 발생하는 현상이다(구축효과 : $Y_2 - Y_1$).

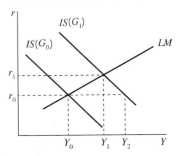

5. 재정정책의 상대적 유효성

(1) LM곡선의 기울기와 재정정책의 효과

LM곡선의 기울기가 완만한 경우(LM$_2$) 동일한 재정지출의 증가 시 이자율 상승 폭이 더 작다. 이는 이자율 상승에 따른 투자의 구축효과가 작음을 의미하며 재정정책의 효과가 LM곡선의 기울기가 가파른 경우(LM$_1$)에 비하여 더 크다.

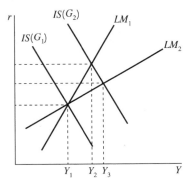

① LM$_1$의 경우 : Y_1 → Y_2
② LM$_2$의 경우 : Y_1 → Y_3

(2) IS곡선의 기울기와 재정정책의 효과

IS곡선의 기울기가 완만한 경우(IS^2)가 가파른 경우(IS^1)에 비하여 구축효과의 크기가 더 크다. 이는 투자의 이자율탄력성이 더 크기 때문이다. LM곡선이 일정한 경우 IS곡선의 기울기가 가파른 경우가 재정정책의 효과가 더 크다.

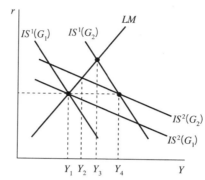

① IS^1의 경우 : $Y_1 \rightarrow Y_3$, 구축효과($Y_4 - Y_3$)
② IS^2의 경우 : $Y_1 \rightarrow Y_2$, 구축효과($Y_4 - Y_2$)

02 금융정책

1. 의의

중앙은행이 각종금융정책수단을 이용하여 통화량을 변화시킴으로써 물가안정, 완전고용(실업감소), 국제수지균형 등을 달성하려는 경제정책을 말한다.

2. 금융정책의 수단과 목표

정책수단	→	운용목표	→	중간목표	→	최종목표
• 공개시장조작		• 콜금리		• 통화량		• 완전고용
• 지급준비율		• 본원통화		• 이자율		• 물가안정
		• 재할인율				• Inflation Targeting
						• 국제수지균형

(1) 최종목표

금융정책이 실현하고자 하는 국민경제상의 목표를 말한다.

(2) 운용목표

금융정책의 최종목표를 달성하기 위하여 금융정책 당국이 조절·통제하려고 하는 지표를 말한다.

(3) 정책수단

금융정책의 운용목표인 이자율과 통화량을 조절·통제하고자 금융정책 당국이 직접 사용할 수 있는 정책도구를 말한다.

3. 금융정책 수단

(1) 본원통화에 영향

① 공개시장 조작 정책 : 중앙은행이 공개시장에서 유동성이 높은 특정증권을 매매하여 통화량이나 금리조절을 하는 것을 말한다.

    ㉠ 시중은행 상대 : 매입 → 지불준비금 증가, 매각 → 지불준비금 감소

    ㉡ 민간상대 : 민간보유현금 변화

② 재할인율정책 : 재할인율이란 중앙은행으로부터 부족한 지불준비금 차입 시 부과되는 금리를 의미한다(재할인율 변경 → 지불준비금 변화 → 본원통화 변화).

(2) 통화승수에 영향(지불준비율조정정책)

지불준비금은 금융기관의 유동성을 유지할 목적으로 중앙은행에 예치하거나 은행이 보유하고 있는 현금을 의미한다(지불준비율 변경 → 신용창조능력 변화 → 통화량 변화＝통화승수 변화).

4. 중간목표

(1) 의의

중간목표란 금융정책의 궁극적인 목표(물가안정 등)를 달성하기 위하여 중앙은행이 조절·통제하려는 지표를 말한다. 중간목표는 정책수단과 최종목표와의 매개역할을 하는 것으로 금융정책의 외부시차가 길고 가변적이기 때문에 필요하다. 최종목표는 중간목표의 변화를 통해 예측·통제 및 측정 가능하여야 한다.

(2) 금융정책의 중간지표에 대한 학파별 견해

① 통화주의학파(주요지표 : 통화량)

이자율지표는 매우 불완전한 정보를 제공하기 때문에 통화량을 금융지표로 사용해야 한다고 주장한다.

② 케인스학파(주요지표 : 이자율)

통화량증감은 그 자체에 의미가 있는 것이 아니라 그것이 이자율을 변동시켜 투자수요(실물경제)에 영향을 미칠 때 그 의미가 있다고 주장한다.

5. 금융정책의 효과(확대금융정책)

중앙은행이 통화량증가를 통한 확대금융정책을 실시할 경우 통화공급의 증가로($M_1 \rightarrow M_2$) 화폐시장에서 초과공급이 발생하고 이자율이 하락한다($r_1 \rightarrow r_2$). 이자율 하락에 따라 실물시장에서는 투자가 증가하여 소득이 증가한다($Y_1 \rightarrow Y_2$).

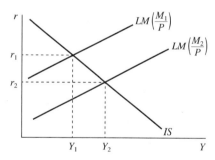

6. 금융정책의 상대적 유효성(IS곡선의 기울기와 금융정책)

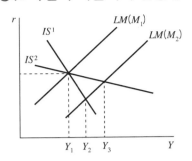

IS곡선의 기울기가 가파른 것은 투자의 이자율탄력성이 작기 때문이다. 금융정책은 통화공급증가에 따른 이자율하락과 이에 따른 투자의 증가로 그 효과가 발생한다. 투자의 이자율탄력성이 작은 경우는 이자율하락에 따른 투자의 증대효과가 적어 IS곡선의 기울기가 더 완만한 경우에 비하여 금융정책의 효과가 더 적게 나타난다.

① IS^1의 경우 : $Y_1 \rightarrow Y_2$
② IS^2의 경우 : $Y_1 \rightarrow Y_3$
③ LM곡선의 기울기와 금융정책의 효과

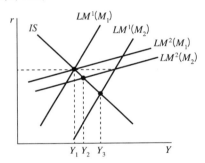

LM곡선의 기울기가 가파른 경우(LM^1)가 완만한 경우(LM^2)에 비하여 금융정책의 효과가 더 크게 나타난다. LM곡선의 기울기가 가파르다는 것은 화폐수요의 이자율 탄력성이 작다는 것을 의미한다. 이는 동일한 통화공급량이 증가한 경우 화폐시장의 균형을 회복하기 위한 이자율의 하락폭이 더 크다는 것을 의미하며, 투자의 증대에 의한 소득증대효과가 더 크게 나타난다.

㉠ LM^1의 경우 : $Y_1 \rightarrow Y_3$
㉡ LM^2의 경우 : $Y_1 \rightarrow Y_2$

01   소비함수

1. 절대소득가설(케인스)

(1) 가정

소비의 독립성, 소비의 가역성

(2) 내용

① 소비는 당기의 가처분소득에 의해서 결정된다.

     $C = C_0 + cY$ (C_0 : 기초소비, c : 한계소비성향, Y : 가처분소득)

② 소득이 증가하면 소비도 증가하나 증가한 소득 중 일부만 소비된다.

     한계소비성향(MPC)은 0과 1 사이이다($0 < MPC < 1$).

③ 평균소비성향(APC)은 소득이 증가함에 따라 감소한다.

(3) 시사점

케인스의 절대소득가설은 소비가 가처분소득의 증가함수이므로 가처분소득을 증가시킬 수 있는 재정정책(조세정책)은 매우 효과적이다.

(4) 한계점

절대소득가설은 단기에 APC > MPC임을 설명할 수 있으나 장기에 APC = MPC가 됨을 설명하는 것은 불가능하다.

> **더 알아보기**
>
> **쿠즈네츠의 실증분석**
> - 횡단면분석 : 소득이 높을수록 평균소비성향은 감소한다(APC > MPC).
> - 단기시계열분석 : 호황기에는 APC가 낮고, 불황기에는 APC가 높다(APC > MPC).
> - 장기시계열분석 : 장기에는 APC가 일정하다(APC = MPC).

2. 상대소득가설(듀젠베리)

(1) 가정

소비행위의 상호의존성, 소비의 비가역성

(2) 내용

① 장기소비함수(LRC) : 장기에 소득이 증가할 때 소비도 비례적으로 증가하면 장기에는 평균소비성향이 일정한 값을 갖게 된다. 즉, 장기소비함수가 원점을 통과하는 직선의 형태로 도출된다(APC=MPC).

② 단기소비함수(SRC)

ㄱ 전시효과(소비의 상호의존성) : 경제주체의 소비행위는 자신의 소득뿐만 아니라 이웃 집단의 평균적인 소득에 따른 소비수준에도 영향을 받는다.

ㄴ 톱니효과(소비의 비가역성) : 소비는 현재의 소득뿐만 아니라 과거의 최고소득수준에도 영향을 받는다.

(3) 한계점

① 전시효과, 톱니효과에서는 소비자가 지나치게 비합리적인 소비를 한다고 가정하였다.

② 소득이 증가할 때는 소비가 증가하지만, 소득이 감소할 때는 비가역성으로 인해 소비가 별로 줄어들지 않으므로 소비함수가 비대칭적이다.

> **더 알아보기**
>
> **피셔의 2기간 모형**
> - 소비자균형에서는 현재소비와 미래소비 간의 소비자의 주관적인 교환비율(MRS)과 객관적인 교환비율인 상대가격(1+r)이 일치한다(MRS=1+r).
> - 소득흐름과 무관하게 소비를 일정하게 유지함으로써 더 높은 효용을 얻을 수 있다(소비평준화의 동기).
> - 이자율이 상승하거나 하락하면 현재소비의 상대가격이 변하므로 현재소비도 변한다.
> - 이 모형은 케인스의 절대소득가설과는 달리 개인들의 현재소비는 미래소득에 의해서도 영향을 받는다는 것을 보여 주며, 항상소득가설, 생애주기가설, 랜덤워크가설의 이론적인 기초를 제공해 준다.

3. 항상소득가설(프리드먼)

(1) 개요

프리드먼은 실제소득이 항상소득과 임시소득의 합으로 구성된다고 보았으며, 항상소득이라는 개념을 도입하여 장단기소비함수를 설명하였다.

① 항상소득 : 정상적인 소득흐름으로 볼 때 확실하게 기대할 수 있는 장기적인 평균기대수입을 의미하며, 일반적으로 현재 및 과거의 소득을 가중평균하여 구한다.

② 임시소득 : 비정상적인 소득으로 예측 불가능한 임시적인 소득을 의미하며, 단기에는 임시소득이 (+) 혹은 (−)가 될 수 있으나 장기에는 평균이 0이다.

(2) 내용

① 단기소비함수 : 단기소비함수는 소비축을 통과하는 직선의 형태이므로 호황기(고소득층)에는 평균소비성향이 감소하고 불황기(저소득층)에는 평균소비성향이 증가한다. 따라서 단기에 소득이 증가할수록 평균소비성향은 하락하게 된다.

② 장기소비함수 : 장기적으로 임시소득은 0이므로 평균소비성향은 일정하고 소비는 항상소득만의 함수이므로 한계소비성향과 평균소비성향은 일치한다(APC＝MPC).

(3) 시사점과 한계점

① 단기적인 재정정책은 임시소득만 변화시키게 되므로 장기적으로는 항상소득을 변화시키는 정책만이 소비에 영향을 미칠 수 있다.

② 실제소득을 항상소득과 임시소득으로 구분하는 것은 어렵다.

4. 생애주기가설(모딜리아니, 앤도)

(1) 가정

① 소득의 흐름은 불규칙적이고 소비는 일생 동안 매우 안정적인 추세를 보인다.

② 즉, 소득이 낮은 유년기와 노년기에는 (－)의 저축이 발생하고, 소득이 높은 장년기에는 (＋)의 저축이 발생한다.

(2) 내용

단기에는 자산소득이 고정되어 있으므로 단기소비함수는 소비축을 통과하는 우상향의 직선이고, 장기에는 자산소득이 노동소득에 비례해서 증가하므로 장기소비함수는 원점을 통과하는 직선의 형태이다.

(3) 시사점

① 단기적인 조세정책은 평생소득에 큰 영향을 미치지 못하므로 효과가 미약하다.

② 인구구성의 변화가 소비와 저축에 미치는 영향을 분석하는 데 유용하다. 예를 들어 기대수명이 길어질 것으로 예상되면 저축률 상승을 예상할 수 있다.

③ 생애주기가설은 항상소득과 임시소득의 구분 없이 전생애에 걸친 소득과 소비의 패턴을 관찰하는 데 주목하므로 개인의 현실적 소비행태에 초점을 맞춘다.

5. 랜덤워크가설(홀)

(1) 개요

① 항상소득가설에 합리적 기대를 도입하여 소비행태를 설명하는 이론이다.

※ 합리적 기대란 이용가능한 모든 정보를 이용하여 경제변수를 예상하는 것을 의미하며, 합리적 기대하에서는 체계적인 예상오차가 발생하지 않는다.

② 개인들은 합리적 기대를 통해 항상소득을 예상하고, 결정된 항상소득에 따라 소비를 결정한다.

(2) 시사점

① 미래의 소비를 예측하기 위해서는 전기의 소비만 알면 된다.

② 예상되지 못한 정책만이 소비를 변화시킬 수 있다.

02 투자함수

1. 현재가치법(고전학파)

(1) 의의

투자로 인한 기대수익의 현재가치(PV)와 자본재의 구입가격 또는 투자비용(C)을 비교하여 투자의사결정을 내리는 방법이다.

(2) 투자의사결정

$$[\text{순현재가치(NPV)}] = -C + \sum_{k=1}^{n} \frac{R_k}{(1+r)^k}$$

(R_k : k기의 기대수익, r : 이자율, n : 기대수익의 발생시점, C : 투자비용)

① NPV > 0 : 투자증가

② NPV < 0 : 투자감소

③ NPV = 0 : 투자불변

(3) 이자율과 투자

투자는 이자율의 감소함수이다. 즉, 이자율이 하락하면 기대수익의 현재가치가 증대되어 투자규모가 증가하게 되고, 이자율이 상승하면 기대수익의 현재가치가 감소하여 투자규모가 감소하게 된다.

2. 내부수익률법(케인스)

(1) 의의

① 내부수익률(투자의 한계효율, MEI)과 이자율을 비교하여 투자를 결정하는 방법이다.

② 내부수익률(m)이란 투자비용과 투자로부터 얻는 예상수입의 현재가치가 같도록 하는 할인율을 의미한다.

$$C = PV = \sum_{k=1}^{n} \frac{R_k}{(1+m)^k}$$

(2) 투자의사결정

기업가의 예상수익률을 의미하는 내부수익률이 자금조달비용인 이자율보다 높다면 투자규모가 증가하게 되고, 내부수익률이 자금조달비용인 이자율보다 낮다면 투자규모가 감소하게 된다.
① $m > r$: 투자증가
② $m < r$: 투자감소
③ $m = r$: 투자불변

(3) 이자율과 투자

① 투자의 한계효율이 이자율보다 크면 투자가 이루어지므로 이자율이 상승하여 투자의 한계효율 수준보다 높아지는 경우 투자는 감소하게 된다. 따라서 투자는 이자율의 감소함수이다.
② 케인스는 기업가의 장래에 대한 기대와 동물적 감각에 의해 투자가 결정되며, 투자의 이자율탄력성은 작다고 보았다.

3. 신고전학파의 투자결정이론

(1) 의의

기업의 이윤극대화를 추구하는 과정에서 적정자본량이 결정되고, 자본량을 적정수준으로 조정하는 과정에서 투자가 이루어진다는 이론이다.

(2) 내용

① **자본의 사용자비용** : 자본의 사용자비용에 영향을 미치는 3가지 요인에는 이자비용, 감가상각비, 인플레이션이 있다.

$$C = (i + d - \pi)P_k = (r + d)P_k$$

(i : 명목이자율, d : 감가상각률, π : 인플레이션율, r : 실질이자율)

② **자본의 한계생산물가치** : 자본의 한계생산물가치란 자본 1단위의 투입으로 인하여 추가로 얻는 수입을 의미하며, 자본에 대해 수확체감의 법칙이 성립하므로 우하향하는 형태로 도출된다.

$$VMP_K = MP_K \times P$$

③ **적정자본량의 결정** : 기업의 이윤이 극대가 되는 적정자본량은 자본의 한계생산물가치와 자본의 사용자비용이 같아지는 수준에서 결정된다.

$$MP_K \times P = (r + d)P_K$$

(3) 투자결정원리

① 실질이자율이나 감가상각률이 하락하면 자본의 사용자비용이 하락하고 그에 따라 적정자본량이 증가하므로 투자가 증가한다.
② 인플레이션율이 상승하는 경우에도 자본의 사용자비용이 하락하여 적정자본량이 증가하므로 투자가 증가한다.

4. 단순가속도원리(새뮤얼슨, 힉스)

(1) 의의

유발투자를 설명하려는 이론으로 소득의 증가는 소비의 증가를 가져오고, 이러한 생산량(혹은 소비)의 변동보다 투자변동이 훨씬 더 큰 폭으로 이루어진다는 것을 설명한다.

(2) 내용

투자를 소득변동의 영향을 받는 것으로 설명하며, 소득의 변화는 투자에 가속도적인 영향을 미친다고 본다.

$$I_t = K_t^* - K_{t-1} = v Y_t - v Y_{t-1} = v(Y_t - Y_{t-1}) = v \triangle Y$$

[K_t^* : t기의 목표자본량, K_{t-1} : 전년도 자본량, v : 자본계수, Y_t : t기의 총생산량, Y_{t-1} : $(t-1)$기의 총생산량]

$$v = \frac{K}{Y} \Rightarrow K = v Y$$

(3) 특징

한계소비성향과 소득증가분이 클수록 유발투자가 증가한다.

(4) 한계점

① 자본이 완전 이용된다는 가정을 전제로 하고 있다.
② 가속도계수(v)가 일정하다고 가정하고 있다.
③ 자본재가격이나 예상수익률을 고려하지 않고 있다.
④ 특정연도의 목표자본량이 당해 연도에 모두 실현된다는 비현실적인 상황을 가정하고 있다.

5. 자본스톡조정 모형(신축적 가속도원리)

(1) 의의

실제자본량(K_t)과 목표자본량(K^*) 간의 차이가 시차를 두고 서서히 메워진다고 보는 이론으로, 투자조정속도(λ)를 고려하였다.

(2) 내용

투자결정과 실제로 투자가 실행되는 데는 상당한 시차가 존재하므로 매기 투자는 ($K_t^* - K_{t-1}$)의 일정 비율(λ)만큼 이루어진다.

$$I_t = K_t - K_{t-1} = \lambda(K_t^* - K_{t-1}) \ (단, \ 0 < \lambda < 1)$$

(3) 투자결정원리

① 목표생산량이 증가하거나 자본재가격이 하락하면 목표자본량이 증가하여 투자가 증가하게 된다.
② 이자율이 하락하면 자본재 보유의 기회비용이 낮아지므로 목표자본량이 증가하여 투자가 증가하게 된다.

(4) 평가

투자에 소요되는 시차를 고려하므로 단순한 가속도이론보다는 훨씬 더 현실적이다.

6. q - 이론(토빈)

(1) 의의

주식시장에서 평가된 기업의 가치와 실물자본의 대체비용을 비교하여 투자가 결정된다는 이론이다.

(2) 투자결정원리

$$q = \frac{(\text{주식시장에서 평가된 기업의 시장가치})}{(\text{기업의 실물자본의 대체비용})}$$

① $q > 1$: 주식시장가치 > 실물자본가치 ⇨ 투자증가
② $q < 1$: 주식시장가치 < 실물자본가치 ⇨ 투자감소
③ $q = 1$: 주식시장가치 = 실물자본가치 ⇨ 투자불변

> **더 알아보기**
>
> **이자율과 투자의 관계**
> - 이자율 상승 → 주가하락 → q 하락 → 투자감소
> - 이자율 하락 → 주가상승 → q 상승 → 투자증가

(3) 평가

전통적인 투자이론이 이자율, 국민소득 등을 설명변수로 하는 자본재 수요이론인 것에 비해 q - 이론은 주식시장에서 평가된 자본가치를 포함하여 투자유인에 대한 정보를 보다 포괄적으로 고려하고 있다.

01 화폐와 금융 개요

1. 화폐와 통화량

(1) 화폐의 정의와 기능

① 화폐란 재화나 서비스의 거래, 채권·채무관계의 청산 등 일상적인 거래에서 일반적으로 통용되는 자산을 의미한다.

② 화폐의 기능 : 교환의 매개수단, 가치의 척도, 장래지불의 표준, 가치저장수단, 회계의 단위

(2) 통화량과 통화지표

① 통화량이란 일정 시점에서 시중에 유통되고 있는 화폐의 양을 의미하며, 통화량을 적정수준으로 유지하는 것에 힘써야 한다.

② 통화지표와 유동성지표의 분류

통화 지표	M1 (협의통화)	[현금통화(민간보유현금)]+[요구불예금(당좌예금, 보통예금 등)]+[수시입출금식 저축성예금(은행의 저축예금, MMDA, 투신사 MMF)]
	M2 (광의통화)	M1+(정기예·적금 및 부금)+(시장형 상품)+(실적배당형 상품)+[금융채+기타(투신사 증권 저축, 종금사 발행어음 등)] *만기 2년 이상 상품은 제외
유동성 지표	Lf (금융기관 유동성)	M2+(만기 2년 이상 정기예·적금 및 금융채)+(증권금융 예수금)+[생명보험회사(우체국 보험 포함) 보험계약준비금 및 RP]+(농협 국민생명 공제의 예수금 등)
	L (광의유동성)	Lf+[정부 및 기업 등이 발행한 유동성 금융상품(국채, 지방채, 기업어음, 회사채 등)]

2. 금융과 금융기관

(1) 금융거래의 유형 : 직접금융, 간접금융

(2) 금융기관의 기능 : 거래비용의 절감, 위험의 축소, 유동성의 제고, 지급결제수단의 제공, 화폐의 공급

중앙은행의 기능

- 발권은행으로서의 기능
- 통화금융정책의 집행
- 외환관리업무

- 은행의 은행으로서의 기능
- 정부의 은행으로서의 기능

02 화폐공급

1. 본원통화

(1) 의의

중앙은행의 창구를 통하여 시중에 나온 현금을 본원통화 또는 고성능화폐라고 한다. 본원통화는 중앙은행이 발행한 것이므로 중앙은행의 통화성 부채이며, 예금은행의 예금통화 창조의 토대가 된다.

(2) 본원통화의 구성

본원통화		
현금통화	지급준비금	
현금통화	시재금	지급준비예치금
화폐발행액		지급준비예치금

① (본원통화)＝[현금통화(민간보유)]＋[지급준비금(은행보유)]

  ㉠ (지급준비금)＝(법정지급준비금)＋(초과지급준비금)

  ㉡ 법정지급준비금이란 예금은행이 예금액에서 예금주를 보호하기 위해서 정해 놓은 일정비율(법정지급준비율)만큼 보유해야 하는 준비금을 말한다.

② (지급준비금)＝(시재금)＋(지급준비예치금)

  ㉠ 시재금이란 지급준비금 중 예금은행의 금고에 보관 중인 현금을 말한다.

  ㉡ 지급준비예치금이란 지급준비금 중 중앙은행에 예치한 금액을 말한다.

③ 화폐발행액이란 본원통화 중 중앙은행에 예치된 지급준비예치금을 제외하고 민간이 보유한 현금통화와 은행이 보유한 시재금을 합한 현금총액을 말한다.

(3) 본원통화의 공급경로

① 중앙은행의 대차대조표

차변(자산)	대변(부채＋자본)
• 정부에 대한 여신 • 예금은행에 대한 여신 • 유가증권 • 외화자산(외화예금) • 기타자산(현금, 금 등)	• 본원통화[＝(화폐발행액)＋(지급준비예치금)] • 정부예금 • 해외부채 • 기타부채

② 본원통화는 중앙은행의 자산이 증가하는 경우에 증가한다. 즉, 정부재정적자가 증가하는 경우, 예금은행의 한국은행으로부터의 차입이 증가하는 경우, 국제수지가 흑자인 경우, 중앙은행이 유가증권을 구입하는 경우 본원통화는 증가한다.

2. 통화공급방정식

(1) 통화승수(m)

통화승수란 본원통화가 1단위 공급되었을 때 통화량이 얼마나 증가하였는지를 나타낸다.

① 현금통화비율$\left(c = \dfrac{\text{현금통화}(C)}{\text{통화량}(M)} \right)$이 주어져 있을 때의 통화승수

$$[\text{통화승수}(m)] = \frac{1}{c + z(1-c)} \ (z \ : \ \text{실제지급준비율})$$

② 현금예금비율$\left(k = \dfrac{\text{현금통화}(C)}{\text{예금통화}(D)} \right)$이 주어져 있을 때의 통화승수

$$[\text{통화승수}(m)] = \frac{k+1}{k+z} \ (z \ : \ \text{실제지급준비율})$$

(2) 통화공급방정식

$$[\text{통화량}(M)] = [\text{통화승수}(m)] \times [\text{본원통화}(B)] = \frac{1}{c + z(1-c)} \times B$$

(3) 통화공급량의 결정요인

① 통화공급량은 민간부문, 예금은행, 중앙은행에 의해 결정된다.
→ 민간부문이 결정하는 현금통화비율과 예금은행이 결정하는 초과지급준비율이 일정하다면 통화공급량은 중앙은행에 의해 결정되므로 통화공급곡선은 수직선으로 나타난다.

② 본원통화가 변하거나 통화승수가 커지면 통화공급곡선은 오른쪽으로 이동한다.
→ 현금통화비율(c)이 하락하거나 지급준비율(z)이 하락하는 경우 통화승수가 커지면서 통화공급이 증가하게 된다.

1. 고전적 화폐수량설(피셔)

(1) 교환방정식

$$MV = PY$$

(M : 통화량, V : 화폐유통속도, P : 물가, Y : 총산출량)

화폐유통속도(V)와 총산출량(Y)이 일정하다는 전제하에 물가(P)와 통화량(M)은 정비례한다. 즉, 교환방정식은 일정기간 동안의 총거래액(PY)과 그에 대한 일정기간 동안의 총지출액(MV)이 항상 일치함을 의미하는 항등식이다.

(2) 화폐수요이론의 도출

$$M = \frac{1}{V} PY$$

명목GDP($= PY$)만큼의 거래를 위해서는 명목국민소득의 일정비율$\left(\dfrac{1}{V} \right)$만큼의 화폐가 필요하다는 의미이다(교환의 매개수단).

2. 현금잔고수량설(마샬, 피구)

(1) 가정

개인들은 소득의 수입시점과 지출시점이 완전히 일치하지 않고, 채권매매 시 비용이 발생하므로 명목국민소득 중 일정비율(k%)만큼은 화폐로 보유한다(가치의 저장수단).

(2) 현금잔고방정식

$$M^d = kPY \quad (k : \text{마샬}k, \ \text{현금보유비율})$$

마샬k는 사회의 거래관습에 의해 결정되므로 일정하고, Y는 완전고용국민소득으로 일정하므로 화폐수요와 소득수준 간에는 일정한 비례관계가 유지된다. 즉, 개개인은 명목국민소득(PY) 중 일정비율(k%)만큼 화폐를 보유한다.

(3) 교환방정식(고전적 화폐수량설)과 비교

구분	고전적 화폐수량설	현금잔고수량설
화폐의 기능	교환의 매개수단	가치의 저장수단
화폐의 수요	화폐수요를 암묵적으로 도출 $M^d = \dfrac{1}{V} PY$	화폐수요를 명시적으로 도출 $M^d = kPY$
화폐의 수량	유량(Flow)	저량(Stock)

3. 유동성 선호설(케인스)

(1) 화폐수요의 동기

거래적 동기의 화폐수요, 예비적 동기의 화폐수요, 투기적 동기의 화폐수요

더 알아보기

유동성 함정

경기가 매우 침체된 상태에서 나타나는 유동성 함정은 이자율이 매우 낮은 경우 모든 개인들이 이자율의 상승(채권가격의 하락)을 예상하여 화폐수요를 무한히 증가시키는 구간을 말한다. 즉, 유동성 함정에서 투기적 화폐수요의 이자율탄력성은 무한대가 된다. 유동성 함정에서는 모든 유휴자금의 증가분이 투기적 화폐수요로 흡수되기 때문에 금융정책의 효과는 없다.

(2) 케인스의 화폐수요곡선

① 케인스의 화폐수요곡선의 이동

$$\frac{M^d}{P} = L_T(Y) + L_S(r) = L(Y, \ r)$$

화폐수요는 거래적·예비적 화폐수요와 투기적 화폐수요의 합으로 나타낸다. 소득의 변화는 거래적 화폐수요를 변화시키므로 화폐수요곡선은 소득증가 시 우측으로, 소득감소 시 좌측으로 이동한다. 이자율이 변하는 경우에는 화폐수요곡선상에서 이동하게 된다.

② 특징

ㄱ 케인스는 화폐수요의 동기 중 투기적 동기에 의한 화폐수요(L_S)를 중요시하였으며, 투기적 화폐수요는 이자율의 감소함수이다.

- 이자율이 상승하는 경우 : 이자율과 역의 관계인 채권가격이 하락하고 이에 따라 채권의 가격상승을 예상한 경제주체는 채권을 매입하여 화폐에 대한 수요가 감소한다.
- 이자율이 하락하는 경우 : 이자율이 하락하는 경우 채권의 가격이 상승하고 정상가격보다 상승한 채권의 가격수준에 대해 경제주체는 채권의 가격하락을 예상하여 채권의 보유를 줄이고 화폐를 보유하여 화폐에 대한 수요가 증가한다.

ㄴ 케인스는 이자율이 화폐시장에서 화폐수요와 화폐공급이 일치하는 수준에서 결정되는 것으로 본다. 반면, 고전학파는 이자율이 대부자금시장에서 대부자금의 수요(투자)와 대부자금의 공급(저축)이 일치하는 수준에서 결정되는 것으로 본다.

ㄷ 이자율의 변화요인

- 국민소득이 증가하면 거래적 화폐수요가 증가하여 화폐수요곡선이 오른쪽으로 이동하므로 이자율이 상승한다.
- 중앙은행이 통화공급량을 증가시키면 화폐공급곡선이 오른쪽으로 이동하므로 이자율이 하락한다. 반면, 물가수준이 상승하면 실질통화공급이 감소하므로 이자율이 상승한다.

4. 신화폐수량설(프리드먼)

(1) 의의

고전학파는 화폐의 자산으로서의 기능을 무시하고 교환의 매개수단으로서의 기능만을 강조하였다. 반면, 케인스는 화폐를 하나의 자산으로 보유하는 가치저장의 기능을 중시하였다. 이에 대해 프리드먼도 화폐를 자산으로 보유하는 가치저장의 기능을 인정하였지만 케인스와는 달리 화폐수요가 매우 안정적이라고 주장하였다.

(2) 신화폐수량설의 화폐수요함수

① 화폐수요의 결정요인

ㄱ 프리드먼의 신화폐수량설에서 실질화폐수요$\left(\dfrac{M^d}{P}\right)$에 영향을 미치는 변수에는 개인의 부(W)로부터 발생하는 항상소득(Y_P), 채권수익률, 주식수익률, 화폐수익률 등의 수익률(r), 예상인플레이션율(π^e) 등이 있다.

$$\frac{M^d}{P} = f(Y_P,\ r,\ \pi^e)$$

ㄴ 일반적으로 항상소득이 증가하면 화폐수요가 증가하고, 여러 자산의 수익률 또는 예상인플레이션율이 상승하면 화폐수요는 감소한다.

② 특징

ㄱ 프리드먼은 신화폐수량설에서 유통속도는 이자율과 예상인플레이션율의 영향을 받는 함수이지만 그 정도가 매우 미미하다고 주장한다. 즉, 화폐수요의 이자율탄력성이 매우 낮기 때문에 화폐수요함수가 매우 안정적이라는 것이다.

ㄴ 화폐수요가 안정적이기 때문에 통화량의 변화가 명목국민소득 결정에 가장 중요한 결정요인이다.

ㄷ 통화지표로 통화량을 중시하였으며, 규칙적인 k% 룰의 통화준칙을 실시하라고 주장하였다.

ㄹ 화폐유통속도(V)가 안정적이므로 통화량의 변화는 단기적으로 명목국민소득(PY)에 매우 큰 영향을 미치나 장기적으로는 물가상승만 초래한다.

5. 각 학파의 화폐수요함수 및 유통속도에 대한 견해

구분	고전적 화폐수량설	케인스의 유동성 선호설	프리드먼의 신화폐수량설
화폐의 기능	교환의 매개수단 강조	가치저장수단 강조	가치저장수단 강조
화폐수요 결정요인	명목국민소득(PY)	소득과 이자율 → 이자율 강조	소득과 이자율 → 항상소득(Y_P) 강조
화폐유통속도	일정 (외생적 결정 변수)	불안정적	안정적
화폐수요함수	$M^d = \dfrac{1}{V}PY$	$\dfrac{M^d}{P} = L_T(Y) + L_S(r)$	$\dfrac{M^d}{P} = k(r,\ \pi^e)Y_P$
화폐수요함수의 안정성	매우 안정적	불안정적	매우 안정적
화폐수요의 이자율탄력성	완전 비탄력적	탄력적	비탄력적
화폐수요의 소득탄력성	1(단위 탄력적)	매우 비탄력적	1에 가깝다.

1. 의의

중앙은행이 각종 금융정책수단을 이용하여 물가안정, 완전고용, 경제성장, 국제수지균형 등의 정책목표를 달성하려는 경제정책으로, 중간목표관리제와 물가안정목표제로 구분된다.

2. 중간목표관리제와 물가안정목표제

(1) 중간목표관리제

① 중간목표 변수로는 주로 이자율, 통화량 등이 사용된다.

    ㉠ 케인스학파는 이자율의 급격한 변동이 투자를 불안정하게 하여 실물부문의 불안정성이 초래되므로 이자율을 중간목표로 사용하는 것이 바람직하다고 주장한다.

    ㉡ 반면, 통화론자들은 통화량을 자주 조정하면 인플레이션이 발생하므로 물가안정을 위해서는 통화량을 중간목표로 사용하는 것이 바람직하다고 주장한다.

> **더 알아보기**
>
> 통화공급목표의 설정
>
> $$\frac{\triangle M}{M} + \frac{\triangle V}{V} = \frac{\triangle P}{P} + \frac{\triangle Y}{Y}$$
>
> (통화공급 증가율)+(유통속도 증가율)=(물가 상승률)+(경제성장률)

② 일반적인 금융정책수단

공개시장 조작정책	공개시장에서 국공채를 매입·매각함으로써 통화량과 이자율을 조정하는 정책을 말한다. • 국공채매입 ➩ 본원통화 증가 ➩ 통화량 증가 ➩ 이자율 하락 • 국공채매각 ➩ 본원통화 감소 ➩ 통화량 감소 ➩ 이자율 상승
재할인율 정책	예금은행이 중앙은행으로부터 차입할 때 적용받는 이자율인 재할인율을 조정함으로써 통화량과 이자율을 조정하는 정책을 말한다. • 재할인율 하락 ➩ 예금은행의 차입 증가 ➩ 본원통화 증가 ➩ 통화량 증가 ➩ 이자율 하락 • 재할인율 상승 ➩ 예금은행의 차입 감소 ➩ 본원통화 감소 ➩ 통화량 감소 ➩ 이자율 상승
지급준비율 정책	법정지급준비율을 변화시킴으로써 통화승수의 변화를 통하여 통화량과 이자율을 조정하는 정책을 말한다. • 지급준비율 감소 ➩ 통화승수 증가 ➩ 통화량 증가 ➩ 이자율 하락 • 지급준비율 증가 ➩ 통화승수 감소 ➩ 통화량 감소 ➩ 이자율 상승

(2) 물가안정목표제

① 운용방식과 운용목표

㉠ 물가안정목표제란 중간목표 없이 공개시장조작정책 등의 정책수단을 이용하여 최종목표인 물가 안정을 달성하는 통화정책 운용체계를 말한다.

㉡ 우리나라에서는 '한국은행 기준금리'가 운용목표로 사용되며, 소비자물가상승률을 물가안정목표로 설정한다.

> **더 알아보기**
>
> **기준금리 조정의 효과(기준금리 인상 시)**
> - 기준금리 인상으로 이자율이 상승하면 투자가 감소한다.
> - 기준금리가 인상되면 장기금리인 채권수익률이 상승하게 되어 주식에 대한 수요가 감소하게 된다(주가하락 ⇨ 토빈의 q 하락 ⇨ 투자감소).
> - 기준금리 인상으로 은행의 대출금리가 상승하면 주택구입자금 대출 시 이자비용이 증가하므로 주택수요가 감소한다(부동산가격 하락 ⇨ 주택투자 감소).
> - 기준금리가 인상되면 해외자본이 유입되어 환율이 하락하므로 순수출이 감소한다.
> - 기준금리가 인상되면 자산가격이 하락하므로 소비가 감소한다.

② 도입효과

물가안정목표제 도입으로 중앙은행이 '물가안정'을 최고로 중시하게 됨에 따라 중앙은행의 통화정책에 대한 신뢰도가 높아지고, 인플레이션율이 낮아지는 효과가 발생한다.

---

1. 생산물시장과 IS곡선

(1) IS곡선의 개념

① IS곡선이란 생산물시장의 균형이 이루어지는 이자율(r)과 국민소득(Y)의 조합을 나타내는 직선을 말한다.

② 생산물시장의 균형은 투자(I)와 저축(S)이 일치하는 점에서 결정되는데, 여기서 투자는 이자율의 감소함수, 저축은 가처분소득의 증가함수로 주어진다고 가정한다.

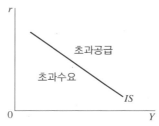

③ 이자율이 하락하면 투자가 증가하고, 투자증가는 총수요 증가를 통해 국민소득을 증가시킨다. 그러므로 이자율이 하락할 때 균형국민소득이 증가하므로 이자율과 국민소득의 조합을 나타내는 IS곡선은 우하향의 형태로 도출된다.

④ IS곡선의 상방부분은 균형보다 이자율이 높으므로 투자과소로 생산물시장은 초과공급 상태이며, IS곡선의 하방부분은 균형보다 이자율이 낮으므로 투자과다로 생산물시장은 초과수요상태이다.

(2) IS곡선의 함수식

① 균형국민소득 결정식에 아래 주어진 변수들을 대입한다.

- $Y = AE$
- $C = C_0 + cY_d \, (0 < c < 1)$
- $T = T_0 + tY \, (t > 0)$
- $I = I_0 - br \, (b > 0)$
- $G = G_0$
- $M = M_0 + mY \, (0 < m < 1)$

- $AE = C + I + G + (X - M)$
- $Y_d = Y - T$

- $X = X_0$

$$. \, Y = C_0 + c(Y - T_0 - tY) + I_0 - br + G_0 + (X_0 - M_0 - mY)$$
$$(1 - c(1-t) + m) Y = C_0 - cT_0 + I_0 - br + G_0 + X_0 - M_0$$
$$Y = \frac{1}{(1 - c(1-t) + m)}(C_0 - cT_0 + I_0 + G_0 + X_0 - M_0) - \frac{b}{(1 - c(1-t) + m)}r$$

② IS곡선의 함수식을 도출한다.

$$r = -\frac{(1 - c(1-t) + m)}{b} Y + \frac{1}{b}(C_0 - cT_0 + I_0 + G_0 + X_0 - M_0)$$

(3) IS곡선의 기울기 결정요인

① 투자의 이자율탄력성(b)이 클수록 IS곡선은 완만하다(탄력적이다).

학파	b크기	IS곡선 기울기	효과적인 정책
케인스학파	작다	급경사	재정정책
통화주의학파	크다	완만	금융정책

② 한계소비성향(c)이 클수록 IS곡선은 완만하다(탄력적이다).

③ 한계저축성향(s)이 클수록 IS곡선이 급경사이다(비탄력적이다).

④ 세율(t)이 높을수록 IS곡선이 급경사이다(비탄력적이다).

⑤ 한계수입성향(m)이 클수록 IS곡선이 급경사이다(비탄력적이다).

(4) IS곡선의 이동요인

① 소비, 투자, 정부지출, 수출이 증가할 때 IS곡선은 오른쪽으로 수평이동한다.

② 조세, 수입, 저축이 증가할 때 IS곡선은 왼쪽으로 수평이동한다.

2. 화폐시장과 LM곡선

(1) LM곡선의 개념

① LM곡선이란 화폐시장의 균형이 이루어지는 이자율(r)과 국민소득(Y)의 조합을 나타내는 선을 말한다.

② 화폐시장의 균형은 화폐의 수요(M^d)와 공급(M^s)이 일치하는 점에서 결정되며, 거래적·예비적 화폐수요는 국민소득의 증가함수이고 투기적 화폐수요는 이자율의 감소함수이다.

$$\frac{M^d}{P} = kY - hr \; (k > 0, \; h > 0)$$

③ 통화공급이 중앙은행에 의해 외생적으로 주어진 상태에서 국민소득의 증가로 거래적 화폐수요가 증가하면 화폐시장은 초과수요상태가 된다. 이러한 화폐시장이 다시 균형으로 복귀하기 위해서는 이자율이 상승하여 투기적 화폐수요가 감소해야 하기 때문에 LM곡선은 우상향의 형태로 도출된다.

④ LM곡선의 상방부분은 균형보다 이자율이 높으므로 투기적 화폐수요가 적기 때문에 화폐시장의 초과공급(채권시장의 초과수요) 상태이며, LM곡선의 하방부분은 균형보다 이자율이 낮으므로 투기적 화폐수요가 많기 때문에 화폐시장의 초과수요(채권시장의 초과공급) 상태이다.

(2) LM곡선의 함수식

① 화폐수요함수와 화폐공급함수를 연립한다.

(단, 물가수준은 P_0로 주어져 있고, 중앙은행의 명목통화량은 M_0라고 가정한다)

$$\frac{M^s}{P} = \frac{M^d}{P} \Rightarrow \frac{M_0}{P_0} = kY - hr$$

② LM곡선의 함수식을 도출한다.

$$r = \frac{1}{h}\left(kY - \frac{M_0}{P_0}\right) = \frac{k}{h}Y - \frac{1}{h}\frac{M_0}{P_0}$$

(3) LM곡선의 기울기 결정요인

① 화폐의 소득탄력성(마샬k)이 작을수록 LM곡선은 완만하다(탄력적이다).
② 화폐의 유통속도가 클수록 LM곡선은 완만하다(탄력적이다).
③ 화폐의 이자율탄력성(h)이 클수록 LM곡선은 완만하다(탄력적이다).

학파	h	LM곡선 기울기	효과적인 정책
케인스학파	크다	완만	재정정책
통화주의학파	작다	급경사	금융정책

(4) LM곡선의 이동요인

① 통화량이 증가할 때 LM곡선은 오른쪽으로 수평이동한다.
② 물가가 상승할 때 실질통화량이 감소하게 되므로 LM곡선은 왼쪽으로 수평이동한다.
③ 거래적 동기의 화폐수요가 증가할 때 LM곡선은 왼쪽으로 수평이동한다.

3. 생산물시장과 화폐시장의 균형

IS곡선과 LM곡선이 교차하는 점에서 생산물시장과 화폐시장의 동시적 균형이 이루어지며, 교차하는 점에서 균형국민소득과 균형이자율이 결정된다.

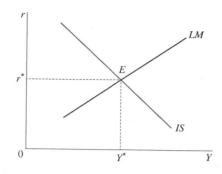

| 02 | 총수요곡선과 총공급곡선 |

1. 총수요곡선(AD)과 총공급곡선(AS)의 개요

(1) 총수요곡선과 총공급곡선에서는 물가가 가변적인 경우를 분석한다.

(2) 총수요곡선은 IS – LM모형으로부터 도출되므로 생산물시장과 화폐시장이 모두 고려되어야 하며, 총공급곡선은 노동시장과 총생산함수에 의해 도출되므로 노동시장이 고려되야 한다.

2. 총수요곡선(AD)

(1) 총수요곡선(AD)의 개념

① 총수요곡선(AD)이란 각각의 물가수준에서 수요되는 실질총생산(총수요)의 크기를 나타내는 곡선을 말한다.

② 총수요란 가계, 기업, 정부, 외국이 국내에서 생산된 최종생산물(실질GDP)에 대해 구매하고자 하는 재화의 양을 말한다.

$$[총수요(AD)] = [가계소비수요(C)] + [기업투자수요(I)] + [정부지출수요(G)] + [순수출수요(X-M)]$$

(2) 총수요곡선(AD)이 우하향하는 이유

① 실질잔고 효과(Real Balance Effect)

부의 효과	자산가격이 상승하면 소비도 증가하는 현상을 말한다.
실질잔고 효과	통화정책을 실시하여 명목통화공급이 증가하면 실질잔고가 정상치를 벗어나 부의 증가를 초래하여 최종적으로 소비가 증가하는 현상을 말한다.
피구 효과	경제불황이 발생하여 물가가 하락하면 민간이 보유한 화폐의 구매력이 증가하므로 실질적인 부가 증가하는 효과가 발생하고, 실질부가 증가하면서 소비도 증가하는 현상을 말한다.

② 이자율 효과

㉠ 물가가 하락하면 실질통화량이 증가하게 되어 이자율이 하락하므로 기업의 투자와 소비자의 소비가 증가한다.

㉡ 물가가 하락하여 기업의 투자와 소비자의 소비가 증가하면 총수요가 증가한다.

③ 무역수지 효과

㉠ 우리나라의 물가수준이 하락하면 상대적으로 우리나라에서 생산된 상품가격이 외국에서 생산된 상품가격보다 하락하게 되므로 순수출이 증가한다.

㉡ 물가하락으로 인하여 순수출이 증가하면 총수요가 증가한다.

(3) 총수요곡선의 이동요인

① 물가수준이 주어져 있을 때 총수요의 구성요소(C, I, G, $X-M$) 중 일부가 증가하면 총수요곡선은 오른쪽으로 이동한다.

② 일반적으로 IS곡선이나 LM곡선이 오른쪽으로 이동하면 총수요가 증가하게 되므로 총수요곡선이 오른쪽으로 이동한다.

총수요곡선이 오른쪽으로 이동하는 경우	
IS곡선의 우측이동	LM곡선의 우측이동
• 소비자의 소비지출(C)이 증가하는 경우 • 기업의 투자지출(I)이 증가하는 경우 • 정부의 정부지출(G)이 증가하는 경우 • 순수출(NX)이 증가하는 경우	• 화폐공급(M^s)이 증가하는 경우 • 화폐수요(M^d)가 증가하는 경우

ⓐ 소비지출이 증가하는 경우
- 일반적으로 소비자 부(Wealth)의 증가는 소비를 증가시켜 총수요곡선을 우측으로 이동하게 한다.
- 미래에 소득이 증가할 것으로 예상하는 소비자의 기대도 소비지출을 증가시켜 총수요곡선을 우측으로 이동하게 한다.

ⓑ 투자지출이 증가하는 경우
- 실질이자율이 하락하는 경우 차입비용이 감소하여 투자 여력이 증가하게 되고, 이는 총수요의 증가로 이어져 총수요곡선을 우측으로 이동하게 한다.
- 미래의 새로운 기술개발 등으로 인해 향후 투자에 대한 기대수익이 높은 경우 투자가 증가하여 총수요곡선을 우측으로 이동하게 한다.

ⓒ 정부지출이 증가하는 경우
- 도로, 항만의 건설이나 국방비 증가 등의 재정정책은 정부지출을 증가시켜 총수요곡선을 우측으로 이동하게 한다.

ⓓ 순수출이 증가하는 경우
- 해외소득이 증가하면 우리나라 상품도 소비가 증가하게 되므로 우리나라 총수요곡선은 우측으로 이동한다.
- 명목환율의 상승은 해외시장에서 가격경쟁력을 높여 수출이 증가하게 되어 총수요곡선은 우측으로 이동한다.

3. 총공급곡선(AS)

(1) 총공급곡선(AS)의 개념

① 총공급이란 국가경제에서 일정 기간 동안 생산되는 재화 및 서비스 공급의 총합으로, 한 나라가 보유한 생산요소(노동, 자본 등) 부존량과 생산기술(총생산함수)에 의하여 결정된다.

② 총공급곡선(AS)은 각각의 물가수준(P)에서 기업전체가 생산하는 재화의 총공급(AS)과의 관계를 나타내는 곡선이다. 총공급곡선은 유가 상승 등의 이슈로 기업의 생산비용이 올라가면 좌측 또는 위로 이동하고, 인건비 감소 등으로 같은 상황에서 더 많은 생산이 가능할 경우 우측 또는 아래로 이동하는 등 변화를 보인다.

(2) 단기총공급곡선

① 생산요소의 가격, 즉 생산 비용은 고정된 것으로 볼 수 있으나 상품의 가격은 변할 수 있는 단기에 물가와 총생산물의 공급량 사이에 도출되는 곡선을 말한다.

② 물가의 상승으로 인해 기업의 이윤이 증가하지만 생산 비용은 고정되어 있으면 생산량이 증가하기 때문에 총공급곡선은 우상향하는 형태가 된다(단, 주어진 물가수준에서 원하는 만큼 생산이 가능한 경우 총공급곡선은 수평이 된다).

③ 단기총공급곡선이 우상향함을 설명하는 모형은 다음과 같다.

화폐환상 모형 (비대칭 정보모형)	• 케인스학파와 통화주의학파의 총공급곡선 모형이다. • 노동자들이 기업에 비해 물가에 대한 정보가 부족하여 물가 상승 시 노동자들이 임금상승을 제대로 인식하지 못하는 경우 실질임금이 하락하고 고용량이 증가하는 현상을 설명한다. • 물가상승 시 고용량이 증가하므로 총공급곡선은 우상향한다.
비신축적임금 모형 (명목임금 경직성모형)	• 노동자들은 예상임금을 바탕으로 명목임금 계약을 체결하므로 명목임금은 경직적이다. • 명목임금이 경직적인 상황에서 물가가 상승하면 실질임금이 하락하므로 고용량이 증가하는 현상을 설명한다. • 물가상승 시 고용량이 증가하므로 총공급곡선은 우상향한다.
불완전정보 모형	• 루카스에 의해 개발된 새고전학파의 총공급곡선 모형이다. • 각 개별생산자들은 다른 재화 가격에 대한 불완전한 정보로 인해 물가상승 시 자신이 생산하는 재화의 가격만 상승한 것으로 인식하는 경우에 생산량을 증가시키는 현상을 설명한다. • 물가상승 시 생산량이 증가하므로 총공급곡선이 우상향한다.
비신축적가격 모형	• 새케인스학파의 총공급곡선이다. • 일부기업은 총수요증가로 물가가 상승할 때 메뉴비용 등으로 인해 가격조정 대신 생산량을 증가시키는 현상을 설명한다. • 물가상승 시 생산량이 증가하므로 총공급곡선이 우상향한다.

(3) 장기총공급곡선

① 생산요소 및 생산물의 가격이 모두 변할 수 있는 장기간에 걸쳐 도출되는, 잠재적인 총생산을 나타내는 총공급곡선을 의미한다.

② 단기와 달리 장기에는 노동자들이 미래의 물가수준을 예측할 수 있기 때문에 물가가 상승하더라도 경제전체의 총생산량은 변하지 않는다. 따라서 총공급곡선은 자연국민소득수준에서 수직선을 나타내게 된다.

③ 고전학파의 경우 가격변수가 신축적이고 경제주체들의 완전예견($P_t^e = P_t$)을 가정하고 있으므로 단기에도 총공급곡선이 수직선으로 도출된다.

(4) 총공급곡선의 이동요인

① 물가의 변동
② 생사요소 가격, 생산성, 제도의 변화
③ 노동고용량의 증가(우측으로 이동)
④ 생산요소 투입량의 증가(우측으로 이동)
⑤ 생산성의 증가 및 법인세율의 인하, 기업에 대한 보조금으로 인한 평균생산비용 감소(우측으로 이동)

4. 균형물가 및 균형생산량의 결정

(1) 균형의 형성

① 총수요곡선과 총공급곡선이 교차하는 점에서 균형물가와 균형생산량이 결정된다.

② GDP란 균형생산량을 의미한다.

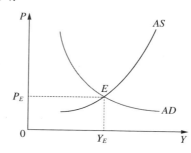

(2) 불균형 시 조정과정

① 총수요(AD)가 총공급(AS)을 초과하는 경우에는 세율 인상, 정부지출 축소, 이자율 인상 등의 총수요억제정책을 활용하여 균형으로 조정해 간다.

② 총공급(AS)이 총수요(AD)를 초과하는 경우에는 세율 인하, 정부지출 확대, 이자율 인하 등의 총수요확대정책을 활용하여 균형으로 조정해 간다.

인플레이션과 실업

01 인플레이션

1. 물가지수

(1) 개념

물가의 움직임을 구체적으로 측정한 지표로서 일정 시점을 기준으로 그 이후의 물가변동을 백분율(%)로 표시한다.

(2) 측정

$$(\text{물가지수}) = \frac{(\text{비교 시의 물가수준})}{(\text{기준 시의 물가수준})} \times 100$$

(3) 물가지수 작성방법

① 라스파이레스 방식(LPI) : $\dfrac{\sum P_i Q_0}{\sum P_0 Q_0} \times 100$

기준연도의 거래량을 가중치로 사용하며 소비자물가지수, 생산자물가지수 등의 계산에 이용된다. 일반물가수준의 상승을 과대평가한다.

② 파셰 방식(PPI) : $\dfrac{\sum P_i Q_i}{\sum P_0 Q_i} \times 100$

비교연도의 거래량을 가중치로 사용하며 GDP디플레이터 계산에 이용된다. 파셰 방식은 일반물가수준의 상승을 과소평가한다.

(4) 물가지수의 종류

소비자물가지수(CPI), 생산자물가지수(PPI), GDP디플레이터

(5) 화폐의 구매력(화폐의 일반적인 교환가치)

$$(\text{화폐가치}) = \frac{1}{(\text{물가수준})} \times 100$$

- 물가상승 → 화폐구매력 감소 → 화폐가치 하락
- 물가하락 → 화폐구매력 증가 → 화폐가치 상승

2. 인플레이션

(1) 개념

인플레이션이란 물가수준이 지속적으로 상승하여 화폐가치가 하락하는 현상을 말한다.

(2) 인플레이션의 종류(발생원인에 따른 분류)

① 수요견인 인플레이션 : 총수요(AD)증가로 인한 인플레이션
② 비용인상 인플레이션 : 총공급(AS)감소로 인한 인플레이션
③ 혼합형 인플레이션 : 총수요증가와 총공급감소가 동시에 발생함으로 인한 인플레이션

(3) 인플레이션 원인과 대책

① 수요견인 인플레이션
　　㉠ 고전학파와 통화주의학파
　　　　인플레이션의 원인을 지나친 통화공급으로 파악하고 통화량만을 적절히 조절한다면 인플레이션
　　　　을 제거할 수 있다고 보았다. 특히 통화주의자들은 통화량 증가율을 경제성장률에 맞추어 매년
　　　　일정하게 유지하는 준칙($k\%$ 준칙)에 입각한 통화정책의 실시를 강력하게 주장하였다.
　　㉡ 케인스학파
　　　　총수요의 증가에 의해 발생한 인플레이션을 긴축적인 총수요관리정책(긴축재정, 긴축금융정책)을
　　　　통해 억제한다.
② 비용인상 인플레이션
　　㉠ 케인스학파
　　　　비용인상 인플레이션을 임금인상, 이윤인상, 석유파동, 원자재가격상승 등으로 인한 AS곡선의
　　　　좌측이동으로 인해 발생하는 것으로 파악한 케인스학파는 총공급관리정책을 통해 비용인상 인플
　　　　레이션을 억제하려 한다. 총공급관리정책이란 정책당국이 생산성 증가율의 범위 내에서 임금 등
　　　　의 가격상승을 억제하는 정책을 실시하여 인플레이션을 억제하고자 하는 정책을 말한다.
　　㉡ 통화주의학파와 합리적 기대학파
　　　　재량에 의한 금융정책으로 수요견인 인플레이션이 발생하여 경제주체들이 그 수요견인 인플레이
　　　　션에 적응적(합리적)으로 대응하는 과정에서 비용인상 인플레이션이 발생한다고 보았다. 따라서
　　　　준칙에 의한 통화정책을 통하여 민간의 물가수준에 대한 기대가 실제물가수준과 일치할 수 있도
　　　　록 하는 것을 중요시한다($k\%$ 준칙에 입각한 통화정책).

〈인플레이션의 발생원인〉

학파	수요견인 인플레이션	비용인상 인플레이션
고전학파	통화공급(M)의 증가	통화주의는 물가수준에 대한 적응적 기대를 하는 과정에서 생긴 현상으로 파악
통화주의학파		
케인스학파	정부지출 증가, 투자 증가 등 유효수요 증가와 통화량 증가	임금인상 등의 부정적 공급충격

(4) 인플레이션의 경제적 효과

① 예상치 못한 인플레이션은 채권자에서 채무자에게로 소득을 재분배하며 고정소득자와 금융자산을 많이 보유한 사람에게 불리하게 작용한다.

② 예상치 못한 인플레이션은 경제 내의 불확실성을 증가시킨다.

③ 인플레이션은 물가수준의 상승을 의미하므로 수출재의 가격이 상승하여 경상수지를 악화시킨다.

④ 인플레이션이 실물자산에 대한 선호를 증가시킴에 따라 저축이 감소하여 자본축적을 저해하므로 경제의 장기적인 성장가능성을 저하시킨다.

---

02 실업

1. 실업의 개념

일할 의사와 능력을 가진 사람이 직업을 갖지 못한 상태를 말한다.

2. 실업률의 측정

(1) **실업률** : $\dfrac{(실업자)}{(경제활동인구)} \times 100(\%)$

(2) **경제활동참가율** : $\dfrac{(경제활동인구)}{(15세\ 이상\ 인구)} \times 100(\%)$

[생산가능인구(15세 이상 인구)] = (경제활동인구) + (비경제활동인구)

- (경제활동인구) = (실업자) + (취업자)
- 비경제활동인구는 주부, 학생, 환자, 실망노동자 등 취업할 의사가 없는 사람

3. 실업의 구분

(1) 자발적 실업

일할 능력을 갖고 있으나 현재의 임금수준에서 일할 의사가 없어서 실업상태에 있는 경우를 말한다.

① **마찰적 실업** : 일시적으로 직장을 옮기는 과정에서 발생하는 실업

② **탐색적 실업** : 보다 나은 직장을 탐색하면서 발생하는 실업

(2) 비자발적 실업

일할 의사와 능력을 갖고 있으나 현재의 임금수준에서 일자리를 구하지 못하여 실업상태에 있는 경우를 말한다.

① **경기적 실업** : 경기침체로 인해 발생하는 대량의 실업(케인스적 실업) → 경기회복으로 해결이 가능

② **구조적 실업** : 일부산업의 사양화 등 산업구조의 변화로 인하여 발생하는 실업 → 산업구조의 개편과 새로운 인력 정책으로 해결이 가능

③ 기타의 실업
ⓐ 위장실업 : 인구과잉의 후진국 농업부문에서 주로 나타나는 실업으로 겉으로 보기에는 취업상태에 있으나 한계생산력이 0인 상태의 실업을 말한다.
ⓑ 기술적 실업 : 기술진보로 노동이 인간에서 기계로 대체되어 발생하는 실업
ⓒ 계절적 실업 : 생산 또는 수요의 계절적 변화에 따라 발생하는 실업

4. 실업원인과 대책

(1) 고전학파

고전학파에 따르면 물가에 대한 완전예견과 가격·임금수준의 신축성에 기인하여 균형고용량은 완전고용수준의 고용량과 같다. 따라서 실업은 노동조합, 최저임금제, 실업수당 등 제도적 요인에 의해 발생하며 실업의 대책은 가격의 신축성을 저해하는 제도적 요인들을 최소화하는 것이다.

(2) 케인스와 케인스학파

케인스학파는 노동의 공급을 예상실질임금의 함수로 보았으나 명목임금의 하방경직성을 가정함으로써 비자발적 실업의 존재를 인정한다. 실업은 총수요의 부족에 기인하여 발생하며 정부가 총수요확대 정책을 실시하는 경우 실업을 줄일 수 있다고 본다.

(3) 통화주의학파(자연실업률가설)

① 자연실업률
ⓐ 의의 : 자연실업률이란 현재 진행되는 인플레이션을 가속시키지도 않고, 감속시키지도 않는 실업률을 말한다.
ⓑ 측정

$$U_N = \frac{U}{U+E} = \frac{(이직률)}{(이직률)+(구직률)}$$

② 자연실업률가설 : 적응적 기대와 신축적 물가를 가정하여 정부의 재량적인 정책은 단기적인 효과가 존재하나 장기에는 민간 경제주체의 기대의 변화에 의해 물가수준만 상승시킨다(준칙에 입각한 통화정책 주장). 즉, 실업을 감소시키기 위한 정부의 재량적인 정책은 장기적으로 무력하며 자연실업률 수준을 변화시키는 정책만이 있다.

(4) 새고전학파(직업탐색이론)

직업탐색이론에 따르면 불완전한 노동시장과 비대칭적 정보하에서 노동자는 보다 많은 임금의 일자리를 탐색하고, 기업은 보다 높은 생산성을 가진 노동자를 탐색하는 과정에서 일시적으로 실업이 발생한다. 따라서 실업을 감소시키기 위해서 노동시장의 정보흐름을 원활히 하고 실업수당을 감소시킬 것을 주장하였다.

1. 전통적 필립스곡선

(1) 형태

인플레이션과 실업의 관계를 구명하는 곡선을 필립스곡선(Philips Curve)이라 한다. 일반적인 필립스곡선은 우하향의 형태를 띠고 있다.

$\pi = h(u - u_n)$

(π : 인플레이션율, $h < 0$, u : 실제실업률, u_n : 자연실업률)

(2) 특징

필립스곡선은 우하향하며 실업률이 하락하면 인플레이션율이 상승하고, 실업률이 상승하면 인플레이션율이 하락한다. 그러나 정태적 기대를 가정하고 있으며 물가가 상승하고 실업률이 증가하는 스태그플레이션을 설명하지 못한다.

(3) 정책적 시사점

우하향하는 필립스곡선은 정부의 정책 개입에 따른 정책효과가 존재함을 의미하여 케인스학파의 재량정책에 정당성을 부여하였다.

2. 프리드먼 – 펠프스의 기대부가 필립스곡선(자연실업률 가설)

(1) 형태

단기적으로 경제주체들의 예상 인플레이션(π^e)이 일정할 때 단기 필립스곡선은 우하향곡선의 형태이다. 이때 정부의 인위적인 재량정책을 사용하며 경제주체들의 예상 인플레이션이 상승하면 필립스곡선도 예상 인플레이션만큼 상방이동하게 되어 장기적으로 필립스곡선은 수직형태를 띠게 된다.

$\pi = \pi^e + h(u - u_n)$

($h < 0$, u : 실제실업률, u_n : 자연실업률)

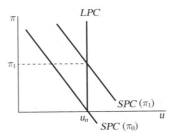

(2) 특징

적응적 기대와 가격신축성을 가정한다. 단기적으로 필립스곡선은 우하향하며 장기에는 기대의 변화로 단기 필립스곡선이 이동하게 된다. 따라서 장기 필립스곡선은 자연실업률 수준에서 수직이다.

(3) 정책적 시사점

정부의 정책은 단기적으로는 유효하나 장기적으로 물가만 불안하게 하므로 정부는 준칙에 의해 정책을 실시하여야 한다.

CHAPTER 15

경기변동과 경제성장

01 경기변동론

1. 의의

경기변동이란 실질GDP, 소비, 투자, 고용 등 집계변수들이 장기추세선을 중심으로 상승과 하락을 반복하는 현상을 말한다.

2. 경기변동요인

계절요인, 불규칙요인, 추세요인, 순환요인 : 경기의 상승과 하강에 따라 변동하는 요인

3. 경기변동의 종류

기간	종류	주기	요인
단기	키친 파동	2 ~ 6년	통화공급, 금리변동, 물가변동, 생산업자나 판매업자의 재고변동
중기	주글라 파동, 쿠즈네츠 파동	10 ~ 20년	기술혁신, 설비투자의 내용연수, 경제성장률의 변동
장기	콘트라티에프 파동	50 ~ 60년	기술혁신(산업혁명 등), 신자원개발

4. 경기지수

(1) 경기종합지수(CI; Composite Index)의 종류 : 선행종합지수, 동행종합지수, 후행종합지수

선행지수	동행지수	후행지수
1. 구인구직비율 2. 재고순환지표 3. 소비자기대지수 4. 기계류내수출하지수(선박 제외) 5. 건설수주액(실질) 6. 수출입물가비율 7. 코스피지수(한국거래소) 8. 장단기금리차	1. 비농림어업취업자 수 2. 광공업생산지수 3. 서비스업생산지수(도소매업 제외) 4. 소매판매액지수 5. 내수출하지수 6. 건설기성액(실질) 7. 수입액(실질)	1. 취업자 수 2. 생산자제품재고지수 3. 소비자물가지수변화율(서비스) 4. 소비재수입액(실질) 5. 회사채(CP)유통수익률

(2) 기업실사지수(BSI)

경기에 대한 기업가의 판단, 예측 및 계획 등의 내용을 설문조사를 통해 경기상황을 지수화한 것이다.

$$[\text{기업실사지수(BSI)}]=\frac{[(\text{긍정적 응답업체 수})-(\text{부정적 응답업체 수})]}{(\text{전체 응답업체 수})}\times 100+100$$

5. 고전적 경기변동이론(케인스 이전의 내생적 경기이론)

(1) 세이의 부분적 과잉생산설

"공급이 스스로 수요를 창출한다."라고 하여 과잉생산은 원칙적으로 발생하지 않지만, 기업가의 착오로 인하여 부분적으로 과잉생산이 일어나고 이로 인해 경기변동이 일어난다고 보았다.

(2) 멜더스의 일반적 과잉생산설

인구의 증가는 임금의 감소를 유발하고, 기업가의 이윤을 증가시키므로 경영자는 생산확장이 실행되고, 근로자는 소비지출을 감소시키므로 경기변동이 일어난다고 보았다.

(3) 호트레이의 순수화폐적 과잉투자설

은행의 신용창조에 의한 금리변동에 의해 경기변동이 발생한다고 보았다.

(4) 슘페터의 기술혁신설

기업가의 혁신에 의한 신제품, 신기술개발 등으로 경기변동이 일어난다고 보았다.

6. 새뮤얼슨의 승수 · 가속도원리

(1) 케인스의 승수이론(불황설명)에 근대적 가속도원리(호황설명)를 접목시켰다.

(2) 근대적 가속도원리(소득증가 → 소비증가 → 투자증가 → 소득증가 …)

(3) 투자의 증가 폭은 α(한계소비성향)와 β(가속도계수)의 크기에 의해 결정되며, 국민소득의 진동 폭은 한계소비성향(α)과 가속도계수(β)의 크기가 클수록 커진다고 보았다.

7. 신고전학파의 균형경기변동이론

(1) 화폐적 균형경기변동이론(루카스)

루카스의 화폐적 경기변동이론은 불완전정보, 합리적 기대, 신축적 가격조정이라는 가정을 도입하여 예측치 못한 통화량의 변화(경기변동의 원인=화폐적 요인)에 대해 합리적 기대를 하는 경제주체들이 물가변동에 대한 예상착오를 일으켜 경기변동이 발생한다고 보았다.

(2) 실물적 균형경기변동이론(프로세콧, 카디랜드)

실물적 균형경기변동이론은 합리적 기대, 동태적 최적화, 신축적 가격을 가정하며 경기변동의 원인을 생산성 충격 등의 실물적 요인으로 본다. 실물적 충격이 발생하면 투자의 완결기간(Time - to - build), 동태적 최적화 등에 의해 경기변동이 지속된다고 보았다.

8. 신케인스파의 불균형경기변동이론

합리적 기대, 동태적 최적화, 가격경직성을 가정하며 일부시장의 불균형 상태가 다른 시장에 파급됨으로써 경제전체가 불균형을 야기하고, 이로 인해 경기변동이 일어난다고 주장한다. 즉, 외부적 충격으로 총수요가 감소하면 산출량과 고용량이 감소하고 경기가 침체되지만, 가격은 즉각적으로 조정되지 않으므로 시장은 단기적으로 불균형상태를 유지하게 되며 경기변동이 발생한다고 보았다.

02 경제성장론

1. 의의

경제성장이란 오랜 기간에 걸쳐 일어나는 총체적 생산수준 혹은 실질 국내총생산의 지속적 증가와 평균 생활수준 혹은 1인당 실질GDP의 지속적 성장을 의미한다.

2. 경제성장률의 측정

- (경제성장률) $= \dfrac{Y_t - Y_{t-1}}{Y_{t-1}} \times 100$
- (1인당 경제성장률) = (경제성장률) - (인구증가율)

3. 칼도의 정형화된 사실

(1) 자본 - 산출량의 비율$\left(\text{자본계수} : \dfrac{K}{Y}\right)$은 대체로 일정하다$\left[= \dfrac{(\text{자본})}{(\text{실질GDP})}\text{이 일정}\right]$.

(2) 자본증가율은 대체로 일정하다(= 실질GDP 증가율이 자본증가율과 거의 같음).

(3) 자본 - 노동투입비율$\left(\dfrac{K}{L}\right)$과 1인당 소득$\left(\dfrac{K}{Y}\right)$이 일정비율로 증가한다(자본증가율이 노동증가율보다 크고 그 차이는 대체로 일정함을 의미).

(4) 실질이자율은 지속적으로 증가하거나 감소하는 추세를 보이지 않는다.

(5) 자본과 노동의 상대적 분배율은 대체로 일정하다.

4. 해로드 - 도마 모형

(1) 가정

① 경제 내에 생산물이 하나만 존재하는 경제이다.

② 매기의 인구증가율은 n으로 일정하다.

③ 평균저축성향(s)은 장기적으로 일정하다(S=sY, S=I).

④ 레온티에프 생산함수 : $Y=\min\left[\dfrac{K}{v}, \dfrac{N}{\alpha}\right]$ (v : 자본계수, α : 노동계수)

→ $Y=\dfrac{K}{v}=\dfrac{N}{\alpha}$일 경우 효율적 생산이 이루어진다.

(2) 내용

① 노동의 완전고용조건 : [실제성장률(G_A)]=[자연성장률(G_n)], 장기적으로 노동이 완전고용되기 위해서는 경제성장률(실제성장률)과 인구증가율이 일치해야 하며 이때의 성장률을 자연성장률(G_n)이라고 한다(G_n = n).

　㉠ 실제성장률(G_A) < 자연성장률(G_n) ··· 노동의 초과공급(실업) 발생

　㉡ 실제성장률(G_A) > 자연성장률(G_n) ··· 노동의 초과수요 발생

② 자본의 완전고용조건 : [실제성장률(G_A)]=[적정성장률(G_w)]

장기적으로 자본이 완전 가동되기 위해서는 경제성장률(실제성장률)과 자본증가율($\dfrac{s}{v}$)이 일치해야

하며, 이때의 성장률을 적정성장률(G_w)이라고 한다($G_w=\dfrac{s}{v}$).

　㉠ 실제성장률(G_A) < 적정성장률(G_w) ··· 자본의 초과공급(잉여설비) 발생

　㉡ 실제성장률(G_A) > 적정성장률(G_w) ··· 자본의 초과수요 발생

$G_w > G_n$	$G_w < G_n$
적정성장률>자연성장률 → 자본증가율(w)>인구증가율(n) → 자본의 과잉투자 → 소비가 미덕	적정성장률<자연성장률 → 자본증가율(w)<인구증가율(n) → 자본의 과소투자 → 저축이 미덕

③ 자본과 노동의 완전고용조건 : $G_A=\dfrac{s}{v}=n$($\dfrac{s}{v}$: 자본증가율, n : 인구증가율)

실질성장률(G_A)과 자본증가율, 인구증가율이 일치하는 경우에만 완전고용하에서 균형성장이 달성되나, 균형조건하의 변수들이 모두 외생적으로 주어지는 변수이므로 적정성장률(G_w)과 자연성장률(G_n)이 일치하지 않는 경우가 일반적이다. 따라서 일반적으로 경제는 불완전고용하의 성장이 나타나고, 균형성장은 나타나지 않는다.

5. 솔로우 모형

(1) 가정

① 모든 가격변수는 신축적으로 변동하고, 정보는 완전하다.

② 생산함수는 요소 간의 대체가능한 콥 – 더글라스 생산함수이다.

③ 인구증가율은 n으로 일정하다.

④ 저축은 소득의 일정비율이며 저축과 투자는 항상 일치한다($I = S$).

(2) 장기균형 : 균제상태

① 의의 : 모든 1인당 변수들이 시점에 관계없이 일정한 값을 갖는 상태를 의미한다.

② 균제조건 : $sf(k^*) = (n + d)k^*$

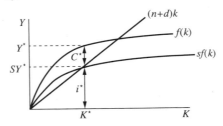

1인당 자본량을 일정수준으로 유지하기 위해 요구되는 자본축적량(우변)만큼 자본이 실제로 투자(좌변)될 때 균제상태가 달성된다. 즉, 균제상태는 $sf(k)$와 $(n + d)k$가 만나기만 하면 존재한다(k). 균제상태(k)에서의 1인당 자본량은 변하지 않는다. 1인당 자본량이 변하지 않으므로 1인당 산출량 $y = f(k)$ 역시 변하지 않는다. 따라서 1인당 생산, 소득의 증가율은 0이다. 한편, 총생산(Y), 총자본량(K), 총소비(C)의 성장률은 인구증가율(n)과 같다.

(3) 경제성장의 결정요인 : 인구 증가, 저축률의 증가, 기술진보

(4) 솔로우 모형의 문제점

① 기술진보의 요인을 모형 내에서 규명하지 못한다(성장원동력의 외생성).

② 국가 간 성장률 차이가 발생하는 원인을 설명하지 못한다(수렴가설의 한계).

01 국제무역론

1. 리카도 모형

(1) 의의

리카도 모형은 단 하나의 생산요소인 노동을 사용하여 2개의 서로 다른 재화의 생산하는 모형이다.

(2) 비교우위의 결정 : 노동생산성의 차이

무역은 국가 간 재화의 상대가격의 차이에 의해 발생한다. 이러한 재화의 상대가격차이는 리카도 모형에서 노동생산성의 차이에서 발생한다. 즉, X재 산업의 노동생산성이 외국에 비해 높은 경우 X재 생산을 더 싸게 생산할 수 있게 되어 X재 산업에서 비교우위에 있게 된다.

(3) 무역 패턴

리카도 모형에서 무역 패턴은 양국의 무역 전 상대가격의 차이로부터 결정된다. 즉, 무역 전 본국의 X재의 상대가격이 외국의 X재 상대가격보다 낮다면 본국은 X재를 수출하고 Y재를 수입하며, 반대로 외국은 X를 수입하고 Y재를 수출하게 된다.

(4) 완전 특화

리카도 모형은 노동생산성이 일정함을 가정하며 생산요소가 노동으로 유일함을 가정한다. 따라서 한 국가의 생산가능곡선은 직선으로 나타나며 교역이 발생하면 비교우위를 가진 하나의 재화에 완전 특화하여 생산하게 된다.

(5) 무역의 이익

각 재화의 상대가격차이에 의해 교역이 발생하게 된다. 각국은 교역에 따라 무역의 이익을 가지게 되는데 무역의 이익은 국제상대가격과 국내상대가격과의 격차가 클수록 커지게 된다.

(6) 리카도의 비교생산비설의 문제점

① 노동가치설에 입각해 있다(자본시장은 무시하고 있다).
② 한계생산물 체감의 법칙을 무시하고 있다. 즉, 요소의 투입량과 산출량과의 고정불변의 비례관계를 전제하고 있다(1차 동차 생산함수 전제).
③ 교역조건의 범위는 결정하나 구체적인 교역점을 알 수 없다.

2. 헥셔 - 오린 모형

(1) 의의

헥셔 - 오린 모형은 2국, 2재화, 2생산요소를 가정하는 모형이다. 이 모형을 통하여 요소부존도의 차이가 어떻게 무역을 발생시키고, 비교우위를 창출하며, 무역의 이익을 가져다주는지를 알 수 있다.

(2) 비교우위의 결정 : 요소부존도의 차이

(3) 무역 패턴

무역 패턴은 비교우위에 따라 결정된다. 헥셔 - 오린 모형에 따르면 각국은 상대적으로 풍부한 생산요소를 집약적으로 사용하는 재화를 수출하게 되고 상대적으로 부족한 재화를 집약적으로 사용하는 재화를 수입하게 된다.

(4) 불완전 특화

1차 동차 생산함수와 두 가지의 생산요소를 가정하는 헥셔 - 오린 모형은 생산가능곡선이 원점에 대해 오목한 모양이다. 이는 한 재화생산의 기회비용이 체증함을 의미하며 교역을 하는 경우 각국은 불완전 특화하게 된다.

(5) 요소가격 균등화 정리

헥셔 - 오린 모형에서 생산요소의 국가 간 이동은 불가능하다. 그러나 재화에 대한 자유무역이 발생하게 되면 양국 간 재화의 상대가격뿐만 아니라 절대가격이 동일하게 된다. 재화의 가격이 동일해짐에 따라 생산요소시장에서 생산요소의 수요의 변화와 산업 간 생산요소의 이동이 발생하고 이러한 변화에 기인하여 각국 간 생산요소의 절대가격과 상대가격이 동일하게 된다.

(6) 스톨퍼 - 새뮤얼슨 정리

교역조건(재화의 국제상대가격)의 변화는 생산과 소득분배에 변화를 가져온다. 스톨퍼 - 새뮤얼슨 정리에 따르면 어떤 한 재화의 상대가격의 상승은 그 재화의 생산을 늘리고 다른 재화의 생산을 줄이며, 그 재화에 집약적으로 사용되는 생산요소의 가격을 재화의 가격상승분보다 더 높게 상승시키고 다른 생산요소의 가격은 절대적으로 하락하게 된다.

(7) 립진스키 정리

헥셔 - 오린 모형에서 생산요소의 총량은 일정함을 가정한다. 일정하다고 가정한 생산요소의 공급이 변화하는 경우 생산에 변화가 발생하게 되는데, 이를 립진스키 정리라 한다. 립진스키 정리에 따르면 재화가격에 변화가 없는 상태에서 어떤 한 생산요소의 부존량이 증가하는 경우 그 요소를 집약적으로 사용하는 재화의 생산은 절대적으로 증가하고, 다른 생산요소를 사용하는 재화의 생산은 절대적으로 감소하게 된다.

(8) 레온티에프 역설

헥셔 – 오린 모형에 의하면 자본이 풍부한 나라는 자본집약적인 재화를 수출하고, 노동집약적인 재화를 수입하게 된다. 헥셔 – 오린 모형에 따르면 미국의 경우는 자본이 노동에 대해 상대적으로 풍부한 나라로 자본집약재를 수출하여야 하나 실증결과는 그 반대로 나타났다. 이를 레온티에프 패러독스 또는 레온티에프 역설이라 부른다.

02 무역정책론

1. 교역조건

교역조건은 양국 간에 교역되는 제품 간의 교환비율을 의미한다. 즉, 수출상품 1단위와 교환되는 수입상품의 수량을 나타내며 이를 식으로 나타내면 다음과 같다.

$$(\text{교역조건}) = \frac{(\text{수입수량지수})}{(\text{수출수량지수})} = \frac{(\text{수출가격지수})}{(\text{수입가격지수})}$$

교역조건이 개선되면 수출품 단위당 교환되는 수입품의 수량이 늘어나게 되며 수입가격에 비하여 수출가격이 상대적으로 상승하였음을 의미한다.

2. 오퍼곡선

오퍼곡선이란 주어진 수요·공급조건하에서 한 나라가 무역을 할 때 상대가격의 변화에 따라 그 나라가 수입하고자 하는 재화의 양과 그 대가로 지불(수출)하고자 하는 다른 재화의 양을 나타내는 조합의 궤적이다.

오퍼곡선은 밀(J. S. Mill)에 의해 창안되었고 이후 에지워드(F. Y. Edgeworth)와 마샬(A. Marshall)에 의해 발전하였으며 미시경제학의 소비자이론에서 나오는 가격소비곡선과 개념적으로 완전히 일치한다.

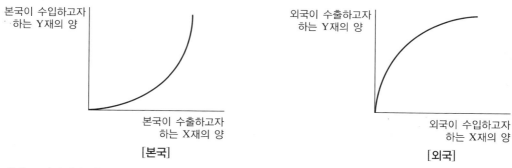

세계 균형가격은 각국의 오퍼곡선이 만나는 점(각국의 수입수요와 수출공급량이 일치하는 점)에서 이루어진다. 경제규모가 작은 소국의 경우 오퍼곡선은 국제상대가격과 동일한 기울기를 갖는 직선으로 나타난다.

3. 관세부과의 경제적 효과 : 소국의 경우

소국의 의미는 세계시장에서 결정되는 재화의 상대가격에 아무런 영향을 미치지 못함을 의미한다. 관세를 부과하는 경우는 재화를 수입하는 경우이며 이 경우 관세부과의 효과는 다음과 같다.

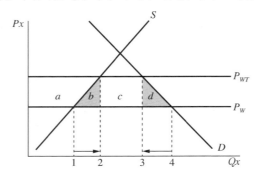

(1) 자원배분효과

① 생산(보호)효과(1 → 2 : 국내생산의 증가)

② 소비효과(4 → 3 : 국내소비의 감소)

③ 무역(수입대체)효과(14 → 23)

(2) 사회후생의 변화

생산자잉여는 증가(a)하였고 소비자잉여는 감소(a＋b＋c＋d)하였으며 정부수입은 증가(c)하였다. 그러나 생산측면의 왜곡(b)과 소비측면의 왜곡(d)이 발생하는 비효율성이 나타난다.

4. 최적 관세

자국의 후생을 극대화시키는 관세로서 자국한계대체율과 외국한계교역 조건이 일치하는 수준(본국의 무역무차별곡선과 외국의 오퍼곡선이 접하는 점)에서 사회후생이 극대화되며 그때의 관세수준이 최적관세이다. 소국의 경우 관세를 부과하더라도 교역조건 개선에 따른 이득이 발생하지 않으므로 관세부과시 항상 사회적인 후생손실을 발생하게 한다. 그러므로 소국의 경우는 최적 관세율이 0이다. 일반적으로 최적 관세율(t)은 다음과 같이 나타낼 수 있다.

$$t = \frac{1}{e^* - 1} \ (e^* : 외국의 수입수요의 가격탄력성)$$

그러나 대국의 경우 관세부과에 따른 교역조건 개선효과가 관세의 왜곡 효과보다 큰 경우 후생증대가능성이 존재한다(그러나 장기적인 관점에선 관세전쟁의 가능성에 따라 자유무역이 최선이다).

더 알아보기

메츨러의 역설(Metzler's Paradox)
대국의 경우 관세부과에 따른 국제가격 하락폭(교역조건 개선효과)이 국내가격 상승폭(관세효과)을 상회하여 관세 부과 후 수입재의 국내가격이 하락하는 현상을 말한다. 메츨러의 역설이 발생하는 경우 관세부과에 따른 국내산업 보호효과는 나타나지 않게 된다.

03 경제성장과 경제통합

1. 궁핍화 성장

성장으로 인하여 교역조건의 악화 또는 자원배분의 왜곡이 나타나는 경우, 이러한 교역조건의 악화나 왜곡이 너무 심하여 성장 그 자체에 기인하는 최초 실질소득 증가효과를 압도하므로 성장의 결과 오히려 성장 전보다 실질소득(＝후생수준)이 감소되는 형태의 성장을 의미하며 대국에서 수출편향적인 성장이 이루어지는 경우 발생한다.

2. 경제통합의 유형

경제통합의 유형	정의
자유무역지역	역내국에는 관세철폐, 역외국에 대해서는 독자관세 유지
관세동맹	역내국에는 관세철폐, 역외국에 대해서는 공동관세
공동시장	관세동맹에 더하여 생산요소의 자유로운 이동을 보장
경제동맹	공동시장에 더하여 각국 간 경제정책의 협조
완전경제통합	경제 면에서 하나의 국가와 동일

3. 관세동맹의 경제적 효과

관세동맹의 후생평가는 무역전환효과와 무역창출효과를 함께 분석하여야 한다.

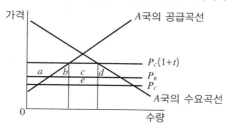

모든 국가에 대해 관세를 부과하고 있는 최초상황에서 A국은 재화를 가장 효율적으로 생산하는 C국으로부터 $P_C(1+t)$의 가격으로 수입한다. A국이 B국과 관세동맹을 체결하면 B국의 생산비가 P_B이고 관세동맹을 체결하지 않은 C국의 관세부과 후의 $P_C(1+t)$가격은 증가되어 수입을 B국으로부터 하게 된다.

(1) **무역창출효과** : 관세동맹으로 인해 가맹국들 간에 무역이 발생하는 효과

　$P_C(1+t)$로 수입하던 재화를 관세동맹으로 인해 P_B의 가격으로 수입하게 됨에 따라 수입이 증가한다. 수입이 증가함에 따른 소비자잉여는 a＋b＋c＋d만큼 증가하고 생산자잉여는 a만큼이 감소한다. 그리고 정부 관세수입이 c만큼 감소하여 총후생증가는 b＋d이다.

(2) **무역전환효과** : 관세동맹으로 인해 역외국가에서 역내국가로 전환되는 효과

　관세동맹 전 A국은 C국으로부터 수입을 하였으나 관세동맹 후 수입이 B국으로 전환되었다. 이에 따라 무역창출효과로 분석하였던 후생 평가를 수정하여야 한다. 즉, 추가적인 관세수입의 손실에 따른 후생 감소를 반영하여 관세동맹에 의해 b＋d－e만큼의 후생변화가 발생한다.

(3) **관세동맹이익**

① 역내국 간 경쟁적 산업구조일수록 효과가 크다.
② 역내국 간 시장규모가 클수록 무역창출효과 크고, 전환효과는 작다.
③ 관세동맹 이전 역내국 간 무역장벽이 높을수록 통합효과가 크다.
④ 인접국 간 유통비용이 낮고, 산업구조조정의 유연성이 클수록 경제효과가 커진다.

04　환율

1. 환율과 환율제도

(1) 의의

　국내화폐와 외국화폐가 교환되는 시장을 외환시장(Foreign Exchange Market)이라고 한다. 그리고 여기서 결정되는 두 나라 화폐의 교환비율을 환율이라고 한다. 즉, 환율이란 자국화폐단위로 표시한 외국화폐 1단위의 가격을 말한다.

(2) 환율의 변화

평가절상(＝환율 인하, 자국화폐가치 상승)		평가절하(＝환율 인상, 자국화폐가치 하락)	
• 수출 감소	• 수입 증가	• 수출 증가	• 수입 감소
• 경상수지 악화	• 외채부담 감소	• 경상수지 개선	• 외채부담 증가

(3) 환율제도

구분	고정환율제도	변동환율제도
국제수지 불균형의 조정	정부개입에 의한 해결(평가절하, 평가절상)과 역외국에 대해서는 독자관세 유지	시장에서 환율의 변화에 따라 자동적으로 조정
환위험	작음	환율의 변동성에 기인하여 환위험에 크게 노출되어 있음
환투기의 위험	작음	큼 (이에 대해 프리드먼은 환투기는 환율을 오히려 안정시키는 효과가 존재한다고 주장)
해외교란요인의 파급 여부	국내로 쉽게 전파됨	환율의 변화가 해외교란요인의 전파를 차단 (차단효과)
금융정책의 자율성 여부	자율성 상실 (불가능성 정리)	자율성 유지
정책의 유효성	금융정책 무력	재정정책 무력

2. 환율결정이론

(1) 구매력평가설

① 개념 : 환율이 각국 화폐의 구매력, 즉 물가수준의 비율에 의해서 결정된다는 이론이다. 이 이론은 교역이 자유로운 상황에서 동일한 재화의 시장가격은 유일하다는 일물일가의 법칙(Law of one Price)을 전제로 한다.

② 도출

- 절대적 구매력 평가설($P = eP^f$)

$$e = \frac{(외국화폐의\ 구매력)}{(본국화폐의\ 구매력)} = \frac{\dfrac{1}{P^f}}{\dfrac{1}{P}} \ \rightarrow \ e = \frac{P}{P^f}$$

- 상대적 구매력 평가설

$$\triangle\left(\frac{P}{P}\right) = \triangle\left(\frac{e}{e}\right) + \triangle\left(\frac{P}{P^f}\right)$$

[(물가상승률) = (환율상승률) + (외국물가상승률)]

이 식에 따르면 국내 인플레이션율과 외국 인플레이션율의 차이는 환율변화율과 일치한다.

③ 한계

㉠ 재화의 교역이 자유롭다는 구매력평가설의 가정과는 달리 실제로는 많은 나라들이 아직도 관세 등 무역장벽을 쌓고 있고, 무역에 소요되는 거래비용이 무시할 수 없을 정도로 큰 것이 일반적이다.

㉡ 각 나라가 생산하는 상품이 완전히 동질적일 수는 없다. 따라서 일물일가의 법칙을 적용하는 데 무리가 따른다.

㉢ 보편적으로 비교역재(Non - tradable Goods)가 존재한다. 따라서 비교역재를 포함한 일반물가 수준의 차이로는 환율결정방식을 설명할 수 없다.

(2) 이자율평가설

① 의의 : 이자율평가설(IRP Theory; Interest Rate Parity Theory)은 국가 간 자본이동에 아무런 제약이 없다면, 투자자가 갖고 있는 국내통화를 국내에 투자하든 외국통화로 바꿔서 외국에 투자하든 그 자본투자에 따른 수익률이 같아야 한다는 것을 주된 내용으로 한다. 즉, 이자율평가설은 환율이 두 나라 간 명목이자율 차이에 의해 결정된다고 본다.

② 균형환율의 결정

$$r = r^f + \frac{e_{t+1} - e_t}{e_t}$$

$$r = r^f + \frac{\Delta e}{e}$$

㉠ $1 + r > \dfrac{e_{t+1}}{e_t}(1 + r^f)$ 인 경우

㉡ $1 + r < \dfrac{e_{t+1}}{e_t}(1 + r^f)$ 인 경우

해외투자수익률이 높아 해외투자를 위하여 외환을 매입하고 원화를 매도하게 된다. 따라서 환율이 상승하여 양국의 투자수익률은 동일하게 된다.

1. 국제수지표의 구성 및 작성방법

(1) 국제수지표의 구성

① 경상수지는 상품수지, 서비스수지, 본원소득수지 및 이전소득수지의 4개 세부항목으로 구성된다.

상품수지	• 상품의 수출액과 수입액의 차이를 의미한다. • 수출이 수입보다 크면 수지는 흑자가 되며, 수입이 수출보다 큰 경우 수지는 적자가 된다.
서비스수지	• 외국과의 서비스거래로 수취한 돈과 지급한 돈의 차이를 의미한다. • 서비스 수입에는 우리나라의 선박이나 항공기가 상품을 나르고 외국으로부터 받은 운임, 외국관광객이 국내에서 쓴 돈, 국내기업이 외국기업으로부터 받은 특허권 사용료 등이 포함된다. • 서비스 지급에는 우리나라가 외국에 지급한 운임, 해외 여행 경비, 해외 광고비 등이 포함된다.
본원소득수지	• 급료 및 임금 수지와 투자소득수지로 구성된다. • 급료 및 임금 수지는 거주자가 외국에 단기간(1년 미만) 머물면서 일한 대가로 받은 돈과 국내에 단기로 고용된 비거주자에게 지급한 돈의 차이를 의미한다. • 투자소득수지는 거주자가 외국에 투자하여 벌어들인 배당금·이자와 국내에 투자한 비거주자에게 지급한 배당금·이자의 차이를 의미한다.
이전소득수지	• 거주자와 비거주자 사이에 아무런 대가 없이 주고받은 거래의 차이를 의미한다. • 이전소득수지에는 해외에 거주하는 교포가 국내의 친척 등에게 보내오는 송금이나 정부 간에 이루어지는 무상원조 등이 기록된다.

② 자본수지에는 자본이전 및 비생산·비금융자산 거래가 기록된다.

자본이전	자산 소유권의 무상이전, 해외 이주비, 채권자에 의한 채무면제 등
비생산· 비금융자산	아래와 같은 자산의 취득과 처분 • 브랜드네임, 상표 등 마케팅자산 • 토지, 지하자원 등 비생산 유형자산 • 기타 양도 가능한 무형자산

③ 금융계정은 직접투자, 증권투자, 파생금융상품, 기타투자 및 준비자산으로 구성되며 거주자의 입장에서 자산 또는 부채 여부를 판단한다.

직접투자	• 직접투자 관계에 있는 투자자와 투자대상기업 간에 일어나는 대외거래 • 해외부동산 취득 및 주식 구입이나 자금대여를 포함
증권투자	거주자와 비거주 간에 이루어진 주식, 채권 등에 대한 투자
파생금융상품	파생금융상품거래로 실현된 손익 및 옵션 프리미엄 지급·수취
기타투자	직접투자, 증권투자, 파생금융상품 및 준비자산에 포함되지 않는 거주자와 비거주자 간의 모든 금융거래
준비자산	중앙은행의 외환보유액 변동분 중 거래적 요인에 의한 것만 포함

(2) 국제수지표의 작성방법

구분	차변(지급)	대변(수입)
경상수지	• 상품 수입(실물자산 증가) • 서비스 지급(제공 받음) • 본원소득 지급 • 이전소득 지급	• 상품 수출(실물자산 감소) • 서비스 수입(제공함) • 본원소득 수입 • 이전소득 수입
자본수지	• 자본이전 지급 • 비생산·비금융자산 취득	• 자본이전 수입 • 비생산·비금융자산 처분
금융계정	• 금융자산 증가 • 금융부채 감소	• 금융자산 감소 • 금융부채 증가

※ 국제수지는 복식부기원칙에 의하여 작성되므로 항상 차변과 대변이 일치하는 국제수지 균형상태에 있다.

2. 국민소득항등식과 경상수지

경상수지와 국민총생산	$Y=C+I+G+X-M$ $Y-(C+I+G)=X-M$ • 국내총생산이 국내총지출수준보다 큰 경우 경상수지는 흑자이다. 즉, 국내에서 소비하고 남은 부분을 해외수출하게 된다. • 국내총지출이 국내총생산보다 큰 경우 경상수지는 적자이다. 즉, 국내총생산을 초과하는 지출만큼 해외로부터 수입하게 된다.
경상수지와 저축	$Y=C+I+G+X-M$ $(S-I)+(T-G)=X-M$ [민간저축(S)]+[정부저축(T-G)]-[투자(I)]=[해외투자(X-M)] 국내총저축 수준이 국내투자 수준을 상회하는 경우 해외투자 (경상수지)가 양이 된다. 즉, 경상수지 적자는 국내총투자가 저축을 초과하기 때문에 발생한다.

3. 국제수지 균형곡선

(1) 의의

BP곡선은 국제수지를 균형으로 만드는 국민소득과 이자율의 조합을 의미한다.

(2) 도출

국가 간 자본이동에 아무런 제약 없이 해외자본유출입이 자유화되면 국제수지는 경상수지$(X-Q)$와 자본수지(F)의 합, 즉 $BP=(X-Q)+F(r-r^f)$로 구성된다. 해외이자율(r^f)에 비해 국내이자율(r)이 높다면 외국인들의 국내자산에 대한 투자는 증가한다. 결국 순자본유입(F)은 국내외 이자율차이$(r-r^f)$의 증가함수가 된다.

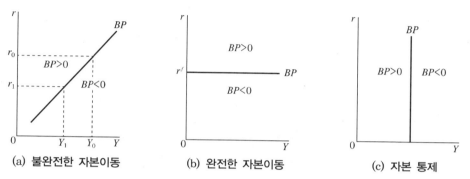

(a) 불완전한 자본이동　　(b) 완전한 자본이동　　(c) 자본 통제

4. 고정환율제에서의 정책효과

자본이동이 자유로운 고정환율제도에서 재정정책은 유효한 반면 화폐금융정책은 아무런 효과를 갖지 못한다.

(1) 재정정책

정부지출의 증가는 IS곡선을 IS_0에서 IS_1으로 우측이동시킨다. 그러면 새로운 대내균형은 점 A_1에서 이루어진다. 국내금리가 국제금리보다 높아지므로 해외자본이 급속히 유입되어 국제수지 흑자가 되고 환율하락을 막기 위한 중앙은행개입(자국통화 매도와 외화 매입)의 결과 국내통화량이 증가해서 LM곡선이 LM_0에서 LM_1으로 우측이동하여 LM곡선은 점 A_2까지 이동한다.

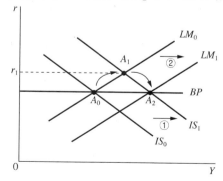

(2) 화폐금융정책

통화량이 증가하면 LM곡선이 LM_1으로 우측이동하므로 A_1점에서 대내균형이 이루어진다. 이때 국내이자율이 국제이자율보다 낮아지면서 해외로 자본이 유출되어 국제수지 적자가 되고, 환율상승을 막기위한 중앙은행개입(자국통화 매입과 외환 매도)의 결과 통화량이 감소한다. 이에 따라 LM곡선은 다시좌측으로 이동하여 원래의 위치로 되돌아온다. 따라서 고정환율제도에서 확장적 화폐금융정책은 수요측면의 균형총생산 또는 국민소득(Y)을 증대시키는 데 효과가 없다.

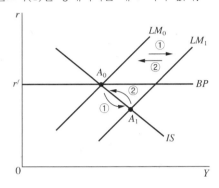

5. 변동환율제에서의 정책효과

자본이동이 자유로운 변동환율제도에서 금융정책은 유효한 반면 재정정책은 아무런 효과를 갖지 못한다.

(1) 재정정책

정부지출이 증가하면 IS곡선은 IS_1으로 우측이동한다. 그 결과 새로운 대내균형은 IS_1과 LM이 교차하는 A_1점에서 결정될 것이다. 새로운 대내균형점 A_1에서는 국내이자율이 국제이자율보다 높기 때문에 해외로부터 자본이 급속히 유입되어 국제수지는 흑자가 된다. 한편, 국내통화가치의 상승(Appreciation)에 따른실질환율 하락은 생산물시장에서 순수출을 감소시키므로 IS곡선을 다시 좌측으로 이동시킨다. 따라서변동환율제도에서 확장적 재정정책은 국민소득(Y)을 증대시키는 데 효과가 없다.

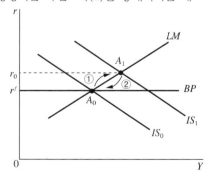

(2) 화폐금융정책

중앙은행이 통화량을 증가시키면 LM곡선은 LM_1으로 우측이동하고 A_1에서 새로운 대내균형이 형성된다. 이때 국내이자율이 국제이자율보다 낮아 자본유출이 발생하고 환율이 상승한다. 이에 따라 경상수지가 호전되고, 그 결과 생산물시장에서 IS곡선이 IS_1으로 우측이동하여 A_2에 도달한다. 따라서 변동환율제도에서 확장적 화폐금융정책은 수요측면의 균형총생산 또는 국민소득(Y)을 증대시키는 데 효과가 있다.

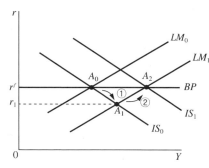

01 자동차 타이어에 대한 수요와 공급이 각각 $Q_D = 800 - 2P$, $Q_S = 200 + 3P$로 주어져 있다. 정부가 소비자에게 타이어 1개당 50원의 세금을 부과한다고 할 때, 공급자가 받는 가격과 소비자가 지불하는 가격을 바르게 짝지은 것은?(단, P는 가격을 나타낸다)

① 100원, 120원   ② 100원, 150원

③ 120원, 100원   ④ 120원, 150원

02 생산요소로서 유일하게 노동만 보유한 H기업의 총생산, 한계생산, 평균생산에 대한 내용이 다음 자료와 같을 때, 빈칸에 들어갈 수로 옳지 않은 것은?

요소투입량	총생산	한계생산	평균생산
1	가	90	90
2	나	70	다
3	210	라	70

① 가 : 90   ② 나 : 160

③ 다 : 80   ④ 라 : 60

03 자전거를 생산하는 H기업의 수요곡선은 $P = 500$, 한계비용은 $MC = 200 + \frac{1}{3}Q$이다. H기업의 공장에서 자전거를 생산할 때 오염물질이 배출되는데, 이 피해는 생산하는 자전거 한 대당 20이다. 다음 중 H기업의 사적 이윤극대화 생산량(A)과 사회적으로 바람직한 생산량(B)을 순서대로 바르게 나열한 것은?(단, P는 가격, Q는 생산량이다)

	(A)	(B)
①	700	840
②	700	860
③	900	840
④	900	860

04 완전경쟁시장에서 수요곡선은 $Q_d = 8 - 0.5P$이고 공급곡선은 $Q_s = P - 4$라고 할 때, 균형가격 (P)과 소비자잉여(CS)의 크기는?(단, Q_d는 수요량, Q_s는 공급량이다)

① $P = 4$, $CS = 8$ ② $P = 4$, $CS = 16$

③ $P = 8$, $CS = 8$ ④ $P = 8$, $CS = 16$

05 완전경쟁시장에서 수요곡선과 공급곡선이 다음과 같을 때, 시장균형에서 공급의 가격탄력성으로 옳은 것은?(단, P는 가격, Q는 수량이다)

- 수요곡선 : $P = 7 - 0.5Q$
- 공급곡선 : $P = 2 + 2Q$

① 0.75   ② 1

③ 1.25   ④ 1.5

06 다음 그림과 관련된 (A) ~ (C)에 들어갈 경제 개념을 순서대로 바르게 나열한 것은?

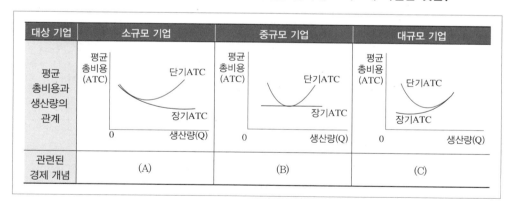

	(A)	(B)	(C)
①	규모의 경제	규모의 수확불변	규모의 비경제
②	한계비용체감	한계비용불변	한계비용체증
③	한계효용체감	한계효용불변	한계효용체증
④	한계생산성 체감	한계생산성 불변	한계생산성 증대

07 다음 그림은 주어진 생산요소(자원과 기술)를 이용하여 최대한 생산할 수 있는 X재와 Y재의 생산량 조합을 나타낸 곡선이다. 이 곡선이 점선과 같이 이동하였을 때 이에 대한 설명으로 옳지 않은 것은?

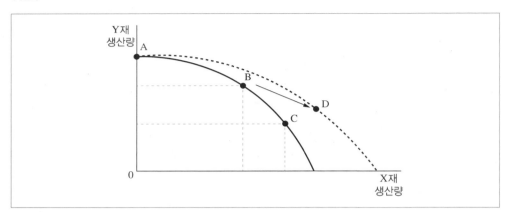

① 생산가능곡선이라고 한다.
② 곡선이 이동한 후 B점은 비효율적이어서 생산하지 않는다.
③ 곡선이 이동한 후 X재 생산량뿐만 아니라 Y재의 생산량도 증가할 수 있다.
④ X재 1단위를 추가로 생산할 때마다 단위당 기회비용은 체감한다.

08 아래 두 그래프는 케인즈 모형에서 정부지출의 증가(ΔG)로 인한 효과를 나타내고 있다. 이에 대한 설명으로 옳은 것을 〈보기〉에서 모두 고르면?(단, C는 소비, I는 투자, G는 정부지출이다)

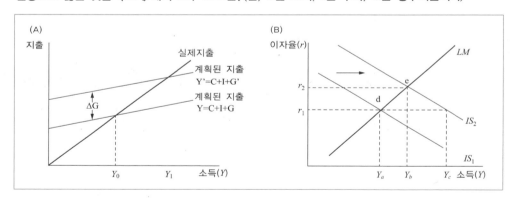

보기

ㄱ. (A)에서 $Y_0 \rightarrow Y_1$의 크기는 한계소비성향의 크기에 따라 달라진다.
ㄴ. (A)의 $Y_0 \rightarrow Y_1$의 크기는 (B)의 $Y_a \rightarrow Y_b$의 크기와 같다.
ㄷ. (B)의 새로운 균형점 e는 구축효과를 반영하고 있다.
ㄹ. (A)에서 정부지출의 증가는 재고의 예기치 않은 증가를 가져온다.

① ㄱ, ㄴ   ② ㄱ, ㄷ
③ ㄴ, ㄷ   ④ ㄴ, ㄹ

09 다음 〈보기〉에서 유량변수와 저량변수를 순서대로 바르게 나열한 것은?

> **보기**
>
> ㉠ 소비   ㉡ 통화량
> ㉢ 노동량   ㉣ 공급량
> ㉤ 수요량

	유량변수	저량변수
①	㉠, ㉡	㉢, ㉣, ㉤
②	㉠, ㉡, ㉢	㉣, ㉤
③	㉠, ㉣, ㉤	㉡, ㉢
④	㉢, ㉣, ㉤	㉠, ㉡

10 다음 중 소비자이론에 대한 설명으로 옳지 않은 것은?

① 두 개의 재화만 생산하는 경제의 생산가능곡선이 원점에 대하여 오목한 경우, 한 재화의 생산을 줄이고 다른 재화의 생산을 늘릴 때, 한계변환율(MRT; Marginal Rate of Transformation)은 체증한다.

② 기펜재(Giffen goods)의 경우 대체효과와 소득효과가 함께 작용하며, 소득효과의 절댓값이 대체효과의 절댓값보다 작기 때문에 수요량의 변화와 가격의 변화가 같은 방향으로 움직인다.

③ 재화의 가격이 하락하는 경우 대체효과로 인하여 가격변화 전보다 그 재화를 더 많이 소비하게 된다.

④ 정상재의 가격이 하락하는 경우 소득효과로 인하여 소비자들은 그 재화를 더 많이 소비하게 된다.

11 다음 중 솔로우(Solow)의 성장 모형에 대한 설명으로 옳은 것은?

① 생산요소 간의 비대체성을 전제로 한다.

② 인구증가율이 높아질 경우 새로운 정상상태(Steady-state)의 1인당 산출량은 증가한다.

③ 저축률은 1인당 자본량을 증가시키므로 항상 저축률이 높을수록 좋다.

④ 기술진보는 균형성장경로의 변화 요인이다.

12 다음 중 통화정책과 재정정책에 대한 설명으로 옳지 않은 것은?

① 경제가 유동성 함정에 빠져 있을 경우에는 통화정책보다는 재정정책이 효과적이다.

② 전통적인 케인스 경제학자들은 통화정책이 재정정책보다 더 효과적이라고 주장했다.

③ 재정정책과 통화정책을 적절히 혼합하여 사용하는 것을 정책혼합(Policy Mix)이라고 한다.

④ 화폐공급의 증가가 장기에서 물가만을 상승시킬 뿐 실물변수에는 아무런 영향을 미치지 못하는 현상을 화폐의 장기중립성이라고 한다.

13 다음은 구축효과에 대한 설명이다. 빈칸 ㉠ ~ ㉢에 들어갈 용어를 순서대로 바르게 나열한 것은?

구축효과에 의하면 정부지출 증가가 ___㉠___ 을 / 를 통해 민간의 ___㉡___ 을 / 를 유발한다. ___㉢___ 학파 이론에서는 구축효과를 크게 본 반면에 ___㉣___ 학파 이론에서는 구축효과를 작게 보았다.

	㉠	㉡	㉢	㉣
①	소득 증가	소비수요 증가	고전	케인스
②	소득 증가	소비수요 증가	케인스	고전
③	이자율 상승	투자수요 감소	고전	케인스
④	이자율 상승	투자수요 증가	고전	케인스

14 다음 중 케인스학파 경제학자들이 경기침체기에 금융정책이 효과를 나타내지 못한다고 생각하는 이유로 옳은 것은?

① 화폐수요와 투자수요 모두 이자율에 대해 상당히 탄력적이기 때문이다.

② 화폐수요와 투자수요 모두 이자율에 대해 완전비탄력적이기 때문이다.

③ 화폐수요는 이자율에 대해 상대적으로 탄력적이고 투자수요는 이자율에 대해 상대적으로 비탄력적이기 때문이다.

④ 화폐수요는 이자율에 대해 상대적으로 비탄력적이고 투자수요는 이자율에 대해 상대적으로 탄력적이기 때문이다.

15 다음 중 주어진 물가수준에서 총수요곡선을 오른쪽으로 이동시키는 원인으로 옳은 것을 〈보기〉에서 모두 고르면?

> **보기**
>
> ㄱ. 개별소득세 인하
> ㄴ. 장래경기에 대한 낙관적인 전망
> ㄷ. 통화량 감소에 따른 이자율 상승
> ㄹ. 해외경기 침체에 따른 순수출의 감소

① ㄱ, ㄴ
② ㄴ, ㄷ
③ ㄷ, ㄹ
④ ㄱ, ㄴ, ㄷ

16 다음 중 시장실패에 대한 설명으로 옳지 않은 것은?

① 시장실패를 교정하려는 정부의 개입으로 인하여 오히려 사회적 비효율이 초래되는 정부실패가 나타날 수 있다.

② 타 산업에 양(+)의 외부효과를 초래하는 재화의 경우에 수입관세를 부과하는 것보다 생산보조금을 지불하는 것이 시장실패를 교정하기 위해 더 바람직한 정책이다.

③ 공공재의 경우 무임승차의 유인이 존재하므로 사회적으로 바람직한 수준보다 적게 생산되는 경향이 있다.

④ 거래비용의 크기에 관계없이 재산권이 확립되어 있으면 당사자 간 자발적인 협상을 통하여 외부효과에 따른 시장실패를 해결할 수 있다.

17 다음 중 완전경쟁산업 내의 개별 기업에 대한 설명으로 옳지 않은 것은?

① 한계수입은 시장가격과 일치한다.

② 해당 개별 기업이 직면하는 수요곡선은 우하향한다.

③ 시장가격보다 높은 가격을 책정하면 시장점유율은 없다.

④ 이윤극대화 생산량에서는 시장가격과 한계비용이 일치한다.

18 소규모 개방경제에서 국내 생산자들을 보호하기 위해 X재의 수입에 대하여 관세를 부과한다고 할 때, 다음 설명 중 옳은 것은?(단, X재에 대한 국내 수요곡선은 우하향하고 국내공급곡선은 우상향한다)

① X재에 대한 수요와 공급의 가격탄력성이 낮을수록 관세부과로 인한 자중손실이 작아진다.
② 국내 소비자잉여가 증가한다.
③ 국내 생산자잉여가 감소한다.
④ 관세부과로 인한 경제적 손실 크기는 X재에 대한 수요와 공급의 가격탄력성과 관계없다.

19 다음 중 기업이 가격차별을 할 수 있는 환경으로 옳지 않은 것은?

① 제품의 재판매가 용이한 환경
② 소비자들의 특성이 다양한 환경
③ 기업의 독점적 시장지배력이 높은 환경
④ 분리된 시장에서 수요의 가격탄력성이 서로 다른 환경

20 다음 중 전력에 대한 수요곡선을 이동시키는 요인으로 옳지 않은 것은?

① 소득의 변화
② 전기요금의 변화
③ 도시가스의 가격 변화
④ 전기 기기에 대한 수요 변화

21 H기업의 생산함수는 $Q=4L+8K$이다. 노동가격은 3이고 자본가격은 5일 때, 재화 120을 생산하기 위해 비용을 최소화하는 생산요소를 바르게 짝지은 것은?(단, Q는 생산량, L은 노동, K는 자본이다)

	L	K
①	0	15
②	0	25
③	10	10
④	25	0

22 한 경제의 취업자 수가 120만 명이라고 한다. 이 경제의 실업률은 20%이고 노동가능인구(생산가능인구)는 200만 명이라고 할 때, 이 경제의 경제활동참가율로 옳은 것은?

① 33.3%
② 50%
③ 66.7%
④ 75%

23 다음 글의 상황을 의미하는 경제용어로 옳은 것은?

> 일본의 장기불황과 미국의 금융위기 사례에서와 같이 금리를 충분히 낮추는 확장적 통화정책을 실시해도 가계와 기업이 시중에 돈을 풀어놓지 않는 상황을 말한다. 특히 일본의 경우 1990년대 제로금리를 고수했음에도 불구하고 소위 '잃어버린 10년'이라고 불리는 장기 불황을 겪었다. 불황 탈출을 위해 확장적 통화정책을 실시했지만 경제성장률은 계속 낮았다. 이후 경기 비관론이 팽배해지고 디플레이션이 심화되면서 모든 경제 주체가 투자보다는 현금을 보유하려는 유동성 선호경향이 강해졌다.

① 유동성 함정(Liquidity Trap)
② 공개시장조작
③ 용의자의 딜레마
④ 동태적 비일관성

24 시장에서 어떤 상품의 가격이 상승하면서 동시에 거래량 또한 증가하였을 때, 이러한 변화를 가져올 수 있는 요인으로 옳은 것은?(단, 이 재화는 정상재이다)

① 이 상품의 생산과 관련된 기술의 진보
② 이 상품과 보완관계에 있는 상품의 가격 하락
③ 이 상품과 대체관계에 있는 상품의 가격 하락
④ 이 상품을 주로 구매하는 소비자들의 소득 감소

25 다음은 불평등지수에 대한 설명이다. 빈칸 ㉮ ~ ㉰에 들어갈 내용을 순서대로 바르게 나열한 것은?

> • 지니계수가 ___㉮___ 수록, 소득불평등 정도가 크다.
> • 십분위분배율이 ___㉯___ 수록, 소득불평등 정도가 크다.
> • 앳킨슨 지수가 ___㉰___ 수록, 소득불평등 정도가 크다.

	㉮	㉯	㉰
①	클	클	작을
②	클	작을	클
③	작을	클	클
④	작을	클	작을

26 다음 중 탄력성에 대한 설명으로 옳은 것은?

① 가격이 1% 상승할 때 수요량이 2% 감소했다면 수요의 가격탄력성은 0.5이다.

② 소득이 5% 상승할 때 수요량이 1%밖에 증가하지 않았다면 이 상품은 기펜재(Giffen Goods)이다.

③ 잉크젯프린터와 잉크카트리지 간의 수요의 교차탄력성은 0보다 크다.

④ 수요의 가격탄력성이 0보다 크고 1보다 작으면 가격이 상승함에 따라 소비자의 총지출은 증가한다.

27 다음 중 내생적 성장이론에서 주장하는 내용으로 옳지 않은 것을 〈보기〉에서 모두 고르면?

> **보기**
>
> 가. 금융시장이 발달하면 투자의 효율성이 개선되어 경제성장이 촉진된다.
> 나. 연구부문의 고용비율이 높아지면 성장률이 장기적으로 높아질 수 있다.
> 다. 외부효과를 갖는 지식의 경우에는 수확체감의 법칙이 적용되지 않는다.
> 라. 자본의 한계생산이 체감하지 않으므로 국가 간 소득수준의 수렴이 빠르게 발생한다.

① 다

② 라

③ 가, 나

④ 나, 다

28 2018년과 2023년 빅맥 가격이 아래와 같고 일물일가의 법칙이 성립한다고 할 때, 다음 중 옳지 않은 것은?(단, 환율은 빅맥 가격을 기준으로 표시한다)

2018년		2023년	
원화 가격	달러 가격	원화 가격	달러 가격
5,000원	5달러	5,400원	6달러

① 2023년 원화의 명목환율은 구매력평가 환율보다 낮다.

② 빅맥의 1달러 당 원화 가격은 두 기간 사이에 10% 하락했다.

③ 달러 대비 원화의 가치는 두 기간 사이에 10% 상승했다.

④ 달러 대비 원화의 실질환율은 두 기간 사이에 변하지 않았다.

29 다음 중 IS곡선에 대한 설명으로 옳지 않은 것은?

① IS곡선 하방의 한 점은 생산물시장이 초과수요 상태임을 나타낸다.
② 한계저축성향(s)이 클수록 IS곡선의 기울기는 가팔라진다.
③ 정부지출과 조세가 동액만큼 증가하더라도 IS곡선은 우측으로 이동한다.
④ 피구(Pigou)효과에 따라 IS곡선의 기울기는 가팔라진다.

30 다음 중 일반적인 필립스곡선에 나타나는 실업률과 인플레이션의 관계에 대한 설명으로 옳지 않은 것은?

① 장기적으로 인플레이션과 실업률 사이에 특별한 관계가 없다.
② 실업률을 낮추기 위하여 확장적인 통화정책을 사용하는 경우 인플레이션이 일어난다.
③ 단기적으로는 인플레이션율과 실업률이 반대방향으로 움직이는 경우가 대부분이다.
④ 인플레이션에 대한 높은 기대 때문에 인플레이션이 나타난 경우에도 실업률은 하락한다.

31 다음 〈보기〉의 빈칸 ㉠ ~ ㉢에 들어갈 단어를 순서대로 바르게 나열한 것은?

> **보기**
> • 환율이 ____㉠____ 하면, 순수출이 증가한다.
> • 국내이자율이 높아지면 환율은 ____㉡____ 한다.
> • 국내물가가 오르면 환율은 ____㉢____ 한다.

	㉠	㉡	㉢
①	하락	상승	하락
②	하락	상승	상승
③	상승	하락	하락
④	상승	하락	상승

32 다음 중 고전학파와 케인스에 대한 설명으로 옳지 않은 것은?

① 케인스는 경기가 침체할 경우 정부의 적극적 개입이 바람직하지 않다고 주장하였다.

② 고전학파는 임금이 매우 신축적이어서 노동시장이 항상 균형상태에 이르게 된다고 주장하였다.

③ 케인스는 저축과 투자가 국민총생산의 변화를 통해 같아지게 된다고 주장하였다.

④ 고전학파는 실물경제와 화폐를 분리하여 설명하였다.

33 다음 중 독점적 경쟁시장에 대한 설명으로 옳지 않은 것은?

① 독점적 경쟁시장은 완전경쟁시장과 독점시장의 중간 형태이다.

② 대체성이 높은 제품의 공급자가 시장에 다수 존재한다.

③ 시장진입과 퇴출이 자유롭다.

④ 비가격경쟁보다 가격경쟁이 활발히 진행된다.

34 다음 〈보기〉의 내용을 참고하여 계산한 실업률로 옳은 것은?

> **보기**
> • 생산가능인구 : 50,000명
> • 취업자 수 : 20,000명
> • 실업자 수 : 5,000명

① 10% ② 15%

③ 20% ④ 25%

35 다음 〈보기〉와 같이 H기업이 생산량을 늘린다고 할 때, 한계비용으로 옳은 것은?

> **보기**
>
> • H기업의 제품 1단위당 노동가격은 4, 자본가격은 6이다.
> • H기업은 제품 생산량을 50개에서 100개로 늘리려고 한다.
> • (평균비용) $= P = 2L + K + \dfrac{100}{Q}$ (L : 노동가격, K : 자본가격, Q : 생산량)

① 10 ② 12
③ 14 ④ 16

36 다음 중 확장적 통화정책이 미치는 영향으로 옳은 것은?

① 건강보험료 등이 인상되어 정부의 세금수입이 늘어난다.
② 이자율이 하락하고, 소비 및 투자가 감소한다.
③ 이자율이 상승하고, 환율이 하락한다.
④ 은행이 채무불이행 위험을 줄이기 위해 더 높은 이자율과 담보비율을 요구한다.

37 다음 중 리카도 비교우위에 대한 설명으로 옳지 않은 것은?

① 고전학파인 데이비드 리카도에 의해 정립된 개념이다.
② 생산비가 절대적으로 낮은 상품을 양국이 각각 특화하여 교역하면 양국 모두에게 이익이 된다.
③ 양국 중 한 나라가 모든 재화에서 절대우위에 있더라도 생산비가 더 적게 드는 상품에 특화하여 교역하면 양국이 모두 이익을 얻을 수 있다.
④ 비현실적인 노동가치설을 바탕으로 하며, 국가 간 생산요소 이동이 없음을 가정한다.

38 다음 중 무차별곡선의 모양에 대한 설명으로 옳지 않은 것은?

① 완전대체재의 경우 무차별곡선은 마이너스 기울기를 갖는 직선이다.

② 완전보완재의 경우 무차별곡선은 L자형의 모양을 나타낸다.

③ 두 재화 중 한 재화가 음의 효용을 가져다줄 경우 무차별곡선은 우상향한다.

④ 투자자가 위험을 회피할수록 투자자의 무차별곡선 기울기는 커진다.

39 다음 〈보기〉는 IS – LM 곡선에 대한 설명이다. 빈칸 ㉠ ~ ㉢에 들어갈 단어를 순서대로 바르게 나열한 것은?

> **보기**
> • IS – LM 곡선은 거시경제에서의 이자율과 ____㉠____ 을 분석하는 모형이다.
> • 경제가 IS곡선의 왼쪽에 있는 경우, 저축보다 투자가 많아지게 되어 ____㉡____ 이 / 가 발생한다.
> • LM곡선은 ____㉢____ 의 균형이 달성되는 점들의 조합이다.

	㉠	㉡	㉢
①	총생산량	초과공급	상품시장
②	총생산량	초과수요	상품시장
③	국민소득	초과수요	화폐시장
④	국민소득	초과공급	화폐시장

40 다음 중 유동성 함정에 대한 설명으로 옳은 것을 〈보기〉에서 모두 고르면?

> **보기**
> ㉠ 유동성 함정은 고전학파의 대표적인 이론으로 통화공급의 증가가 이자율을 낮출 수 있음을 설명한다.
> ㉡ 유동성 함정은 시장참여자들이 미래 디플레이션을 예상하거나 수요부족, 경기불황 등에서 나타난다.
> ㉢ 유동성 함정은 유동성이 충분하여 실질금리가 0인 상태를 말한다.
> ㉣ 유동성 함정은 IS-LM 모형에서 LM 곡선이 수평이 된다.

① ㉠, ㉡   ② ㉠, ㉢

③ ㉡, ㉢   ④ ㉡, ㉣

PART 3

최종점검 모의고사

제1회
최종점검 모의고사

※ 최종점검 모의고사(전공)는 채용공고를 기준으로 구성한 것으로 실제 시험과 다를 수 있습니다.

※ 응시 직렬에 맞추어 해당 영역을 학습하기 바랍니다.

■ 취약영역 분석

번호	O/×	영역	번호	O/×	영역	번호	O/×	영역
1			21			41		
2			22			42		
3			23		경영학원론	43		
4			24			44		
5			25			45		
6			26			46		경제학원론
7			27			47		
8			28			48		
9			29			49		
10			30			50		
11		경영학원론	31					
12			32					
13			33		경제학원론			
14			34					
15			35					
16			36					
17			37					
18			38					
19			39					
20			40					

평가문항	50문항	평가시간	60분
시작시간	:	종료시간	:
취약영역			

🕐 응시시간 : 60분   📋 문항 수 : 50문항   정답 및 해설 p.028

정답 및 해설 p.028

---

01   **경영학원론**

---

01   다음 중 재무레버리지에 대한 설명으로 옳은 것은?

① 재무레버리지란 자산을 획득하기 위해 조달한 자금 중 재무고정비를 수반하는 자기자본이 차지하는 비율이다.

② 재무고정비로 인한 영업이익의 변동률에 따른 주당순자산(BPS)의 변동 폭은 확대되어 나타난다.

③ 재무고정비에는 부채뿐만 아니라 보통주배당도 포함된다.

④ 재무레버리지도(DFL; Degree of Financial Leverage)는 영업이익의 변동에 따른 주당이익(EPS)에 미치는 영향을 분석한 것이다.

02   다음 중 자재소요계획(MRP)에 대한 설명으로 옳은 것은?

① MRP는 풀 생산방식(Pull System)에 속하며 시장 수요가 생산을 촉발시키는 시스템이다.

② MRP는 독립수요를 갖는 부품들의 생산수량과 생산시기를 결정하는 방법이다.

③ 자재명세서의 부품별 계획 주문 발주시기를 근거로 MRP를 수립한다.

④ 생산 일정계획의 완제품 생산일정(MPS), 자재명세서(BOM), 재고기록철(IR) 정보를 근거로 MRP를 수립한다.

03   다음 중 기계적 조직과 유기적 조직에 대한 설명으로 옳지 않은 것은?

① 기계적 조직은 공식화 정도가 낮고, 유기적 조직은 공식화 정도가 높다.

② 기계적 조직은 경영관리 위계가 수직적이고, 유기적 조직은 경영관리 위계가 수평적이다.

③ 기계적 조직은 직무 전문화가 높고, 유기적 조직은 직무 전문화가 낮다.

④ 기계적 조직은 의사결정권한이 집중화되어 있고, 유기적 조직은 의사결정권한이 분권화되어 있다.

04 다음 중 경제적 자립권과 독립성을 포기한 채 시장독점이라는 단일한 목적 아래 여러 기업이 뭉쳐서 이룬 하나의 통일체를 의미하는 조직으로 옳은 것은?

① 카르텔(Kartell)　　　　　　　　　　② 신디케이트(Syndicate)

③ 트러스트(Trust)　　　　　　　　　　④ 콘체른(Konzern)

05 다음 중 재고자산에 대한 설명으로 옳은 것은?(단, 재고자산감모손실 및 재고자산평가손실은 없다)

① 선입선출법 적용 시 물가가 지속적으로 상승한다면, 계속기록법에 의한 기말재고자산금액이 실지 재고조사법에 의한 기말재고자산 금액보다 작다.

② 선입선출법 적용 시 물가가 지속적으로 상승한다면, 계속기록법에 의한 기말재고자산금액이 실지 재고조사법에 의한 기말재고자산 금액보다 크다.

③ 재고자산 매입 시 부담한 매입운임은 운반비로 구분하여 비용처리한다.

④ 부동산 매매기업이 정상적인 영업과정에서 판매를 목적으로 보유하는 건물은 재고자산으로 구분된다.

06 다음 중 시장세분화에 대한 설명으로 옳은 것은?

① 인구통계적 세분화는 나이, 성별, 가족규모, 소득, 직업, 종교, 교육 수준 등을 바탕으로 시장을 나누는 것이다.

② 사회심리적 세분화는 추구하는 편익, 사용량, 상표애호도, 사용여부 등을 바탕으로 시장을 나누는 것이다.

③ 시장표적화는 시장경쟁이 치열해졌거나 소비자의 욕구가 급격히 변할 때 저가격으로 설정하는 전략방법이다.

④ 시장포지셔닝은 세분화된 시장의 좋은 점을 분석한 후 진입할 세분시장을 선택하는 것이다.

07 다음 중 손익분기점에 도달하기 위한 판매수량(단위)으로 옳은 것은?

- 단위당 판매가격 : 20,000원
- 단위당 변동비 : 14,000원
- 총고정비 : 48,000,000원

① 5,000단위

② 6,000단위

③ 7,000단위

④ 8,000단위

08 다음 중 경영정보시스템의 분석 및 설계 과정에서 수행하는 작업으로 옳지 않은 것은?

① 입력 자료의 내용, 양식, 형태, 분량 분석

② 출력물의 양식, 내용, 분량, 출력주기 정의

③ 시스템 테스트를 위한 데이터 준비, 시스템 수정

④ 자료가 출력되기 위해 필요한 수식연산, 비교연산, 논리연산 설계

09 다음 중 빅데이터 기술에 대한 설명으로 옳지 않은 것은?

① 관계형 데이터베이스인 NoSQL, Hbase 등을 분석에 활용한다.

② 구조화되지 않은 데이터도 분석 대상으로 한다.

③ 많은 양의 정보를 처리한다.

④ 빠르게 변화하거나 증가하는 데이터도 분석이 가능하다.

10 다음 글에서 설명하는 개념으로 옳은 것은?

기업의 자재, 회계, 구매, 생산, 판매, 인사 등 모든 업무의 흐름을 효율적으로 지원하기 위한 통합 정보 시스템이다.

① ERP

② SCM

③ DSS

④ KMS

11 다음 중 수익성에 대한 설명으로 옳지 않은 것은?

① 수익성은 자본에 대한 이익의 관계를 표현한다.
② 수익성만이 무조건적인 경영의 지도 원리라고 할 수는 없다.
③ 수익성은 영리를 목적으로 하는 개별 경제주체의 경우 적용이 가능하다.
④ 수익성은 기업이 시장에서 손해를 감수할 수 있는 잠재적 능력을 나타내는 지표이다.

12 다음 중 테일러의 과학적 관리론에 대한 설명으로 옳지 않은 것은?

① 인간의 신체를 기계처럼 생각하고 취급하는 철저한 능률위주의 관리이론이다.
② 기업조직에 있어 기획과 실행의 분리를 기본으로 한다.
③ 기계적·폐쇄적 조직관 및 경제적 인간관이라는 가정을 기반으로 한다.
④ 인간의 중요성을 부각시킨 대표적인 이론이다.

13 다음 중 호손실험 및 테일러 시스템처럼 종속변수에 끼치는 효과를 객관적 방식으로 측정 및 관찰해서 파악하는 실증적 연구방법으로 옳은 것은?

① 실험적 방법   ② 역사적 방법
③ 연역법   ④ 사례적 방법

14 다음 중 국제기업 환경문제가 중요한 이유로 옳지 않은 것은?

① 국내 기업의 경우 진출하려는 국가마다 정치적, 경제적, 법률적, 사회문화적 체제 및 제도 등이 다르기 때문이다.
② 해외 시장 환경요인들은 국내에서보다 경직적·일방적이기 때문이다.
③ 언어 등의 문화적 환경요인은 불가피한 요인으로 작용하기 때문이다.
④ 국가별로 자국의 이익을 우선시하며, 외국기업에 대한 강한 통제 및 규제가 적기 때문이다.

15 다음 글에서 설명하는 개념으로 옳은 것은?

> 노동자들이 사용자에 대해서 평화적인 교섭 또는 쟁의행위를 거쳐서 쟁취한 유리한 근로조건을 협약이라는 형태로 문서화한 것을 말한다.

① 단체협약   ② 노동쟁의
③ 경영참가   ④ 단체교섭

16 다음 중 윤리경영의 기본적인 방침으로 인한 세부적인 지침을 공식화한 것으로서 경영윤리의 효과적 실천을 위한 제도화 장치로 옳은 것은?

① 윤리강령   ② 윤리규칙
③ 법적규율   ④ 법적강령

17 다음 중 사이먼의 의사결정 모형에 대한 설명으로 옳지 않은 것은?

① 의사결정 유형을 정형적, 비정형적인 것으로 분류하였다.
② 정형적 의사결정은 비구조화된 결정 문제, 비정형적 의사결정은 구조화된 결정 문제라고 하였다.
③ 정형적 의사결정은 주로 하위층에서 이루어진다.
④ 비정형적 의사결정의 해결안은 문제가 정의된 다음에 창의적으로 결정한다.

18 다음 중 페이욜의 산업활동 중 자금의 조달과 운용 등과 관련된 활동으로 옳은 것은?

① 회계적 활동   ② 영업적 활동
③ 재무적 활동   ④ 기술적 활동

19 경영의 본질이 의도적인 협동을 통해 공통의 목적을 이룰 수 있다는 것을 감안할 때, 다음 중 경영과정의 한 요소인 계획은 기업의 목표에 공헌해야 한다는 경영계획의 원칙으로 옳은 것은?

① 보편성의 원칙　　　　　　　　　　② 합목적성의 원칙

③ 효율성의 원칙　　　　　　　　　　④ 계획우선의 원칙

20 다음 중 스타이너와 마이너가 분류한 경영전략에 대한 내용으로 옳지 않은 것은?

① 조직계층별 분류는 분권화된 기업 조직에서 본사 수준의 전략과 사업부 수준의 전략으로 구분한다.

② 경영자의 개인적 선택에 의한 분류는 성장 및 생존목적을 위한 전략과 제품 – 시장전략으로 구분한다.

③ 영역에 기초를 둔 분류는 기본전략과 프로그램 전략으로 구분한다.

④ 경영전략은 통상적으로 물리적인 자원을 대상으로 하지만 물질적·비물질적 자원별 분류에선 경영자의 스타일이나 사고패턴, 철학과도 관련된다.

21 다음 중 행동기준고과법(BARS)에 대한 설명으로 옳지 않은 것은?

① 전통적인 인사평가 방법에 비해 평가의 공정성이 증가하는 장점이 있다.

② 평정척도법과 중요사건기록법을 혼용하여 평가직무에 직접 적용되는 행동패턴을 척도화함으로써 평가하는 방법이다.

③ 다양하고 구체적인 직무에 적용이 가능하다는 장점이 있다.

④ 점수를 통해 등급화하기보다는 개별행위를 빈도를 나눠서 측정하기 때문에 풍부한 정보를 얻을 수 있지만 종업원의 행동변화를 유도하기 어렵다는 단점이 있다.

22 다음 중 터크만(Tuckman)의 집단 발달의 5단계 모형에서 집단구성원들 간에 집단의 목표와 수단에 대해 합의가 이루어지고 응집력이 높아지며 구성원들의 역할과 권한 관계가 정해지는 단계로 옳은 것은?

① 형성기(Forming)　　　　　　　　② 격동기(Storming)

③ 규범기(Norming)　　　　　　　　④ 성과달성기(Performing)

23 다음 중 기업합병에 대한 설명으로 옳지 않은 것은?

① 기업합병이란 두 독립된 기업이 법률적, 실질적으로 하나의 기업실체로 통합되는 것이다.

② 기업합병에는 흡수합병과 신설합병이 있으며 흡수합병의 경우 한 회사는 존속하고 다른 회사의 주식은 소멸한다.

③ 기업인수는 한 기업이 다른 기업의 지배권을 획득하기 위하여 주식이나 자산을 취득하는 것이다.

④ 수평적 합병은 기업의 생산이나 판매과정 전후에 있는 기업 간의 합병으로, 주로 원자재 공급의 안정성 등을 목적으로 한다.

24 다음 중 가중평균자본비용(WACC)에 대한 설명으로 옳지 않은 것은?

① 가중평균자본비용(WACC)은 기업의 자본비용을 시장가치 기준에 따라 총자본 중에서 차지하는 가중치로 가중 평균한 것이다.

② 일반적으로 기업의 자본비용은 가중평균자본비용을 의미한다.

③ 가중치를 시장가치 기준의 구성 비율이 아닌 장부가치 기준의 구성 비율로 하는 이유는 주주와 채권자의 현재 청구권에 대한 요구수익률을 측정하기 위해서이다.

④ 기업자산에 대한 요구수익률은 자본을 제공한 채권자와 주주가 평균적으로 요구하는 수익률을 의미한다.

25 다음 중 체계적 위험과 비체계적 위험에 대한 설명으로 옳은 것은?

① 투자자는 포트폴리오를 구성할 때 하나의 자산만을 편입시킴으로써 위험을 상쇄할 수 있다.

② 2개 이상의 자산으로 포트폴리오를 구성했을 때 기대수익률은 유지하면서 위험만 줄일 수 있는데 이를 포트폴리오 효과 또는 분산효과라고 한다.

③ 아무리 분산투자를 하여도 제거할 수 없는 위험을 비체계적 위험이라고 한다.

④ 특정 기업만 가질 수 있는 사건이나 상황의 변동에서 발생되는 위험을 체계적 위험이라고 한다.

26 X재의 수요함수가 $Q_X = 380 - 4P_X + 0.6P_Y + 1.0M$으로 주어져 있을 경우, $P_X = 100$, $P_Y = 200$, $M = 400$일 때, 다음 중 옳지 않은 것은?(단, Q_X는 X재의 수요량, P_X는 X재의 가격, P_Y는 Y재의 가격, M은 소득을 의미한다)

① X재의 가격탄력성은 0.8이다.

② X재는 정상재이다.

③ Y재는 X재의 보완재이다.

④ X재의 소득탄력성은 0보다 크고 1보다 작다.

27 다음 중 칼도어(N.Kaldor)의 정형화된 사실(Stylized Facts)에 대한 설명으로 옳지 않은 것은?

① 자본수익률은 지속적으로 증가한다.

② 1인당 산출량(Y/L)이 지속적으로 증가한다.

③ 산출량 – 자본비율(Y/K)은 대체로 일정한 지속성(Steady)을 보인다.

④ 총소득에서 자본에 대한 분배와 노동에 대한 분배간의 비율은 일정하다.

28 다음 중 애로우(K. J. Arrow)의 불가능성 정리(Impossibility Theorem)에 대한 설명으로 옳지 않은 것은?

① 애로우의 불가능성 정리에 따르면 개인의 선호를 집약하여 사회우선순위를 도출하는 합리적인 법칙은 존재하지 않는다.

② 독립성은 사회상태 X와 Y에 관한 사회우선순위가 개인들의 우선순위에 기초를 둔 채로 기수적으로 측정되어야 한다는 것이다.

③ 완비성이란 모든 대안이 다른 어떤 대안과 비교하여도 더 좋은지 더 나쁜지 혹은 동일한지가 구별될 수 있어야 함을 의미한다.

④ 파레토원칙에 따르면 X와 Y라는 두 대안 중 집단의 구성원 전부가 X를 Y보다 더 선호한다면 채택된 집단적 의사결정 방식의 결과 역시 X를 Y보다 더 선호하는 결과를 가져와야 한다.

29 다음 중 물가지수에 대한 설명으로 옳지 않은 것은?

① 소비자물가지수는 소비재를 기준으로 측정하고, 생산자물가지수는 원자재 혹은 자본재 등을 기준으로 측정하기 때문에 두 물가지수는 일치하지 않을 수 있다.

② 소비자물가지수는 상품가격 변화에 대한 소비자의 반응을 고려하지 않는다.

③ GDP 디플레이터는 국내에서 생산된 상품만을 조사 대상으로 하기 때문에 수입상품의 가격동향을 반영하지 못한다.

④ 물가지수를 구할 때는 모든 상품의 가중치를 동일하게 반영한다.

30 철수는 조그마한 가게를 운영해 매달 240만 원의 소득을 얻는다. 하지만 이번 달은 감기로 인해 가게를 며칠 열지 못하는 바람에 소득이 180만 원으로 줄었다. 이때 항상소득가설에 따른 철수의 이번 달 소비상태로 옳은 것은?

① 소득이 60만 원 줄었지만, 소비는 변함이 없다.

② 소득이 60만 원 줄었지만, 소비는 오히려 증가한다.

③ 소득이 60만 원 줄었으므로 소비도 60만 원 줄어든다.

④ 소득이 60만 원 줄었지만, 소비는 60만 원 이상 줄어든다.

31 다음 중 회사가 자금조달의 방법으로 회사채를 발행하는 경우 얻게 되는 장단점에 대한 설명으로 옳지 않은 것은?

① 사채를 발행하면 재무구조가 악화될 우려가 높아진다.

② 사채를 발행하면 회사에 적자가 발생해도 이자를 지급해야 한다.

③ 사채를 발행하면 경영진의 입장에서는 배당압력을 더 크게 받는다.

④ 사채는 경영권에 대한 위험 없이 장기자금을 일시에 조달할 수 있다.

32 다음 중 지니계수(Gini Coefficient)에 대한 설명으로 옳은 것은?

① 지니계수는 빈곤층을 구분하기 위한 기준이 되는 소득수준을 의미한다.

② 완전히 평등한 소득분배 상태를 나타내는 45도 대각선과 로렌츠 곡선(Lorenz Curve)이 일치한다면 지니계수는 1이다.

③ 완전히 평등한 소득분배 상태를 나타내는 45도 대각선과 로렌츠 곡선 사이의 면적이 클수록 지니계수는 커진다.

④ 지니계수는 완전히 평등한 소득분배 상태를 나타내는 45도 대각선의 길이를 로렌츠 곡선의 길이로 나눈 값이다.

33 독점기업의 수요곡선은 $P = -Q + 12$이고, 한계비용은 4이다. 원자재 가격의 하락으로 한계비용이 1만큼 감소하는 경우, 다음 중 이윤을 극대화하는 생산량의 변화로 옳은 것은?(단, P는 가격, Q는 수량, $P > 0$, $Q > 0$이다)

① 0.5 증가

② 0.5 감소

③ 1.0 증가

④ 1.0 감소

34 소비자 H의 효용함수는 $U = X \times Y$이고, X재, Y재 가격은 모두 10이며, A의 소득은 200이다. 다음 중 소비자 H의 효용을 극대화하는 X재, Y재의 소비조합으로 옳은 것은?(단, $X > 0$, $Y > 0$이다)

① 8, 12

② 9, 11

③ 10, 10

④ 10, 20

35 다음 중 수요의 가격탄력성에 대한 설명으로 옳은 것은?(단, 수요곡선은 우하향한다)

① 수요의 가격탄력성이 1보다 작은 경우 가격이 하락하면 총수입은 증가한다.

② 수요의 가격탄력성이 작아질수록 물품세 부과로 인한 경제적 순손실(Deadweight Loss)은 커진다.

③ 소비자 전체 지출에서 차지하는 비중이 큰 상품일수록 수요의 가격탄력성은 작아진다.

④ 직선인 수요곡선상에서 수요량이 많아질수록 수요의 가격탄력성은 작아진다.

36 H기업은 단기에 완전경쟁시장에서 손실을 보고 있지만 생산을 계속하고 있다. 시장수요의 증가로 시장가격이 상승하였는데도 단기에 H기업은 여전히 손실을 보고 있을 때, 다음 중 옳은 것은?

① H기업의 한계비용곡선은 아래로 평행 이동한다.

② H기업의 한계수입곡선은 여전히 평균비용곡선 아래에 있다.

③ H기업의 평균비용은 시장가격보다 낮다.

④ H기업의 총수입은 총가변비용보다 적다.

37 2국 2재화의 경제에서, 한국과 말레이시아는 비교우위를 갖는 상품을 생산하여 교역을 한다. 한국은 쌀 1섬을 얻기 위해 옷 1벌의 대가를 치러야 하고, 말레이시아는 옷 1벌을 얻기 위해 쌀 2섬의 대가를 치러야 한다. 다음 중 옳은 것은?

① 한국이 쌀 생산에 특화하여 수출하는 경우, 양국 모두 이득을 얻을 수 있다.

② 한국이 옷을 수출하면서 옷 1벌에 대해 쌀 2섬 이상을 요구하면 말레이시아는 스스로 옷을 생산하기로 결정할 것이다.

③ 쌀 1섬의 국제가격이 옷 1/2벌보다 더 낮아야 교역이 이루어진다.

④ 말레이시아가 옷과 쌀 모두를 생산하여 수출하는 경우, 양국 모두 이득을 얻을 수 있다.

38 휴대폰의 수요곡선은 $Q = -2P + 100$이고, 공급곡선은 $Q = 3P - 20$이다. 정부가 휴대폰 1대당 10의 종량세 형태의 물품세를 공급자에게 부과하였다면, 다음 중 휴대폰 공급자가 부담하는 총 조세부담액으로 옳은 것은?(단, P는 가격, Q는 수량, $P > 0$, $Q > 0$이다)

① 120   ② 160

③ 180   ④ 200

39 다음 중 독점적 경쟁시장에 대한 설명으로 옳지 않은 것은?

① 기업의 수요곡선은 우하향하는 형태이다.

② 진입장벽이 존재하지 않으므로 단기에는 기업이 양(+)의 이윤을 얻지 못한다.

③ 기업의 이윤극대화 가격은 한계비용보다 크다.

④ 단기에 기업의 한계수입곡선과 한계비용곡선이 만나는 점에서 이윤극대화 생산량이 결정된다.

40 H기업은 노동시장에서 수요독점자이다. 다음 중 옳지 않은 것은?(단, H기업은 생산물시장에서 가격수용자이다)

① 균형에서 임금은 한계요소비용(MFC)보다 낮다.

② 균형에서 노동의 한계생산가치(VMP_L)와 한계요소비용이 같다.

③ 한계요소비용곡선은 노동공급곡선의 아래쪽에 위치한다.

④ 균형에서 완전경쟁인 노동시장에 비해 노동의 고용량이 더 적어진다.

41 다음 중 인플레이션에 대한 설명으로 옳지 않은 것은?

① 수요견인 인플레이션은 총수요의 증가가 인플레이션의 주요한 원인이 되는 경우이다.

② 정부가 화폐공급량 증가를 통해 얻게 되는 추가적인 재정수입을 화폐발행이득(Seigniorage)이라고 한다.

③ 예상한 인플레이션의 경우에는 메뉴비용(Menu Cost)이 발생하지 않는다.

④ 예상하지 못한 인플레이션은 채권자에게서 채무자에게로 소득재분배를 야기한다.

42 다음 중 통화정책의 단기적 효과를 높이는 요인으로 옳은 것을 〈보기〉에서 모두 고르면?

> **보기**
>
> ㄱ. 화폐수요의 이자율탄력성이 높은 경우
> ㄴ. 투자의 이자율탄력성이 높은 경우
> ㄷ. 한계소비성향이 높은 경우

① ㄱ   ② ㄴ

③ ㄱ, ㄴ   ④ ㄴ, ㄷ

43 다음 중 국제수지표상 경상계정(Current Accounts)에 속하는 항목으로 옳지 않은 것은?

① 내국인의 해외주식 및 채권 투자
② 해외교포로부터의 증여성 송금
③ 해외금융자산으로부터 발생하는 이자 등의 투자 소득
④ 내국인의 해외여행 경비

44 A국의 2021년 명목 GDP는 100억 원이었고, 2022년 명목 GDP는 150억 원이었다. 기준년도인 2021년 GDP 디플레이터가 100이고, 2022년 GDP 디플레이터는 120인 경우, 2022년의 전년 대비 실질 GDP 증가율로 옳은 것은?

① 10%
② 15%
③ 20%
④ 25%

45 다음 중 장기 총공급곡선의 이동에 대한 설명으로 옳지 않은 것은?

① 자연실업률이 증가하면 왼쪽으로 이동한다.
② 인적자본이 증가하면 오른쪽으로 이동한다.
③ 생산을 증가시키는 자원이 발견되면 오른쪽으로 이동한다.
④ 예상물가수준이 하락하면 왼쪽으로 이동한다.

46 다음 중 기업의 이윤극대화 조건으로 옳은 것은?(단, MR은 한계수입, MC는 한계비용, TR은 총수입, TC는 총비용이다)

① $MR = MC$, $TR > TC$
② $MR = MC$, $TR < TC$
③ $MR > MC$, $TR > TC$
④ $MR > MC$, $TR < TC$

47 다음 중 경제지표를 산출할 때 시점 간 상대적 위치에 따라 실제 경제 상황보다 위축되거나 부풀려지는 현상을 가리키는 효과로 옳은 것은?

① 피셔 효과(Fisher Effect)

② 기저 효과(Based Effect)

③ 베블런 효과(Veblen Effect)

④ 부메랑 효과(Boomerang Effect)

48 H기업의 사적 생산비용은 $TC = 2Q^2 + 20Q$이다. H기업은 생산과정에서 공해물질을 배출하고 있으며, 공해 물질 배출에 따른 외부불경제를 비용으로 추산하면 추가로 10Q의 사회적 비용이 발생한다. H기업의 제품에 대한 시장수요가 $Q = 60 - P$일 때, 다음 중 사회적 최적생산량으로 옳은 것은?(단, Q는 생산량, P는 가격이다)

① 3   ② 4

③ 5   ④ 6

49 완전경쟁기업인 H기업의 X재 생산의 이윤극대화 생산량이 100단위이고, 현재 생산량 수준에서 평균비용이 24원, 평균고정비용이 10원, 한계비용이 40원일 때, 다음 중 준지대의 크기로 옳은 것은?

① 2,000원   ② 2,300원

③ 2,600원   ④ 2,900원

50 H제품의 수요와 공급함수가 아래와 같을 때, 다음 중 정부가 공급자에게 제품 1개당 10원만큼의 물품세를 부과하는 경우 물품세 부과 후의 균형가격으로 옳은 것은?(단, P는 가격이다)

• 수요함수 : $Qd = -2P + 300$	• 공급함수 : $Qs = 2P - 100$

① 90   ② 102

③ 105   ④ 108

제2회
최종점검 모의고사

※ 최종점검 모의고사(전공)는 채용공고를 기준으로 구성한 것으로 실제 시험과 다를 수 있습니다.

※ 응시 직렬에 맞추어 해당 영역을 학습하기 바랍니다.

■ 취약영역 분석

번호	O/×	영역	번호	O/×	영역	번호	O/×	영역
1			21			41		
2			22			42		
3			23		경영학원론	43		
4			24			44		
5			25			45		
6			26			46		경제학원론
7			27			47		
8			28			48		
9			29			49		
10			30			50		
11		경영학원론	31					
12			32					
13			33		경제학원론			
14			34					
15			35					
16			36					
17			37					
18			38					
19			39					
20			40					

평가문항	50문항	평가시간	60분
시작시간	:	종료시간	:
취약영역			

최종점검 모의고사

모바일 OMR

⏰ 응시시간 : 60분　　📋 문항 수 : 50문항

정답 및 해설 p.039

정답 및 해설 p.039

01　경영학원론

01 다음 〈보기〉 중 피들러(Fiedler)의 리더십 상황이론에 대한 설명으로 옳지 않은 것을 모두 고르면?

> **보기**
> ㉠ 과업지향적 리더십과 관계지향적 리더십을 모두 갖춘 리더가 가장 높은 성과를 달성한다.
> ㉡ 리더의 특성을 LPC 설문에 의해 측정하였다.
> ㉢ 상황변수로서 리더 – 구성원 관계, 과업구조, 부하의 성숙도를 고려하였다.
> ㉣ 리더가 처한 상황이 호의적인 경우, 관계지향적 리더십이 적합하다.
> ㉤ 리더가 처한 상황이 비호의적인 경우, 과업지향적 리더십이 적합하다.

① ㉠, ㉢　　　　　　　　　　　　② ㉠, ㉣
③ ㉡, ㉣　　　　　　　　　　　　④ ㉠, ㉢, ㉣

02 다음 〈보기〉에서 측정하고자 하는 선발도구 요소로 옳은 것은?

> **보기**
> 현직 종업원에 대해 시험을 실시하고, 그 시험성적과 현재 그 종업원의 근무성적과 비교하는 것

① 기준관련 타당성　　　　　　　② 내용타당성
③ 구성타당성　　　　　　　　　　④ 신뢰성

03 다음 중 평정척도법의 장점으로 옳지 않은 것은?

① 평정척도법은 양식 작성이 간단하며 평가하기 용이하다.
② 다양한 대상 범위의 행동특성관찰에 적용할 수 있다.
③ 체크리스트와 달리 행동의 질도 평가할 수 있다.
④ 관찰자는 평가하고자 하는 요소를 정확하고 객관적으로 개발할 수 있다.

04 다음 중 집약적 유통채널에 대한 설명으로 옳은 것은?

① 특정 지역에서 단일의 유통업자와 거래한다.

② 주로 과자나 저가 소비재 등 소비자들이 구매의 편의성을 중시하는 품목에서 채택된다.

③ 고도의 상품지식을 필요로 하는 전문 품목에서 채택된다.

④ 제조업자의 통제력이 매우 높다.

05 다음 중 마일즈 & 스노우 전략(Miles & Snow Strategy)에서 방어형에 대한 설명으로 옳은 것은?

① 새로운 시도에 적극적이며, 업계의 기술·제품·시장 트렌드를 선도하는 업체들이 주로 사용하는 전략이다.

② Fast Follower 전략으로, 리스크가 낮다는 장점이 있다.

③ 시장상황에 맞추어 반응하는, 아무런 전략을 취하지 않는 무전략 상태이다.

④ 기존 제품을 활용하여 기존 시장을 공략하는 전략이다.

06 다음 중 CSR(Corporate Social Responsibility)의 법률적 책임으로 옳은 것은?

① 이윤 극대화 추구

② 고용 창출

③ 녹색 경영

④ 회계의 투명성

07 다음 중 비공식 조직에 대한 설명으로 옳지 않은 것은?

① 연발생적으로 생겨난 조직으로 대집단의 성질을 띠며, 조직구성원은 밀접한 관계를 형성한다.

② 비공식적인 가치관, 규범, 기대 및 목표를 가지고 있으며, 조직의 목표달성에 큰 영향을 미친다.

③ 비공식 조직의 구성원은 집단접촉의 과정에서 저마다 나름대로의 역할을 담당한다.

④ 비공식 조직의 구성원은 감정적 관계 및 개인적 접촉이다.

08 다음 중 민츠버그의 조직구성요소 중 테크노스트럭처에 대한 설명으로 옳은 것은?

① 조직의 전략을 형성하고 목표를 설정한다.

② 중간관리자들로 구성되어 전략 부문의 방향성을 이어받아 세분화된 역할 책임을 배분한다.

③ 조직의 제품이나 서비스를 생산하는 기본적인 일을 담당하며 실제로 움직이는 실행의 조직이다.

④ 조직 내의 과업 과정과 산출물이 표준화되는 시스템을 설계하는 전문가로 구성된다.

09 다음 중 직무분석의 목적으로 옳지 않은 것은?

① 기업 조직계획을 수립함에 있어 기초자료로 활용된다.

② 직무급 도입을 위한 기초작업이 된다.

③ 인사고과의 기초가 된다.

④ 조직업무 개선에 있어 기초가 된다.

10 다음 중 생산시스템에 대한 내용으로 옳지 않은 것은?

① 생산시스템의 각 개체들은 투입, 선택의 기능을 담당한다.

② 생산시스템은 일정한 개체들의 집합이다.

③ 생산시스템은 단순한 개체들을 모아 놓은 것이 아니라 의미가 있는 하나의 전체이다.

④ 각각의 개체는 고유 기능을 갖지만 타 개체와의 관련을 통해서 비로소 전체의 목적에 기여할 수 있다.

11 다음 중 새로운 시스템을 도입할 때의 고려사항으로 옳지 않은 것은?

① 현재 자신의 회사에서 만들어지는 제품 및 서비스에 대해 철저하게 파악해야 한다.

② 장기 및 단기 계획의 범주를 분류해야 한다.

③ 자동화 같은 제조기술을 도입하고 운영하는 계획은 하나의 프로젝트이므로 프로젝트 관리상의 도구, 개념 및 절차 등은 필요하지 않다.

④ 프로젝트의 추진에 있어 적정한 H/W와 S/W의 선택도 중요하지만 시스템 통합이라는 관점과 조직적 관점을 간과해서는 안 된다.

12 다음 중 순현가법에 대한 설명으로 옳은 것은?

① 자본예산기법의 하나로 투자금액을 투자로부터 산출되는 순현금흐름의 미래가치로부터 차감한 기법이다.

② 순현가 1보다 크면 투자안을 선택하고 1보다 작으면 투자안을 기각하는 의사결정기준이다.

③ 가치가산원칙에 부합하지만 다른 자본예산기법에 비해 열등한 방법으로 평가받고 있다.

④ 기업의 할인율로 현금흐름을 할인한다.

13 다음의 내용과 가장 관련이 깊은 개념으로 옳은 것은?

> 과거 공급자 위주의 치약시장에서는 한 종류의 치약밖에 없었으나, 최근에는 소득수준이 높아지면서 치약에 대한 소비자들의 욕구가 다양해지고, 그에 따라 치약시장이 나누어지기 시작하였다. 그래서 지금의 치약시장은 가격에 민감한 시장, 구강건강이 주된 관심인 시장, 치아의 미용 효과가 주된 관심인 시장, 유아용 치약시장, 심지어는 노인 및 환자를 주된 고객으로 하는 치약시장까지 개발되어 있는 것을 알 수 있다.

① 목표시장 선정
② 시장세분화
③ 포지셔닝 전략
④ 마케팅믹스 전략

14 다음 중 의사결정지원 시스템에 대한 설명으로 옳지 않은 것은?

① 여러 대안들을 비교적 긴 시간에 최대한의 노력으로 비교 및 분석한다.
② 데이터의 타당성을 용이하게 검토한다.
③ 모델의 타당성을 용이하게 검토한다.
④ 시간 및 노력의 절감으로 의사결정의 질을 향상시킨다.

15 다음 중 기업의 재무제표 중 일정기간 동안 발생한 기업의 영업활동, 투자활동, 재무활동으로 인한 현금 변동을 표시하는 문서로 옳은 것은?

① 재무상태표
② 포괄손익계산서
③ 자본변동표
④ 현금흐름표

16 다음 중 자본자산가격결정 모형(CAPM)의 가정으로 옳지 않은 것은?

① 투자자들은 기대효용을 극대화하고자 하는 위험회피자이다.
② 투자자들의 투자기간은 단일기간이다.
③ 투자자들은 투자대상의 미래수익률 확률분포에 대하여 동질적으로 예측한다.
④ 세금과 거래비용이 존재한다.

17 다음 중 제약회사 등에서 많이 사용하는 상표전략으로 제품마다 다른 상표를 적용하는 전략으로 옳은 것은?

① 개별상표　　　　　　　　　　　　② 가족상표

③ 상표확장　　　　　　　　　　　　④ 복수상표

18 다음 중 직무분석에 대한 설명으로 옳지 않은 것은?

① 직무분석은 직무와 관련된 정보를 수집·정리하는 활동이다.

② 직무분석을 통해 얻은 정보는 전반적인 인적자원관리 활동의 기초자료로 활용된다.

③ 직무분석을 통해 직무기술서와 직무명세서가 작성된다.

④ 직무기술서는 직무를 수행하는 데 필요한 인적요건을 중심으로 작성된다.

19 다음 중 생산제품의 판매가치와 인건비와의 관계에서 배분액을 계산하는 집단성과급제로 옳은 것은?

① 순응임금제　　　　　　　　　　　② 물가연동제

③ 스캔론 플랜　　　　　　　　　　　④ 럭커 플랜

20 다음 중 자본시장선(CML)과 증권시장선(SML)에 대한 설명으로 옳은 것은?

① 자본시장선을 이용하여 타인자본 비용을 산출할 수 있다.

② 증권시장선 위에 존재하는 주식은 주가가 과소평가된 주식이다.

③ 자본시장선은 위험자산만을 고려할 경우의 효율적 투자기회선이다.

④ 증권시장선은 포트폴리오 기대수익률과 포트폴리오 표준편차 간의 선형관계를 나타낸다.

21 다음 중 기업의 예산통제에 대한 설명으로 옳지 않은 것은?

① 장래의 일정기간에 걸친 예산을 편성하고 이를 바탕으로 경영활동을 종합적으로 통제하는 경영관리 수단이다.

② 예산을 편성하고 이를 수단으로 경영활동 전반을 계수에 의하여 종합적으로 관리하는 방법이다.

③ 예산을 편성하는 계획기능을 담당하며, 장래 기업운영에 큰 영향을 준다.

④ 기업의 예산은 해당 기업의 장래성에 직결되기 때문에 고정적인 통제가 중요하다.

22 다음 중 제품과 서비스 설계에 대한 설명으로 옳지 않은 것은?

① 동시공학(Concurrent Engineering)은 제품 및 서비스 개발과 관련된 다양한 부서원들이 공동참여하는 방식이다.

② 품질기능전개(Quality Function Deployment)는 고객의 요구사항을 설계특성으로 변환하는 방법이다.

③ 가치분석 / 가치공학(Value Analysis / Value Engineering)은 제품의 가치를 증대시키기 위한 체계적 방법이다.

④ 모듈화설계(Modular Design)는 구성품의 다양성을 높여 완제품의 다양성을 낮추는 방법이다.

23 다음 중 피쉬바인(Fishbein)의 다속성태도 모형에 대한 설명으로 옳지 않은 것은?

① 속성에 대한 신념이란 소비자가 제품 속성에 대하여 가지고 있는 정보와 의견 등을 의미한다.

② 속성에 대한 평가란 각 속성이 소비자들의 욕구 충족에 얼마나 기여하는가를 나타내는 것으로, 전체 태도 형성에 있어서 속성의 중요도(가중치)의 역할을 한다.

③ 다속성태도 모형은 신념의 강도와 제품속성에 대한 평가로 표현된다.

④ 다속성태도 모형은 구매 대안 평가방식 중 비보완적방식에 해당한다.

24 다음 중 단속생산방식이 적합한 경우로 옳은 것은?

① 제품의 납품일이 가까워 신속하고 빠르게 생산하여야 하는 경우

② 단위당 생산원가를 낮게 책정하여야 하는 경우

③ 공장에 구비된 기계설비가 특수목적인 전용설비인 경우

④ 다양한 품종을 주문이 들어오는 시점부터 소량만 생산하는 경우

25 다음 중 거래비용이론에 대한 설명으로 옳지 않은 것은?

① 거래비용이론은 기업과 시장 사이의 효율적인 경계를 설명하는 이론이다.

② 기업의 생산 활동은 경제적인 거래의 연속으로 정의될 수 있다.

③ 거래 당사자들은 자기중심적 · 이기적 성향을 가지므로 거래 당사자들이 거래를 성실하게 수행할 수 있도록 하는 감독비용이 발생한다.

④ 자산의 고정성이 높을 경우 거래에 소요되는 비용이 상대적으로 감소한다.

26 흡연자 A는 담배 한 갑을 피울 때 최대 3,000원을 지불할 용의가 있고, B는 최대 5,000원을 지불할 용의가 있다. 지금 한 갑당 2,000원의 가격에서 A와 B는 하루에 한 갑씩 담배를 피운다. 이제 담배 한 갑당 2,000원의 건강세가 부과된다고 할 때, 다음 중 이 건강세로부터 발생하는 하루 조세 수입원으로 옳은 것은?(단, 두 사람은 한 갑 단위로 담배를 소비하는 합리적 경제주체이고, 하루에 최대한 소비할 수 있는 담배의 양은 각각 한 갑이라고 가정한다)

① 없음
② 2,000원
③ 3,000원
④ 4,000원

27 재산이 900만 원인 지혜는 500만 원의 손실을 볼 확률이 $\frac{3}{10}$ 이고, 손실을 보지 않을 확률이 $\frac{7}{10}$ 이다. 보험회사는 지혜가 일정 금액을 보험료로 지불하면 손실 발생 시 손실 전액을 보전해 주는 상품을 판매하고 있다. 지혜의 효용함수가 $U(X) = \sqrt{X}$ 이고 기대효용을 극대화한다고 할 때, 다음 중 지혜가 보험료로 지불할 용의가 있는 최대금액으로 옳은 것은?

① 21만 원
② 27만 원
③ 171만 원
④ 729만 원

28 다음은 기업 A와 기업 B의 광고 여부에 따른 보수행렬을 나타낸다. 내쉬균형에서 기업 A와 기업 B의 이윤으로 옳은 것은?

구분		기업 B의 광고 전략	
		광고를 함	광고를 하지 않음
기업 A의 광고 전략	광고를 함	(55, 75)	(235, 45)
	광고를 하지 않음	(25, 115)	(165, 85)

① (25, 75)
② (55, 75)
③ (55, 115)
④ (235, 45)

29 엥겔곡선(EC; Engel Curve)이 아래 그림과 같다면 다음 중 X재는 무엇인가?

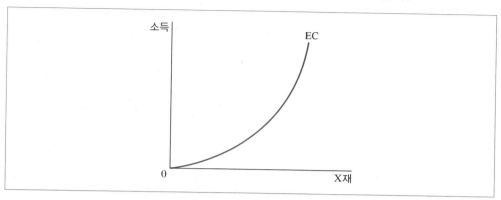

① 열등재   ② 필수재
③ 보완재   ④ 대체재

30 다음 중 등량곡선과 등비용선에 대한 설명으로 옳지 않은 것은?

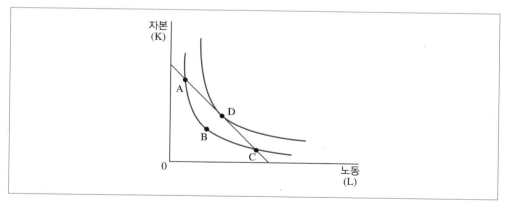

① A, B, C는 모두 동일한 생산량을 생산할 수 있는 요소조합점이다.
② A, C, D는 모두 동일한 총비용이 드는 요소조합점이다.
③ A보다 D의 요소조합에서 생산량이 더 많다.
④ C보다 D의 요소조합에서 비용이 더 많이 든다.

31 다음 중 최고가격제와 최저가격제에 대한 설명으로 옳은 것은?

① 최고가격을 균형가격 이하로 책정하면 상품의 배분이 비효율적으로 이루어진다.

② 최고가격을 균형가격보다 낮게 책정하면 시장수급에는 아무런 영향을 미치지 못한다.

③ 최저임금제는 미숙련노동자의 취업을 용이하게 만든다.

④ 최저임금제는 시장 균형 임금보다 낮은 수준에서 책정되므로 비자발적 실업이 발생한다.

32 법정지불준비율이 0.2이고, 은행시스템 전체의 지불준비금은 300만 원이다. 은행시스템 전체로 볼 때, 다음 중 요구불예금의 크기로 옳은 것은?(단, 초과지불준비금은 없고, 현금통화비율은 0이다)

① 1,000만 원   ② 1,200만 원

③ 1,500만 원   ④ 2,000만 원

33 통화공급이 감소하고 정부지출이 증가하는 경우, 다음 중 IS – LM 분석에 대한 설명으로 옳은 것은?(단, 물가가 고정된 폐쇄경제이고, IS 곡선은 우하향, LM 곡선은 우상향한다)

① 이자율은 불변이고, 소득은 감소한다.

② 이자율은 상승하고, 소득은 증가한다.

③ 이자율은 하락하고, 소득은 감소한다.

④ 이자율은 상승하고, 소득의 증감은 불확실하다.

34 다음 글에 해당하는 상황을 표현한 용어로 옳은 것은?

> 도널드 트럼프 미국 대통령의 전방위 관세 부과와 이에 맞선 중국 등 상대국의 보복관세가 이어지면 세계 무역량이 급감할 수 있다는 우려가 나온다. 이는 마치 1930년대 주요 교역국 간 관세 전쟁으로 대공황이 발생한 것과 비슷한 양상이다.

① 근린궁핍화 정책

② 디폴트

③ 스트레스아웃

④ 스태그플레이션

35 다음 중 노동수요의 임금탄력성에 대한 설명으로 옳지 않은 것은?

① 노동수요의 임금탄력성은 단기보다 장기에서 더 크다.

② 노동수요의 임금탄력성은 총생산비 중 노동비용이 차지하는 비중에 의해 영향을 받는다.

③ 노동을 대체할 수 있는 다른 생산요소로의 대체가능성이 클수록 동일한 임금상승에 대하여 고용 감소는 작아진다.

④ 노동수요는 노동을 생산요소로 사용하는 최종생산물 수요의 가격탄력성에 영향을 받는다.

36 다음 중 경제활동참가율이 60%이고 실업률이 10%일 때의 고용률로 옳은 것은?

① 45%

② 54%

③ 66%

④ 75%

37 근로자가 자신의 노동시간을 마음대로 선택할 수 있다고 할 때, 다음 중 임금이 상승했을 때의 노동공급에 대한 설명으로 옳지 않은 것을 〈보기〉에서 모두 고르면?(단, 여가는 정상재이다)

> **보기**
>
> ㄱ. 대체효과가 소득효과보다 크면 노동공급량이 감소한다.
> ㄴ. 임금의 상승은 여가의 기회비용을 상대적으로 높인다.
> ㄷ. 대체효과는 여가의 소비를 줄이고 노동공급량을 증가시킨다.
> ㄹ. 소득효과는 여가의 소비를 늘리고 노동공급량을 감소시킨다.

① ㄱ

② ㄴ

③ ㄱ, ㄴ

④ ㄱ, ㄷ, ㄹ

38 H근로자의 연봉이 올해 1,500만 원에서 1,650만 원으로 150만 원 인상되었다. 이 기간에 인플레이션율이 12%일 때, 다음 중 H근로자의 임금변동에 대한 설명으로 옳은 것은?

① 2% 명목임금 증가

② 2% 명목임금 감소

③ 2% 실질임금 증가

④ 2% 실질임금 감소

39 다음 중 효율임금이론(Efficiency Wage Theory)에 대한 설명으로 옳은 것을 〈보기〉에서 모두 고르면?

> **보기**
> ㄱ. 근로자의 생산성이 임금수준에 영향을 받는다는 사실에 입각해 임금의 하방경직성을 설명하고 있다.
> ㄴ. 높은 임금은 근로자들의 태업을 막아 주는 기능을 함으로써 근로자의 도덕적 해이를 막을 수 있다고 설명한다.
> ㄷ. 기업이 제공하는 임금이 낮아지면 역선택의 문제가 발생하므로 이를 해결하기 위해서 기업은 임금을 낮추지 않는다고 설명한다.
> ㄹ. 비자발적 실업이 존재하여도 임금이 하락하지 않는 이유를 설명할 수 있다.

① ㄱ
② ㄴ
③ ㄱ, ㄴ, ㄷ
④ ㄱ, ㄴ, ㄷ, ㄹ

40 다음 중 우리나라의 실업통계에서 실업률이 높아지는 경우로 옳은 것은?

① 취업자가 퇴직하여 전업주부가 되는 경우
② 취업을 알아보던 해직자가 구직을 단념하는 경우
③ 직장인이 교통사고를 당해 2주간 휴가 중인 경우
④ 대학생이 군 복무 후 복학한 경우

41 다음 중 독점적 경쟁 기업의 특징으로 옳지 않은 것은?

① 완전경쟁과 마찬가지로 다수의 기업이 존재하며, 진입과 퇴출이 자유롭다.
② 독점적 경쟁기업은 차별화된 상품을 생산함으로써 어느 정도 시장지배력을 갖는다.
③ 독점적 경쟁기업 간의 경쟁이 판매서비스, 광고 등의 형태로 일어날 때를 비가격경쟁이라고 한다.
④ 독점적 경쟁기업은 독점기업과 마찬가지로 초과설비를 갖지 않는다.

42 담배 가격은 4,500원이고, 담배 수요의 가격탄력성은 단위탄력적이다. 정부가 담배소비량을 10% 줄이고자 할 때, 다음 중 담배 가격의 인상분으로 옳은 것은?

① 45원
② 150원
③ 225원
④ 450원

43 다른 조건이 일정할 때, 통화승수의 증가를 가져오는 요인으로 옳은 것을 〈보기〉에서 모두 고르면?

> **보기**
>
> ㄱ. 법정지급준비금 증가
> ㄴ. 초과지급준비율 증가
> ㄷ. 현금통화비율 하락

① ㄱ

② ㄴ

③ ㄷ

④ ㄱ, ㄴ

44 H의 소득이 10,000원이고, X재와 Y재에 대한 총지출액도 10,000원이다. X재 가격이 1,000원이고 H의 효용이 극대화되는 소비량이 $X=6$이고 $Y=10$이라고 할 때, X재에 대한 Y재의 한계대체율(MRS_{XY})로 옳은 것은?(단, 한계대체율은 체감한다)

① 0.5

② 1

③ 1.5

④ 2.5

45 다음 중 완전경쟁기업의 단기 조업 중단 결정에 대한 설명으로 옳은 것은?

① 가격이 평균가변비용보다 높으면 손실을 보더라도 조업을 계속하는 것이 합리적 선택이다.

② 가격이 평균고정비용보다 높으면 손실을 보더라도 조업을 계속해야 한다.

③ 가격이 평균비용보다 낮으면 조업을 중단해야 한다.

④ 가격이 한계비용보다 낮으면 조업을 계속해야 한다.

46 다음 중 리디노미네이션(Redenomination)에 대한 설명으로 옳지 않은 것은?

① 가치의 변동 없이 나라의 모든 지폐와 은행권의 액면을 동일한 비율의 낮은 숫자로 표현하는 것을 말한다.

② 리디노미네이션의 목적은 화폐의 숫자가 너무 커서 발생하는 국민들의 계산이나 회계 기장의 불편, 지급상의 불편 등을 해소하는 데에 있다.

③ 리디노미네이션은 인플레이션 기대심리를 유발할 수 있다는 문제점이 있다.

④ 화폐단위가 변경되면서 새로운 화폐를 만들어야 하기 때문에 화폐제조비용이 늘어난다.

47 납세자들이 세금을 낸다는 사실을 잘 인식하지 못하고 내는 세금을 나타내는 용어로 옳은 것은?

① 시뇨리지   ② 인플레이션 세금
③ 스텔스 세금   ④ 버핏세

48 수요의 가격탄력성이 공급의 가격탄력성에 비해 상대적으로 작은 와인에 대해서 종량세를 올린다고 할 때, 다음 중 세금 부담에 대한 설명으로 옳은 것은?

① 판매자가 모두 부담한다.
② 소비자가 모두 부담한다.
③ 판매자가 소비자에 비해 많이 부담한다.
④ 소비자가 판매자에 비해 많이 부담한다.

49 다음 중 외부효과로 인한 비효율적 자원배분을 개선하는 방법으로 옳지 않은 것은?

① 과수원 주인과 양봉업자의 경우처럼 외부효과를 주고받는 두 기업이 합병한다.
② 정부가 오염배출권을 경매를 통해 팔고, 오염배출 기업들 사이에 이를 거래할 수 있게 한다.
③ 정부가 R&D 기관에 보조금을 지급하거나 민간인이 R&D 기관에 기부금을 낸다.
④ 외부효과에 관련된 당사자가 많고 거래비용이 클 경우에는 정부가 개입하지 않고 자발적인 협상을 하도록 한다.

50 다음 중 규범 경제학에 대한 설명으로 옳지 않은 것은?

① 정부의 확대정책을 통해 이자율을 상승시켜 민간부문 투자를 감소시켜야 한다.
② 사회적 후생손실의 감소를 막기 위해 기업의 독점화를 막아야 한다.
③ 정부는 정보통신산업의 발전을 위해 정보통신관련 인적자본을 구축해야 한다.
④ 정부는 고용증대를 위해 총수요확대정책을 실시해야 한다.

산다는 것 그것은 치열한 전투이다.

- 로랑로랑-

제3회
최종점검 모의고사

※ 최종점검 모의고사(NCS+전공)는 채용공고를 기준으로 구성한 것으로 실제 시험과 다를 수 있습니다.

※ 경기평택항만공사의 경우 90문항 90분에 맞추어 해당 문항을 학습하기 바랍니다.

■ 취약영역 분석

번호	O/×	영역	번호	O/×	영역	번호	O/×	영역
1		의사소통능력	35		수리능력	69		경영학원론
2		문제해결능력	36			70		
3		자원관리능력	37		자원관리능력	71		
4			38		의사소통능력	72		
5		의사소통능력	39		조직이해능력	73		
6		수리능력	40		자원관리능력	74		
7		조직이해능력	41		수리능력	75		
8		문제해결능력	42		문제해결능력	76		경제학원론
9		조직이해능력	43			77		
10		수리능력	44		조직이해능력	78		
11		의사소통능력	45		의사소통능력	79		
12		자원관리능력	46		문제해결능력	80		
13		조직이해능력	47		수리능력	81		
14		문제해결능력	48		자원관리능력	82		
15		의사소통능력	49		조직이해능력	83		
16		자원관리능력	50			84		
17		의사소통능력	51		경영학원론	85		
18		자원관리능력	52			86		
19		문제해결능력	53			87		
20		수리능력	54			88		
21		문제해결능력	55			89		
22		조직이해능력	56			90		
23			57			91		
24			58			92		
25		자원관리능력	59			93		
26		의사소통능력	60			94		
27		자원관리능력	61			95		
28		문제해결능력	62			96		
29		수리능력	63			97		
30		의사소통능력	64			98		
31		수리능력	65			99		
32		문제해결능력	66			100		
33		의사소통능력	67					
34		수리능력	68					

평가문항	100문항	평가시간	120분
시작시간	:	종료시간	:
취약영역			

| 01 | 직업기초능력평가 |

01 다음 글의 제목으로 가장 적절한 것은?

> 보건복지부에 따르면 현재 등록 장애인만 250만 명이 넘는다. 여기에 비등록 장애인까지 포함시킨다면 실제 장애인 수는 400만 명에 다다를 것으로 예상된다.
>
> 특히 이들 가정은 경제적·사회적 어려움에 봉착해 있을 뿐만 아니라, 많은 장애인 자녀들이 부모의 돌봄 없이는 일상생활 유지가 어려운 상황인데, 특히 법적인 부분에서 훨씬 더 문제가 된다. 부모 사망 이후, 장애인 자녀가 상속인으로서 제대로 된 권리를 행사하기 어려울 뿐만 아니라, 본인도 모르게 유산 상속 포기 절차가 진행되는 경우가 이에 해당한다.
>
> 따라서 장애인 자녀의 부모들은 상속과정에서 자녀들이 부딪힐 문제들에 대해 더 꼼꼼하게 대비해야 할 필요성이 있는데, 이에 해당하는 내용은 크게 두 가지로 살펴볼 수 있다. 자녀의 생활 안정 및 유지를 위한 '장애인 신탁'과 상속 시의 세금혜택인 '장애인 보험금 비과세'가 그것이다.
>
> 먼저 장애인 신탁은 직계존비속이나 일정 범위 내 친족으로부터 재산을 증여받은 장애인이 증여세 신고기한 이내에 신탁회사에 증여받은 재산을 신탁하고, 그 신탁의 이익 전부에 대해 장애인이 수익자가 되면 재산가액 5억 원까지 증여세를 면제해 주는 제도로 이를 통해 장애인은 생계유지와 안정적인 자산 이전을 받을 수 있다.
>
> 다음으로 수익자가 장애인 자녀인 보험에 가입한 경우 보험금의 4,000만 원까지는 상속세 및 증여세법에 의해 과세하지 않는다. 이는 후견인 등이 보험금을 가로챌 수 있는 여지를 차단하기 위해 중도 해지가 불가능하고 평생 동안 매월 연금으로 수령할 수 있는 종신형 연금보험을 선택하는 것이 장애인 자녀의 생활 안정에 유리할 것이다.

① 부모 사망 시 장애인 자녀의 유산 상속 과정
② 부모 사망 시 장애인 자녀가 받을 수 있는 혜택
③ 부모 사망 시 장애인 자녀가 직면한 사회적 문제
④ 부모 사망 시 장애인 자녀의 생활안정 및 세금혜택

02 H과장은 사내 연수 중 조별과제의 발표 일정을 수립하고자 한다. 〈조건〉에 따라 각 조의 발표 날짜를 정한다고 할 때, 다음 중 B조가 발표할 날짜로 옳은 것은?

> **조건**
>
> - 조별과제 발표를 수행할 조는 A조, B조, C조이다.
> - 조별과제의 발표는 수업시간에 이루어지며, 수업은 매주 화요일부터 금요일까지 진행된다.
> - 달력에는 공휴일 및 창립기념일이 기록되어 있으며, 해당 일에는 수업이 열리지 않는다.
> - 각 조는 3일간 발표를 수행한다.
> - 조별 발표는 A조 → C조 → B조 순으로 진행되며, 각 조는 앞 순서 조의 마지막 발표일 이후, 발표가 가능한 가장 빠른 일자에 발표를 시작한다.
> - 특정 조의 발표가 끝난 날의 다음 날에는 어느 조도 발표를 할 수 없다.
> - 각 조의 발표는 3일간 연속하여 하는 것이 원칙이나, 마지막 날의 발표는 연속하지 않게 별도로 할 수 있다. 다만 이 경우에도 발표가 가능한 가장 빠른 일자에 마지막 일자의 발표를 하여야 한다.

〈5월 달력〉

일	월	화	수	목	금	토
		1	2	3	4	5 어린이날	6
7	8	9 A조 발표	10 A조 발표	11 A조 발표	12	13
14	15	16	17 창립기념일	18	19	20
21	22	23	24	25	26	27 석가탄신일
28	29 대체공휴일	30	31			

① 18일, 19일, 22일   ② 22일, 23일, 24일
③ 24일, 25일, 26일   ④ 25일, 26일, 30일

※ 다음은 H기업 기술팀의 인사평가결과표이다. 이를 참고하여 이어지는 질문에 답하시오. **[3~4]**

〈기술팀 인사평가 항목별 등급〉

구분	업무 등급	소통 등급	자격 등급
유수연	A	B	B
최혜수	D	C	B
이명희	C	A	B
한승엽	A	A	D
이효연	B	B	C
김은혜	A	D	D
박성진	A	A	A
김민영	D	D	D
박명수	D	A	B
김신애	C	D	D

※ 등급의 환산점수는 A는 100점, B는 90점, C는 80점, D는 70점으로 환산하여 총점을 구한다.

03 H기업에서는 인사평가결과표를 바탕으로 상여금을 지급한다. 인사평가결과표와 상여금 지급 규정을 참고하였을 때, 다음 중 가장 많은 상여금을 받을 수 있는 사람은 누구인가?

〈상여금 지급 규정〉

- 인사평가 총점이 팀 내 상위 50% 이내에 드는 경우 100만 원을 지급한다.
- 인사평가 총점이 팀 내 상위 30% 이내에 드는 경우 50만 원을 추가로 지급한다.
- 상위 50% 미만은 20만 원을 지급한다.
- 동순위자 발생 시 A의 빈도가 많은 순서대로 순위를 정한다.

① 이명희
② 박성진
③ 이효연
④ 박명수

04 인사평가결과표에서 오류가 발견되어 박명수의 소통 등급과 자격 등급이 C로 정정된다면 박명수를 제외한 순위변동이 있는 사람은 몇 명인가?

① 없음
② 1명
③ 2명
④ 3명

05 다음 글에 대한 설명으로 가장 적절한 것은?

핀테크는 금융과 기술의 합성어로 은행, 카드사 등의 금융기관이 기존 금융서비스에 ICT를 결합한 것으로 금융 전반에 나타난 디지털 혁신이다. 은행을 직접 방문하지 않아도 스마트폰 등을 이용하여 은행 업무를 처리할 수 있는 것이 대표적이다.

테크핀은 ICT 기업이 자신들의 기술을 통해 특색 있는 금융 서비스를 만드는 것으로 테크핀은 핀테크보다 기술을 금융보다 강조하는 점이 특징이다. 간편결제, 송금 서비스, 인터넷전문은행 등이 대표적이다.

한국은 주로 금융기관이 주축이 되어 금융서비스를 개선하고 있었지만, 최근에는 비금융회사의 금융업 진출이 확대되고 있다. 국내의 높은 IT 인프라와 전자상거래 확산으로 인해 소비자들이 현재보다 편한 서비스를 필요하다고 생각하는 것이 원인이다. 또한 공인인증서 의무사용 폐지와 같은 규제가 완화되는 것 또한 ICT 기업이 금융으로 진출할 수 있는 좋은 상황으로 평가된다.

테크핀의 발전은 핀테크의 발전 역시 야기하였다. 테크핀으로 인해 위기를 느낀 금융기관은 이와 경쟁하기 위해 서비스를 개선하고 있다. 금융기관도 공인인증서, 보안카드 등이 필요 없는 서비스 등을 개선하고 모바일 뱅킹도 더 편리하게 개선하고 있다.

핀테크와 테크핀이 긍정적인 영향만을 가진 것은 아니다. 금융서비스 이용실태 조사에 따르면 금융혁신이 이루어지고 이에 대한 혜택을 받는 사람이 저연령층이나 고소득층이 높은 비율을 차지하고 있다. 따라서 핀테크와 테크핀을 발전시키는 동시에 모든 사람이 혜택을 누릴 수 있는 방안도 같이 찾아야 한다.

① 핀테크가 발전하면 저소득층부터 고소득층 모두 혜택을 누린다.
② 핀테크는 비금융기관이 주도한 금융혁신이다.
③ 테크핀은 기술보다 금융을 강조한다.
④ IT 인프라가 높으면 테크핀이 발전하기 쉬워진다.

06 원 모양의 산책로를 걷는데 세정이는 2분, 소희는 3분, 지은이는 7분이 걸린다. 세정이는 1바퀴를 걸은 후 2분 쉬고, 소희는 2바퀴를 걸은 후 4분 쉬고, 지은이는 1바퀴를 걸은 후 3분 쉰다면 1시간 30분 동안 세 사람이 동시에 쉬는 시간은 모두 몇 분인가?

① 13분   ② 14분
③ 15분   ④ 16분

07 다음 중 경영의 과정에 대한 설명으로 가장 적절한 것은?

① 경영계획이란 조직목적을 달성하기 위한 활동들과 조직구성원을 관리하는 단계이다.
② 경영실행은 수행결과를 감독하고 교정하여 피드백하는 단계이다.
③ 경영평가는 조직의 미래상을 결정하고 이를 달성하기 위한 대안을 분석하는 단계이다.
④ 경영은 경영자가 경영목표를 설정하고 경영자원을 조달·배분하여 경영활동을 실행하며, 이를 평가하는 과정이다.

08 H공사의 직원 A, B, C, D, E는 점심식사를 하고 카페에서 각자 원하는 음료를 주문하였다. 다음 〈조건〉을 참고할 때, 카페라테 한 잔의 가격은 얼마인가?

> **조건**
> • 5명이 주문한 음료의 총 금액은 21,300원이다.
> • A를 포함한 3명의 직원은 아메리카노를 주문하였다.
> • B는 혼자 카페라테를 주문하였다.
> • 나머지 한 사람은 5,300원인 생과일주스를 주문하였다.
> • A와 B의 음료 금액은 총 8,400원이다.

① 4,000원   ② 4,200원
③ 4,400원   ④ 4,600원

09 다음 중 수직적 체계에 따른 경영자의 역할에 대한 설명으로 가장 적절한 것은?

① 최고경영자는 재무관리, 생산관리, 인사관리 등과 같이 경영부문별로 경영목표·전략·정책을 집행하기 위한 제반활동을 수행한다.

② 중간경영자는 조직의 최상위층으로 조직의 혁신기능과 의사결정기능을 조직 전체의 수준에서 담당한다.

③ 하위경영자는 현장에서 실제로 작업을 하는 근로자를 직접 지휘·감독하는 경영층을 의미한다.

④ 수직적 체계에 따라 최고경영자, 중간경영자, 하위경영자, 최하위경영자로 나눌 수 있다.

10 선웅이는 4일을 일한 후 하루를 쉬고, 정호는 5일을 일하고 3일을 쉰다고 한다. 500일 동안 두 사람의 휴무일이 같은 날은 모두 며칠인가?(단, 공휴일은 고려하지 않는다)

① 34일 ② 35일

③ 36일 ④ 37일

11 다음 문장 뒤에 이어질 (가) ~ (라) 문단을 논리적 순서대로 바르게 나열한 것은?

> 지난해 고금리, 고환율 그리고 고물가까지 겹치면서 경제적 부담이 커지자, 최후의 수단인 보험을 중도 해지한 사람들이 급증하고 있는 것으로 집계되었다.
>
> (가) 이는 통계 집계가 시작된 2000년 이후 최대에 해당하는 수치로, 글로벌 금융위기를 겪었던 2008년(22조 6,990억 원)보다도 훨씬 큰 규모로 나타났다.
>
> (나) 이에 해당하는 방법으로는 해지 전 보험료 부담은 낮추면서 보험계약은 지속할 수 있는 감액제 도나 일정 한도 내에서 인출이 가능한 중도인출제도가 있고 그 밖에도 보험료를 납부하지 않는 대신 보장기간을 줄일 수 있는 연장정기보험제도나 보험 계약을 해지했다면 이를 다시 복구할 수 있는 계약부활제도가 있다.
>
> (다) 실제로 지난해 초부터 11월까지 집계된 생명보험 해지환급금은 38조 5,300억 원에 다다랐으 며, 이는 전년도보다 10조 원 이상 증가한 것으로 나타났다.
>
> (라) 이처럼 보험계약 해지가 늘어나고 있는 반면, 반대로 신규 보험 가입자는 전년보다 100만 건 가량 감소하고 있다. 이는 비교적 장기간 납부하여야 하는 보험료 특성상 경기가 어려울수록 수요가 감소할 수밖에 없기 때문이다. 다만 보험 중도해지 시에는 계약자의 손실이 발생하기 때문에 다른 방법은 없는지 따져 보는 것이 유리하다.

① (가) – (다) – (나) – (라) ② (가) – (다) – (라) – (나)

③ (다) – (가) – (나) – (라) ④ (다) – (가) – (라) – (나)

12 다음은 이번 달 H사원의 초과 근무 기록이다. H사원의 연봉은 3,600만 원이고, 시급 산정 시 월평균 근무시간은 200시간이다. H사원이 받는 야근·특근 근무 수당은 얼마인가?(단, 소득세는 고려하지 않는다)

〈이번 달 초과 근무 기록〉

일요일	월요일	화요일	수요일	목요일	금요일	토요일
			1	2 18:00 ~ 19:00	3	4
5 09:00 ~ 11:00	6	7 19:00 ~ 21:00	8	9	10	11
12	13	14	15 18:00 ~ 22:00	16	17	18 13:00 ~ 16:00
19	20 19:00 ~ 20:00	21	22	23	24	25
26	27	28	29 19:00 ~ 23:00	30 18:00 ~ 21:00	31	

〈초과 근무 수당 규정〉

- 평일 야근 수당은 시급에 1.2배를 한다.
- 주말 특근 수당은 시급에 1.5배를 한다.
- 식대는 10,000원을 지급하며(단, 야근·특근 수당에 포함되지 않는다), 평일 야근 시 20시 이상 근무할 경우에 지급한다(단, 주말 특근에는 지급하지 않는다).
- 야근시간은 오후 7 ~ 10시이다(단, 초과시간 수당은 지급하지 않는다).

① 265,500원
② 285,500원
③ 300,000원
④ 310,500원

13 다음은 개인화 마케팅에 대한 글이다. 이를 참고할 때 개인화 마케팅의 사례로 적절하지 않은 것은?

> 소비자들의 요구가 점차 다양해지고 복잡해짐에 따라 개인별로 맞춤형 제품과 서비스를 제공하며 '개인화 마케팅'을 펼치는 기업이 늘어나고 있다. 개인화 마케팅이란 각 소비자의 이름, 관심사, 구매이력 등의 데이터를 기반으로 특정 고객에 대한 개인화 서비스를 제공하는 활동을 의미한다. 이러한 개인화 마케팅은 개별적 커뮤니케이션 실현을 통한 효율성 증대 및 기업 이윤 창출을 목적으로 하고 있다.
>
> 이러한 개인화 마케팅은 기업들의 지속적인 투자를 통해 다양한 방식으로 계속되고 있다. 빠르게 변화하고 있는 마케팅 시장에서 개인화된 서비스 제공을 통해 소비자 만족도를 끌어낼 수 있다는 점은 충분히 매력적일 수 있기 때문이다.

① 고객들의 사연을 받아 지하철역 에스컬레이터 벽면에 광고판을 만든 A배달업체는 고객들로 하여금 자신의 사연이 뽑히지 않았는지 관심을 갖도록 유도하여 광고 효과를 톡톡히 보고 있다.

② 최근 B전시관은 시각적인 시원한 민트색 벽지와 그에 어울리는 시원한 음향, 상쾌한 민트 향기, 민트맛 사탕을 나눠 주는 등 민트에 대한 다섯 가지 감각을 이용한 미술관 전시로 화제가 되었다.

③ C위생용품회사는 자사의 인기 상품에 대한 단종으로 사과의 뜻을 담은 뮤직비디오를 제작했다. 고객들은 뮤직비디오를 보기 전에 자신의 이름을 입력하면, 뮤직비디오에 자신의 이름이 노출되어 자신이 직접 사과를 받는 듯한 효과를 느낄 수 있다.

④ 참치 캔을 생산하는 D사는 최근 소외계층에게 힘이 되는 응원 메시지를 댓글로 받아 77명을 추첨하여 댓글 작성자의 이름으로 소외계층들에게 참치 캔을 전달하는 이벤트를 진행하였다.

14 A, B, C, D 4명이 다음 〈조건〉에 따라 구두를 샀다고 할 때, A는 주황색 구두를 포함하여 어떤 색의 구두를 샀는가?(단, 빨간색 – 초록색, 주황색 – 파란색, 노란색 – 남색은 보색 관계이다)

> **조건**
> • 세일하는 품목은 빨간색, 주황색, 노란색, 초록색, 파란색, 남색, 보라색으로 한 켤레씩 남았다.
> • A는 주황색을 포함하여 두 켤레를 샀다.
> • C는 빨간색 구두를 샀다.
> • B, D는 파란색을 좋아하지 않는다.
> • C, D는 같은 수의 구두를 샀다.
> • B는 C가 산 구두와 보색 관계인 구두를 샀다.
> • D는 B가 산 구두와 보색 관계인 구두를 샀다.
> • 모두 한 켤레 이상씩 샀으며, 네 사람은 세일품목을 모두 샀다.

① 노란색　　　　　　　　　　② 초록색

③ 보라색　　　　　　　　　　④ 파란색

15 다음 밑줄 친 ㉠~㉣을 수정한 내용으로 적절하지 않은 것은?

업무상 자살에 대한 산재 승인율이 지난해부터 급감한 것으로 나타났다. 근로복지공단이 산재심사를 하면서 ㉠ <u>허술한</u> 기준을 제시한 탓에 피해노동자와 그 가족을 보호하지 못하고 있다는 지적이 나온다.

국회 환경노동위원회에 따르면 2019년 65.3%, 2020년 70.1%로 증가하던 업무상 자살에 대한 산재 승인율이 지난해 55.7%로 15%포인트가량 급감했고, 올해는 6월까지 54.3%를 기록해 지난해와 비슷한 수준을 보였다.

승인율이 낮아진 이유로는 근로복지공단의 정신질환 산재 조사·판정의 부적절성이 꼽힌다. 공단은 서울업무상질병판정위원회에서 ㉡ <u>일괄적으로</u> 처리했던 정신질환 사건을 2019년 하반기부터 다른 지역의 질병판정위원회로 ㉢ <u>결집했고</u>, 이로 인해 질병판정위별로 승인 여부가 제각각이 된 것이다. 또한 대법원을 포함한 사법부는 자살에 이를 정도의 업무상 사유에 대한 판단 기준을 재해자 기준에 맞추고 있는 것과 달리, 공단은 일반인·평균인 관점에서 판단하는 점도 문제로 제기되고 있다. 공단과 사법부의 판단이 엇갈리는 상황에서 불승인 받은 유족들은 재판부의 문을 두드리고 있어, 공단의 산재불승인에 불복해 행정소송을 제기한 업무상 자살 건수는 매년 ㉣ <u>감소</u>하고 있다. 특히 올해 법원에 확정된 사건은 모두 7건인데 이 중 공단이 패소한 경우는 4건(패소율 57.1%)에 다다라 공단의 판단 기준에 대한 문제가 절실히 드러나고 있다.

이는 공단이 대법원보다 소극적인 방식으로 업무상 사망 상관관계 잣대를 적용하는 탓에 자살 산재 승인율이 낮아진 것으로 보인다. 따라서 공단은 신속하고 공정하게 보상한다는 산업재해보상보험법 목적에 맞게 제도를 운용하도록 대법원이 제시한 원칙에 맞게 까다로운 승인 기준을 재정비해야할 것으로 보인다.

① ㉠ : 허술한 → 까다로운
② ㉡ : 일괄적으로 → 개별적으로
③ ㉢ : 결집했고 → 분산했고
④ ㉣ : 감소 → 증가

16 다음은 외부 강의 사례금 상한선에 대한 규정이다. 이를 고려할 때 강의자들에게 지불해야 하는 외부 강의 사례금액의 상한액은 총 얼마인가?

〈외부 강의 금액 상한선〉

- 공무원과 그 밖의 다른 법률에 따라 그 자격·임용·교육훈련·복무·보수·신분보장 등에 있어서 공무원으로 인정된 사람 등의 공직자의 외부 강의 금액은 40만 원이 상한이다.
- 각급 학교 및 사립학교법에 따른 학교법인 각급 학교의 장과 교직원 및 학교 법인의 임직원의 외부 강의 금액은 100만 원이 상한이다.
- 언론중재 및 피해구제 등에 대한 법률에 따른 언론사 대표자와 그 임직원의 외부 강의 금액은 100만 원이 상한이다.
- 국립대학의 교수와 강사의 외부 강의 금액은 20만 원이 상한이다.
- 공공기관과 공직유관단체 및 그 기관의 장과 임직원의 외부 강의 금액은 40만 원이 상한이다.
- 강의의 상한액은 1시간 단위를 기준으로 하고, 1시간을 초과하여 강의를 하는 경우에는 강의 시간에 관계없이 1시간 초과분에 대하여 시간당 상한액의 100분의 150에 해당하는 금액을 추가 지급한다.
- 외부 강의 상한액은 원고료, 출연료, 강의료 등 명목에 관계없이 일체의 사례금을 포함한다.

강의자	강의시간	기타
A국립대 M교수	1시간	–
B언론사 K기자	2시간	–
C병원 S병원장	2시간	–
D사립대 J강사	1시간	원고료 10만 원 추가 요청

※ C병원은 공직유관단체이다.

---

① 410만 원
② 430만 원
③ 450만 원
④ 470만 원

17 다음 글에 대한 내용으로 적절하지 않은 것은?

> 2022년 기초생활보장 생계급여는 1인 기준 중위소득(194만 4,812원)의 30%인 58만 3,444원으로 국민기초생활수급자의 수급비가 현실을 반영하지 못한 채 여전히 불충분한 상황에 놓여 있다. 여기에 애초에 신청조차 할 수 없도록 한 복지제도가 많아 역차별 논란까지 빚고 있다.
> 통계청에 따르면 전국의 만 18세 이상 34세 이하 청년들의 생활비는 월 84만 9,222원인 것으로 나타났으며, 나이가 많아질수록 생활비는 더 늘어났다.
> 하지만 생계급여 수급비 액수 자체가 물가인상률 등 현실적인 요소를 제대로 반영하지 못하고 있는 데다가, 수급자들의 근로소득 공제율이 낮아 근로를 하고 싶어도 수급자 탈락을 우려해 일을 하지 않거나 일부러 적게 하는 경우도 생겨나고 있다.
> 특히 현 제도하에서의 소득하위 20%인 수급자들은 생필품조차 제대로 구입하지 못하고 있는 것으로 나타났으며, 이들은 취업시장과도 거리가 멀어져 탈수급도 요원해지는 상황이다. 여기에다 기초수급자들은 생계급여를 받는다는 이유로 긴급복지지원제도·국민내일배움카드·노인일자리사업·구직촉진수당·연금(기초·공적연금) 등 5가지 복지제도에 신청조차 할 수 없어, 기초수급비가 충분한 금액이 아니기 때문에 조그마한 일이 생겨도 위기상황에 처하는 등 위험에 노출되어 있어 극단적 선택을 하는 경우가 많아지고 있다.

① 복지혜택이 가장 시급한 이들이 일부 복지제도에서 제외되고 있다.

② 수급자들이 근로를 할 경우 오히려 근로 이전보다 생계가 어려워질 수도 있다.

③ 근로소득 공제율을 높이면 탈수급을 촉진할 수 있다.

④ 현 생계급여 수급비로는 생계유지가 곤란한 상황이다.

18 H사는 추계 체육대회 사은품으로 전 직원에게 보조배터리를 제공하기로 하였다. 다음 선정기준에 따라 보조배터리 업체를 선정하여 매입한다고 할 때, H사가 보조배터리를 구입할 업체는?

〈후보 업체 사전조사 결과〉

(단위 : 점)

업체	고속충전 지원여부	디자인 선호도	용량	가격
A	지원	6	1	1
B	지원	4	2	2
C	미지원	4	2	5
D	지원	3	5	3

〈선정기준〉

- H사는 전 직원들을 대상으로 후보 업체들에 대한 사전조사 진행했다.
- 제품 디자인에 대한 선호도 점수는 H사 직원들이 10점 만점으로 부여한 점수의 평균값이다.
- 용량 점수와 가격 점수는 10점 만점으로 하며 용량은 클수록, 가격은 낮을수록 높은 점수를 부여 한다.
- 디자인 선호도 점수와 용량 점수, 가격 점수를 1 : 1 : 2의 가중치로 합산하여 1차 점수를 산정하고, 1차 점수가 높은 후보 업체 3개를 선정한다.
- 1차에 선정된 후보 업체 중 고속충전을 지원하는 업체는 가점 2점을 부여하여 2차 점수를 산정한다.
- 2차 점수가 가장 높은 업체를 최종 선정한다. 만약 점수가 동일하다면 가격 점수가 가장 높은 업체를 최종 선정한다.

① A업체
② B업체
③ C업체
④ D업체

19 각 지역본부 대표 8명이 다음 〈조건〉에 따라 원탁에 앉아 회의를 진행한다고 할 때, 경인 지역본부 대표의 맞은편에 앉은 사람은?

> **조건**
> • 서울, 부산, 대구, 광주, 대전, 경인, 춘천, 속초 대표가 참여하였다.
> • 서울 대표는 12시 방향에 앉아 있다.
> • 서울 대표의 오른쪽 두 번째 자리에는 대전 대표가 앉아 있다.
> • 부산 대표는 경인 대표의 왼쪽에 앉는다.
> • 광주 대표의 양 옆자리는 대전 대표와 부산 대표이다.
> • 광주 대표와 대구 대표는 마주 보고 있다.
> • 속초 대표의 양 옆자리는 서울 대표와 대전 대표이다.

① 대전 대표
② 부산 대표
③ 대구 대표
④ 속초 대표

20 H고등학교 도서부는 매일 교내 도서관을 정리하고 있다. 부원은 모두 40명이며 각각 1 ~ 40번의 번호를 부여받고 월요일부터 금요일까지 12명씩 돌아가면서 도서관을 정리하기로 하였다. 6월 7일에 1 ~ 12번 학생이 도서관을 정리하였다면 이들이 처음으로 다시 함께 도서관을 정리하는 날은 언제인가?(단, 주말에는 활동하지 않는다)

① 6월 20일
② 6월 21일
③ 6월 22일
④ 6월 23일

21 국제영화제 행사에 참석한 H는 A, B, C, D, E, F영화를 다음 〈조건〉에 맞춰 5월 1일부터 5월 6일까지 하루에 한 편씩 보려고 한다. 다음 중 항상 옳은 것은?

> **조건**
> • F영화는 3일과 4일 중 하루만 상영된다.
> • D영화는 C영화가 상영된 날 이틀 후에 상영된다.
> • B영화는 C, D영화보다 먼저 상영된다.
> • 첫째 날 B영화를 본다면, 5일에 반드시 A영화를 본다.

① A영화는 C영화보다 먼저 상영될 수 없다.
② C영화는 E영화보다 먼저 상영된다.
③ D영화는 5일이나 폐막작으로 상영될 수 없다.
④ B영화는 1일 또는 2일에 상영된다.

22 다음 상황에서 김팀장의 지시를 적절히 수행하기 위하여 오대리가 거쳐야 할 부서명을 순서대로 바르게 나열한 것은?

> 김팀장 : 오대리, 내가 내일 출장 준비 때문에 무척 바빠서 그러는데 자네가 좀 도와줘야 할 것 같군. 우선 박비서한테 가서 오후 사장님 회의 자료를 좀 가져다주게나. 오는 길에 지난주 기자단 간담회 자료 정리가 되었는지 확인해 보고 완료됐으면 한 부 챙겨 오고. 다음 주에 승진자 발표가 있을 것 같은데 우리 팀 승진 대상자 서류가 잘 전달되었는지 그것도 확인 좀 해 줘야겠어. 참, 오후에 바이어가 내방하기로 되어 있는데 공항 픽업 준비는 잘 해 두었지? 배차 예약 상황도 다시 한 번 점검해 봐야 할 거야. 그럼 수고 좀 해 주게.

① 기획팀 – 홍보팀 – 총무팀 – 경영관리팀   ② 비서실 – 홍보팀 – 인사팀 – 총무팀
③ 인사팀 – 법무팀 – 총무팀 – 기획팀   ④ 경영관리팀 – 법무팀 – 총무팀 – 인사팀

23 다음 중 맥킨지의 7S 모형에 대한 설명으로 적절하지 않은 것은?

① 기업, 부서 등 조직의 내부역량을 분석하는 도구이다.
② 전략, 공유가치, 관리기술은 경영전략의 목표와 지침이 된다.
③ 하위 4S는 상위 3S를 지원하는 하위 지원 요소를 말한다.
④ 지방자치단체, 국가와 같은 큰 조직에는 적절하지 않다.

24 유기농 식품 회사인 H사에 근무하는 A씨에게 어느 고객이 신제품에 대한 문의를 해 왔다. 다음 중 A씨가 제품에 부착된 설명서를 참고하여 고객에게 꼭 안내해야 할 내용으로 가장 적절한 것은?

> • 제품명 : 그린너트 마카다미아넛츠
> • 식품의 유형 : 땅콩 또는 견과류 가공품
> • 내용량 : 25g
> • 원재료명 및 함량 : 구운 아몬드[아몬드(미국) 100%] 50%, 호두(수입산) 20%, 마카다미아(호주) 15%, 건크랜베리(미국) 15%[크랜베리 55%, 설탕 44%, 해바라기유 1%]
> • 보관 및 취급사항 : 직사광선을 피하고 건조하고 서늘한 곳에 보관하십시오. 남은 제품을 보관하실 경우 밀폐용기에 넣어 냉장 보관해 주십시오.
> • 본 제품은 대두, 땅콩, 밀, 메밀, 호두, 아몬드를 사용한 제품과 같은 제조시설에서 포장하였습니다.
> • 본 제품은 공정거래위원회 고시 소비분쟁해결 기준에 의거 교환 또는 보상받을 수 있습니다.
> • 부정·불량식품 신고는 국번 없이 1399

① 합성첨가물은 사용되지 않았지만 원재료 그대로가 아닌 가공된 제품입니다.
② 보관하실 때에는 햇빛과 습기를 피하십시오.
③ 고객의 단순 변심은 교환 또는 보상의 조건이 되지 않습니다.
④ 같은 제조시설에서 포장된 것에 어떤 재료들이 쓰였는지 꼭 확인하시기 바랍니다.

25 다음은 H공사 직원들의 10월 연차 계획표이다. 하루에 3명 이상 연차를 쓸 수 없고, 직원들은 각자 연속하여 4일 이상 연차를 신청할 수 없다. 연차 일정을 한 명만 수정한다고 할 때, 수정해야 하는 사람은 누구인가?

〈연차 계획표〉

성명	연차 일정	성명	연차일정
임미리	10월 2일 목요일 ~ 10월 7일 화요일	조유라	10월 7일 화요일
정지수	10월 6일 월요일	최한결	10월 8일 수요일 ~ 10월 13일 월요일
김창은	10월 1일 수요일 ~ 10월 2일 목요일	유라희	10월 10일 금요일
유소정	10월 6일 월요일 ~ 10월 7일 화요일	최하람	10월 1일 수요일, 10월 8일 수요일

※ 개천절 : 10월 3일 금요일
※ 한글날 : 10월 9일 목요일

① 조유라　　　　　　　　　　　② 정지수
③ 최한결　　　　　　　　　　　④ 유소정

26 다음 〈보기〉를 읽고 이어질 문단을 논리적 순서대로 바르게 나열한 것은?

> **보기**
>
> 서울교통공사의 무임승차로 인한 손해액이 연간 약 3,000억 원에 달하자, 서울시는 8년 만에 지하철·버스 요금을 300원 가까이 인상을 추진하였고 이에 노인 무임승차가 다시 논란이 되었다.

(가) 이에 네티즌들은 요금인상 대신 노인 무임승차 혜택을 중단하거나 축소해야 한다고 주장했지만, 서울시는 그동안 노인 무임승차 중단 이야기를 꺼내지 못했다.

(나) 우리나라에서 65세 이상 노인에 대한 지하철·버스 무임승차는 전두환 전 대통령의 지시로 시작되어 지난 40년간 유지되었다.

(다) 이는 서울시장이 선출직인 이유와 더불어 우리나라의 오래된 미덕인 경로사상의 영향 때문이다. 실제로 이로 인해 지하철을 운영하는 각 지자체는 노인 무상승차를 거부할 법적 권한이 있지만 활용하지 못하고 있는 상황이다.

(라) 하지만 초고령화 시대가 접어들면서 복지혜택을 받는 노인 인구가 급격히 늘어나 무임승차 기준인 65세 이상 인구가 지난 2021년 전체 인구의 16.8%에 달하면서 도시철도의 동반부실도 급격히 심화되었다.

① (가) – (나) – (라) – (다)
② (가) – (다) – (나) – (라)
③ (나) – (가) – (라) – (다)
④ (나) – (라) – (가) – (다)

27 H기업은 영농철을 맞아 하루 동안 H마을의 농촌일손돕기 봉사활동을 펼친다. 1팀, 2팀, 3팀이 팀별로 점심시간을 제외하고 2시간씩 번갈아 가면서 모내기 작업을 도울 예정이다. 봉사활동을 펼칠 하루 스케줄이 다음과 같을 때, 2팀이 일손을 도울 가장 적절한 시간대는?(단, 팀별로 시간은 겹칠 수 없으며 2시간 연속으로 일한다)

<표 설명>

시간	스케줄		
	1팀	2팀	3팀
09:00 ~ 10:00	상품기획 회의		시장조사
10:00 ~ 11:00			
11:00 ~ 12:00			비품 요청
12:00 ~ 13:00	점심시간	점심시간	점심시간
13:00 ~ 14:00			사무실 청소
14:00 ~ 15:00	업무지원	상품기획 회의	
15:00 ~ 16:00			
16:00 ~ 17:00	경력직 면접		마케팅 전략 회의
17:00 ~ 18:00			

〈팀별 스케줄〉

① 10:00 ~ 12:00   ② 11:00 ~ 13:00

③ 15:00 ~ 17:00   ④ 16:00 ~ 18:00

28 H사 총무팀, 개발팀, 영업팀, 홍보팀, 고객지원팀이 각각 1~5층에 있다. 각 팀 탕비실에는 이온음료, 탄산음료, 에너지음료, 캔 커피가 구비되어 있다. 총무팀에서 각 팀에 채워 넣을 음료를 일괄적으로 구매하고자 한다. 〈조건〉에 따라 각 음료를 구매하려고 할 때 주문해야 할 최소 개수를 순서대로 바르게 나열한 것은?

• 각 팀의 음료 보유 현황은 다음과 같다.

〈H사 탕비실 내 음료 구비 현황〉

(단위 : 캔)

구분	총무팀	개발팀	영업팀	홍보팀	고객지원팀
이온음료	3	10	10	10	8
탄산음료	10	2	16	7	8
에너지음료	10	1	12	8	7
캔 커피	2	3	1	10	12

• 이온음료, 탄산음료, 에너지음료, 캔 커피는 각각 최소 6캔, 12병, 10캔, 30캔이 구비되어 있어야 하며, 최소 수량 미달 시 음료를 구매해야 한다.
• 각 팀은 구매 시 해당 음료 최소 구비 수량의 1.5배를 구매해야 한다.
• 모든 음료는 낱개로 구매할 수 없으며 묶음 단위로 구매해야 한다.
• 이온음료, 탄산음료, 에너지음료, 캔 커피 각각 6캔, 6캔, 6캔, 30캔을 묶음으로 판매하고 있다.

	이온음료	탄산음료	에너지음료	캔 커피
①	12캔	72캔	48캔	240캔
②	12캔	72캔	42캔	240캔
③	12캔	66캔	42캔	210캔
④	18캔	66캔	48캔	210캔

29 소민이는 7일 일한 후 2일 쉬고 민준이는 10일 일하고 2일 쉰다고 한다. 두 사람이 같은 날 일을 시작 후 처음으로 동시에 2일 연속 쉬는 날이 같은 날은 며칠 후인가?

① 31일 후
② 32일 후
③ 33일 후
④ 34일 후

30 다음 〈보기〉를 읽고 이어질 (가) ~ (라) 문단을 논리적 순서대로 바르게 나열한 것은?

> **보기**
>
> 선택적 함묵증(Selective Mutism)은 정상적인 언어발달 과정을 거쳐서 어떤 상황에서는 말을 하면서도 말을 해야 하는 특정한 사회적 상황에서는 말을 지속적으로 하지 않거나 다른 사람의 말에 언어적으로 반응하지 않는 것을 말하며, 이렇게 말을 하지 않는 증상이 1개월 이상 지속되고 교육적, 사회적 의사소통을 저해하는 요소로 작용할 때 선택적 함묵증으로 진단할 수 있으며, 이를 불안장애로 분류하고 있다.

> (가) 이러한 불안을 잠재우기 위해서는 발생 원인에 따라서 적절한 심리치료 방법을 선택해 치료과정을 관찰하면서 복합적인 치료 방법을 혼용하여야 한다.
>
> (나) 아동은 굳이 말을 사용하지 않고서도 자신의 생각을 자연스럽게 표현하는 긍정적인 경험을 갖게 되고 이는 부정적 정서로 인한 긴장과 위축을 이완시킬 수 있다.
>
> (다) 그중 하나인 미술치료는 아동의 저항을 줄이고, 언어의 한계성을 벗어나며, 육체적 활동을 통해 창조성을 생활화하고 미술표현으로 사고와 감정을 객관화한다고 볼 수 있다.
>
> (라) 불안장애의 한 유형인 선택적 함묵증은 불안이 외현화되어 행동으로 나타나는 경우라고 볼 수 있으며, 대체로 심한 부끄러움, 사회적 상황에 대한 두려움, 사회적 위축, 강박적 특성, 거절증, 반항 등의 행동으로 표출된다.

① (가) – (다) – (라) – (나)
② (가) – (라) – (나) – (다)
③ (라) – (가) – (나) – (다)
④ (라) – (가) – (다) – (나)

31 A신호등은 6초 점등 후 4초 소등되고 그 맞은편에 있는 B신호등은 8초 점등 후 6초 소등된다고 한다. 두 신호등이 동시에 켜진 후 다시 처음으로 동시에 점등될 때는 몇 초 후인가?

① 50초
② 60초
③ 70초
④ 80초

32 A~L 응시자는 면접시험에서 순서대로 면접을 진행했다. 다음 〈조건〉에 따라 평가 점수가 가장 높은 6명이 합격할 때, 합격자를 높은 점수 순서대로 바르게 나열한 것은?(단, 동점인 경우 먼저 면접을 진행한 응시자를 우선으로 한다)

> **조건**
> • 면접관 5명이 부여한 점수 중 최고점과 최저점을 제외하고 나머지 면접관 3명이 부여한 점수의 평균에 보훈 가점을 더하여 평가한다.
> • 최고점과 최저점이 1개 이상일 때는 1명의 점수만 제외한다.
> • 소수점 셋째 자리에서 반올림한다.

〈지원자 면접 점수〉

(단위 : 점)

구분	면접관 1	면접관 2	면접관 3	면접관 4	면접관 5	보훈 가점
A	80	85	70	75	90	–
B	75	90	85	75	100	5
C	70	95	85	85	85	–
D	75	80	90	85	80	–
E	80	90	95	100	85	5
F	85	75	95	90	80	–
G	80	75	95	90	95	10
H	90	80	80	85	100	–
I	70	80	80	75	85	5
J	85	80	100	75	85	–
K	85	100	70	75	75	5
L	75	90	70	100	70	–

① G – A – C – F – E – L

② D – A – F – L – H – I

③ E – G – B – C – F – H

④ G – E – B – C – F – H

33 다음 글을 읽고 4D 프린팅으로 구현할 수 있는 제품을 추론할 때 가장 적절한 것은?

> 3D 프린팅을 넘어 4D 프린팅이 차세대 블루오션 기술로 주목받고 있다. 스스로 크기와 모양을 바꾸는 등 이제껏 없던 방식의 제품 설계가 가능하기 때문이다. 4D 프린팅은 3D 프린팅에 '시간'이라는 한 차원(Dimension)을 추가한 개념으로, 시간의 경과, 온도의 변화 등 특정 상황에 놓일 경우 4D 프린팅 출력물의 외형과 성질이 변한다. 변화의 비결은 자가 변형이 가능한 '스마트 소재'의 사용에 있는데, 가열하면 본래 형태로 돌아오는 '형상기억합금'이 대표적인 스마트 소재이다.
>
> 4D 프린팅은 외부 환경의 변화에 따라 형태를 바꾸는 것은 물론 별다른 동력 없이도 움직일 수 있어 활용 가능성이 넓다. 이는 4D 프린팅이 3D 프린팅의 '크기' 한계를 넘었기 때문이다. 현재 3D 프린팅으로 건물을 찍어내기 위해서는 건물과 같은 크기의 3D 프린터가 있어야 하지만 4D 프린팅은 그렇지 않다. 소형으로 압축 출력한 스마트 소재가 시간이 지나면서 건물 한 동 크기로 쑥쑥 자라날 수 있는 것이다. 즉, 자동차가 로봇으로 변하는 '트랜스포머' 로봇도 4D 프린팅으로 구현이 가능하다.
>
> 패션·디자인·의료·인프라 등 다양한 분야에서 4D 프린팅을 활용한 혁신 제품들을 하나둘 선보이고 있다. 미국 디자인 업체 '너브스시스템'이 4D 프린팅으로 옷·장신구·장식품 등을 제작하는 '키네마틱스 프로젝트' 기획도 그중 하나다. 2016년 너브스시스템은 4D 프린팅으로 만든 드레스와 그 제작 과정을 선보였는데, 프린터에서 출력될 때는 평면이었던 드레스가 시간이 지나면서 입체적인 형태를 이루었다.
>
> 색깔이 변하는 4D 프린팅은 디자인뿐만 아니라 국민 안전 차원에서도 유용할 것으로 보인다. 한 연구원은 "미세먼지, 방사선 노출 등 국민 생활안전 이슈가 점차 중요해지면서 색상 변환 4D 프린팅이 유망할 것으로 본다. 일상이나 작업 환경에 배치한 4D 소재가 오염 정도에 따라 자극을 일으켜 위험 신호를 주는 형태로 활용 가능할 것"이라고 분석했다.
>
> 하지만 3D 프린팅 시장도 제대로 형성되지 않은 현시점에서 4D 프린팅 상용화를 논하기에는 아직 갈 길이 멀다. 워낙 역사 자체가 짧기 때문이다. 시장조사 전문기관의 평가도 이와 다르지 않다. 2016년 발표한 '3D 프린팅 사이클'에서 4D 프린팅은 아직 '기술 태동 단계(Innovation Trigger)'에 불과하다고 전망했다. 연구개발을 이제 막 시작하는 수준이라는 이야기이다.

① 줄기세포와 뼈 형성 단백질 등을 재료로 사용하여 혈관조직을 내·외부로 분포시킨 뼈 조직
② 프린터 내부 금형에 액체 섬유 용액을 부어 만든 옷
③ 사용자 얼굴의 형태에 맞춘 세상에 단 하나뿐인 주문형 안경
④ 열에 반응하는 소재를 사용하여 뜨거운 물에 닿으면 닫히고, 열이 식으면 열리는 수도 밸브

34 H마트에서는 A사 음료수를 12일마다 납품받고 B사 과자를 14일마다 납품받으며 각 납품 당일에는 재고 소진을 위해 할인하여 판매하는 행사를 진행한다고 한다. 4월 9일에 할인 행사를 동시에 진행했을 때 할인 행사가 다시 동시에 진행되는 날은 며칠 후인가?(단, 재고 소진 목적 외 할인 행사는 진행하지 않는다)

① 6월 30일   ② 7월 1일

③ 7월 2일   ④ 7월 3일

35 서로 맞물려 돌아가는 톱니바퀴 A와 B가 있다. A의 톱니 수는 220개이고 A와 B가 서로 맞물려 돌아가 처음으로 다시 같은 톱니가 맞물릴 때까지 A는 10바퀴 회전한다. 이때, B톱니바퀴의 톱니 수는?(단, 톱니 수는 A가 더 많다)

① 180개   ② 190개

③ 200개   ④ 210개

36 높이가 각각 8cm, 10cm, 6cm인 벽돌 3종류가 있다. 되도록 적은 벽돌을 사용하여 같은 종류의 벽돌끼리 쌓아 올리고자 한다. 필요한 벽돌의 개수는 모두 몇 개인가?

① 35개   ② 39개

③ 43개   ④ 47개

37 운송업자인 H씨는 15t 화물트럭을 이용하여 목적지까지 화물을 운송하고 있다. 다음 중 차량 운행기록에 따라 지불해야 하는 H씨의 고속도로 통행요금으로 옳은 것은?(단, 원 단위 미만은 버림한다)

〈고속도로 통행요금〉

구분	폐쇄식	개방식
기본 요금	900원(2차로 50% 할인)	720원
요금 산정	(기본요금)+[(주행거리)× (차종별 km당 주행요금)]	(기본요금)+[(요금소별 최단 이용거리)× (차종별 km당 주행요금)]

※ km당 주행요금 단가 : 1종 44.3원, 2종 45.2원, 3종 47.0원, 4종 62.9원, 5종 74.4원 (2차로는 50% 할인, 6차로 이상은 주행요금 단가를 20% 할증)

〈차종 분류 기준〉

차종	분류 기준	적용 차량
1종	2축 차량, 바퀴 폭 279.4mm 이하	승용차, 16인승 이하 승합차, 2.5t 미만 화물차
2종	2축 차량, 바퀴 폭 279.4mm 초과, 윤거 1,800mm 이하	승합차 17~32인승, 2.5~5.5t 화물차
3종	2축 차량, 바퀴 폭 279.4mm 초과, 윤거 1,800mm 초과	승합차 33인승 이상, 5.5~10t 화물차
4종	3축 차량	10~20t 화물차
5종	4축 이상 차량	20t 이상 화물차

〈H씨의 차량 운행기록〉

• 목적지 : 서울 → 부산(경유지 영천)
• 총거리 : 374.8km(경유지인 영천까지 330.4km)
• 이용 도로 정보
 − 서울~영천 : 2개 톨게이트(개방식 6차로 거리 180km, 폐쇄식 4차로 거리 150.4km)
 − 영천~부산 : 1개 톨게이트(폐쇄식 2차로 44.4km)
※ 주어진 정보 외의 비용 및 거리는 고려하지 않는다.
※ 거리는 주행거리 또는 요금소별 최단 이용거리이다.

① 18,965원
② 21,224원
③ 23,485원
④ 26,512원

38 다음 글을 읽고 추론한 내용으로 적절하지 않은 것은?

커피 찌꺼기를 일컫는 커피박이라는 단어는 우리에게 생소한 편이다. 하지만 외국에서는 커피 웨이스트(Coffee Waste), 커피 그라운드(Coffee Ground) 등 다양한 이름으로 불린다. 커피박은 커피 원두로부터 액을 추출한 후 남은 찌꺼기를 말하는데 이는 유기물뿐만 아니라 섬유소, 리그닌, 카페인 등 다양한 물질을 풍부하게 함유하고 있어 재활용 가치가 높은 유기물 자원으로 평가받고 있다. 특히 우리나라는 커피 소비량이 높은 국가로 2007년부터 2010년까지의 관세청 자료에 의하면 매년 커피원두 및 생두 수입이 지속적으로 증가한 것으로 나타났다. 1인당 연간 커피 소비량은 2019년 기준 평균 328잔 정도에 달하며 커피 한 잔에 사용되는 커피콩은 0.2%, 나머지는 99.8%로 커피박이 되어 생활폐기물 혹은 매립지에서 소각 처리된다.

이렇게 커피 소비량이 증가하고 있는 가운데 커피를 마시고 난 후 생기는 부산물인 커피박도 연평균 12만 톤 이상 발생하고 있는 것으로 알려져 있다. 이렇듯 막대한 양의 커피박은 폐기물로 분류되며 폐기처리만 해도 큰 비용이 발생된다.

따라서 비료 원자재 대부분을 수입산에 의존하고 있는 우리나라와 같이 농업분야의 유기성 자원이 절대적으로 부족한 곳에서는 원재료 매입비용이 적은 반면 부가가치를 창출할 수 있는 수익성이 매우 높은 재료로서 고가로 수입된 커피박 자원을 재활용할 수 있다면 자원절감과 비용절감이라는 두 마리 토끼를 잡을 수 있을 것으로 기대된다.

또한 전문가들은 부재료 선택에 신경을 쓴다면 커피박을 분명 더 나은 품질의 퇴비로 활용 가능하다고 지적한다. 그 가운데 톱밥, 볏짚, 버섯폐배지, 한약재찌꺼기, 쌀겨, 스테비아분말, 채종유박, 깻묵 등과 같은 부재료들의 화학성 pH는 4.9 ~ 6.4, 총 탄소 4 ~ 54%, 총 질소 0.08 ~ 10.4%, 탈질률 7.8 ~ 680으로 매우 다양했다. 그중 한약재찌꺼기의 질소함량이 가장 높았고, 유기물 함량은 톱밥이 가장 높았다.

유기물 퇴비를 만들기 위한 중요한 조건으로는 수분함량, 공기, 탄질비, 온도 등이 있다. 흔히 농가에서 쉽게 찾아볼 수 있는 유기퇴비의 원료로는 볏짚, 나무껍질, 깻묵, 쌀겨 등이 있다. 그밖에 낙엽이나 산야초를 베어 퇴비를 만들어도 되지만 일손과 노동력이 다소 소모된다는 단점이 있다. 무엇보다 양질의 퇴비를 만들기 위해서는 재료로 사용되는 자재가 지닌 기본적인 탄소와 질소의 비율이 중요한데 탄질률은 20 ~ 30 : 1 인 것이 가장 이상적이다. 농촌진흥청 관계자는 이에 대해 "탄질률은 퇴비의 분해 속도와 관련이 있어 지나치게 질소가 많거나 탄소성분이 많을 경우 양질의 퇴비를 얻을 수 없다. 또한 퇴비재료에 미생물이 첨가되면서 자연 분해되면 열이 발생하는데 이는 유해 미생물을 죽일 수 있어 양질의 퇴비를 얻기 위해서는 퇴비 더미의 온도를 50℃ 이상으로 유지하는 것이 바람직하다."라고 밝혔다.

① 커피박을 이용하여 유기농 비료를 만드는 것은 환경 보호 측면에서뿐만 아니라 경제적 측면에서도 이득이다.

② 커피박과 함께 비료에 들어갈 부재료를 고를 때에는 질소나 유기물이 얼마나 들어 있는지가 중요한 기준이다.

③ 비료에서 중요한 성분인 질소가 많이 함유되어 있을수록 좋은 비료라고 할 수 있다.

④ 퇴비 재료에 있는 유해 미생물을 50℃ 이상의 고온을 통해 없앨 수 있다.

39 다음은 H전자 직무전결표의 일부분이다. 이에 따라 문서를 처리한 내용 중 옳지 않은 것을 〈보기〉에서 모두 고르면?

직무내용	대표이사	위임전결권자		
		전무	이사	부서장
직원 채용 승인	○			
직원 채용 결과 통보				○
교육훈련 대상자 선정			○	
교육훈련 프로그램 승인		○		
직원 국내 출장 승인			○	
직원 해외 출장 승인		○		
임원 국내 출장 승인		○		
임원 해외 출장 승인	○			

보기

㉮ 전무가 출장 중이어서 교육훈련 프로그램 승인을 위해 일단 이사 전결로 처리하였다.
㉯ 인사부장 명의로 영업부 직원 채용 결과서를 통보하였다.
㉰ 영업부 대리의 국내 출장을 승인받기 위해 이사의 결재를 받았다.
㉱ 기획부의 교육 대상자를 선정하기 위해 기획부장의 결재를 받아 처리하였다.

① ㉮, ㉯
② ㉮, ㉯, ㉰
③ ㉮, ㉯, ㉱
④ ㉮, ㉰, ㉱

40 H공사에서는 체육대회를 개최하려 한다. A ~ J직원은 각자 2종목씩 필수로 출전해야 한다. 다음 중 계주에 꼭 출전해야 하는 사람을 모두 고르면?

〈지점별 참가 인원〉

(단위 : 명)

훌라후프	계주	줄넘기	줄다리기	2인 3각
1	4	5	8	2

〈직원별 참가가능 종목〉

(단위 : 명)

구분	훌라후프	계주	줄넘기	줄다리기	2인 3각
A	X	X	O	O	O
B	X	O	O	O	X
C	O	O	O	X	X
D	O	X	X	O	X
E	X	O	X	O	X
F	X	X	O	O	X
G	X	X	X	O	O
H	O	O	O	O	X
I	X	O	O	O	X
J	X	O	O	X	X

① B, C, J
② D, E, H
③ C, E, J
④ C, G, I

41 H수건공장은 판매하고 남은 재고를 담은 선물세트를 만들고자 포장을 하기로 하였다. 4개씩 포장하면 1개가 남고, 5개씩 포장하면 4개가 남고, 7개를 포장하면 1개가 남고, 8개를 포장하면 1개가 남는다고 한다. 다음 중 가능한 재고량의 최솟값은?

① 166개
② 167개
③ 168개
④ 169개

※ 다음은 물류창고 재고 코드에 대한 설명이다. 이어지는 질문에 답하시오. [42~43]

<물류창고 재고 코드>

- 물류창고 재고 코드 부여방식
  [상품유형] - [보관유형] - [생산국가] - [유통기한] 순의 기호
- 상품유형

식품	공산품	원자재	화학품	약품	그 외
1	2	3	4	5	6

- 보관유형

완충필요	냉장필요	냉동필요	각도조정 필요	특이사항 없음
f	r	c	t	n

- 생산국가

대한민국	중국	러시아	미국	일본	그 외
KOR	CHN	RUS	USA	JAP	ETC

- 유통기한

2주 미만	1개월 미만	3개월 미만	6개월 미만	1년 미만	3년 미만
0	1	2	3	4	5
5년 미만	10년 미만	유통기한 없음			
6	7	8			

<A창고 재고>

1rCHN3	4cKOR1	6fCHN6	6nETC2	1tJAP8
2cUSA4	5tKOR0	1nJAP2	4fRUS4	3cUSA5

42 다음 중 재고 코드가 '5rUSA2'인 재고에 대한 설명으로 옳은 것은?

① 화학품이다.
② 러시아에서 생산되었다.
③ 특정 각도에서의 보관이 필요하다.
④ 냉장보관이 필요하다.

43 다음 중 재고 코드와 설명이 잘못 연결된 것은?

① 1cCHN7 : 유통기한이 10년 미만이다.
② 2rETC0 : 냉장보관이 필요하다.
③ 3fKOR8 : 한국에서 생산되었다.
④ 6tJAP5 : 약품에 해당한다.

44 다음 중 H공사가 밑줄 친 내용을 통하여 얻을 수 있는 기대효과로 적절한 것을 〈보기〉에서 모두 고르면?

> H공사는 사원 번호, 사원명, 연락처 등의 사원 데이터 파일을 여러 부서별로 저장하여 관리하다 보니 연락처가 바뀌면 연락처가 저장되어 있는 모든 파일을 수정해야 했다.
> 또한 사원 데이터 파일에 주소 항목이 추가되는 등 파일의 구조가 변경되면 이전 파일 구조를 사용했던 모든 응용 프로그램도 수정해야 하므로 유지보수 비용이 많이 들었다. 그래서 H공사에서는 이런 문제점을 해결할 수 있는 소프트웨어를 도입하기로 결정하였다.

보기

㉠ 대용량 동영상 파일을 쉽게 편집할 수 있다.
㉡ 컴퓨터의 시동 및 주변기기의 제어를 쉽게 할 수 있다.
㉢ 응용 프로그램과 데이터 간의 독립성을 향상시킬 수 있다.
㉣ 데이터의 중복이 감소되어 일관성을 높일 수 있다.

① ㉠, ㉢
② ㉡, ㉢
③ ㉡, ㉣
④ ㉢, ㉣

45 다음 (가) ~ (다) 문단을 논리적 순서대로 바르게 나열한 것은?

(가) 또한 한옥에서 창호는 건축의 심미성이 잘 드러나는 독특한 요소이다. 창호가 열려 있을 때 바깥에 나무나 꽃과 같은 자연물이 있을 경우 방 안에서 창호와 일정 거리 떨어져 밖을 내다보면 창호를 감싸는 바깥 둘레 안으로 한 폭의 풍경화를 감상하게 된다. 방 안의 사람이 방 밖의 자연과 완전한 소통을 하여 인공의 미가 아닌 자연의 미를 직접 받아들임으로써 한옥의 실내 공간은 자연과 하나 된 심미적인 공간으로 탈바꿈한다. 열린 창호가 안과 밖, 사람과 자연 사이의 경계를 없앤 것이다.

(나) 반대로 창호가 닫혀 있을 때에는 창살 문양과 창호지가 중요한 심미적 기능을 한다. 한옥에서 창호지는 방 쪽의 창살에 바른다. 방 밖에서 보았을 때 대칭적으로 배열된 여러 창살들이 서로 어울려 만들어 내는 창살 문양은 단정한 선의 미를 창출한다. 창살로 구현된 다양한 문양에 따라 집의 표정을 읽을 수 있고 집주인의 품격도 알 수 있다. 방 안에서 보았을 때 창호지에 어리는 햇빛은 이른 아침에 청회색을 띠고, 대낮의 햇빛이 들어올 때는 뽀얀 우윳빛, 하루 일과가 끝날 때쯤이면 석양의 붉은색으로 변한다. 또한 창호지가 얇기 때문에 창호가 닫혀 있더라도 외부와 소통이 가능하다. 방 안에서 바깥의 바람과 새의 소리를 들을 수 있고, 화창한 날과 흐린 날의 정서와 분위기를 느낄 수 있다. 창호는 이와 같이 사람과 자연 간의 지속적인 소통을 가능케 함으로써 양자가 서로 조화롭게 어울리도록 한다.

(다) 공간의 가변성을 특징으로 하는 한옥에서 창호는 핵심적인 역할을 한다. 여러 짝으로 된 큰 창호가 한쪽 벽면 전체를 대체하기도 하는데, 이때 외부에 면한 창호뿐만 아니라 방과 방 사이에 있는 창호를 열면 별개의 공간이 합쳐지면서 넓은 새로운 공간을 형성하게 된다. 창호의 개폐에 의해 안과 밖의 공간이 연결되거나 분리되고 실내 공간의 구획이 변화되기도 하는 것이다. 이처럼 창호는 한옥의 공간 구성에서 빠트릴 수 없는 중요한 위치를 차지한다.

① (가) – (다) – (나)
② (나) – (가) – (다)
③ (다) – (나) – (가)
④ (다) – (가) – (나)

46 조선시대에는 12시진(정시법)과 '초(初)', '정(正)', '한시진(2시간)' 등의 표현을 통해 시간을 나타내었다. 다음 중 조선시대의 시간과 현대의 시간에 대한 비교로 옳지 않은 것은?

〈12시진〉					
조선시대 시간		현대 시간	조선시대 시간		현대 시간
자(子)시	초(初)	23시 1분 ~ 60분	오(午)시	초(初)	11시 1분 ~ 60분
	정(正)	24시 1분 ~ 60분		정(正)	12시 1분 ~ 60분
축(丑)시	초(初)	1시 1분 ~ 60분	미(未)시	초(初)	13시 1분 ~ 60분
	정(正)	2시 1분 ~ 60분		정(正)	14시 1분 ~ 60분
인(寅)시	초(初)	3시 1분 ~ 60분	신(申)시	초(初)	15시 1분 ~ 60분
	정(正)	4시 1분 ~ 60분		정(正)	16시 1분 ~ 60분
묘(卯)시	초(初)	5시 1분 ~ 60분	유(酉)시	초(初)	17시 1분 ~ 60분
	정(正)	6시 1분 ~ 60분		정(正)	18시 1분 ~ 60분
진(辰)시	초(初)	7시 1분 ~ 60분	술(戌)시	초(初)	19시 1분 ~ 60분
	정(正)	8시 1분 ~ 60분		정(正)	20시 1분 ~ 60분
사(巳)시	초(初)	9시 1분 ~ 60분	해(亥)시	초(初)	21시 1분 ~ 60분
	정(正)	10시 1분 ~ 60분		정(正)	22시 1분 ~ 60분

① 한 초등학교의 점심시간이 오후 1시부터 2시까지라면, 조선시대 시간으로 미(未)시에 해당한다.

② 조선시대에 어떤 사건이 인(寅)시에 발생하였다면, 현대 시간으로는 오전 3시와 5시 사이에 발생한 것이다.

③ 현대인이 오후 2시부터 4시 30분까지 운동을 하였다면, 조선시대 시간으로 미(未)시부터 유(酉)시까지 운동을 한 것이다.

④ 축구 경기가 연장 없이 각각 45분의 전반전과 후반전으로 진행되었다면, 조선시대 시간으로 한시진이 채 되지 않은 것이다.

47 어떤 부부와 딸 1명이 있다. 현재 부부의 나이의 합은 딸의 나이의 7배가 되는데, 5년 전에는 12배였다고 한다. 부부의 나이의 합이 딸의 나이의 4배 이하가 될 때는 딸이 몇 살 때부터인가?

① 25살   ② 26살

③ 27살   ④ 28살

48 재무팀에서는 주말 사무보조 직원을 채용하기 위해 공고문을 게재하였으며, 지원자 명단은 다음과 같다. 이 자료를 참고할 때, 최소비용으로 가능한 많은 인원을 채용하고자 한다면 몇 명의 지원자를 채용할 수 있겠는가?(단, 급여는 지원자가 희망하는 금액으로 지급한다)

〈사무보조 직원 채용 공고문〉

• 업무내용 : 문서수발, 전화응대 등
• 지원자격 : 경력, 성별, 나이, 학력 무관
• 근무조건 : 장기(6개월 이상, 협의불가) / 주말 11:00 ~ 22:00(협의가능)
• 급여 : 협의결정
• 연락처 : 02 – 000 – 0000

〈지원자 명단〉

성명	희망근무기간	근무가능시간	최소근무시간 (하루 기준)	희망 임금 (시간당/원)
박소다	10개월	11:00 ~ 18:00	3시간	7,500
서창원	12개월	12:00 ~ 20:00	2시간	8,500
한승희	8개월	18:00 ~ 22:00	2시간	7,500
김병우	4개월	11:00 ~ 18:00	4시간	7,000
우병지	6개월	15:00 ~ 20:00	3시간	7,000
김래원	10개월	16:00 ~ 22:00	2시간	8,000
최지홍	8개월	11:00 ~ 18:00	3시간	7,000

※ 지원자 모두 주말 이틀 중 하루만 출근하기를 원함
※ 하루에 2회 이상 출근은 불가함

① 2명   ② 3명

③ 4명   ④ 5명

49 다음 중 국제동향을 파악하는 방법으로 적절하지 않은 것은?

① 신문, 인터넷 등 각종 매체를 통해 국제적 동향을 파악한다.
② 업무와 관련된 국제적 법규나 규정을 숙지한다.
③ 특정 국가의 관련 업무에 대한 동향을 점검한다.
④ 현지인의 의견보다는 국내 전문가의 의견에 따른다.

50 다음 중 국제 매너에 대한 설명으로 옳은 것을 〈보기〉에서 모두 고르면?

> **보기**
> ㉠ 미국 바이어와 악수를 할 때는 눈이나 얼굴을 보면서 손끝만 살짝 잡거나 왼손으로 상대방의 왼손을 힘주어서 잡았다가 놓아야 한다.
> ㉡ 이라크 사람들은 시간을 돈과 같이 생각해서 시간엄수를 중요하게 생각하므로 약속 시간에 늦지 않게 주의해야 한다.
> ㉢ 러시아와 라틴아메리카 사람들은 친밀함의 표시로 포옹을 한다.
> ㉣ 명함은 받으면 구기거나 계속 만지지 않고, 한 번 보고 나서 탁자 위에 보이는 채로 대화를 하거나 명함집에 넣는다.
> ㉤ 수프는 바깥쪽에서 몸 쪽으로 숟가락을 사용한다.
> ㉥ 생선요리는 뒤집어 먹지 않는다.
> ㉦ 빵은 아무 때나 먹어도 관계없다.

① ㉠, ㉢, ㉣, ㉤
② ㉡, ㉢, ㉣, ㉥
③ ㉢, ㉣, ㉥
④ ㉣, ㉤, ㉥

51 다음 중 협상 마지막 단계에서 작은 조건을 붙여 필요한 것을 받아 내는 전략으로 옳은 것은?

① 살라미 전술　　　　　　　　　② 레드헤링 기법

③ 더블마인드 기법　　　　　　　④ 니블링 전략

52 다음 중 기업이 제품의 가격은 유지하고 수량과 무게 등만 줄이는 전략으로 옳은 것은?

① 런치플레이션　　　　　　　　② 애그플레이션

③ 슈링크플레이션　　　　　　　④ 스킴플레이션

53 다음 중 시장세분화와 관련된 고객 행동변수로 옳지 않은 것을 〈보기〉에서 모두 고르면?

> **보기**
>
> 가. 사용상황　　　　　　　　나. 상표 애호도
> 다. 가족 생활주기　　　　　　라. 라이프스타일
> 마. 추구하는 편익

① 가, 나　　　　　　　　　　　② 가, 다

③ 나, 다　　　　　　　　　　　④ 다, 라

54 다음 중 소비자의 비합리적 구매를 유도하여 기업이 이익을 취하는 행태를 의미하는 용어로 옳은 것은?

① 닻내림 효과(Anchoring Effect)

② 휴리스틱(Heuristics)

③ 넛지(Nudge)

④ 다크 넛지(Dark Nudge)

55 다음 중 소극적 채권 투자 전략에 대한 설명으로 옳지 않은 것은?

① 채권투자위험을 최소화한다.

② 인덱싱 전략과 등이 있다.

③ 이 투자 전략의 핵심은 수익률의 예측이다.

④ 채권시장이 효율적일 때 운용하는 방식이다.

56 다음 중 조직수명주기 단계 순서를 순서대로 바르게 나열한 것은?

① 공동체 단계 – 창업 단계 – 공식화 단계 – 정교화 단계

② 창업 단계 – 공동체 단계 – 정교화 단계 – 공식화 단계

③ 공동체 단계 – 창업 단계 – 정교화 단계 – 공식화 단계

④ 창업 단계 – 공동체 단계 – 공식화 단계 – 정교화 단계

57 다음 중 공식적 권력에 대한 설명으로 옳은 것은?

① 인격, 기술, 능력 등 개개인의 특성에 근거한 권력을 말한다.

② 보상적 권력, 강제적 권력, 합법적 권력 등이 있다.

③ 업무의 노하우(Know – How)를 가지고 있을 때 생기는 권력을 말한다.

④ 권력 행사자가 매력을 가졌거나, 존경을 받는 경우 생기는 권력을 말한다.

58 다음 중 강화이론에 대한 설명으로 옳지 않은 것은?

① 적극적 강화는 관리자가 원하는 행동을 유도하기 위해 불리한 자극을 제거하는 방식으로, 작업환경 개선 등이 포함된다.

② 소거는 옳지 못한 행동을 줄이기 위한 방식으로 기존에 주어졌던 이익 등을 없애는 방식이다.

③ 벌에는 처벌 및 제재 규정이 있다.

④ 연속강화법은 바람직한 행동을 할 때마다 강화요인을 제공하는 방식이다.

59 다음 자료에 대한 설명으로 옳은 것을 〈보기〉에서 모두 고르면?

> - A기업과 B기업은 사업 분야가 유사하다. A기업과 B기업이 합병하면 시너지 효과가 생겨 A기업에게 B기업의 가치는 실제 가치의 1.5배가 되므로 A기업은 B기업을 인수할 의향이 있다.
> - A기업은 'B기업의 주주가 이미 자기 기업의 실제 가치를 정확히 알고 있다.'는 사실을 파악하고 있다. 그러나 A기업은 B기업의 실제 가치가 정확히 얼마인지는 아직 모르고 단지 각각 1/3의 확률로 0원, 1만 원, 2만 원 중 하나일 것으로만 추측하고 있다.
> - A기업은 인수를 통해 이득을 극대화하고자 한다. B기업의 주주는 ㉠ A기업이 제시한 인수 금액이 자사의 실제 가치보다 크거나 같으면 인수에 동의한다.

> **보기**
> ㄱ. ㉠이 1만 원이고 B기업의 실제 가치가 2만 원이면 인수가 성사된다.
> ㄴ. ㉠이 1만 원이면 A기업이 생각하는 인수 확률은 1/3이다.
> ㄷ. ㉠이 1만 원이면 A기업이 기대하는 이득은 0.5만 원이다.
> ㄹ. A기업이 합리적이라면 B기업의 실제 가치가 얼마든지 ㉠은 0원이다.

① ㄱ, ㄴ   ② ㄴ, ㄷ
③ ㄴ, ㄹ   ④ ㄷ, ㄹ

60 다음 내용과 가장 관계 깊은 마케팅 방법을 순서대로 바르게 나열한 것은?

> (A) C사는 담뱃갑 포장에 폐암 환자의 폐 사진을 부착했다.
> (B) 2002년 한일 월드컵 때 D텔레콤은 '붉은 악마' 캠페인을 통해 당시 대회 공식 스폰서로 지정된 E사보다 훨씬 큰 마케팅 효과를 거두었다.

	(A)	(B)
①	디마케팅	앰부시 마케팅
②	디마케팅	터보 마케팅
③	앰부시 마케팅	전환적 마케팅
④	감성 마케팅	터보 마케팅

61 다음 중 분식결산에 대한 설명으로 옳은 것은?

① 대규모 기업집단의 계열사의 영업실적을 합쳐 결산한 것이다.
② 기업들이 자기회사의 영업실적을 부풀려 결산한 것이다.
③ 기업들이 자기회사의 영업실적을 줄여 결산한 것이다.
④ 기업들이 자기회사의 영업실적을 부풀리거나 줄여서 결산한 것이다.

62 소비자는 저가격으로 쉽게 구입할 수 있고, 유용성이 있는 제품을 선호하는 데 관점을 둔 마케팅의 관리이념으로 옳은 것은?

① 마케팅콘셉트　　　　　　　　　② 생산콘셉트
③ 제품컨셉트　　　　　　　　　　④ 판매콘셉트

63 다음 중 정보시스템 구축 시 최소 규모의 개발 팀을 이용하여 프로젝트를 능률적으로 신속하게 개발하는 방식으로 옳은 것은?

① 최종 사용자(End – User) 개발
② 컴포넌트 기반(Component – Based) 개발
③ 폭포수 모델(Waterfall Model) 개발
④ 애자일(Agile) 개발

64 다음 중 연구조사방법론에서 사용하는 타당성(Validity)에 대한 설명으로 옳지 않은 것은?

① 기준 타당성(Criterion Related Validity)은 하나의 측정도구를 이용하여 측정한 결과와 다른 기준을 적용하여 측정한 결과를 비교했을 때 도출된 연관성의 정도이다.
② 구성 타당성(Construct Validity)은 연구에서 이용된 이론적 구성개념과 이를 측정하는 측정수단 간에 일치하는 정도를 의미한다.
③ 내용 타당성(Content Validity)은 측정도구를 구성하는 측정지표 간의 일관성이다.
④ 수렴적 타당성(Convergent Validity)은 동일한 개념을 다른 측정 방법으로 측정했을 때 측정된 값 간의 상관관계를 의미한다.

65 H회사는 표준원가제도를 도입하고 있다. 변동제조간접원가의 배부기준은 직접노무시간이며, 제품 1개를 생산하는 데 소요되는 표준직접노무시간은 2시간이다. 2023년 3월 실제 발생한 직접노무시간은 10,400시간이고 원가자료는 다음과 같을 때, H회사의 2023년 3월 실제 제품생산량으로 옳은 것은?

• 변동제조간접원가 실제 발생액	23,000원
• 변동제조간접원가 능률차이	2,000원(불리)
• 변동제조간접원가 총차이	1,000원(유리)

① 4,200개　　　　　　　　　　② 4,400개
③ 4,600개　　　　　　　　　　④ 4,800개

66 다음 중 침투가격전략을 사용할 만한 경우로 옳지 않은 것은?

① 수요탄력성이 낮을 경우
② 규모의 경제가 가능할 경우
③ 원가 경쟁력이 있을 경우
④ 가격 민감도가 높을 경우

67 다음은 H사의 상반기 매출액 실적치이다. 지수 평활 계수 a가 0.1일 때, 단순 지수평활법으로 계산한 6월 매출액 예측치로 옳은 것은?(단, 1월의 예측치는 220만 원이며, 모든 예측치는 소수점 둘째 자리에서 반올림한다)

(단위 : 만 원)

1월	2월	3월	4월	5월
240	250	230	220	210

① 222　　　　　　　　　　② 223.3
③ 224.7　　　　　　　　　　④ 224.8

68 다음 중 조직 구성원이 공식적으로 주어진 임무 이외의 일을 기꺼이 자발적으로 수행하는 현상을 가리키는 용어로 옳은 것은?

① 집단사고(Groupthink)

② 직무만족(Job Satisfaction)

③ 직무몰입(Job Involvement)

④ 조직시민행동(Organizational Citizenship Behavior)

69 다음 중 포드 시스템(Ford System)에 대한 설명으로 옳지 않은 것은?

① 동시 관리   ② 차별적 성과급제

③ 이동조립시스템   ④ 저가격 고임금

70 다음 중 특성요인도(Cause – and – Effect Diagram)에 대한 설명으로 옳은 것은?

① SIPOC(공급자, 투입, 변환, 산출, 고객) 분석의 일부로 프로세스 단계를 묘사하는 도구이다.

② 품질특성의 발생빈도를 기록하는 데 사용되는 양식이다.

③ 연속적으로 측정되는 품질특성치의 빈도분포이다.

④ 개선하려는 문제의 잠재적 원인을 파악하는 도구이다.

71 다음 중 브랜드 전략에 대한 설명으로 옳지 않은 것은?

① 브랜드 확장은 다른 상품범주에 속하는 신상품에 기존 브랜드를 붙이는 것으로 카테고리 확장이라고도 한다.

② 하향 확장의 경우 기존 브랜드의 고급 이미지를 희석시키는 희석효과를 초래할 수 있다.

③ 같은 브랜드의 상품이 서로 다른 유통경로로 판매될 경우 경로 간의 갈등은 발생하지 않는다.

④ 신규 브랜드 전략은 새로운 제품범주에서 출시하고자 하는 신제품을 대상으로 새 브랜드를 개발하는 것이다.

72 다음 중 단체교섭의 방식에서 단위노조가 소속된 상부단체와 각 단위노조에 대응하는 개별 기업의 사용자 간에 이루어지는 교섭형태로 옳은 것은?

① 기업별교섭   ② 집단교섭

③ 대각선교섭   ④ 복수사용자교섭

73 다음 자료를 이용하여 계산한 회사의 주식가치로 옳은 것은?

- (사내유보율)=30%
- [자기자본이익률(ROE)]=10%
- (자기자본비용)=20%
- (당기의 주당순이익)=3,000원

① 12,723원   ② 13,250원

③ 14,500원   ④ 15,670원

74 다음 중 재무제표에 대한 설명으로 옳지 않은 것은?

① 재무제표는 재무상태표, 포괄손익계산서, 자본변동표, 현금흐름표, 그리고 주석으로 구성된다.

② 재무제표는 적어도 1년에 한 번은 작성한다.

③ 현금흐름에 대한 정보를 제외하고는 발생기준의 가정하에 작성한다.

④ 기업이 경영활동을 청산 또는 중단할 의도가 있더라도, 재무제표는 계속기업의 가정하에 작성한다.

75 다음 중 작업 우선순위 결정 규칙에 대한 설명으로 옳지 않은 것은?

① 최소작업시간(SPT) : 작업시간이 짧은 순서대로 처리한다.

② 최소여유시간(STR) : 납기일까지 남은 시간이 적은 순서대로 처리한다.

③ 최소납기일(EDD) : 납기일이 빠른 순서대로 처리한다.

④ 선입선출(FCFS) : 먼저 도착한 순서대로 처리한다.

76 　다음 중 GDP가 증가하는 경우로 옳은 것을 〈보기〉에서 모두 고르면 몇 개인가?

> **보기**
> ㉠ 대한민국 공무원 연봉이 전반적으로 인상되었다.
> ㉡ 중국인 관광객들 사이에서 한국의 명동에서 쇼핑하는 것이 유행하고 있다.
> ㉢ 대한민국 수도권 신도시에 거주하는 H씨의 주택가격이 전년도 대비 20% 상승하였다.
> ㉣ 한국에서 생산된 중간재가 미국에 수출되었다.

① 1개　　　　　　　　　　　　　② 2개
③ 3개　　　　　　　　　　　　　④ 4개

77 　다음 중 변동환율제도하에서 국내 원화의 가치가 상승하는 요인으로 옳은 것은 〈보기〉에서 모두 고르면?

> **보기**
> ㉠ 외국인의 국내 부동산 구입 증가
> ㉡ 국내 기준금리 인상
> ㉢ 미국의 확대적 재정정책 시행
> ㉣ 미국의 국채이자율의 상승

① ㉠, ㉡　　　　　　　　　　　② ㉠, ㉢
③ ㉡, ㉢　　　　　　　　　　　④ ㉡, ㉣

78 　다음 중 단기총공급곡선이 우상향하는 이유, 즉 물가 상승 시 생산이 증가하는 경우로 옳은 것을 〈보기〉에서 모두 고르면?

> **보기**
> ㉠ 물가 상승 시 기업들은 자사제품의 상대가격이 상승했다고 오인하여 생산을 늘린다.
> ㉡ 노동자가 기업에 비해 물가 상승을 과소예측하면 노동공급은 증가한다.
> ㉢ 물가상승에도 불구하고 메뉴비용이 커서 가격을 올리지 않는 기업의 상품 판매량이 증가한다.
> ㉣ 명목임금이 경직적이면 물가 상승에 따라 고용이 증가한다.

① ㉠, ㉡, ㉢　　　　　　　　　② ㉠, ㉢, ㉣
③ ㉡, ㉢, ㉣　　　　　　　　　④ ㉠, ㉡, ㉢, ㉣

79 다음 중 통화량 증가 시 이자율이 상승하는 경우로 옳지 않은 것은?

① 소비자들이 미래의 소비보다 현재의 소비에 대한 욕구가 큰 경우

② 단위당 기대수익률이 큰 경우

③ 향후 인플레이션 발생을 예상하여 구매력에 변동이 생기는 경우

④ 경제성장률과 물가상승률이 하락하는 경우

80 효용을 극대화하는 A의 효용함수는 $U(x, y) = \min[x, y]$ 이다. 소득이 1,800, X재와 Y재의 가격이 각각 10이다. X재의 가격만 8로 하락한다고 할 때, 다음 중 옳은 것을 〈보기〉에서 모두 고르면?(단, x는 X재의 소비량, y는 Y재의 소비량이다)

> 보기
> ㉠ X재의 소비량 변화 중 대체효과는 0이다.
> ㉡ X재의 소비량 변화 중 소득효과는 10이다.
> ㉢ 한계대체율은 하락한다.
> ㉣ X재 소비는 증가하고, Y재 소비는 감소한다.

① ㉠, ㉡   ② ㉠, ㉢

③ ㉡, ㉢   ④ ㉡, ㉣

81 다음 〈보기〉에서 설명하고 있는 소비결정 요인 이론에 대한 가설로 옳은 것은?

> 보기
> 소비는 오직 현재 소득(처분가능소득)에 의해서만 결정된다. 타인의 소비행위와는 독립적이다. 소득이 증가하면 소비가 늘어나고, 소득이 감소하면 소비도 줄어든다. 따라서 정부의 재량적인 조세정책이 경기부양에 매우 효과적이다.

① 절대소득가설   ② 항상소득가설

③ 상대소득가설   ④ 생애주기가설

82 다음 중 수요견인 인플레이션에 대한 설명으로 옳지 않은 것은?

① 수요견인 인플레이션은 총수요곡선의 우측이동, 즉 총수요의 증가로 인해 발생하는 인플레이션이다.

② 수요견인 인플레이션에 대하여 통화주의학파의 경우 준칙에 입각한 금융정책 실시를 주장한다.

③ 고전학파의 경우 화폐적 요인인 통화량 증가로 인해 발생한다고 주장한다.

④ 과거 석유파동과 같이 물가상승과 더불어 경기침체가 함께 나타나는 스태그플레이션은 수요견인 인플레이션의 한 예이다.

83 H국의 총생산함수는 $Y = AL^\alpha K^{1-\alpha}$이다. H국의 경제성장률이 10%, 노동증가율이 10%, 자본증가율이 5%, 총요소생산성 증가율이 3%일 때 H국의 노동소득분배율로 옳은 것은?(단, Y는 총생산, A는 총요소생산성, L은 노동, K는 자본, α는 0과 1 사이의 상수이다)

① 0.1

② 0.2

③ 0.3

④ 0.4

84 다음 중 다른 조건이 일정할 때 국내통화 가치를 하락시키는 요인으로 옳은 것은?

① 외국 투자자들이 국내 주식을 매수한다.

② 한국은행이 기준금리 인상을 실시한다.

③ 수입 가전제품에 대한 관세가 인상된다.

④ 국내 H기업이 해외에 생산 공장을 건설한다.

85 다음 중 적응적 기대가설에서 필립스 곡선에 대한 설명으로 옳지 않은 것은?

① 단기 필립스 곡선은 총수요 확장정책이 효과적임을 의미한다.

② 단기 필립스 곡선은 희생률(Sacrifice Ratio) 개념이 성립함을 의미한다.

③ 단기 필립스 곡선은 본래 임금 상승률과 실업률 사이의 관계에 기초한 것이다.

④ 밀턴 프리드먼(M. Friedman)에 의하면 필립스 곡선은 장기에 우하향한다.

86 어떤 경제의 국내저축(S), 투자(I), 그리고 순자본유입(KI)이 다음과 같다고 할 때, 이 경제의 대부자금 시장에서의 균형이자율(r)로 옳은 것은?

- $S = 1,400 + 2,000r$
- $I = 1,800 - 4,000r$
- $KI = -200 + 6,000r$

① 5.0%
② 6.5%
③ 8.25%
④ 10.0%

87 다음 중 국제수지와 환율에 대한 설명으로 옳지 않은 것은?

① 개방경제의 총수요에는 순수출이 포함된다.
② 명목환율은 서로 다른 나라 화폐 간의 교환비율이다.
③ 국제수지는 경제적 거래의 형태에 따라 크게 경상수지와 금융계정으로 나눌 수 있다.
④ 국민소득 항등식에 의하면 국내 저축이 국내 투자보다 크면 순수출은 항상 0보다 작다.

88 다음 중 경제학의 기본원리로 옳지 않은 것은?

① 모든 선택에는 대가가 있다.
② 자유 거래는 모든 사람을 이롭게 한다.
③ 단기적으로는 인플레이션과 실업 사이에 정의 관계가 있다.
④ 일반적으로 시장이 경제활동을 조직하는 좋은 수단이다.

89 H지역에 환경오염 물질을 배출하는 공장 A, B, C가 있다. 환경오염에 대한 경각심이 화두로 떠오르자 H지역은 공장 A, B, C에게 각각 50단위의 오염배출권을 부여하고 이 배출권을 공장들끼리 자유롭게 판매 및 구매할 수 있도록 하였다. 이때, B공장과 C공장이 A공장의 오염배출권을 구매하려는 가격대로 옳은 것은?(단, 오염배출권은 한 개당 배출 가능한 오염물의 양은 1단위이다)

공장	오염배출량 단위당 감축비용(원)	배출량(단위)
A	20	50
B	30	60
C	40	70

① 10 ~ 20만 원
② 20 ~ 30만 원
③ 30 ~ 40만 원
④ 50 ~ 60만 원

90 갑국은 4개의 기업이 자동차 시장을 동일하게 점유하고 있다. 완전경쟁시장의 수요곡선은 $P = 10 - Q$, 각 기업의 한계비용은 6으로 고정되어 있다. 4개의 기업이 합병을 통해 하나의 독점기업이 되어 한계비용이 2로 낮아지고 합병 기업은 독점 가격을 설정할 경우, 독점시장에서의 생산량으로 옳은 것은?

① 10
② 8
③ 6
④ 4

91 H국의 거시경제모형이 다음과 같을 때, H국의 균형국민소득이 3,000이였을 때, 정부지출로 옳은 것은?

- $Y = C + I + G$
- $C = 100 + 0.8Y$
- $I = 200$
- $G = ?$
- ※ Y : 소득, C : 소득, I : 투자, G : 정부지출

① 100
② 200
③ 300
④ 400

92 H기업의 비용함수가 TC(Q)＝50＋25Q로 주어져 있을 때, 이 비용함수에 대한 설명으로 옳지 않은 것은?

① 규모의 경제가 존재한다.
② 평균비용은 생산량이 늘어날수록 증가한다.
③ 한계비용은 항상 일정하다.
④ 생산활동에 고정비용이 소요된다.

93 다음은 H국가의 고용과 관련한 자료이다. 이에 대한 설명으로 옳지 않은 것은?

연도	2021	2022
경제활동 참가율	50%	40%
실업률	5%	4%
생산가능인구	1,000명	1,000명

① 2022년에 이 나라의 고용율은 감소했다.
② 2022년에 이 나라의 실업자 수는 감소했다.
③ 2022년에 이 나라의 취업자 수는 증가했다.
④ 2020년과 2022년 모두 고용률이 50% 미만이다.

94 A사와 B사는 화물차와 지게차를 생산하고 있다. 이 두 회사가 화물차와 지게차를 생산하는 데 필요한 단위 노동 투입량은 다음과 같다. 생산요소가 노동밖에 없다고 할 때, 옳은 것을 〈보기〉에서 모두 고르면?

구분	A사	B사
화물차	50	40
지게차	80	30

보기
㉠ A사는 두 재화에 대해 절대우위를 가지고 있다.
㉡ A사는 화물차에 대해 비교우위를 가지고 있다.
㉢ A와 B사가 거래한다면 B사는 화물차를 수입할 것이다.
㉣ A와 B사가 거래한다면 A사는 두 재화를 모두 수입해야 한다.

① ㄱ, ㄴ
② ㄱ, ㄷ
③ ㄷ, ㄹ
④ ㄴ, ㄷ

95 휴대폰을 생산하는 한 회사에서 구형 휴대폰을 재고로 보유하고 있다. 총 제조원가는 50만 원이지만, 처분하는 경우에는 25만 원밖에 받을 수 없다. 이러한 상황에서 업그레이드 후 얼마 이상 받을 수 있다고 생각해야 35만 원을 투자하여 신형으로 업그레이드하겠는가?

① 35만 원   ② 50만 원

③ 60만 원   ④ 85만 원

96 다음 중 시장경제체제와 계획경제체제에서 공통으로 나타나는 현상으로 옳은 것은?

① 생산수단의 개인 소유는 인정된다.

② 국가의 계획과 통제에 따라 경제문제가 해결된다.

③ 소득분배, 시장실패의 문제 해결을 위해 정부가 시장에 개입한다.

④ 자원의 희소성으로 경제문제가 발생한다.

97 H기업의 장기 평균 수입은 10억 원, 회계적 비용이 6억 원, 암묵적 비용은 5억 원이다. 다음 중 H기업의 퇴출 여부 결정에 대한 설명으로 옳은 것은?

① 회계적 이윤이 음이므로 퇴출한다.

② 회계적 이윤이 양이므로 퇴출하지 않는다.

③ 경제적 이윤이 음이므로 퇴출한다.

④ 경제적 이윤이 양이므로 퇴출하지 않는다.

98 다음은 H전자의 신제품 개발 프로젝트에 대한 상황이다. 이 프로젝트의 매니저가 연구의 지속 여부 결정을 위해 행할 필요 조치로 옳은 것은?

> H전자는 신제품 개발을 통해 300억 원의 수입을 기대하면서 현재까지 130억 원을 지출한 상황이다. 그러나 경쟁업체 A전자가 동일한 제품을 먼저 개발하여 시장에 출시함에 따라 예상수입이 150억 원으로 줄어들었다. 제품개발을 완료하기 위해 앞으로 100억 원의 추가비용이 필요하다고 한다.

① 제품개발을 위해 추가로 연구개발비를 지출하는 것은 무의미하다.
② 현재 시점에서 연구개발과 관련된 매몰비용은 230억 원이다.
③ 총연구개발비와 예상수입을 비교하여 연구개발 지속 여부를 결정해야 한다.
④ 앞으로의 추가비용과 그 비용을 지출하였을 때의 추가적인 수입을 비교하여 연구개발 지속 여부를 결정해야 한다.

99 다음 중 국가 간의 자유무역에 대한 설명으로 옳지 않은 것은?

① 자유무역이 이루어지면 수출재의 국내가격은 무역이전보다 상승하므로 수출품을 생산하는 생산자의 생산자잉여는 증가한다.
② 자유무역이 이루어지면 수입품의 국내가격이 하락하므로 수입대체제를 생산하는 생산자잉여는 감소한다.
③ 자유무역이 이루어지면 각국에서 풍부한 요소의 소득은 증가하고, 희소한 요소의 소득은 감소한다.
④ 자유무역을 통해 이익을 얻기 위해서는 교역에 대한 적절한 규제나 세금이 필요하다.

100 다음 중 자유무역협정의 긍정적인 측면으로 옳지 않은 것은?

① 무역으로 인해 발생한 교역의 이익은 교역 당사자 양국이 모두 나누어 가진다.
② 무역으로 인해 숙련된 노동자의 임금이 더 상승한다.
③ 무역으로 인해 특화가 가능해지고 비용이 하락한다.
④ 무역으로 인해 소비자의 선택권이 다양해진다.

"오늘 당신의 노력은 아름다운 꽃의 물이 될 것입니다."

그러나, 이 꽃을 볼 때 사람들은 이 꽃의 아름다움과 향기만을 사랑하고 칭찬하였지, 이 꽃을 그렇게 아름답게 어여쁘게 만들어 주는 병 속의 물은 조금도 생각지 않는 것이 보통입니다.

아무리 아름답고 어여쁜 꽃이기로서니 단 한 송이의 꽃을 피울 수 있으며, 단 한 번이라도 꽃 향기를 날릴 수 있겠는가? 우리는 여기서 아무리 본바탕이 좋고 아름다운 꽃이라도 보이지 않는 물의 숨은 힘이 없으면 도저히 그 빛과 향기를 자랑할 수 없는 것을 알았습니다.

-방정환의 우리 뒤에 숨은 힘 중-

현재 나의 실력을 객관적으로 파악해 보자!

모바일 OMR
답안채점 / 성적분석 서비스

도서에 수록된 모의고사에 대한 객관적인 결과(정답률, 순위)를 종합적으로 분석하여 제공합니다.

OMR 입력

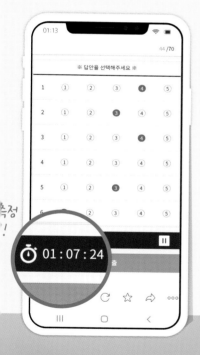

성적분석

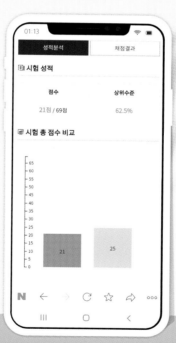

채점결과

※OMR 답안채점 / 성적분석 서비스는 등록 후 30일간 사용 가능합니다.

참여방법

 도서 내 모의고사 우측 상단에 위치한 QR코드 찍기

→

LOG IN 로그인 하기

→

 '시작하기' 클릭

→

 '응시하기' 클릭

→

나의 답안을 모바일 OMR 카드에 입력

→

 '성적분석 & 채점결과' 클릭

→

 현재 내 실력 확인하기

2023 하반기
All-New 전면개정판

5대
항만공사
종합직무능력평가

부산항만공사·인천항만공사·울산항만공사·여수광양항만공사·경기평택항만공사

정답 및 해설

Add+

특별부록

01	02	03	04	05	06	07	08	09	10
①	②	④	④	④	②	④	③	④	①
11	12	13	14	15	16	17	18	19	
②	③	④	④	④	③	④	④	③	

01

정답 ①

오답분석

② 순투자 : 기업이 고정자산을 구매하거나, 유효수명이 당회계연도를 초과하는 기존의 고정자산 투자에 돈을 사용할 때 발생하는 투자를 말한다.

③ 재고투자 : 기업의 투자활동 중 재고품을 증가시키는 투자활동 또는 증가분을 말한다.

④ 민간투자 : 사기업에 의해서 이루어지는 투자로 사적투자라고도 한다.

02

정답 ②

MBO(Management By Objectives)란 목표에 의한 관리방법으로 경영자와 조직의 구성원들이 공동으로 목표를 설정함으로써 협동적 관계를 형성하고 목표를 보다 구체화하여 조직의 목표 달성과 효율성을 높이는 조직 운영 관리 기법을 말한다.

03

정답 ④

시스템 통합으로 인해 운영비용은 절감되지만 피인수기업의 재정불량상태가 그대로 들어오므로 인수기업의 재무상태가 불량해질 수 있으며 빚을 내서 인수할 경우 재무상의 빚이 증가할 수 있다.

04

정답 ④

질문지법은 구조화된 설문지를 이용하여 직무에 대한 정보를 얻는 직무분석 방법으로, 직무평가 방법에 해당하지 않는다.

05

정답 ④

제시된 보기의 사례는 기업이 고객의 수요를 의도적으로 줄이는 디마케팅이다. 프랑스 맥도날드사는 청소년 비만 문제에 대한 이슈로 모두가 해당 불매운동에 동감하고 있을 때, 청소년 비만 문제를 인정하며 소비자들의 건강을 더욱 생각하는 회사라는 이미지를 위해 단기적으로는 수요를 하락시킬 수 있는 메시지를 담아 디마케팅을 실시하였다. 결과적으로는 소비자를 더욱 생각하는 회사로 이미지 마케팅에 성공하며, 가장 대표적인 디마케팅 사례로 알려지게 되었다.

06

정답 ②

MRP Ⅱ(Manufacturing Resource Planning Ⅱ)는 제조자원을 계획하는 관리시스템으로 자재소요량계획(MRP; Material Requirement Planning)과 구별하기 위해 Ⅱ를 붙였다.

오답분석

① MRP(Material Requirement Planning) : 자재소요량계획을 일컫는 말로 제품(특히 조립제품)을 생산함에 있어서 부품(자재)이 투입될 시점과 투입되는 양을 관리하기 위한 시스템이다.

③ JIT(Just - In - Time) : 적기공급생산으로 재고를 쌓아 두지 않고서도 제품이 필요할 때마다 공급하는 생산방식이다.

④ FMS(Flexible Manufacturing System) : 다품종 소량생산을 가능하게 하는 생산 시스템으로 생산 시스템을 자동화, 무인화하여 다품종 소량 또는 중량 생산에 유연하게 대응하는 시스템이다.

07

정답 ④

ERP(Enterprise Resource Planning : 전사적 자원관리)
• 기업 내 서로 다른 부서 간 정보 공유를 가능하게 한다.
• 의사결정권자와 사용자 간 실시간 정보 공유를 가능하게 한다.
• 보다 신속한 의사결정과 효율적인 자원 관리를 가능하게 한다.

오답분석

① JIT(Just - In - Time) : 과잉생산이나 대기시간 등의 낭비를 줄이고 재고를 최소화하여 비용 절감과 품질 향상을 달성하는 생산 시스템이다.

② MRP(Material Requirement Planning) : 최종제품의 제조과정에 필요한 원자재 등의 종속수요 품목을 관리하는 재고관리기법이다.

③ MPS(Master Production Schedule) : MRP의 입력자료 중 하나로, APP를 분해하여 제품이나 작업장 단위로 수립한 생산계획이다.

08　정답　③

미시적 마케팅은 선행적 마케팅과 후행적 마케팅으로 구분되며, 후행적 마케팅은 생산이 이루어진 이후의 마케팅 활동을 의미한다. 경로, 가격, 판촉 등은 후행적 마케팅의 대표적인 활동에 해당한다.

09　정답　④

X재 수입에 관세를 부과하면 X재의 국내가격이 상승한다. X재의 국내가격이 상승하면 국내 생산량은 증가하고 소비량은 감소하게 된다. 또한 국내가격 상승으로 생산자잉여는 증가하지만 소비자잉여는 감소하게 된다. X재 수요와 공급의 가격탄력성이 낮다면 관세가 부과되더라도 수입량은 별로 줄어들지 않으므로 관세부과에 따른 자중손실이 작아진다.

10　정답　①

임금상승에 따른 노동공급의 변화에는 소득효과와 대체효과가 작용한다. 임금이 상승함에 따라 여가의 기회비용이 증가하여 여가는 줄이고 근로시간을 늘리려는 대체효과가 소득효과보다 커지면 노동공급은 증가한다. 반면, 임금이 일정 수준 이상으로 상승하면, 실질소득이 증가하여 여가는 늘리고 근로시간을 줄이려는 소득효과가 대체효과보다 커지기 때문에 노동공급은 감소한다.

따라서 임금이 상승함에 따라 노동 공급곡선은 우상향하다가 임금이 일정 수준 이상에 이르면 후방굴절한다.

〈후방굴절 노동공급곡선〉

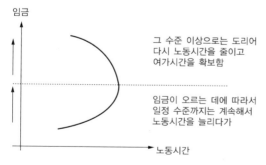

그 수준 이상으로는 도리어 다시 노동시간을 줄이고 여가시간을 확보함

임금이 오르는 데에 따라서 일정 수준까지는 계속해서 노동시간을 늘리다가

11　정답　②

• 단위당 가공원가 : 320,000원÷(2,000단위×40%) =400원

• 가공원가 완성품환산량
　: 2,000단위×(1－60%)＋6,000단위＋2,000단위×40% ＝7,600개

• 당기발생 가공원가 : 7,600개×400원＝3,040,000원

12　정답　③

케인스(Keynes)의 유동성선호이론은 실질화폐공급과 실질화폐수요로 이루어진 화폐시장을 설명하는 이론으로, 경제가 유동성함정에 빠지면 통화량이 증가하며, 추가적 화폐공급은 투자적 화폐 수요로 흡수된다.

오답분석

① 총공급곡선이 우상향 형태일 때 물가수준이 하락하면 총공급곡선 자체가 이동하는 것이 아니라 총공급곡선 상에서 좌하향으로 이동한다.

② 확장적 재정정책을 실시하면 이자율이 상승하여 민간투자가 감소하는 구축효과가 발생하게 되는데, 변동환율제도 하에서는 확장적 재정정책을 실시하면 환율하락으로 인해 추가적으로 총수요가 감소하는 효과가 발생한다. 즉, 확장적 재정정책으로 이자율이 상승하면 자본유입이 이루어지므로 외환의 공급이 증가하여 환율이 하락한다. 이렇듯 평가절상이 이루어지면 순수출이 감소하므로 폐쇄경제에서보다 총수요가 더 큰 폭으로 감소한다.

④ 장기균형 상태에 있던 경제에 원유가격이 일시적으로 상승하면 단기에는 물가가 상승하고 국민소득이 감소하지만, 장기적으로는 원유가격이 하락하여 총공급곡선이 다시 오른쪽으로 이동하므로 물가와 국민소득은 변하지 않는다.

13　정답　④

[순현재가치(NPV)]
＝－1,000만＋660만/(1.1)＋726만/(1.1)(1.1)
＝－1,000만＋1,200만＝200만 원

14　정답　④

테일러의 과학적 관리법은 전문적인 지식과 역량이 요구되는 일에는 부적합하며, 노동자들의 자율성과 창의성은 무시한 채 효율성의 논리만을 강조했다는 비판을 받았다. 테일러의 과학적 관리법은 단순노동과 공정식 노동에 적합하다.

15

ERG 이론과 욕구체계 이론은 인간의 욕구를 동기부여 요인의 대상으로 보고 있으며, ERG 이론은 욕구체계 이론을 바탕으로 존재의 욕구, 관계적 욕구, 성장의 욕구를 기준으로 재정립하였다.

16

합자회사(合資會社)는 무한책임사원과 유한책임사원으로 이루어지는 회사로 무한책임사원이 경영하고 있는 사업에 유한책임사원이 자본을 제공하고, 사업으로부터 생기는 이익의 분배에 참여하는 회사이다.

17

혼합 브랜드 전략(Mixed Brand Strategy)에 대한 설명이다.

> **복수 브랜드 전략(Multi Brand Strategy)**
> 복수 브랜드 전략은 동일한 제품 범주에서 경쟁하는 다수의 브랜드를 출시하는 전략으로 소비자들의 기대와 동질성을 파악한 후 세분 시장마다 별도의 개별 브랜드를 도입하는 것이다. 대표적으로 농심의 신라면, 너구리, 짜파게티 등을 예시로 들 수 있다.

18

[순현재가치(NPV)]
$= -1,000만 + 600만/(1.1) + 600만/(1.1)(1.1)$
$= -1,000만 + 1,041만 = 41만 원$

즉, 1,000만 원을 투자하면 41만 원만큼 이득을 보는 것이므로 투자를 하는 것이 이득이다. 1,041만 원 미만을 투자하면 이득인 셈이다. 따라서 프로젝트 수행자가 시장에서 투자 자금을 공개적으로 모집한다면 이 프로젝트를 구입하려는 금액(가격)은 1,041만 원에 수렴할 것이다. 이처럼 미래에 현금수입이 발생하는 모든 수익성 자산의 가격은 미래에 들어올 현금유입액의 현재가치에 접근하게 된다. 주식 채권 상가 등 모든 자산의 이론가격은 미래 현금유입액의 현재가치라고 할 수 있다. 미래 현금이 영구적으로 들어온다면 연현금흐름을 시장이자율로 나눠줄 때의 가격이 바로 그 자산의 가격이 된다.

19

쿠즈네츠(Kuznets) 곡선은 사이먼 쿠즈네츠가 1950년대 내놓은 역(逆)유(U)자형 곡선으로, 소득 불평등 정도를 설명하는 그래프이다. 쿠즈네츠는 산업화 과정에 있는 국가의 소득 불평등 정도가 처음에는 증가하다가 산업화가 일정 수준을 지나면서 감소한다고 주장했다. 쿠즈네츠는 이 연구로 1971년 노벨 경제학상을 받았다. 하지만 최근 『21세기 자본』의 저자 토마 피케티는 불평등의 감소가 산업화의 진전 때문이 아니라 대공황과 2차 세계대전에 따른 결과라고 주장했으며, 『왜 우리는 불평등해졌는가』의 저자 브랑코 밀라노비치 뉴욕 시립대 교수는 선진국에서 "최근 세계화의 결과로 불평등이 다시 악화됐다."라며 쿠즈네츠 곡선이 한 번의 순환으로 끝나는 것이 아니라 다시 상승하는 '파동' 형태를 가진다고 분석했다.

01 경영

01	02	03	04	05	06	07	08	09	10
④	③	④	②	②	⑤	⑤	④	②	①
11	12	13	14	15	16	17	18	19	20
④	③	④	③	④	③	④	④	③	④

01
정답 ④

물음표(Question Mark) 사업은 신규 사업 또는 현재 시장점유율은 낮으나 향후 성장가능성이 높은 사업으로 기업 경영 결과에 따라 개(Dog) 사업 또는 스타(Star) 사업으로 바뀔 수 있다.

오답분석

① 스타(Star) 사업 : 성장률과 시장점유율이 모두 높아서 계속 투자가 필요한 유망 사업이다.
② 현금젖소(Cash Cow) 사업 : 높은 시장점유율로 현금창출은 양호하나 성장 가능성은 낮은 사업이다.
③ 개(Dog) 사업 : 성장률과 시장점유율이 모두 낮아 철수가 필요한 사업이다.

02
정답 ③

M&A는 직접투자에 해당하는 해외 진출 방식이다.

오답분석

①·②·④ 계약에 의한 해외 진출 방식이다.

03
정답 ④

시험을 망쳤음에도 불구하고 난이도를 이유로 괜찮다고 생각하는 자기합리화의 행동 사례에 해당한다.

오답분석

①·②·③ 인지부조화의 사례로서 개인이 가지고 있는 신념, 태도, 감정 등에 대해 일관성을 가지지 못하고 다르게 행동하는 것을 의미한다.

04
정답 ②

테일러의 과학적 관리법에서는 작업에 사용하는 도구 등을 표준화하여 관리 비용을 낮추고 효율성을 높이는 것을 추구한다.

오답분석

① 과학적 관리법의 특징 중 표준화에 대한 설명이다.
③ 과학적 관리법의 특징 중 동기부여에 대한 설명이다.
④ 과학적 관리법의 특징 중 통제에 대한 설명이다.

05
정답 ②

㉠ 연간 수요는 일정하게 발생하고, 주문량에 따라 재고 유지비도 선형적으로 증가한다.
㉢ 각 주문은 끊임없이 공급되어 품절 등이 발생하지 않는다.

오답분석

㉡ 주문량은 전량 일시에 입고된다.
㉣ 단위당 구매비, 생산비 등이 일정하며, 할인은 적용하지 않는다.

06
정답 ⑤

광고는 단기적인 매출 향상을 목표로 진행하는 경우가 많으며, PR은 이미지 제고 등을 목표로 장기간 진행하는 경우가 많다.

오답분석

② PR은 정보 전달뿐만 아니라 소비자의 피드백도 중요하게 고려한다.
③ 광고는 매출 향상 등 이익 창출을 주목표로 하며, PR은 공익, 기업 이미지 제고 등 이해 창출을 주목표로 한다.
④ 광고는 TV, 라디오, 잡지, 인터넷 등 다양한 매체를 활용하여 진행하는 경우가 많으며, PR은 사회적 이슈나 기업의 특성 등을 부각할 수 있는 이벤트 등을 주로 활용한다.

07

페이욜은 기업활동을 기술활동, 영업활동, 재무활동, 회계활동, 관리활동, 보전활동 등 6가지 분야로 구분하였다.

오답분석

② 차별 성과급제, 기능식 직장제도, 과업관리, 계획부 제도, 작업지도표 제도 등은 테일러의 과학적 관리법을 기본이론으로 한다.

③ 포드의 컨베이어 벨트 시스템은 생산원가를 절감하기 위해 표준 제품을 정하고 대량 생산하는 방식을 정립한 것이다.

④ 베버의 관료제 조직은 계층에 의한 관리, 분업화, 문서화, 능력주의, 사람과 직위의 분리, 비개인성의 6가지 특징을 가지며, 이를 통해 조직을 가장 합리적이고 효율적으로 운영할 수 있다고 주장한다.

08

ⓒ 자동화 기계 도입에 따른 다기능공 활용이 늘어나면, 작업자는 여러 기능을 숙달해야 하는 부담이 증가한다.

ⓔ 혼류 생산을 통해 공간 및 설비 이용률을 향상시킨다.

오답분석

ⓐ 현장 낭비 제거를 통해 원가를 낮추고 생산성을 향상시킨다.

ⓑ 소 LOT 생산을 통해 재고율을 감소시켜, 재고비용, 공간 등을 줄일 수 있다.

09

논리적인 자료 제시를 통해 높은 이해도를 이끌어 내는 것은 이성적 소구에 해당된다.

오답분석

① 감성적 소구는 감정전이형 광고라고도 하며, 브랜드 이미지 제고, 호의적 태도 등을 목표로 한다.

③ 감성적 소구 방법으로 유머소구, 공포소구, 성적소구 등이 해당된다.

④ 이성적 소구는 자사 제품이 선택되어야만 하는 객관적 이유를 제시하는 방법이다.

⑤ 이성적 소구는 제품은 위험성이 있거나 새로운 기술이 적용된 제품 등의 지식과 정보를 제공함으로써 표적소비자들이 제품을 선택할 수 있게 한다.

10

가치사슬은 미시경제학 또는 산업조직론을 기반으로 하는 분석 도구이다.

오답분석

② 가치사슬은 기업의 경쟁우위를 강화하기 위한 기본적 분석 도구로 기업이 수행하는 활동을 개별적으로 나누어 분석한다.

③ 구매, 제조, 물류, 판매, 서비스 등을 기업의 본원적 활동으로 정의한다.

④ 인적자원 관리, 인프라, 기술개발, 조달활동 등은 기업의 지원적 활동으로 정의한다.

⑤ 각 가치사슬의 이윤은 전체 수입에서 가치창출을 위해 발생한 모든 비용을 제외한 값이다.

11

주식회사 발기인의 인원수는 별도의 제한이 없다.

오답분석

① 주식회사의 법인격에 대한 설명이다.

② 출자자의 유한책임에 대한 설명이다(상법 제331조).

③ 주식은 자유롭게 양도할 수 있는 것이 원칙이다.

⑤ 주식회사는 사원(주주)의 수가 다수인 경우가 많기 때문에 사원이 직접 경영에 참여하는 것이 적절하지 않아 이사회로 경영권을 위임한다.

12

직무급은 임금수준 설정에 직무평가라는 객관적인 근거를 부여할 수 있다는 장점이 있다.

오답분석

①·⑤ 직무에 따라 급여율을 결정하고, 학벌, 성별에 따라 초임금을 결정하며 근속연수, 연령에 따라 급여가 올라가는 연공서열제(호봉제)와 반대되는 개념이다.

② 하나의 직무만 오래 수행할 경우, 해당 직무에 정형화 되어 인력배치에 문제가 발생할 수 있다.

④ 학벌, 근속연수, 연령 등을 고려하지 않기 때문에 인력배치 시 반발에 부딪힐 수 있다.

13
정답 ④

기능식 조직은 환경변화에 대한 적응력이 낮아 혁신이 느린 반면, 사업부 조직은 불안정한 환경에서 신속한 대응 및 조정이 가능하다.

오답분석

① 기능식 조직은 업무활동을 기능별로 분화하여 조직화하며, 사업부 조직은 외부환경에 맞춰 최고경영자의 전략적 의사결정 및 산출물이 나올 수 있도록 부서를 조직한다.
② 기능식 조직은 구성원들이 동일 부서에 배치되고 생산설비 등을 공동 사용하므로 규모의 경제 효과를 누릴 수 있으나, 사업부 조직은 모든 제품마다 생산설비 등을 갖추어야 하는 등 자원이 비효율적으로 사용될 수 있다.
③ 기능식 조직은 단시간 내 기술개발을 통한 소속부서 구성원들의 전문화에 유리하나, 사업부 조직은 여러 사업부로 기술이 분산되기 때문에 기술 전문화가 어렵다.
⑤ 기능식 조직은 조직 전반의 통합적인 관리업무를 배울 수 있는 기회가 적은 반면, 사업부 조직은 포괄적인 업무수행으로 최고경영자 양성에 적합하다.

14
정답 ③

단수가격은 심리학적 가격 결정으로 가격을 1,000원, 10,000원 단위로 결정하지 않고, 900원, 990원, 9,900원 등 단수로 결정하여 상대적으로 저렴하게 보이도록 하는 가격전략이다.

오답분석

① 어떤 제품이 판매자의 명성이나 지위를 나타낼 때 제품의 수요 증가에 맞춰 가격을 높게 설정하는 가격전략이다.
② 소비자가 상품가격을 평가할 때 자신의 기준이나 경험을 토대로 생각하는 가격을 말한다.
④ 소비자들이 오랜 기간 동안 일정금액으로 구매해 온 상품의 특정 가격을 말한다.
⑤ 소비자들을 유인하기 위해 잘 알려진 제품을 저렴하게 판매하는 가격전략이다.

15
정답 ④

호봉제는 직무와 관계없이 연령이나 근속연수 등에 따라 연봉이 인상되는 제도로 직무분석의 목적으로 볼 수 없다.

오답분석

① · ② · ③ 직무분석의 목적은 업무환경 개선을 위한 정보 제공, 조직의 합리화, 부서배치 및 승진 등 기준 마련, 종업원의 훈련 및 개발, 직무급 도입을 위한 기초 작업 등이 있다.

16
정답 ③

- (당기순이익)=(총수익)−(총비용)=35억 −20억=15억 원
- (기초자본)=(기말자본)−(당기순이익)=65억−15억=50억 원
- (기초부채)=(기초자산)−(기초자본)=100억−50억=50억 원

따라서 K기업의 기초부채는 50억 원이다.

17
정답 ④

상위에 있는 욕구를 충족시키지 못하면 하위에 있는 욕구는 더욱 크게 증가하여 하위욕구를 충족시키기 위해 훨씬 더 많은 노력이 필요하게 된다.

오답분석

① 심리학자 앨더퍼가 인간의 욕구에 대해 매슬로의 욕구 5단계설을 발전시켜 주장한 이론이다.
② · ③ 존재욕구를 기본적 욕구로 정의하며, 관계욕구, 성장욕구로 계층화하였다.

18
정답 ④

업무, 직급은 직무명세서가 아닌 직무기술서를 통해 확인할 수 있는 정보이다.

오답분석

① · ② · ③ 직무명세서를 통해 학력, 전공, 경험, 경력, 능력, 성적, 지식, 기술, 자격 등의 정보를 확인할 수 있다.

19
정답 ③

'직무분석 → 직무기술서 / 직무명세서 → 직무평가 → 직무설계' 순서로 직무관리를 진행하며, 직무분석을 통해 업무특성과 업무담당자의 특성을 각각 파악하고, 이를 토대로 어떤 직무가 적합할지 평가하여 대상자의 최종 직무를 설계한다.

20
정답 ④

사업 다각화는 무리하게 추진할 경우 수익성에 악영향을 줄 수 있는 단점이 있다. 따라서 기업의 수익성 강화는 기업이 사업 다각화를 추진하는 목적으로 옳지 않다.

오답분석

① 기업의 지속적인 성장을 추구함으로써 미래 유망산업에 참여할 수 있으며 구성원에게 더 많은 기회를 줄 수 있다.
② 기업이 한 가지 사업만 영위하는 데 따르는 위험에 대비할 수 있다.
③ 보유자원 중 남는 자원을 활용하여 범위의 경제를 실현할 수 있다.

01	02	03	04	05	06	07			
④	③	④	①	④	③	④			

01 정답 ④

다이내믹 프라이싱은 소비자 후생이 감소해 소비자의 만족도가 낮아진다는 단점이 있다. 이로 인해 기업이 소비자의 불만에 직면할 수 있는 리스크가 발생한다.

02 정답 ③

ⓒ·ⓒ 동질적으로 판매되는 상품의 가치는 동일하다는 가정 하에 나라별 화폐로 해당 제품의 가격을 평가하여 구매력을 비교하는 것이 빅맥 지수이다.

오답분석
ⓐ 빅맥 지수는 영국 경제지인 이코노미스트에서 최초 고안하였다.
ⓔ 빅맥 지수에 사용되는 빅맥 가격은 제품 가격만 반영하고 서비스 가격은 포함하지 않기 때문에 나라별 환율에 대한 상대적 구매력 평가 외 다른 목적으로 사용하기에는 정확하지 않다.

03 정답 ④

A국은 노트북을 생산할 때 기회비용이 더 크기 때문에 TV 생산에 비교우위가 있고, B국은 TV를 생산할 때 기회비용이 더 크기 때문에 노트북 생산에 비교우위가 있다.

구분	기회비용	
	노트북 1대	TV 1대
A국	0.75(TV)	1.33(노트북)
B국	1.25(TV)	0.8(노트북)

04 정답 ①

확장적 통화정책은 국민소득을 증가시켜 이에 따른 보험료 인상 등 세수확대 요인으로 작용한다.

오답분석
② 이자율이 하락하고, 소비 및 투자가 증가한다.
③·④ 긴축적 통화정책이 미치는 영향이다.

05 정답 ④

실업률은 경제활동인구 대비 실업자 수의 비율이다.

오답분석
① 체감실업률 계산식
② 고용률 계산식
③ 경제활동참가율 계산식

06 정답 ③

토지, 설비 등이 부족하면 한계 생산가치가 떨어지기 때문에 노동자를 많이 고용하는 게 오히려 손해이다. 따라서 노동 수요곡선은 왼쪽으로 이동한다.

오답분석
① 노동수요는 재화에 대한 수요가 아닌 재화를 생산하기 위해 파생되는 수요이다.
② 상품가격이 상승하면 기업은 더 많은 제품을 생산하기 노동자를 더 많이 고용한다.
④ 노동에 대한 인식이 긍정적으로 변화하면 노동시장에 더 많은 노동력이 공급된다.

07 정답 ④

S가 달리기를 선택할 경우 (기회비용)=(순편익 1)+(암묵적 기회비용 8)=9로 기회비용이 가장 작다.

오답분석
① 헬스를 선택할 경우
  (기회비용)=(순편익 2)+(암묵적 기회비용 8)=10
② 수영을 선택할 경우
  (기회비용)=(순편익 5)+(암묵적 기회비용 8)=13
③ 자전거를 선택할 경우
  (기회비용)=(순편익 3)+(암묵적 기회비용 7)=10

PART 1

경영학원론

01	02	03	04	05	06	07	08	09	10	11	12	13	14	15	16	17	18	19	20
①	②	①	④	④	③	④	②	③	③	①	④	④	②	④	②	③	②	①	④
21	22	23	24	25	26	27	28	29	30	31	32	33	34	35	36	37	38	39	40
②	③	②	②	④	①	④	④	②	③	③	①	③	④	②	④	②	④	③	②

01
정답 ①

경영이념이란 경영자가 기업을 영위하는 데 있어 지침이 되는 기본적인 의식으로 경영신조·경영 철학이라고도 한다. 즉, 기업이 사회적 존재이유를 표시하고 기업의 경영활동을 방향 짓는 기업의 신조를 말한다. 경영이념은 기업의 신조인 동시에 경영자의 이념이기 때문에, 경영목적의 달성을 위한 활동을 하기 위해 구체화할 수 있는 현실적 지침이 되는 것으로서, 구체적으로는 사시(社是)·사훈(社訓) 등으로 표현된다.

02
정답 ②

제품수명주기는 신제품이 도입되어 쇠퇴할 때까지의 기간을 의미하며, 도입기, 성장기, 성숙기 및 쇠퇴기의 4단계로 나뉜다.

03
정답 ①

총괄생산계획의 도표적 접근방법은 생산할 제품의 품목 수가 적고, 생산공정이 단순한 생산계획에 그래프나 표를 이용하여 계획기간의 총생산비용을 최소로 하는 전략대안을 모색하는 기법이다.

04
정답 ④

유통경로를 통해 서비스나 아이디어의 생산자들에게 정보를 원활히 전달할 수 있다.

05
정답 ④

마이클 포터는 경쟁에서 우위를 차지하기 위해서 차별화 우위전략 혹은 비용 우위전략 둘 중 하나에 집중해야 한다고 주장했다.

06
정답 ③

버나드는 조직의 리더가 조직의 목표를 달성하기 위해 명령할 때 리더의 명령에 권위가 생기는 것은 조직구성원이 그 명령을 수용·납득하기 때문이라고 주장하였으며, 이때 명령내용의 합리성, 즉 개인이 조직에 공헌하려는 의사결정의 문제가 중요하다고 주장했다. 사이먼의 조직론은 이러한 의사결정의 문제를 중심으로 버나드의 이론을 발전시켰다.

07

정답 ④

마케팅 환경
- 마케팅 환경이란 환경과 목표고객과의 사이에서 마케팅목표의 실현을 위해 수행되는 마케팅 관리활동에 영향을 미치는 여러 행위 주체와 영향요인을 말한다.
- 거시적 마케팅 환경요소 : 인구통계적 환경, 경제적 환경, 자연적 환경, 기술적 환경, 정치적 환경, 법률적 환경, 문화적 환경
- 미시적 마케팅 환경요소 : 기업, 원료공급자, 마케팅 중개기관, 고객 및 시장, 경쟁자, 공중

08

정답 ②

풀전략이란 기업이 자사의 이미지나 상품의 광고를 통해 소비자의 수요를 환기시켜 소비자 스스로 하여금 그 상품을 판매하고 있는 판매점으로 오게 해서 상품을 구매하도록 하는 마케팅 전략을 뜻한다. 따라서 풀전략이란 소비자를 그 상품에 끌어 붙인다는 의미의 전략이다.

09

정답 ③

콜옵션은 가격이 올라갈 때 거래하는 것이고, 풋옵션은 가격이 내려갈 때 거래하는 것이다. 한편, 풋옵션은 미래 특정 시기에 미리 정한 가격으로 팔 수 있는 권리이다. 따라서 콜옵션이 저렴한 가격에 기초자산을 구입하는 것이라면, 풋옵션은 비싼 가격에 기초자산을 판다는 것을 의미한다.

10

정답 ③

법정복리후생이란 국민건강보험, 산재보험, 고용보험, 국민연금 등을 말한다.

11

정답 ①

EOQ(경제적 주문량) 모형의 가정
- 단일품목만을 대상으로 한다.
- 조달기간이 일정하다.
- 주문량이 다량이라도 할인이 인정되지 않는다.
- 연간수요량이 알려져 있다.
- 주문량은 전부 동시에 도착한다.
- 수요는 일정하며 연속적이다.
- 재고부족현상이 일어나지 않는다.
- 재고유지비는 평균재고량에 비례한다.

12

정답 ④

수요의 가격탄력성이 높다는 것은 가격의 변화에 따라 수요량이 쉽게 변할 수 있다는 의미이다. 구매자들이 대체품의 가격을 쉽게 비교할 수 있을 때에는 대체품의 가격에 따라 수요량이 쉽게 변할 수 있다.

13

정답 ④

분배적 교섭이란 한정된 몫을 분배할 때 이루어지는 전통적인 단체교섭으로서 당사자 간의 이해관계보다 각 당사자의 입장에 초점을 맞춘 교섭이다. 일방이 많이 받을수록 상대방은 그만큼 더 적게 받게 되는 '제로섬 교섭'이다.

14

정답 ②

조기수용자(Early Adopters) : 13.5%

15

정답 ④

샤인(Schein)의 경력 닻 모형
- 닻 I : 관리적 능력 – 복잡한 경영문제 분석, 해결 선호
- 닻 II : 전문능력 – 일 자체에 흥미, 승진거절, 일반적 관리와 기업정치 싫어함
- 닻 III : 안전성 – 직무안전성과 장기적 경력에 의해 동기가 부여됨, 지리적 재배치 싫어함, 조직가치와 규범에 순응
- 닻 IV : 창의성 – 자기사업 시작 선호, 소규모의 유망기업 선호
- 닻 V : 자율성 / 독립성 – 조직의 제약으로부터 벗어나고자 함, 자신의 일을 스스로 하고자 함, 대기업과 공무원 회피

16

정답 ②

마이클 포터(M. Porter)의 산업경쟁에 영향을 미치는 5가지 요인
- 잠재적 진입자
- 산업 내 경쟁업체들의 경쟁
- 제품의 대체가능성
- 구매자의 교섭력
- 공급자의 교섭력

17

정답 ③

전문가시스템(ES)

전문가가 지닌 전문지식과 경험, 노하우 등을 컴퓨터에 축적하여 전문가와 동일한 또는 그 이상의 문제해결능력을 가질 수 있도록 만들어진 시스템이라고 정의할 수 있다. 그리고 전문가의 지식을 컴퓨터에 축적하고 다루어 나가려고 한다면 어떠한 방법으로 하면 좋은가 등을 연구하는 것을 지식 공학이라고 하며, 대화 등의 방법을 통하여 전문가의 지식을 컴퓨터에 체계적으로 수록하고 관리・수정・보완함으로써 그 시스템의 효율성을 향상시켜 나가는 사람을 지식 기술자(Knowledge Engineer)라고 한다. 그리고 그 지식을 축적해 놓은 것을 지식 베이스(Knowledge Base)라고 하는데, 우리가 흔히 말하는 데이터 베이스에 해당되는 개념이다. 전문가 시스템이란 먼저 대상이 되는 문제의 특성을 기술하고, 지식을 표현하는 기본 개념의 파악, 지식의 조직화를 위한 구조 결정 단계를 거쳐 구체화된 지식의 표현과 성능 평가를 하는 과정을 거쳐서 이루어진다. 전문가시스템은 의료 진단, 설비의 고장 진단, 주식 투자 판단, 생산 일정 계획 수립, 자동차 고장 진단, 효과적 직무 배치, 자재 구매 일정, 경영 계획 분야 등을 비롯한 인간의 지적 능력을 필요로 하는 분야에 적용되고 있다

※ 전문가시스템(ES)의 구성요소 : 지식베이스, 추론기관, 설명기관, 블랙보드, 사용자인터페이스

18

정답 ②

허시와 블랜차드(P. Hersey & K. H. Blanchard)의 상황적 리더십
- 기본가정

  허시와 블랜차드는 리더십의 효과가 구성원의 성숙도라는 상황요인에 의하여 달라질 수 있다는 상황적 리더십 모델을 제안하였다. 여기서 구성원의 성숙도란 구성원의 업무에 대한 능력과 의지를 뜻하는 것인데, 구체적으로는 달성 가능한 범위 내에서 높은 목표를 세울 수 있는 성취욕구, 자신의 일에 대해 책임을 지려는 의지와 능력, 과업과 관련된 교육과 경험을 종합적으로 지칭하는 변수가 된다.
- 리더십 모델
  - 지시형 리더십 : 업무의 구체적 지시, 밀착 감독
  - 판매형 리더십 : 의사결정에 대해 구성원이 그 내용을 이해, 납득할 수 있도록 기회 부여
  - 참여형 리더십 : 의사결정에서 정보와 아이디어를 공유
  - 위임형 리더십 : 결정과 실행책임을 구성원에게 위임

19

오하이오 주립대학 모형은 리더십의 유형이 '구조적 리더십'과 '배려적 리더십'에 따라 형성된다고 보았다. 구조적 리더십은 리더가 부하들의 역할을 명확히 정해 주고 직무수행의 절차를 정하거나 지시, 보고 등을 포함한 집단 내의 의사소통 경로를 조직화하는 행위를 말한다. 배려적 리더십은 리더가 부하들의 복지와 안녕, 지위, 공헌 등에 관심을 가져 주는 행동을 말한다.

20

항상성장 모형

기업의 이익과 배당이 매년 g%만큼 일정하게 성장한다고 가정할 경우 주식의 이론적 가치를 나타내는 모형이다.

$$P_0 = \frac{D_1}{r-g}$$

- P_0 : 당기 1주당 현재가치(주가)
- D_1 : 차기주당배당금
- r : 요구수익률
- g : 성장률

이 식에 문제에서 제시한 배당금과 요구수익률, 성장률을 대입해보면

$$P_0 = \frac{1,100}{0.15-0.10} = 22,000$$

따라서 항상성장모형에 의한 H주식의 1주당 현재가치는 22,000원인 것을 알 수 있다.

21

재무제표 작성을 주 목적으로 하는 것은 재무회계이다.

> **관리회계**
> 관리회계란 기업 내부의 이해관계자인 경영자가 관리적 의사결정을 하는 데 유용한 정보를 제공하는 것을 목적으로 하는 회계학의 한 분야이다.

관리회계와 재무회계

구분	관리회계	재무회계
목적	기업내부이해관계자의 의사결정을 위한 정보제공	기업외부이해관계자의 의사결정을 위한 정보제공
보고대상	경영진 중심	주주, 채권자, 소비자 등
준거기준과 보고수단	특별한 기준 없음	각종 회계기준
특징	미래와 관련된 회계정보	과거와 관련된 회계정보

22

간접법(현금흐름표)은 당기순손익에 현금이 수반되지 않는 수익과 비용 그리고 영업활동 관련 자산과 부채의 증감을 가감 조정하여 표시하는 방법이다. 관련 자료에서 유형자산 증가는 투자활동으로 인한 현금흐름이고, 장기차입금 증가는 재무활동으로 인한 현금흐름이므로 2가지를 제외하고 계산하면 된다.

당기순이익	+10,000원
감가상각비	+5,000원
매출채권증가	−5,000원
재고자산감소	+1,000원
매입채무증가	+3,000원
합계	14,000원

따라서 영업활동으로 인한 현금흐름은 14,000원이다.

23

정답 ②

오답분석

① 관계마케팅 : 거래의 당사자인 고객과 기업 간 관계를 형성하고 유지·강화하며 동시에 장기적인 상호작용을 통해 상호 간 이익을 극대화할 수 있는 다양한 마케팅 활동이다.
③ 표적시장 선정 : 시장세분화를 통해 포지셔닝을 하기 전에 포지셔닝을 할 대상을 결정하는 단계이다.
④ 일대일 마케팅 : 기업과 개별 고객 간 직접적인 의사소통을 통한 마케팅이다.

24

정답 ②

대비오차(Contrast Errors)는 대조효과라고도 하며, 연속적으로 평가되는 두 피고과자 간의 평가점수 차이를 고과자가 실제보다 더 큰 것으로 느끼게 되는 오류를 말한다. 면접 시 우수한 후보의 바로 뒤 순서에 면접을 보는 평범한 후보가 중간 이하의 평가점수를 받는 경우가 바로 그 예라고 할 수 있다.

25

정답 ④

오답분석

① 데이터베이스관리시스템은 데이터의 중복성을 최소화하면서 조직에서의 다양한 정보요구를 충족시킬 수 있도록 상호 관련된 데이터를 모아놓은 데이터의 통합된 집합체이다.
② 전문가시스템은 특정 전문분야에서 전문가의 축적된 경험과 전문지식을 시스템화하여 의사결정을 지원하거나 자동화하는 정보시스템이다.
③ 전사적 자원관리시스템은 구매, 생산, 판매, 회계, 인사 등 기업의 모든 인적·물적 자원을 효율적으로 관리하여 기업의 경쟁력을 강화시키는 통합정보시스템이다.

26

정답 ①

포트폴리오의 분산은 각 구성자산과 포트폴리오 간의 공분산을 각 자산의 투자비율로 가중평균하여 계산한다.

자본예산의 평가기법
자본예산의 평가기법이란 투자효과가 장기적으로 나타나는 투자의 총괄적인 계획으로서 투자대상에 대한 각종 현금흐름을 예측하고 투자안의 경제성분석을 통해 최적 투자결정을 내리는 것을 말한다.
자본예산의 기법에는 회수기간법, 회계적 이익률법, 수익성지수법, 순현재가치법(순현가법), 내부수익률법 등이 주로 활용된다.
• 회수기간법 : 투자시점에서 발생한 비용을 회수하는 데 걸리는 기간을 기준으로 투자안을 선택하는 방법
  − 상호독립적 투자안 : 회수기간<목표회수기간 → 채택
  − 상호배타적 투자안 : 회수기간이 가장 짧은 투자안 채택
• 회계적이익률법 : 투자를 원인으로 나타나는 장부상의 연평균 순이익을 연평균 투자액으로 나누어 회계적 이익률을 계산하고 이를 이용하여 투자안을 평가하는 방법
  − 상호독립적 투자안 : 투자안의 ARR>목표ARR → 채택
  − 상호배타적 투자안 : ARR이 가장 큰 투자안 채택
• 순현가법 : 투자로 인하여 발생할 미래의 모든 현금흐름을 적절한 할인율로 할인한 현가로 나타내어서 투자결정에 이용하는 방법
  − 상호독립적 투자안 : NPV>0 → 채택
  − 상호배타적 투자안 : NPV가 가장 큰 투자안 채택
• 내부수익률법 : 미래현금유입의 현가와 현금유출의 현가를 같게 만드는 할인율인 내부수익률을 기준으로 투자안을 평가하는 방법
  − 상호독립적 투자안 : IRR>자본비용 → 채택
  − 상호배타적 투자안 : IRR이 가장 큰 투자안 채택

27

정답 ④

경제적 주문량의 결정

$$Q = \sqrt{\frac{2OD}{C}}$$

[Q=(최적주문량), C=(단위당 연간 재고유지비용), D=(연간수요량), O=(1회주문비용)]

이 식에 대입해서 계산해 보면

1회 경제적 주문량 $Q = \sqrt{\dfrac{2 \times 1,000 \times 2,000}{400}} = 100$개

[연간 총비용(TC)] $= \left[\text{연간재고 유지비용}\left(\dfrac{Q}{2} \times C\right) \right] + \left[\text{연간 주문비용}\left(\dfrac{D}{Q} \times O\right) \right]$

(연간재고 유지비용)=(평균재고량)×(단위당 연간 재고유지비용)$= \dfrac{Q}{2} \times C$

(연간 주문비용)=(연간 주문횟수)×(1회 주문비용)$= \dfrac{D}{Q} \times O$

이 식에 대입해서 계산해 보면

[연간 총비용(TC)] $= \dfrac{100}{2} \times 400 + \dfrac{2,000}{100} \times 1,000 = 40,000$원

28

정답 ④

기업가 정신이란 기업의 본질인 이윤 추구와 사회적 책임의 수행을 위해 기업가가 마땅히 갖추어야 할 자세나 정신을 말한다. 미국의 경제학자 슘페터는 기업 이윤의 원천을 기업가의 혁신, 즉 기업가 정신을 통한 기업 이윤 추구에 있다고 보았다. 따라서 기업가는 혁신, 창조적 파괴, 새로운 결합, 남다른 발상, 남다른 눈을 지니고 있어야 하며, 새로운 생산 기술과 창조적 파괴를 통하여 혁신을 일으킬 줄 아는 사람이어야 한다고 주장하였다. 아울러 혁신의 요소로 새로운 시장의 개척, 새로운 생산 방식의 도입, 새로운 제품의 개발, 새로운 원료 공급원의 개발 내지 확보, 새로운 산업 조직의 창출 등을 강조하였다.

29

정답 ②

[오답분석]
① 횡축은 상대적 시장점유율, 종축은 시장성장률이다.
③ 별 영역은 시장성장률과 상대적 시장점유율 모두 높다.
④ 자금젖소 영역은 시장점유율이 높아 자금투자보다 자금산출이 많다.

30

정답 ③

메릭식 복률성과급은 표준작업량의 83%와 100% 선을 기준으로 하여 83% 미만의 성과자들에게는 낮은 임률을 적용하지만 83 ~ 100% 사이의 성과자들에게는 표준임금률을 약간 상회하는 수준, 100% 이상의 성과자들에게는 더 높은 수준의 임률을 제공하여 중간정도의 목표를 달성하는 종업원을 배려하고 있다(3단계 임금구조).

31

정답 ③

시장 조사법은 정량적 수요예측 방법이 아니라 정성적 수요예측 방법에 해당하는 것으로 소비자로부터 직접 수요에 관한 정보를 얻고자 하는 객관적인 방법이다.

32

정답 ①

복합구조가 아닌 단순구조이다. 단순구조는 최고관리 층에 해당하는 조직 모형으로 단순하고 높은 집권화의 특징을 갖는다.

민츠버그의 조직구조 유형
- 단순구조 : 사업 초기 단기적 과업을 수행하기 위한 집권적이고 유기적인 조직
- 기계적 관료제 : 반복적이고 일상적인 업무를 효율적으로 표준화하여 반복 수행하기 위한 기계적인 조직
- 전문적 관료제 : 안정적인 환경에서 전문가를 활용하여 업무를 수행하는 기계적인 조직
- 사업부제 : 사업에 필요한 권한을 부여받은 일정 단위로 구성된 조직
- 임시체제 : 다양한 문제를 빠르고 혁신적으로 수행하기 위해 임시적으로 형성된 유기적인 조직

33

정답 ③

기업의 현재 가치가 실제 가치보다 상대적으로 저평가되어 주당 순이익에 비해 주가가 낮은 주식을 가치주라고 한다. 가치주는 현재의 가치보다 낮은 가격에서 거래된다는 점에서 미래의 성장에 대한 기대로 인하여 현재의 가치보다 높은 가격에 거래되는 성장주와는 다르다. 또한 성장주에 비하여 주가의 변동이 완만하여 안정적 성향의 투자자들이 선호한다. 황금주는 보유한 주식의 수량이나 비율에 관계없이, 극단적으로는 단 1주만 가지고 있더라도 적대적 M&A 등 기업의 주요한 경영 사안에 대하여 거부권을 행사할 수 있는 권리를 가진 주식을 말한다.

34

정답 ④

회귀분석법은 수요예측 기법 중 인과형 모형에 해당하는 기법이다.

[오답분석]

①·②·③ 수요예측 기법 중 정성적 기법은 객관적인 예측자료가 부족할 때 중장기 예측을 위해 조직 내외의 경험, 견해 등 주관적 요소를 사용하는 기법으로 시장조사법, 델파이법, 패널동의법 등이 있다.

35

정답 ②

세부조직의 명확한 목표설정은 MBO(Management By Objective)에 대한 설명이다. TQM(Total Quality Management)은 고객에 초점을 맞춘 개선 노력, 자료를 분석할 수 있는 도구와 기술, 모든 직원에 대한 지속적인 훈련, 지원구조와 조직 확립, 조직문화와 환경의 조화, 조직의 변화를 유도하는 리더십 등으로 구성된다.

36

정답 ④

감사의견의 종류
- 적정의견 : 재무제표의 모든 항목이 적절히 작성되어 기업회계기준에 일치하고 불확실한 사실이 없는 경우
- 부적정의견 : 재무제표가 전체적으로 합리적으로 기재되지 못하고 왜곡 표시되어 무의미하다고 인정되는 경우
- 의견거절 : 감사의견을 형성하는 데 필요한 합리적 증거물을 얻지 못하여 재무제표 전체에 대한 의견표명이 불가능한 경우 또는 기업존립에 관계될 정도의 객관적 사항이 특히 중대한 경우나 감사의 독립성이 결여되어 있는 경우
- 한정의견 : 회계처리방법과 재무제표 표시방법 중 일부가 기업회계에 위배되거나, 재무제표의 항목에서 합리적인 증거를 모두 얻지는 못하는 경우

37

집중투표제는 2명 이상의 이사 선임 시 주주가 1주마다 선임예정 이사와 같은 수의 의결권을 가지고([의결권]=(보유주식 수)×(이사후보)] 이 의결권을 후보자 한 사람 또는 몇 명에게 집중적으로 행사하여 득표수에 따라 차례로 이사를 선임하는 제도를 말한다. 후보마다 별도로 한 표씩 주어지는 경우 지분이 많은 대주주가 절대적으로 유리했다. 하지만 집중투표제는 소주주도 의결권을 하나에 집중시켜 자신들이 원하는 이사를 뽑을 수 있는 장점을 가지고 있다.

38

감가상각은 자산이 매각예정자산으로 분류되는 날과 자산이 제거되는 날 중 이른 날에 중지해야 한다. 그러므로 유형자산이 가동되지 않거나 유휴상태가 되더라도 감가상각이 완전히 이루어지기 전까지는 감가상각을 중단하지 않는다. 그러나 유형자산의 사용정도에 따라 감가상각을 하는 생산량비례법의 경우 생산활동이 이루어지지 않을 때 감가상각액을 인식하지 않을 수 있다.

39

중요사건법, 워크샘플링법은 직무분석 시 보완적으로 사용하는 분석법이라 할 수 있다.
ⓒ 직무수행에 중요한 영향을 미친 사건 또는 사례를 중심으로 정보를 수집한다.
ⓒ 직무담당자가 작성하는 작업일지 등을 통해 해당 직무정보를 수집한다.

[오답분석]

일반적으로 직무분석 시 면접법, 관찰법, 설문지법 이렇게 3가지 방법을 가장 많이 사용한다.
㉠ 업무흐름표, 분담표 등을 참고하여 직무담당자 또는 소속집단 대상 면접을 통해 정보를 수집한다.
㉢ 표준화된 설문지를 활용하여 직무담당자가 관련항목에 체크하도록 함으로써 정보를 수집한다.
㉣ 훈련된 직무분석 담당자가 직무담당자를 직접 관찰하여 정보를 수집한다.

40

[오답분석]

ⓒ 당좌자산이란 판매하지 않더라도 1년 이내 현금화가 가능한 유동자산을 의미한다. 기업이 판매하기 위하여 가지고 있거나 판매를 목적으로 제조 과정 중에 있는 자산은 재고자산이다.
㉣ 자본잉여금이란 영업이익 중 배당금을 제외한 사내 유보금을 의미한다. 기업의 법정자본금을 초과하는 순자산금액 중 이익을 원천으로 하는 잉여금은 이익잉여금이다.

언제나 현재에 집중할 수 있다면 행복할 것이다.

– 파울로 코엘료 –

PART 2

경제학원론

01	02	03	04	05	06	07	08	09	10	11	12	13	14	15	16	17	18	19	20
②	④	③	④	④	①	④	②	③	②	④	②	③	③	①	④	②	①	①	②
21	22	23	24	25	26	27	28	29	30	31	32	33	34	35	36	37	38	39	40
①	④	①	②	②	④	②	①	④	④	④	①	④	③	③	①	②	④	③	④

01
정답 ②

타이어 수요곡선과 공급곡선을 연립하면 $800-2P=200+3P$이므로 $P=120$, $Q=560$이다. 그러므로 조세부과 이천에는 공급자가 받는 가격과 소비자가 지불하는 가격이 모두 120원으로 동일하다. 이제 소비자에게 단위당 50원의 세금이 부과되면 수요곡선이 하방으로 50만큼 이동하므로 수요곡선이 $P=350-\frac{1}{2}Q$로 변경된다. 조세부과 이후의 수요곡선과 공급곡선을 연립하면 $350-\frac{1}{2}Q=-\frac{200}{3}+\frac{1}{3}Q$이므로 $Q=500$, $P=100$으로 계산된다.

따라서 조세부과 이후 공급자가 받는 가격은 100원으로 하락하게 된다. 즉, 소비자는 생산자에게 단위당 100원의 가격을 지불하지만 단위당 50원의 조세를 납부해야 하므로 실제로 소비자가 지불하는 가격은 150원이다.

02
정답 ④

1단위의 노동을 투입할 때 총생산물은 그때까지의 한계생산물을 합하여 계산한다. 따라서 가$=90$, 나$=90+70=160$, 라$=210-160=50$으로 계산된다. 평균생산은 투입된 생산요소 한 단위당 생산량을 의미하므로 다$=\frac{160}{2}=80$으로 계산된다.

따라서 빈칸에 들어갈 수로 옳지 않은 것은 ④이다.

03
정답 ③

H기업의 수요곡선이 가격($P=500$)으로 일정하게 주어진 것은 완전경쟁 시장구조임을 의미한다. 먼저 사적인 이윤극대화 생산량을 구하기 위해 $P=MC$로 두면 $500=200+\frac{1}{3}Q$, $\frac{1}{3}Q=300$, $Q=900$으로 계산된다. 외부한계비용이 20이므로 사적인 한계비용과 외부한계비용을 합한 사회적인 한계비용 $SMC=220+\frac{1}{3}Q$이다. 따라서 사회적으로 바람직한 최적생산량을 구하기 위해서는 $P=SMC$로 두어야 하므로 $500=220+\frac{1}{3}Q$, $\frac{1}{3}Q=280$, $Q=840$으로 계산된다.

04

정답 ④

수요곡선과 공급곡선이 만나는 균형점을 구하면, $8-0.5P=P-4$, $1.5P=12$
따라서 균형가격 $P=8$, 균형수요량 $Q=4$이다.

그림에서 빗금 친 부분의 면적$(E-P_0-P_2)$이 소비자잉여(CS)의 크기이므로, $CS=4 \times 8 \times \frac{1}{2}=16$이다.

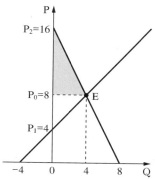

05

정답 ④

시장균형점은 수요곡선과 공급곡선이 만나는 지점이므로
$7-0.5Q=2+2Q$, $2.5Q=5$ $\therefore Q=2$, $P=6$
공급의 가격탄력성은 가격이 1% 변할 때, 공급량이 몇 % 변하는지를 나타낸다.

$$[\text{공급의 가격탄력성}(\eta)]=\frac{\dfrac{\Delta Q}{Q}}{\dfrac{\Delta P}{P}}=\frac{\Delta Q}{\Delta P}\times\frac{P}{Q}=\frac{1}{2}\times\frac{6}{2}=\frac{3}{2}=1.5$$

($\because$ 공급곡선 $P=2+2Q$에서 $Q=\frac{1}{2}P-1$, $\therefore \frac{\triangle Q}{\triangle P}=\frac{1}{2}$)

06

정답 ①

규모의 경제란 산출량 증가에 따라 장기 평균총비용이 하락하는 경우를 말하며, 규모의 비경제란 산출량 증가에 따라 장기 평균총비용이 상승하는 경우를 말한다. 한편, 장기 평균총비용이 산출량과 관계없이 일정한 경우는 규모의 수확불변이라고 한다.

07

정답 ④

생산가능곡선(PPC; Production Possibility Curve)이란 두 재화 생산의 등량곡선이 접하는 무수히 많은 점들을 연결한 계약곡선을 재화공간으로 옮겨 놓은 것으로 생산가능곡선상의 모든 점들에서 생산이 파레토 효율적으로 이루어진다. 즉, 경제 내의 모든 생산요소를 가장 효율적으로 투입했을 때 최대로 생산가능한 재화의 조합을 나타내는 곡선을 생산가능곡선(PPC)이라고 한다. X재 생산의 기회비용은 체증하기 때문에 일반적으로 생산가능곡선은 우하향하고 원점에 대해 오목한 형태이다. 따라서 X재 생산에 따라 기회비용이 체감한다는 ④의 설명은 옳지 않다.

08

정답 ②

오답분석

ㄴ. 케인즈 모형에서 재정정책의 효과는 강력한 반면 금융정책의 효과가 미약하다. 따라서 (A)의 $Y_0 \rightarrow Y_1$의 크기는 (B)의 $Y_a \rightarrow Y_b$의 크기보다 크다.

ㄹ. 케인즈는 승수효과를 통해 정부가 지출을 조금만 늘리면 국민의 소득은 지출에 비해 기하급수적으로 늘어난다고 주장하였다. 또한 케인즈 학파에서는 소비를 미덕으로 여기므로 소득이 증가하면 소비 또한 증가하여 정부지출의 증가는 재고의 감소를 가져온다고 보았다.

09

정답 ③

유량변수란 일정기간을 명시해야 측정할 수 있는 변수를 말하며 수요량, 공급량, 국민소득, 국제수지, 수출, 수입, 소비, 투자 등이 이에 해당한다.

저량변수란 일정시점에서 측정할 수 있는 변수를 말하며 통화량, 노동량, 자본량, 국부, 외채, 외환보유고 등이 이에 해당한다.

10

정답 ②

기펜재는 대체효과와 소득효과가 반대 방향으로 나타나며 대체효과보다 소득효과가 더 큰 열등재이다. 어떤 재화의 가격이 상승하면 실질소득이 감소하고, 실질소득이 감소하면 소득효과에 의해서 열등재의 구입량은 오히려 증가한다.

11

정답 ④

솔로우의 성장 모형은 생산요소 간 대체가 가능한 콥 – 더글라스 생산함수를 가정한다. 솔로우 성장 모형에서 인구증가율이 높아지면 1인당 자본량이 감소하므로 새로운 정상상태에서 1인당 산출량은 감소한다. 이 모형에서는 저축률이 높을수록 투자가 증가하여 1인당 자본량과 1인당 소득은 증가하지만 저축률이 황금률의 균제상태보다 더 높다면 저축을 감소시켜야 1인당 소비가 증가하게 된다. 그러므로 저축률이 높다고 해서 항상 좋은 것은 아니다. 솔로우 성장 모형에서 기술진보가 이루어지면 경제성장률이 높아지므로 균형성장경로가 바뀌게 되는데 기술진보는 외생적으로 주어진 것으로 가정할 뿐, 모형 내에서는 기술진보의 원인을 설명하지 못한다.

12

정답 ②

케인스학파는 생산물시장과 화폐시장을 동시에 고려하는 IS – LM모형으로 재정정책과 통화정책의 효과를 분석했다. 케인스학파에 의하면 투자의 이자율탄력성이 작기 때문에 IS곡선은 대체로 급경사이고, 화폐수요의 이자율탄력성은 크므로 LM곡선은 매우 완만한 형태이다. 따라서 케인스학파는 재정정책은 매우 효과적이나 통화정책은 별로 효과가 없다고 보았다.

13

정답 ③

구축효과는 정부가 확대적인 재정정책을 실시할 때 이자율이 상승하여 민간투자가 감소하는 것을 말한다. 고전학파는 100%의 구축효과가 나타나므로 재정정책을 실시하더라도 국민소득은 전혀 증가하지 않는다고 주장한 데 반해, 케인스학파는 구축효과가 그리 크지 않기 때문에 재정정책이 매우 효과적이라고 주장한다.

14

정답 ③

케인스학파는 화폐수요의 이자율탄력성이 크기 때문에 LM곡선이 완만하고, 투자의 이자율탄력성은 작기 때문에 IS곡선은 급경사인 것으로 본다. LM곡선이 완만하고, IS곡선이 급경사이면 확대적인 금융정책을 실시하더라도 국민소득은 거의 증가하지 않는다.

15

IS곡선 혹은 LM곡선이 오른쪽으로 이동하면 총수요곡선도 우측으로 이동한다. 개별소득세가 인하되면 투자가 증가하며, 장래경기에 대한 낙관적인 전망은 미래소득 및 미래소비심리의 상승에 영향을 미치기 때문에 소비가 증가함에 따라 IS곡선이 오른쪽으로 이동한다.
- IS곡선의 우측이동 요인 : 소비 증가, 투자 증가, 정부지출 증가, 수출 증가
- LM곡선의 우측이동 요인 : 통화량 증가

16

재산권이 확립되어 있다고 하더라도 거래비용이 너무 크면 협상이 이루어지지 않기 때문에 협상을 통해 외부효과에 따른 시장실패와 같은 외부성 문제가 해결될 수 없다.

17

개별기업의 수요곡선을 수평으로 합한 시장 전체의 수요곡선은 우하향하는 형태이다. 그러나 완전경쟁기업은 시장에서 결정된 시장가격으로 원하는 만큼 판매하는 것이 가능하므로 개별기업이 직면하는 수요곡선은 수평선으로 도출된다.

18

X재 수입에 대해 관세를 부과하면 X재의 국내가격이 상승한다. X재의 국내가격이 상승하면 X재의 국내 생산량은 증가하고 소비량은 감소하게 된다. 또한 X재의 국내가격 상승으로 생산자잉여는 증가하지만 소비자잉여는 감소하게 된다. X재 수요와 공급의 가격탄력성이 낮다면 관세가 부과되더라도 수입량은 별로 줄어들지 않으므로 관세부과에 따른 자중손실이 작아진다.
따라서 옳은 설명은 ①이다.

19

가격차별(Price Discrimination)이란 동일한 상품에 대하여 서로 다른 가격을 설정하는 것을 의미한다. 가격차별이 가능하기 위해서는 소비자를 특성에 따라 구분할 수 있어야 하며, 다른 시장 간 재판매가 불가능해야 하고, 시장분리에 드는 비용보다 시장분리를 통해 얻을 수 있는 수입이 많아야 한다. 한편, 경쟁시장에서는 기업이 시장가격보다 높은 가격을 받으면 소비자는 다른 기업의 상품을 구매할 것이므로 기업들은 가격차별을 할 수 없다. 따라서 가격차별이 가능하다는 것은 기업이 시장지배력이 있다는 의미이다.

20

전기요금의 변화는 전력에 대한 수요곡선의 이동요인이 아니라 수요곡선상의 이동을 가져오는 요인이다. 해당 재화 가격의 변화로 인한 수요곡선상에서의 변동을 '수요량 변화'라고 한다. 또한 해당 재화의 가격 이외의 변수들(소득수준, 다른 재화의 가격, 인구수, 소비자의 선호, 광고 등)의 변화로 수요곡선 자체가 이동하는 것을 '수요 변화'라고 하며, ①, ③, ④는 수요 변화의 요인에 해당한다.

21

$Min C = 3L + 5K$, $s.t. 4L + 8K = 120$을 풀면 재화 120을 생산하기 위해 비용을 최소화하는 생산요소들을 도출할 수 있다. 두 식 모두 $L - K$ 평면에서 직선이므로 $3L + 5K$가 최소화되기 위해서는 $L = 0$, $K = 15$여야 한다.

22

실업률이 20%이고 취업자 수가 120만 명이라면 실업자 수와 경제활동인구는 다음과 같이 구한다.

$$(실업률)=\frac{(실업자\ 수)}{(경제활동인구)}\times100$$

$$=\frac{(실업자\ 수)}{(취업자\ 수)+(실업자\ 수)}\times100$$

$$20\%=\frac{(실업자\ 수)}{120만+(실업자\ 수)}\times100$$

(실업자 수)=30만 명

(경제활동인구)=(취업자 수)+(실업자 수)=120만+30만=150만 명

즉, 실업자 수가 30만 명, 경제활동인구가 150만 명이므로 경제활동참가율은 다음과 같이 75%가 된다.

$$(경제활동참가율)=\frac{(경제활동인구)}{(노동가능인구)}\times100$$

$$=\frac{150만}{200만}\times100=75\%$$

23

케인스가 주장하였던 유동성 함정(Liquidity Trap)의 상황이다. 유동성 함정이란 시장에 현금이 흘러 넘쳐 구하기 쉬운데도 기업의 생산·투자와 가계의 소비가 늘지 않아 경기가 나아지지 않고, 마치 경제가 함정(Trap)에 빠진 것처럼 보이는 상황을 말한다. 즉, 유동성 함정의 경우에는 금리를 아무리 낮추어도 실물경제에 영향을 미치지 못하게 된다.

24

어떤 상품이 정상재인 경우 이 재화의 수요가 증가하면서 수요곡선 자체를 오른쪽으로 이동시킴에 따라 재화의 가격이 상승하고 동시에 거래량이 증가한다. 소비자의 소득 증가, 대체재의 가격 상승, 보완재의 가격 하락, 미래 재화가격 상승 예상, 소비자의 선호 증가 등이 수요를 증가시키는 요인이 될 수 있다. 한편, 생산기술의 진보, 생산요소의 가격하락, 생산자의 수 증가, 조세 감소 등은 공급의 증가요인으로 공급곡선을 오른쪽으로 이동시킨다.

25

십분위분배율은 0과 2 사이의 값을 갖고, 그 값이 작을수록 소득분배가 불평등함을 나타낸다. 이에 비해 지니계수와 앳킨슨 지수는 모두 0과 1 사이의 값을 갖고, 그 값이 클수록 소득분배가 불평등함을 나타낸다.

26

수요의 가격탄력성이 1보다 작은 경우에는 가격이 대폭 상승하더라도 판매량이 별로 감소하지 않으므로 소비자의 총지출은 증가하고 판매자의 총수입도 증가한다.

[오답분석]

① 수요의 가격탄력성은 수요량의 변화율을 가격의 변화율로 나누어 구하므로 가격이 1% 상승할 때 수요량이 2% 감소하였다면 수요의 가격탄력성은 2이다.
② 기펜재는 대체효과보다 소득효과가 더 큰 열등재인데, 소득이 증가할 때 구입량이 증가하는 재화는 정상재이므로 기펜재가 될 수 없다.
③ 교차탄력성이란 한 재화의 가격이 변화할 때 다른 재화의 수요량이 변화하는 정도를 나타내는 지표이다. 잉크젯프린터의 가격이 오르면(+) 잉크젯프린터의 수요가 줄고, 프린터에 사용할 잉크카트리지의 수요도 줄어들 것이므로(−) 교차탄력성은 음(−)의 값을 가진다는 것을 알 수 있다. 잉크젯프린터와 잉크젯카트리지 같은 관계에 있는 재화들을 보완재라고 하는데, 보완재의 교차탄력성은 음(−)의 값을, 대체재의 교차탄력성은 양(+)의 값을 가지게 된다.

27

정답 ②

내생적 성장이론에서는 자본에 대한 수확체감 현상이 발생하지 않으므로 경제성장률은 1인당 자본량에 관계없이 결정된다. 따라서 국가 간 소득이 동일한 수준으로 수렴하는 현상은 발생하지 않는다.

28

정답 ①

주어진 자료로는 구매력평가 환율만을 구할 수 있을 뿐 명목환율을 구할 수 없으므로 판단할 수 없다.

[오답분석]
② 빅맥의 1달러당 원화 가격은 1,000원에서 900원으로 변화 했으므로 10% 하락했다.
③ 환율의 하락은 원화의 평가절상을 의미하므로 달러 대비 원화의 가치는 10% 상승했다.
④ 구매력평가설이 성립한다면 실질환율은 항상 1이므로 실질 환율은 두 기간 사이에 변하지 않았다.

29

정답 ④

피구효과란 경제 불황이 발생하여 물가가 하락하면 민간이 보유한 화폐의 구매력이 증가하므로 실질적인 부가 증가하는 효과가 발생하고, 실질부가 증가하면서 소비도 증가하여 IS곡선이 오른쪽으로 이동하는 효과를 말한다. 즉, 피구효과는 IS곡선의 기울기 가 아닌 IS곡선 자체의 이동을 가져오는 효과이다.

30

정답 ④

필립스곡선이란 인플레이션율과 실업률 간에 단기 상충관계가 존재함을 보여 주는 곡선이다. 하지만 장기적으로 인플레이션율과 실업률 사이에는 특별한 관계가 성립하지 않는다. 대상기간이 길어지면 사람들의 인플레이션에 대한 기대가 바뀔 수 있고 오일 쇼크와 같은 공급 충격도 주어질 수 있기 때문에 장기적으로는 필립스곡선이 성립하지 않는 것이다. 따라서 인플레이션 기대나 원자재 가격 상승 때문에 물가가 상승할 때는 실업률이 하락하지 않을 수 있다.

31

정답 ④

㉠ 환율이 상승하면 제품을 수입하기 위해 더 많은 원화를 필요로 하고 이에 따라 수입이 감소하게 되므로 순수출이 증가한다.
㉡ 국내이자율이 높아지면 국내자산 투자수익률이 좋아져 해외로부터 자본유입이 확대되고, 이에 따라 환율 하락요인으로 작용한다.
㉢ 국내물가가 상승하면 상대적으로 가격이 저렴한 수입품에 대한 수요가 늘어나 환율 상승요인으로 작용한다.

32

정답 ①

케인스는 경기침체 시 정부가 적극적으로 개입하여 총수요 증대를 이끌어야 한다고 주장하였다.

[오답분석]
② 고전학파의 거시경제론에 대한 설명이다.
③ 케인스의 거시경제론에 대한 설명이다.
④ 고전학파의 이분법에 대한 설명이다.

33

정답 ④

독점적 경쟁시장은 광고, 서비스 등 비가격경쟁이 가격경쟁보다 더 활발히 진행된다.

34

정답 ③

- (실업률)=(실업자 수)÷(경제활동인구)×100
- (경제활동인구)=(취업자 수)+(실업자 수)
∴ 5,000÷(20,000+5,000)×100=20%

35

정답 ③

(한계비용)=(총비용 변화분)÷(생산량 변화분)
- 생산량이 50일 때 총비용 : (평균비용 16)×(생산량 5)=800
- 생산량이 100일 때 총비용 : (평균비용 15)×(생산량 100)=1500
따라서 한계비용은 (총비용 변화분 700)÷(생산량 변화분 50)=14이다.

36

정답 ①

확장적 통화정책은 국민소득을 증가시켜 이에 따른 보험료 인상 등 세수확대 요인으로 작용한다.

오답분석
② 이자율이 하락하고, 소비 및 투자가 증가한다.
③·④ 긴축적 통화정책이 미치는 영향이다.

37

정답 ②

애덤 스미스의 절대우위론에 대한 설명이다.

38

정답 ④

위험을 회피하는 투자자일수록 무차별곡선 기울기는 완만해진다.

오답분석
① 마이너스 기울기를 갖는 우하향 형태를 나타낸다.
② L자형 무차별곡선 위에서는 어떠한 경우에도 효용의 크기가 서로 동일하다.
③ 비재화는 소비량이 늘어날수록 효용이 낮아진다.

39

정답 ③

IS-LM 곡선은 거시경제에서의 이자율과 국민소득을 분석하는 모형으로 경제가 IS곡선의 왼쪽에 있는 경우 이자율의 감소로 저축보다 투자가 많아져 초과수요가 발생하게 된다. LM곡선은 화폐시장의 균형이 달성되는 이자율과 국민소득의 조합을 나타낸 선이다.

40

정답 ④

ⓒ 유동성 함정의 대표적인 사례로는 1929년 미국 대공황, 1990년대 일본 장기불황 등이 있다.
ⓔ LM 곡선이 수평이 됨에 따라 통화정책의 효과가 발생하지 않게 된다.

오답분석
㉠ 유동성 함정은 케인스 경제학에서 나온 말로 통화공급의 증가가 이자율을 낮추지 못하는 상황을 설명한다.
ⓒ 유동성 함정은 유동성이 충분하여 명목금리가 0인 상태를 말하며, 통화를 증가시켜도 이자율에 영향을 주지 못한다.

PART 3

최종점검 모의고사

01 경영학원론

01	02	03	04	05	06	07	08	09	10	11	12	13	14	15	16	17	18	19	20
④	④	①	③	④	①	④	③	①	①	④	④	①	④	①	①	②	③	②	②

21	22	23	24	25
④	③	④	③	②

01

정답 ④

오답분석

① 자기자본이 아닌 타인자본이 차지하는 비율이다.
② 주당순자산이 아닌 주당순이익의 변동 폭이 확대되어 나타난다.
③ 보통주배당이 아닌 우선주배당이다.

02

정답 ④

자재소요계획은 생산 일정계획의 완제품 생산일정(MPS)과 자재명세서(BOM), 재고기록철(IR)에 대한 정보를 근거로 수립된다.

오답분석

① MRP는 푸시 생산방식(Push System)이다.
② MRP는 종속수요를 갖는 부품들의 생산수량과 생산시기를 결정하는 방법이다.
③ 부품별 계획 주문 발주시기는 MRP의 결과물이다.

03

정답 ①

기계적 조직과 유기적 조직의 일반적 특징

구분	전문화	공식화	집권화
기계적 조직	고	고	고
유기적 조직	저	저	저

04

정답 ③

트러스트는 경제적 자립권과 독립성을 포기한 채 시장독점이라는 단일한 목적으로 여러 기업이 뭉쳐서 이뤄진 하나의 통일체이다.

오답분석

① 카르텔(Kartell) : 기업연합을 의미하는 용어로, 동종 산업에 종사하는 다수의 기업들이 서로 경제적 자립권과 법률상 독립권을 유지한 상태로 시장독점을 목적으로 하는 연합체이다.

② 신디케이트(Syndicate) : 가장 고도화된 카르텔의 형태로 생산은 독립성을 유지하나, 판매는 공동판매회사를 통해서 이루어지는 공동판매 카르텔이다.
④ 콘체른(Konzern) : 법률상의 독립권만 유지되는 형태의 기업연합이다.

05
정답 ④

증권회사의 상품인 유가증권과 부동산 매매회사가 정상적 영업과정에서 판매를 목적으로 취득한 토지·건물 등은 재고자산으로 처리된다.

[오답분석]

①·② 선입선출법의 경우에는 계속기록법을 적용하든 실지재고조사법을 적용하든, 기말재고자산, 매출원가, 매출총이익 모두 동일한 결과가 나온다.
③ 매입운임은 매입원가에 포함한다.

06
정답 ①

시장세분화는 수요층별로 시장을 분할해 각 층에 대해 집중적인 마케팅 전략을 펴는 것으로, 인구통계적 세분화는 나이, 성별, 라이프사이클, 가족 수 등을 세분화하여 소비자 집단을 구분하는 데 많이 사용한다.

[오답분석]

② 사회심리적 세분화는 사회계층, 준거집단, 라이프스타일, 개성 등으로 시장을 나누는 것이다.
③ 시장표적화는 포지셔닝할 고객을 정하는 단계이다.
④ 시장포지셔닝은 소비자들의 마음속에 자사제품의 바람직한 위치를 형성하기 위하여 제품 효익을 개발하고 커뮤니케이션하는 활동을 의미한다.

07
정답 ④

손익분기제품 수는 '(총고정비)÷[(단위당 판매가격)−(단위당 변동비)]'로 구할 수 있다.
∴ (손익분기제품 수)$=48,000,000÷(20,000-14,000)=8,000$
따라서 손익분기점에 도달하기 위한 판매수량은 8,000단위이다.

08

③은 시스템 검사 및 유지보수 단계에서 수행하는 작업으로 분석 및 설계 과정에서 행해지는 작업과는 거리가 있다.

경영정보시스템 개발 프로세스의 핵심활동

구분	핵심활동
시스템 분석 (System Analysis)	기존 시스템의 문제점을 분석하여 발견된 문제점을 해소하기 위한 해결책에 요구되는 사항들을 정의하는 단계이다.
시스템 설계 (System Design)	기술적, 조직적 구성요소들의 결합방법을 보여 주는 정보시스템 해결책의 명세서를 제공하는 단계이다.
프로그래밍 (Programming)	단계를 거치면서 설계 단계에서 만들어진 시스템 명세서를 소프트웨어 프로그램 코드로 전환하는 단계이다.
검사 (Testing)	시스템이 올바른 결과를 산출하는지 확인하는 단계로 단위검사(Unit Testing), 시스템검사(System Testing), 인수검사(Acceptance Testing)로 구분된다.
전환 (Conversion)	기존 시스템에서 새로운 시스템으로 변환하는 단계이다.
가동 (Production)	새로운 시스템이 설치되고 전환이 마무리된 후 운영되는 단계이다.
유지보수 (Maintenance)	시스템의 오류 발견 및 수정, 요구사항 부합 여부 판단, 처리의 효율성 향상 등을 위해 하드웨어, 소프트웨어, 문서 그리고 절차 등을 변경하는 단계이다.

09

빅데이터 기술은 대용량의 데이터를 빠른 시간에 처리하기 위해 전통적인 관계형 데이터베이스(SQL)보다 덜 제한적인 NoSQL, Hbase 등과 같은 비관계형 데이터베이스를 분석에 활용한다.

10

[오답분석]

② SCM(Supply Chain Management) : 공급망 관리라고 하며, 공급망 전체를 하나의 통합된 개체로 보고 이를 최적화하고자 하는 경영 방식이다.

③ DSS(Decision Support System) : 의사결정지원시스템이라고 하며, 전사적 자원관리(ERP; Enterprise Resource Planning)를 통해서 수집된 자료를 요약, 분석, 가공하여 경영관리자의 의사결정을 지원하는 시스템이다.

④ KMS(Knowledge Management System) : 지식관리시스템이라고 하며, 기업 내 흩어져 있는 지적 자산을 활용할 수 있는 형태로 변환하여 관리 및 공유할 수 있도록 하는 시스템이다.

11

수익성은 기업이 시장에서 이윤을 획득할 수 있는 잠재적 능력을 나타내는 지표이다.

12

인간의 중요성을 부각시킨 이론은 메이요의 호손공장의 실험에 해당한다. 테일러의 과학적 관리론은 시간연구 및 동작연구, 작업연구를 통해서 하루의 표준 작업량을 설정하고, 할당된 과업을 초과달성한 근로자에게는 높은 임금률을 적용하되 그렇지 못한 근로자에게는 낮은 임금률을 적용함으로써 생산의 능률을 꾀하려는 방법이다.

13

정답 ①

실험적 방법은 변수들 사이의 함수관계를 발견하기 위해 통제된 상황에서 독립변수를 인위적으로 조작하거나 변화시켰을 때 그것이 종속변수에 끼치는 효과를 객관적인 방식으로 측정 및 관찰하는 연구방법을 말한다.

14

정답 ④

국제기업 환경문제가 중요한 이유 중 하나는 국가별로 자국의 이익을 우선시하며, 외국기업에 대한 강한 통제 및 규제가 많기 때문이다. 따라서 옳지 않은 것은 ④이다.

15

정답 ①

단체협약은 단체교섭으로 인한 성과에 의해 노사 간의 내용에 대한 일치를 보게 되었을 때 이를 문서화하는 것을 말한다.

16

정답 ①

윤리강령이란 경영윤리의 효과적 실천을 위한 제도화 장치로, 윤리경영의 기본적인 방침에 의한 세부적인 지침을 공식화한 것을 말한다.

17

정답 ②

사이먼은 의사결정 유형을 정형적, 비정형적인 것으로 분류하고 정형적 의사결정은 구조화된 결정 문제, 비정형적 의사결정은 비구조화된 결정 문제라고 하였다.

18

정답 ③

페이욜(H. Fayol)의 산업활동
- 기술적 활동 : 생산, 제조, 가공
- 상업적 활동(영업적 활동) : 구매, 판매, 교환
- 재무적 활동 : 자금의 조달과 운용
- 보전적 활동 : 재산 및 종업원의 보호
- 회계적 활동 : 재산목록·대차대조표·원가·통계
- 관리적 활동 : 계획·조직·명령·조정·통제

19

정답 ②

합목적성의 원칙은 모든 계획에 있어서의 기본적인 목적이 기업조직의 목표를 용이하게 달성하도록 공헌하는 데 있다는 것이다.

20

정답 ②

경영자의 개인적 선택에 의한 분류는 개개인의 개인적 지위 및 가치관의 차이에 의한 분류이다.

21

정답 ④

행동기준고과법(BARS; Behaviorally Anchored Rating Scales)은 평가직무에 적용되는 행동패턴을 측정하여 점수화하고 등급을 매기는 방식으로 평가한다. 따라서 등급화하지 않고 개별행위 빈도를 나눠서 측정하는 기법은 옳지 않다. 또한 BARS는 구체적인 행동의 기준을 제시하고 있으므로 향후 종업원의 행동변화를 유도하는 데 도움이 된다.

22

정답 ③

규범기는 역할과 규범을 받아들이고 수행하며 성과로 이어지는 단계이다.

> **터크만(Tuckman)의 집단 발달의 5단계 모형**
> 1. 형성기(Forming) : 집단의 구조와 목표, 역할 등 모든 것이 불확실한 상태. 상호 탐색 및 방향 설정
> 2. 격동기(Storming) : 소속감, 능력, 영향력은 인식한 상태. 권력분배와 역할분담 등에서 갈등과 해결 과정을 겪음
> 3. 규범기(Norming) : 집단의 구조, 목표, 역할, 규범, 소속감, 응집력 등이 분명한 상태. 협동과 몰입
> 4. 성과달성기(Performing) : 비전 공유 및 원활한 커뮤니케이션으로 집단목표 달성. 자율성, 높은 생산성
> 5. 해체기(Adjourning) : 집단의 수명이 다하여 멤버들은 해산됨

23

정답 ④

기업의 생산이나 판매과정 전후에 있는 기업 간의 합병으로, 주로 원자재 공급의 안정성 등을 목적으로 하는 것은 수직적 합병이다. 수평적 합병은 동종 산업에서 유사한 생산단계에 있는 기업 간의 합병으로, 주로 규모의 경제적 효과나 시장지배력을 높이기 위해서 이루어진다.

24

정답 ③

가중평균자본비용(WACC; Weighted Average Cost of Capital)은 기업의 자본비용을 시장가치 기준에 따라 총자본 중에서 차지하는 가중치로 가중 평균한 것이다. 가중치를 장부가치 기준의 구성 비율이 아닌 시장가치 기준의 구성 비율로 하는 이유는 주주와 채권자의 현재 청구권에 대한 요구수익률을 측정하기 위해서이다.

25

정답 ②

[오답분석]
① 하나의 자산만이 아닌 다양한 자산을 편입시킴으로써 위험을 상쇄할 수 있다.
③ 비체계적 위험이 아닌 체계적 위험에 대한 설명이다.
④ 체계적 위험이 아닌 비체계적 위험에 대한 설명이다.

26	27	28	29	30	31	32	33	34	35	36	37	38	39	40	41	42	43	44	45
③	①	②	④	①	③	③	①	③	④	②	②	②	②	③	③	④	①	④	④

46	47	48	49	50
①	②	④	③	③

26

정답 ③

주어진 수요함수를 P_X, P_Y, M에 대해 미분하면, $\frac{dQ_X}{dP_X}=-4$, $\frac{dQ_X}{dP_Y}=0.6$, $\frac{dQ_X}{dM}=1$이다.

$Q_X=380-4\times100+0.6\times200+1.0\times400=500$이므로, 탄력성을 계산하면 다음과 같다.

• (가격탄력성)$=-\frac{dQ_X}{dP_X}\times\frac{P_X}{Q_X}=4\times\frac{100}{500}=0.8$

• (교차탄력성)$=\frac{dQ_X}{dP_Y}\times\frac{P_Y}{Q_X}=0.6\times\frac{200}{500}=0.24$

• (소득탄력성)$=\frac{dQ_X}{dM}\times\frac{M}{Q_X}=1\times\frac{400}{500}=0.8$

정상재의 여부는 수요의 소득탄력성을 통해 알 수 있으며, 0보다 클 경우 정상재, 0보다 작을 경우 열등재이다. 보완재의 여부는 수요의 교차탄력성을 통해 알 수 있으며, 0보다 작을 경우 보완재이고 0보다 클 경우 대체재, 0일 경우에는 독립재이다. 가격탄력성이 1보다 작을 경우는 비탄력적인 재화이며 가격탄력성이 1보다 큰 경우에는 탄력적 재화이다. 비탄력적 재화의 총수입을 극대화하기 위해서는 가격을 인상하는 것이 바람직하다.

27

정답 ①

칼도어(N. Kaldor)는 1958년 선진국을 대상으로 수행한 세계 경제성장과정의 연구를 통하여 다음과 같은 6가지 정형화된 사실(Stylized Facts)을 밝혔다.
• 1인당 산출량(Y/L)은 지속적으로 증가한다.
• 1인당 자본량(K/L)은 지속적으로 증가한다.
• 산출량 – 자본비율(Y/K)은 대체로 일정한 지속성(Steady)을 보인다.
• 자본수익률은 대체로 일정하다.
• 총소득에서 자본에 대한 분배와 노동에 대한 분배간의 비율은 일정하다.
• 생산성 증가율은 국가 간 차이를 보인다.

28

정답 ②

애로우의 불가능성 정리는 개인들의 선호를 사회선호로 바꾸는 과정에서 충족하여야 할 다섯 가지 조건(완비성과 이행성, 비제한성, 파레토원칙, 무관한 선택대상으로부터의 독립성, 비독재성)과 이러한 조건을 모두 충족하는 이상적인 사회후생함수는 존재하지 않음을 입증한 것이다.
독립성은 사회상태 X와 Y에 관한 사회우선순위가 개인들의 우선순위에만 기초를 두어야 하며, 기수적 선호의 강도는 고려되어서는 안 된다는 것이다. 독립성은 개인의 선호가 서수적으로 측정되어야 하며, 개인 간의 효용비교는 배제되어야 한다는 것을 말한다.

29

정답 ④

물가지수를 구할 때는 상품에 대해 각각의 가중치를 부여한 후 합계를 내어 계산한다.

30

항상소득가설은 항상소득이 소비를 결정한다는 이론으로 미국의 경제학자 밀턴 프리드먼이 주장했다. 프리드먼에 따르면 소득은 정기적이고 고정적인 항상소득과 임시적 수입인 변동소득(일시소득)으로 구분된다. 철수는 240만 원의 항상소득을 벌고 있지만 이번 달은 일시적으로 소득이 60만 원 줄었다. 항상소득가설에 따르면 일시적으로 소득이 60만 원 줄어든다고 해서 소비에 변화가 생기지는 않는다.

31

사채 발행은 부채비율을 높여 재무구조를 악화시키는 요인이다. 또한 적자가 나더라도 사채 발행 시 약속한 이자는 지급해야 한다. 회사가 사채가 아니라 주식을 발행해 자금을 조달하면 그 주식에 투자한 주주들에게 이자가 아니라 배당을 지급한다. 따라서 사채를 발행하면 배당압력이 작아진다. 주식을 발행하면 타인의 지분율이 높아지므로 경영권에 대한 위험을 고려해야 하지만 사채 발행엔 이런 위험이 없다.

32

오답분석

① 지니계수는 대표적인 소득분배지표로, 빈부격차와 계층 간 소득의 불균형 정도를 나타내는 수치이다. 지니계수를 통해 국가 간뿐만 아니라 다양한 계층 간의 소득분배를 비교할 수 있고, 국가 내에서 시간에 따른 소득 분배의 변화성을 파악하여 소득 불평등 정도의 변화를 알 수 있다.

$$(지니계수) = \frac{(불평등\ 면적\ A)}{(삼각형\ BCD의\ 면적)} = 0 \sim 1$$

② 완전히 평등한 소득분배 상태를 나타내는 45도 대각선과 로렌츠 곡선(Lorenz Curve)이 일치한다면 지니계수는 0이다.

④ 지니계수는 완전히 평등한 소득분배 상태를 나타내는 45도 대각선과 로렌츠 곡선 사이의 면적을 45도 대각선 아래 면적으로 나눈 값이다.

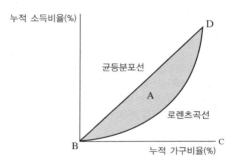

33

$P = -Q + 12$이므로 총수입은 $TR = -Q^2 + 12Q$이다. 총수입을 Q에 대해서 미분하면 한계수입 $MR = -2Q + 12$
MR(한계수입) $= MC$(한계비용)에서 이윤이 극대화되므로 $MR = -2Q + 12 = 4$
따라서 한계비용이 4일 때 생산량 $Q = 4$
한계비용이 1만큼 감소하는 경우 $MR = -2Q + 12 = 3$, $Q = 4.5$
따라서 한계비용이 1만큼 감소하는 경우 생산량 Q는 4에서 4.5로 변화하므로 0.5 증가한다.

34

$$\frac{MU_X}{P_X} = \frac{MU_Y}{P_Y} \rightarrow 효용극대화$$

• 한계효용균등의 법칙 : $\dfrac{Y}{10} = \dfrac{X}{10}$

• 예산제약 : $10X + 10Y = 200$

한계효용균등의 법칙을 정리하면 $10X = 10Y$, $X = Y$가 된다. 이를 예산제약식에 대입하면 $20Y = 200$, $Y = 10$, $X = 100$이다. 따라서 소비자 H의 효용을 극대화하는 X재, Y재의 소비조합은 ③이다.

35

정답 ④

오답분석

① 수요의 가격탄력성이 1보다 작은 경우 가격이 하락하면 총수입은 감소한다.
② 수요의 가격탄력성이 커질수록 물품세 부과로 인한 경제적 순손실은 커진다.
③ 소비자 전체 지출에서 차지하는 비중이 큰 상품일수록 수요의 가격탄력성은 커진다.

36

정답 ②

오답분석

① H기업의 한계비용곡선은 우상향하는 형태의 곡선으로, 평행 이동하지는 않는다.
③ H기업의 평균비용은 시장가격보다 높다.
④ H기업의 총수입은 총가변비용보다 적다.

〈완전경쟁시장의 단기균형〉

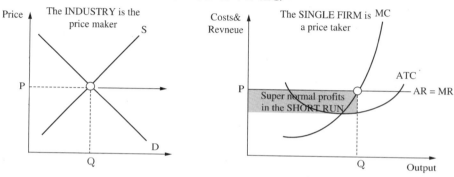

〈경쟁기업의 단기공급곡선〉

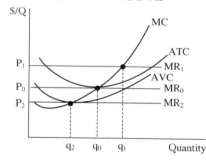

문제에서 H기업은 손실을 보고 있으므로 AVC(평균가변비용)의 최저점, 즉 P_2와 q_2가 만나는 점에 해당한다.

• MC(한계비용)곡선은 AVC(평균가변비용)와 ATC(평균총비용)곡선의 최저점을 통과한다.
• 주어진 가격이 너무 낮아 극소화된 손실(이윤극대화)이 매몰비용보다 더 크면 공급량을 0으로 준다.
• 가격이 P_2로 상승해 손실이 평균가변비용의 최저수준과 같아지면 생산활동을 중단하거나 q_2를 생산·공급해도 아무 차이가 없다. → 생산(조업)중단 가격, 생산(조업)중단점
• 고정비용으로 지출된 것 모두를 다시 회수할 수 있는 경우에는 생산중단점이 ATC(평균총비용)의 최저점으로 옮겨지고 생산중단 가격은 P_0로 올라간다.
• 가격이 상승하여 P_0가 되면 총수입과 총비용이 일치하여 손익분기점이 되고, 그 이상에서는 이익이 남게 된다.

PART 3

37

정답 ②

오답분석
① 한국은 옷 생산에 비교우위가 있고 말레이시아는 쌀 생산에 비교우위가 있으므로 한국은 옷 생산, 말레이시아는 쌀 생산에 특화하여 수출하는 경우에 양국 모두 이득을 얻을 수 있다.
③ 쌀 1섬의 국제가격이 옷 1/2벌보다 더 낮다면 한국은 말레이시아와 교역할 경우 더 많은 대가를 치러야 하므로 교역이 이루어지지 않는다.
④ 각국은 비교우위에 있는 재화생산에 특화해서 수출해야 상호이익을 얻을 수 있다.

38

정답 ②

- 수요곡선 : $2P = -Q + 100$, $P = -\frac{1}{2}Q + 50$

- 공급곡선 : $3P = Q + 20$, $P = \frac{1}{3}Q + \frac{20}{3}$

$$-\frac{1}{2}Q + 50 = \frac{1}{3}Q + \frac{20}{3}$$

$$\frac{5}{6}Q = \frac{130}{3}, \ Q = 52, \ P = 24$$

따라서 물품세 부과 전의 균형가격 $P = 24$, 균형생산량 $Q = 52$

공급자에게 1대당 10의 물품세를 부과하였으므로 조세부과 후의 공급곡선은 $P = \frac{1}{3}Q + \frac{50}{3}$

$$-\frac{1}{2}Q + 50 = \frac{1}{3}Q + \frac{50}{3}$$

$$\frac{5}{6}Q = \frac{100}{3}, \ Q = 40$$

조세부과 후 생산량이 40이므로 $Q = 40$을 수요곡선에 대입하면 조세부과 후의 균형가격 $P = 30$
이와 같이 조세가 부과되면 균형가격은 상승(24 → 30)하고, 균형생산량은 감소(52 → 40)함을 알 수 있으며, 소비자가 실제로 지불하는 가격이 6원 상승하고 있으므로 10의 물품세 중 소비자 부담은 6원, 공급자 부담은 4원임을 알 수 있다.
이때 공급자가 부담하는 총 조세부담액은 (거래량)×(단위당 조세액)=40×4=160이 된다.

39

정답 ②

독점적 경쟁기업은 단기에는 초과이윤을 얻을 수도 있고 손실을 볼 수도 있으며 정상이윤만 획득할 수도 있으나, 장기에는 정상이윤만 얻게 된다.

40

정답 ③

한계요소비용곡선은 노동공급곡선의 위쪽에 위치한다.

수요독점기업(불완전경쟁)에서의 임금과 고용량의 결정
- 완전경쟁노동시장에서 기업의 이윤극대화는 노동 1단위 추가투입 시 증가하는 비용의 증가분과 노동 1단위 추가투입 시 증가하는 수입의 증가분이 일치하는 지점에서 최적 고용량을 결정한다. → 완전경쟁시장에서의 균형고용량은 C점의 E_0, 균형임금은 C점의 w_0

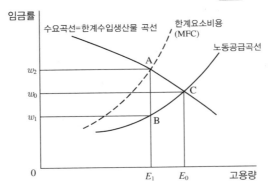

- 수요독점기업에서는 한계요소비용(생산요소를 추가적으로 1단위 고용했을 때 총 비용의 증가분)이 한계수입생산물과 일치하는 지점(A점의 고용량 E_1)에서 고용량을 결정하고, 노동자에게 주는 임금은 더 낮추려고 하기 때문에(임금을 더 낮춰도 일하려고 하는 노동자가 있으므로) 임금은 노동공급곡선이 A점을 지나는 B점의 부분, 즉 w_1에서 결정한다. → 수요독점에서의 균형고용량은 A점의 E_1, 균형임금은 B점의 w_1
- 수요독점기업의 고용량과 균형임금은 완전경쟁시장보다 모두 낮아진다($E_0 \rightarrow E_1$, $w_0 \rightarrow w_1$).

41

정답 ③

예상한 인플레이션과 예상하지 못한 인플레이션의 경우 모두에서 메뉴비용이 발생한다.

> **메뉴비용(Menu Cost) 발생**
> - 물가변화에 따라 가격을 조정하려면 가격표 작성비용(메뉴비용)이 발생한다.
> - 메뉴비용이 커서 가격조정이 즉각적으로 이루어지지 않은 경우에는 재화의 상대가격이 변화하고 이에 따라 자원배분의 비효율성이 발생한다.

42

정답 ④

오답분석

ㄱ. 화폐수요의 이자율탄력성이 높은 경우 이자율의 화폐수요 탄력성은 낮으며 총통화량을 많이 증가시켜도 이자율의 하락폭은 작기 때문에 투자의 증대효과가 낮다. 반면, 화폐수요의 이자율탄력성이 낮은 경우 이자율의 화폐수요 탄력성은 높으며 총통화량을 조금만 증가시켜도 이자율의 하락폭은 커지므로 투자가 늘어나고 이로 인해 국민소득이 늘어남에 따라 통화정책의 효과가 높아진다.

43

정답 ①

내국인의 해외주식 및 채권 투자는 자본계정에 속한다.

44

정답 ④

(2021년 GDP 디플레이터)$=\dfrac{(\text{명목 GDP 2021})}{(\text{실질 GDP 2021})}\times100=\dfrac{100}{(\text{실질 GDP 2021})}\times100=100$

→ (2021년 실질 GDP)$=100$

(2022년 GDP 디플레이터)$=\dfrac{(\text{명목 GDP 2022})}{(\text{실질 GDP 2022})}\times100=\dfrac{150}{(\text{실질 GDP 2022})}\times100=120$

→ (2022년 실질 GDP)$=125$

따라서 2022년의 전년 대비 실질 GDP 증가율은 $\dfrac{125-100}{100}\times100=25\%$이다.

45

정답 ④

장기 총공급곡선은 물가수준에 영향을 받지 않는다. 보통 단기에는 전반적인 물가수준이 변화할 때 기업들은 정보부족, 메뉴비용 등 여러 가지 이유로 생산품의 가격을 신축적으로 조정하지 못하고 산출량을 조절함으로써 대응한다. 따라서 단기에는 물가 상승 시 산출량도 함께 증가하는 우상향의 곡선이 도출된다. 반면, 장기에는 가격을 신축적으로 조정하지 못하는 요인들이 해소되기 때문에 기업은 물가수준이 변화하더라도 가격을 조정함으로써 시장상황의 변화에 대응을 할 수 있게 된다. 예를 들어, 정보부족의 경우 여러 기간 동안의 경험을 통해 정보가 축적됨으로써 해소되며, 메뉴비용의 경우 물가수준이 계속적으로 상승할 때 메뉴판을 바꾸는 비용을 감수하고서라도 가격을 올리지 않을 수 없게 된다. 따라서 장기에는 굳이 산출량으로 대응할 필요가 없게 되므로 산출량은 적정 수준에서 물가에 관계없이 유지되고, 곡선은 수직선의 형태가 된다.

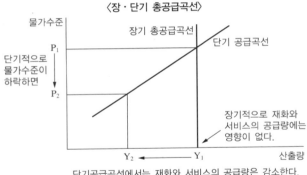

〈장·단기 총공급곡선〉

단기공급곡선에서는 재화와 서비스의 공급량은 감소한다.

46
①

이윤극대화가 성립되기 위해서는 $MR=MC$가 충족되면서 $TR>TC$도 성립하여야 한다. $MR=MC$가 성립되는 생산량은 손실 극대화점과 이익 극대화점, 2개가 존재하기 때문이다.

47
정답 ②

기저 효과란 어떠한 결괏값을 산출하는 과정에서 기준이 되는 시점과 비교대상 시점의 상대적인 위치에 따라 그 결괏값이 실제보다 왜곡되어 나타나게 되는 현상을 말한다. 경제지표를 평가하는 데 있어 기준시점과 비교시점의 상대적인 수치에 따라 그 결과에 큰 차이가 날 수 있음을 뜻한다.

48
정답 ④

외부불경제가 발생할 경우 SMC(사회적 한계비용)은 PMC(사적 한계비용)에 EMC(외부 한계비용)을 합한 값으로 계산된다. 따라서 PMC는 $4Q+20$이고, EMC는 10이므로 SMC는 $4Q+30$이다. 사회적 최적생산량은 사회적 한계비용과 수요곡선이 교차하는 지점에서 형성된다. 따라서 $P=SMC$이고 시장수요 $P=60-Q$이므로 $4Q+30=60-Q$, $5Q=30$, $Q=6$이다.

49
정답 ③

준지대란 공장설비 등과 같이 단기적으로 고정된 생산요소에 대한 보수로 총수입에서 총가변비용을 차감한 크기 또는 총고정비용에 초과이윤을 더한 크기이다.
X재의 가격은 40원이며, 균형에서 생산량이 100단위이므로 총수입은 4,000원이다. 생산량이 100단위일 때 평균비용은 24원, 평균고정비용이 10원이므로 총가변비용은 1,400원이다.
따라서 준지대는 $4,000-1,400=2,600$원이다.

50
정답 ③

단위당 10원의 물품세가 부과되면 공급곡선이 10만큼 상방으로 이동하므로 공급함수가 $P=\frac{1}{2}Q+60$으로 바뀐다. 이를 수요함수 $P=-\frac{1}{2}Q+150$와 연립해서 풀어 보면, 균형거래량 $Q=90$, 균형가격 $P=105$임을 알 수 있다.

01 경영학원론

01	02	03	04	05	06	07	08	09	10	11	12	13	14	15	16	17	18	19	20
④	①	④	②	④	④	①	④	①	①	③	④	②	①	④	④	①	④	③	②

21	22	23	24	25															
④	④	④	④	④															

01
정답 ④

㉠ 피들러(Fiedler)의 리더십 상황이론에 따르면 리더십 스타일은 리더가 가진 고유한 특성으로 한 명의 리더가 과업지향적 리더십과 관계지향적 리더십을 모두 가질 수 없다. 그렇기 때문에 어떤 상황에 어떤 리더십이 어울리는가를 분석한 것이다.
㉢ 상황이 호의적인지 비호의적인지를 판단하는 상황변수로 리더 – 구성원 관계, 과업구조, 리더의 직위권력을 고려하였다.
㉣ 상황변수들을 고려하여 총 8가지 상황을 분류하였고, 이를 다시 호의적인 상황, 보통의 상황, 비호의적인 상황으로 구분하였다. 상황이 호의적이거나 비호의적인 경우, 과업지향적 리더십이 적합하다. 그리고 상황이 보통인 경우에는 관계지향적 리더십이 적합하다.

오답분석
㉡ LPC 설문을 통해 리더의 특성을 측정하였다. LPC 점수가 낮으면 과업지향적 리더십, 높으면 관계지향적 리더십으로 정의한다.
㉤ 리더가 처한 상황이 호의적이거나 비호의적인 경우, 과업지향적 리더십이 적합하다.

02
정답 ①

기준관련 타당성으로는 현직 종업원에 대해 시험을 실시하고, 그 시험성적과 현재 그 종업원의 근무성적을 비교하는 동시타당성과 선발시험의 성적과 입사 후의 직무성과를 비교하는 예측타당성이 있다.

03
정답 ④

평정척도법은 관찰자가 평가하고자 하는 점을 정확하게 표현하기 어렵다는 단점이 있다. 또한 척도마다 관찰값이 달라진다는 점에서 측정에 대한 객관성 증빙이 어렵다.

04
정답 ②

집약적 유통채널은 가능한 많은 중간상들에게 자사의 제품을 취급하도록 하는 것으로, 과자, 저가 소비재 등과 같이 소비자들이 구매의 편의성을 중시하는 품목에서 채택된다.

오답분석
①·④ 전속적 유통채널
③ 선택적 유통채널

05

마일즈 & 스노우 전략(Miles & Snow Strategy)의 4유형
1. 방어형(Defender) : 기존 제품으로 기존 시장 공략, 현상 유지 전략, 비용 및 효용성 확보가 관건
2. 혁신형(Prospector) : 신제품 또는 신시장 진출, M / S 확보, 매출액 증대 등 성장 전략, Market Insight 및 혁신적 마인드가 필요
3. 분석형(Analyzer) : 방어형과 혁신형의 중간, Fast Follower가 이에 해당, Market Insight가 관건
4. 반응형(Reactor) : 무반응・무전략 상태, 시장도태상태

06

기업의 사회적 책임(CSR; Corporate Social Reponsibility))에는 경제적, 법률적, 윤리적, 자선적 책임이 존재한다. 회계의 투명성은 이 중 법률적 책임에 해당한다.

오답분석
①・② 경제적 책임
③ 윤리적 책임

07

비공식 조직은 자연발생적으로 생겨난 조직으로 소집단의 성질을 띠며, 조직구성원은 밀접한 관계를 형성한다.

08

테크노스트럭쳐(Technostructure : 기술구조 부문)
조직 내의 과업 과정과 산출물이 표준화되는 시스템을 설계하는 전문가로 구성되며, 조직 내 작업과정에 대한 전반적인 흐름에 대한 이해가 필요하다.

09

직무분석의 목적
• 인적자원관리 활동에 있어서 합리적 기초를 제공한다.
• 업무개선에 있어서 기초가 된다.
• 채용관리의 기초자료를 제공해 준다.
• 인사고과의 기초가 된다.
• 종업원들의 훈련이나 개발에 있어서 기준이 된다.
• 직무급의 도입을 위한 기초작업이 된다.

10

생산시스템의 각 개체들은 투입(Input), 과정(Process), 산출(Output) 등의 기능을 담당한다.

11

자동화 같은 제조기술을 도입하고 운영하는 계획은 하나의 프로젝트이므로 프로젝트 관리상의 도구, 개념 및 절차 등이 필요하다.

12

정답 ④

[오답분석]
① 순현금흐름의 현재가치로부터 차감한 기법이다.
② 0보다 크면 투자안을 선택하고 0보다 작으면 투자안을 기각한다.
③ 어떠한 자본예산기법보다 우월한 방법으로 평가받고 있다.

13

정답 ②

시장세분화란 가격이나 제품에 대한 반응에 따라 전체 시장을 몇 개의 공통된 특성을 가지는 세분시장으로 나누어서 마케팅을 차별화시키는 것이다.

14

정답 ①

의사결정지원 시스템은 여러 대안들을 비교적 짧은 시간에 최소한의 노력으로 비교 및 분석한다.

15

정답 ④

현금흐름표는 일정기간 동안 기업의 현금조달과 사용을 나타내는 표로서 기업의 현금 및 현금성자산 창출 능력과 기업의 현금흐름 사용 필요성에 대한 평가의 기초를 재무제표 이용자에게 제공한다.

16

정답 ④

자본자산가격결정 모형(CAPM; Capital Asset Pricing Model)이란 자산의 균형가격이 어떻게 결정되어야 하는지를 설명하는 이론이다. 구체적으로 자본 시장이 균형상태가 되면 위험과 기대수익률 사이에 어떤 관계가 성립하는지 설명하는 이론이다.

CAPM의 가정
- 모든 투자자는 위험회피형이며, 기대효용을 극대화할 수 있도록 투자한다.
- 모든 투자자는 평균-분산 기준에 따라 투자한다.
- 모든 투자자의 투자기간은 단일기간이다.
- 자신의 미래 수익률분포에 대하여 모든 투자자가 동질적으로 기대한다.
- 무위험자산이 존재하며, 모든 투자자는 무위험이자율로 제한 없이 차입, 대출이 가능하다.
- 세금, 거래비용과 같은 마찰적 요인이 없는 완전자본시장을 가정한다.

17

정답 ①

[오답분석]
② 가족상표 : 한 기업에서 생산되는 유사제품군이나 전체 품목에 동일하게 부착하는 브랜드이다.
③ 상표확장 : 성공적인 상표명을 다른 제품범주의 신제품에 그대로 사용하는 전략이다.
④ 복수상표 : 본질적으로 동일한 제품에 대하여 두 개 이상의 상이한 상표를 설정함으로써 품목으로 차별화하는 전략이다.

18

정답 ④

직무기술서는 직무수행과 관련된 과업 및 직무행동을 직무요건을 중심으로 기술한 양식이다.

구분	직무기술서	직무명세서
개념	• 직무수행과 관련된 과업 및 직무 행동을 직무요건을 중심으로 기술한 양식	• 특정 직무를 수행하기 위해 요구되는 지식, 기능, 육체적·정신적 능력 등 인적요건을 중심으로 기술한 양식
포함내용	• 직무 명칭, 직무코드, 소속 직군, 직렬 • 직급(직무등급), 직무의 책임과 권한 • 직무를 이루고 있는 구체적 과업의 종류 및 내용 등	• 요구되는 교육 수준 • 요구되는 지식, 기능, 기술, 경험 • 요구되는 정신적, 육체적 능력 • 인정 및 적성, 가치, 태도 등
작성요건	• 명확성, 단순성, 완전성, 일관성	

19

정답 ③

오답분석

① 순응임금제 : 기존의 제반조건이 변할 때 거기에 순응하여 임금률도 자동적으로 변동, 조정되도록 하는 제도이다.
② 물가연동제 : 물가변동에 따라 임금을 올리거나 내리는 임금지불제도이다.
④ 럭커 플랜 : 생산부가가치의 증대를 목표로 노사가 협력하여 얻은 생산성 향상의 결과물을 럭커 표준이라는 일정분배율에 따라서 노사 간에 적정하게 배분하는 방법이다.

20

정답 ②

오답분석

① 자본시장선은 시장포트폴리오와 무위험자산에 대한 자산배분을 통하여 구성된 자본배분선을 말한다. 부채를 사용할 때 지급하는 대가인 타인자본비용과는 관계가 없다.
③ 자본시장선은 무위험자산을 고려한다.
④ 증권시장선은 비효율적인 포트폴리오 혹은 개별증권들에 대한 위험과 수익률 간의 관계를 결정해 준다.

21

정답 ④

기업의 예산은 그 기업의 달성목표이자 평가기준이기 때문에 경영활동의 여러 조건에 맞추어 탄력적 운용이 필요하다.

22

정답 ④

모듈화설계는 여러 가지의 서로 다른 제품조립에 널리 사용할 수 있는 기본구성품을 만들고 최종소비자의 기호에 따라 고객이 원하는 대로 조립하도록 하는 것이다.

23

정답 ④

소비자들은 자신이 탐색한 정보를 평가하여 최종적인 상표를 선택함에 있어 보완적 방식과 비보완적 방식에 따라 접근한다. 피쉬바인(Fishbein)의 다속성태도 모형은 보완적 방식에 해당한다. 비보완적 방식에는 사전적 모형, 순차적 제거 모형, 결합적 모형, 분리적 모형 등이 있다.

24

연속생산과 단속생산의 특징

특징	연속생산	단속생산
생산방식	예측생산	주문생산
품종, 생산량	소품종 다량생산	다품종 소량생산
생산속도	빠르다	느리다
단위당 생산원가	낮다	높다
운반설비	고정경로형	자유경로형
기계설비	전용설비	범용설비
설비투자액	많다	적다
마케팅 활동	수요예측에 따라 전개	주문 위주로 전개

25

정답 ④

거래비용이론에 따르면 거래의 당사자가 거래의 성립을 위해 지불해야 할 비용은 크게 세 가지 관점에서 발생한다. 그중 거래에 투자되는 거래 당사자들의 자산이 그 특정 거래에 국한될 경우, 즉 자산의 고정성(Asset Specificity)이 높을 경우, 거래에 소요되는 비용이 상대적으로 증가한다.

> **거래비용이론(Transaction Cost Theory)**
> 기업조직의 생성과 관리는 거래비용을 최소화하기 위해 이루어진다는 이론이다. 기업과 시장 간 효율적인 경계를 설명하며, 기업이 시장거래를 하는 대신에 조직을 형성하는 이유는 일정 거래가 기업 조직 경계 안의 내부적 거래로 이루어지는 것이 시장에서 이루어지는 경우보다 상대적으로 비용이 적게 들기 때문이라고 본다. 기업은 조직 생산 활동 범위 중 어느 부분을 내부조달 또는 외부조달(Make or Buy)할 것인지 의사결정을 내리게 되고, 그 결과에 따라서 조직의 경계가 결정된다.

02 경제학원론

26	27	28	29	30	31	32	33	34	35	36	37	38	39	40	41	42	43	44	45
②	③	②	②	④	①	③	④	①	③	②	①	④	④	①	④	④	③	④	①

46	47	48	49	50
③	③	④	④	①

26

정답 ②

담배 한 갑당 2,000원의 건강세가 부과되어 담배가격이 4,000원으로 상승하면 A는 담배구입을 포기하지만 B는 여전히 담배를 구입할 것이다. 건강세 부과 이후 담배 판매량은 한 갑이므로 정부가 얻는 조세수입은 2,000원이다.

27

정답 ③

불확실한 상황에서 지혜의 재산의 기대 수익과 기대효용을 계산해 보면 각각 다음과 같다.

$$E(X) = \left(\frac{3}{10} \times 400\right) + \left(\frac{7}{10} \times 900\right) = 120 + 630 = 750$$

$$E(U)E(U) = \left(\frac{3}{10} \times \sqrt{400}\right) + \left(\frac{7}{10} \times \sqrt{900}\right) = 6 + 21 = 27$$

재산의 크기가 900만 원이고 재산의 기대 수익이 750만 원이므로 기대손실액(PI)은 150만 원(=0.3×500)이다. 이제 불확실한 상황에서와 동일한 효용을 얻을 수 있는 확실한 현금의 크기인 확실성등가(CE)를 구하면 $\sqrt{CE} = 27$이므로 CE=729만 원임을 알 수 있다.

그러므로 지혜가 지불할 용의가 있는 최대 보험료는 기대손실액(PI)과 위험프리미엄(π)을 합한 171만 원이다.

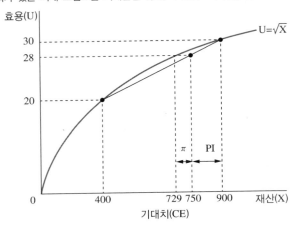

28

정답 ②

기업 B의 광고 여부에 관계없이 기업 A는 광고를 하는 것이 우월전략이다. 또한 기업 A의 광고 여부에 관계없이 기업 B도 광고를 하는 것이 우월전략이다. 두 기업이 모두 광고를 하는 것이 우월전략이므로 우월전략균형에서 두 기업의 이윤은 (55, 75)이다. 우월전략균형은 내쉬균형에 포함되므로 내쉬균형에서의 기업 A의 이윤은 55이고, 기업 B의 이윤은 75이다.

29

정답 ②

소득증가비율보다 X재 구입량의 증가율이 더 작으므로 X재는 필수재이다.

30

정답 ④

등량곡선이란 모든 생산요소가 가변요소(노동, 자본)일 때, 동일한 생산량을 산출할 수 있는 노동(L)과 자본(K)의 조합을 연결한 곡선을 의미하므로 점 A, B, C에서 생산량은 모두 동일하다. 또한, 등비용선이란 장기에 있어서 기업이 총비용으로 구입할 수 있는 자본과 노동의 모든 가능한 조합들을 연결한 곡선을 의미하므로 점 A, D, C에서 총비용은 모두 동일하다.

31

정답 ①

최고가격제란 소비자 보호를 위해 최고가격을 시장 균형가격보다 낮은 수준에서 책정하는 것이다. 이 경우 초과수요가 발생하기 때문에 암시장이 나타날 수 있다.

[오답분석]

③·④ 최저임금제는 정부가 노동시장에 개입하여 임금의 최저수준을 정하는 가격하한제의 한 예이다. 가격하한제란 시장가격보다 높은 수준에서 최저가격을 설정하는 가격규제 방법이다. 최저임금이 시장균형 임금보다 높은 수준에서 책정되면 노동시장에서 초과공급이 발생하고 그만큼의 비자발적 실업이 발생하게 된다. 이 경우 이미 고용된 노동자들은 혜택을 받을 수 있지만 취업 준비생들은 계속 실업자로 남을 가능성이 크다.

32

정답 ③

법정지불준비율이 0.2이므로 예금통화승수는 0.2의 역수, 즉 $\frac{1}{0.2}=5$이다.

따라서 요구불예금의 크기는 지불준비금 300만×5=1,500만 원이 된다.

33

정답 ④

〈재정정책과 금융정책의 상호작용〉

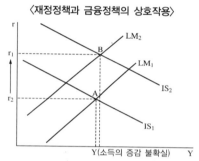

정부지출이 증가하면 IS 곡선은 우측으로 이동하고, 통화공급이 감소하면 LM 곡선은 좌측으로 이동하여 새로운 균형점 B에서 이자율은 상승한다.

반면, 정부지출이 증가할 때(재정정책) 통화공급 감소의 대응정도(금융정책)에 따라 영향이 달라지므로 소득의 증감은 불확실하다.

34

정답 ①

근린궁핍화 정책이란 영국의 경제학자 로빈슨이 명명한 용어로 다른 나라의 경제를 희생시키면서 자국의 이익을 추구하는 정책을 일컫는다. 로빈슨은 1930년대 세계대공황이 각국의 '너 죽고 나 살자.'라는 이기주의와 보호무역, 환율전쟁 탓에 오랫동안 지속됐다며 이 용어를 만들어 냈다. 환율 인상, 수출보조금 지급 등으로 수출을 늘리고 관세율 인상, 할당제 등으로 수입을 줄이는 행위들이 대표적인 예이다.

35

정답 ③

노동수요의 임금탄력성은 상품생산에 투입되는 다른 생산요소와의 대체가능성에 의해 영향을 받는다. 임금이 상승할 때 노동 대신 다른 생산요소로의 대체가능성이 높을수록, 즉 요소 간 대체가능성이 높을수록 노동수요의 임금탄력성은 커지므로 임금상승에 대하여 고용감소는 커진다.

36

정답 ②

- (경제활동참가율)=$\dfrac{(경제활동인구)}{(15세\ 이상의\ 인구)}\times100=60\%$

- (실업률)=$\dfrac{(실업자\ 수)}{(경제활동인구)}\times100=\dfrac{(실업자\ 수)}{(취업자\ 수)+(실업자\ 수)}\times100=10\%$

- (고용률)=$\dfrac{(취업자\ 수)}{(15세\ 이상의\ 인구)}\times100=10\%$

위 공식을 이용하여 고용률을 구하면 $\dfrac{(경제활동인구)}{(15세\ 이상의\ 인구)}=0.6$

$(15세\ 이상의\ 인구)=\dfrac{(경제활동인구)}{0.6}$

$\dfrac{(실업자\ 수)}{(경제활동인구)}=0.1$

(실업자 수)$=0.1\times$(경제활동인구)

(경제활동인구)=(취업자 수)+(실업자 수)이므로 (취업자 수)$=0.9\times$(경제활동인구)

따라서 (고용률)=$\dfrac{(취업자\ 수)}{(15세\ 이상의\ 인구)}\times100=\dfrac{0.9\times(경제활동인구)}{\dfrac{(경제활동인구)}{0.6}}\times100$

$=\dfrac{0.9\times(경제활동인구)}{\dfrac{(경제활동인구)}{0.6}}=\dfrac{0.9\times(경제활동인구)\times0.6}{(경제활동인구)}=0.54$

$0.54\times100=54\%$

따라서 고용률은 54%이다.

37

정답 ①

임금상승에 따른 노동공급의 변화에는 소득효과와 대체효과가 작용한다. 임금이 상승함에 따라 여가의 기회비용이 증가하여 여가는 줄이고 근로시간을 늘리려는 대체효과가 소득효과보다 커지면 노동공급은 증가한다. 반면, 임금이 일정 수준 이상으로 상승하면 실질소득이 증가하여 여가는 늘리고 근로시간을 줄이려는 소득효과가 대체효과보다 커져 노동공급은 감소한다. 따라서 임금이 상승함에 따라 노동공급곡선은 우상향하다가 임금이 일정 수준 이상에 이르면 후방굴절한다.

〈후방굴절 노동공급곡선〉

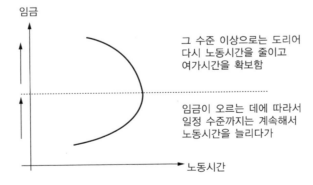

38

정답 ④

화폐량으로 표현된 명목임금은 150만 원 인상되었으므로 10%가 증가했지만, 인플레이션율 12%를 고려한 실질임금은 $12-10=$ 2%p 감소하였다.

39

정답 ④

효율임금이론(Efficiency Wage Theory)
- 효율임금(Efficiency Wage)은 근로자의 생산성을 높이기 위해 기업 스스로 균형임금보다 높은 임금을 지불하는 것이다. 효율임금에 따르면 기업이 균형임금보다 높은 임금을 지불하면 효율이 높아지기 때문에 노동의 초과공급이 있는 경우에도 높은 임금을 유지하는 것이 기업에게 이익이라는 것이다.
- 임금을 높게 유지하면 태업을 들켜 해고될 때의 기회비용이 높게 유지되므로 노동자들이 태업을 하지 않고 열심히 일하게 되어 생산성이 높게 유지된다.
- 임금을 높게 유지하면 노동자들의 사기가 유지되고, 그에 따라 생산성도 제고된다.
- 효율임금이론은 새케인즈학파의 이론에 매우 중요한 위치를 차지하고 있는 것으로, 임금의 경직성을 설명하고 있다.

40

정답 ①

$$(실업률) = \frac{(실업자\ 수)}{(경제활동인구)} \times 100 = \frac{(실업자\ 수)}{(취업자\ 수) + (실업자\ 수)} \times 100$$

- 실업자는 경제활동인구 가운데 일할 뜻이 있는데도 일자리를 갖지 못한 사람이다. 따라서 일할 능력이 있어도 의사가 없다면 실업률 계산에서 제외되며, 학생이나 주부는 원칙적으로 실업률 통계에서 빠지지만 수입을 목적으로 취업하면 경제활동인구에 포함된다. 군인, 수감자 등은 무조건 대상에서 제외한다.
- 취업자가 퇴직하여 전업주부가 되는 경우는 취업자가 비경제활동인구가 되는 것이므로 경제활동인구가 감소, 즉 분모 값이 작아지게 되는 것을 의미한다. 따라서 실업률이 높아지게 된다.

41

정답 ④

독점적 경쟁기업의 경우 장기에는 장기균형산출량이 시설규모의 최적 산출량에 미달한다. 즉, 독점적 경쟁기업의 경우 독점기업의 경우와 마찬가지로 장기에는 초과설비를 보유하게 된다.

42

정답 ④

담배 수요의 가격탄력성이 단위탄력적이라는 것은 가격의 변화율에 따라 수요량도 반대방향의 같은 수치로 변화한다는 것을 의미한다. 예를 들어 가격이 1% 상승하면 수요량은 1%로 감소하는 것이다. 담배 수요량을 10% 줄이려고 할 때 담배 수요의 가격탄력성이 단위탄력적이면 담배의 가격을 10% 올리면 될 것이다. 따라서 담배 가격은 4,500원이므로 담배 가격의 인상분은 4,500원의 10%인 450원이 된다.

43

정답 ③

통화승수는 통화량을 본원통화로 나눈 값이다. 통화승수 $m = \dfrac{1}{c + z(1-c)}$ 이므로 현금통화비율(c)이 하락하거나 지급준비율(z)이 낮아지면 통화승수가 커진다.

44

정답 ④

H의 소득이 10,000원, X재와 Y재에 대한 총지출액이 10,000원, X재 가격이 1,000원, 극대화되는 소비량이 X=6이고 Y=10이다. 이때 Y재의 가격은 400원이 된다.
예산선의 기본식은 다음과 같다.
$$M = P_X \cdot X + P_Y \cdot Y$$
$$Y = -\frac{P_X}{P_Y} X + \frac{M}{P_Y}$$

위 식에 문제에서 주어진 수치들을 대입하면 아래와 같은 제약식을 얻을 수 있다.

$$Y = -\frac{1,000}{400}X + \frac{10,000}{400}$$
$$Y = -2.5X + 25$$

균형에서 예산선과 무차별곡선이 접하므로 무차별곡선의 기울기(MRS_{XY})와 예산선의 기울기$\left(\frac{P_X}{P_Y}\right)$는 같다.

따라서 한계대체율은 예산선의 기울기의 절댓값인 2.5임을 알 수 있다.

45

정답 ①

기업의 조업 중단 여부는 평균가변비용과 관련이 있다. 가격이 평균가변비용보다 낮으면 기업은 생산을 중단한다.

46

정답 ③

리디노미네이션은 인플레이션의 기대심리 억제, 국민들의 거래 편의와 회계장부의 편리화 등의 장점을 갖고 있다.

47

정답 ③

스텔스 세금은 부가가치세, 판매세 등과 같이 납세자들이 인식하지 않고 내는 세금을 레이더에 포착되지 않고 적진에 침투하는 스텔스 전투기에 빗대어 표현한 것이다.

48

정답 ④

조세부담의 전가란 조세가 부과되었을 때 세금이 납세의무자에게 부담되지 않고 각 경제주체들의 가격조정 과정을 통해 조세부담이 다른 경제주체에게 이전되는 현상을 말한다. 한편, 조세부담의 전가는 해당 재화의 시장에서 수요와 공급의 가격탄력성에 따라 결정된다. 즉, 세금이 소비자에게 부과되든 생산자에게 부과되든, 소비자와 생산자 중에 가격탄력성이 더 작은 쪽이 조세를 더 많이 부담하게 된다.

49

정답 ④

외부성(Externality)이란 어떤 경제 활동과 관련해 대가를 주거나 받지 않고 당사자가 아닌 다른 사람에게 의도하지 않은 혜택(편익)이나 손해(비용)를 발생시키는 것을 말한다. 한편, 외부효과는 외부불경제(External Disenomy)와 외부경제(External Economy)로 구분된다. 외부불경제는 어떤 행동의 당사자가 아닌 사람에게 비용을 발생시키는 것으로, 음의 외부성(Negative Externality)이라고도 한다. 외부경제(External Economy)는 어떤 행동의 당사자가 아닌 사람에게 편익을 유발하는 것으로, 양의 외부성(Positive Externality)이라고도 한다. 외부불경제의 예로는 대기 오염, 소음 공해 등을 들 수 있고, 외부경제의 예로는 과수원 주인과 양봉업자의 관계를 들 수 있다. '코즈의 정리(Coase Theorem)'에 따르면 거래 당사자 사이에 재산권이 확실하게 확립되고 별도 비용 없이 협상할 수 있으면 정부가 개입하지 않아도 외부효과 문제를 해결할 수 있다. 하지만 거래 당사자가 명확하지 않고 거래 비용이 많아지면 협상 자체가 이뤄지기 어렵다.

50

정답 ①

정부의 확대정책이 이자율을 상승시켜 민간부문 투자를 감소시키는 것은 가치판단이 개입되지 않고 있는 실증 경제학에 대한 내용이다. 한편 ②~④는 각각 후생손실 감소, 정보통신산업 발전, 고용증대, 가격폭등 방지 등이 이뤄져야 한다는 가치판단을 전제로 하고 있으므로 규범 경제학과 관련이 깊다.

01 직업기초능력평가

01	02	03	04	05	06	07	08	09	10	11	12	13	14	15	16	17	18	19	20
④	④	②	④	④	①	④	④	③	④	④	④	②	④	②	④	③	③	④	②
21	22	23	24	25	26	27	28	29	30	31	32	33	34	35	36	37	38	39	40
④	②	④	④	④	④	④	①	④	④	③	④	④	③	③	④	④	③	③	③
41	42	43	44	45	46	47	48	49	50										
④	④	④	④	④	③	①	④	④	③										

01

정답 ④

제시문은 부모 사망 시 장애인 자녀의 안정적인 생활을 위해 가입할 수 있는 보험과 그와 관련된 세금 혜택, 그리고 부모 및 그 밖의 가족들의 재산 증여 시 받을 수 있는 세금 혜택에 대해 다루고 있으므로 ④는 글의 제목으로 가장 적절하다.

오답분석

① 제시문은 부모 사망 시 장애인 자녀가 직면한 상속의 어려움에 대해 언급하고 있지만, 구체적으로 유산 상속 과정을 다루고 있지는 않으므로 적절하지 않다.

② 제시문은 부모 사망 시 장애인 자녀가 받을 수 있는 세금 혜택을 다루고는 있으나, 단순히 '혜택'이라고 명시하기에는 글의 제목이 포괄적이므로 적절하지 않다.

③ 제시문은 부모 사망 시 장애인 자녀가 직면한 상속의 어려움과 생활 안정 방안에 대해 다루고 있으므로 '사회적 문제'는 글의 전체적인 제목으로 보기에는 적절하지 않다.

02

정답 ④

A조의 발표기간 3일 중 마지막 발표는 11일이므로, 다음 순서인 C조는 그 다음날인 12일에는 발표를 시작할 수 없다. 또한 발표를 시작할 수 있는 다음 수업일은 화요일인 16일이나, 첫째 날과 둘째 날의 발표는 연속하여 하여야 하는데 17일이 창립기념일이므로 발표는 18일에 시작하여야 한다. 따라서 C조는 18, 19일에 발표를 하고, 마지막 날의 발표를 다음 수업일인 23일에 하게 된다. 그러므로 B조는 그다음 날인 24일을 제외하고 가장 빠른 발표가능일인 25, 26일에 발표를 하고, 마지막 발표는 대체공휴일인 29일을 건너뛰어 30일에 하게 된다.

03

등급별 환산점수로 총점을 구하고, 총점이 높은 순서대로 순위를 정한다. 이때 동순위가 나오면 A의 빈도가 많은 순서대로 다시 순서를 정한다. 이에 따른 순위 조정 및 상여금을 정리하면 다음과 같다.

(단위 : 점, 등)

구분	업무	소통	자격	총점	순위	동순위 조정	상여금 (만 원)
유수연	100	90	90	280	2	2	100+50 =150
최혜수	70	80	90	240	7	8	20
이명희	80	100	90	270	3	4	100
한승엽	100	100	70	270	3	3	100+50 =150
이효연	90	90	80	260	5	6	20
김은혜	100	70	70	240	7	7	20
박성진	100	100	100	300	1	1	100+50 =150
김민영	70	70	70	210	10	10	20
박명수	70	100	90	260	5	5	100
김신애	80	70	70	220	9	9	20

따라서 가장 많은 상여금을 받는 사람은 박성진이다.

04

박명수의 소통 등급과 자격 등급이 C로 정정되면 박명수의 총점은 70+80+80=230점이고, 총점 240점인 김은혜와 최혜수보다 낮은 순위로 내려간다. 따라서 이효연, 김은혜, 최혜수의 순위가 하나씩 올라가며 박명수는 8위가 되므로 박명수를 제외한 3명에게 순위변동이 있음을 알 수 있다.

05

테크핀의 발전 원인에는 국내의 높은 IT 인프라, 전자상거래 확산, 규제 완화 등이 있다.

오답분석
① 핀테크와 테크핀의 부정적인 영향으로 혜택의 불균형이 있다.
② 핀테크는 금융기관이 테크핀은 ICT 기업이 주도한다.
③ 테크핀은 금융보다 기술을 강조한다.

06

정답 ①

세 사람은 2+2=4, 3+3+4=10, 7+3=10의 최소공배수인 20분에 1번씩 출발 지점에서 동시에 출발한다.
20분 동안 세 사람이 걷는 시간을 'O', 쉬는 시간을 'X'로 정리한 표는 다음과 같다.

구분	1분	2분	3분	4분	5분	6분	7분	8분	9분	10분
세정	O	O	X	X	O	O	X	X	O	O
소희	O	O	O	O	O	O	X	X	X	X
지은	O	O	O	O	O	O	O	X	X	X

구분	11분	12분	13분	14분	15분	16분	17분	18분	19분	10분
세정	X	X	O	O	X	X	O	O	X	X
소희	O	O	O	O	O	X	X	X	X	X
지은	O	O	O	O	O	O	O	X	X	X

세 사람이 20분간 동시에 쉬는 시간은 8분, 19분, 20분이다.
1시간 30분은 90분이므로 80분 동안 세 사람이 동시에 쉬는 시간은 3×4=12분이고 남은 10분 동안 1분을 더 함께 쉴 수 있다.
따라서 1시간 30분 동안 세 사람이 동시에 쉬는 시간은 12+1=13분이다.

07

정답 ④

경영과정
1. 경영계획 : 조직의 미래상을 결정하고 이를 달성하기 위한 대안을 분석하고 목표를 수립하며 실행방안을 선정하는 단계
2. 경영실행 : 조직목적을 달성하기 위한 활동들과 조직구성원을 관리하는 단계
3. 경영평가: 수행결과를 감독하고 교정하여 피드백하는 단계

08

정답 ④

주어진 조건을 종합하면 5명이 주문한 음료는 아메리카노 3잔, 카페라테 1잔, 생과일주스 1잔이다. 아메리카노 1잔의 가격을 a, 카페라테 1잔의 가격을 b라고 할 때, 이를 식으로 나타내면 다음과 같다.
- 네 번째를 제외한 모든 조건 : $a\times3+b+5,300=21,300 \rightarrow 3a+b=16,000$ … ㉠
- 네 번째 조건 : $a+b=8,400$ … ㉡
㉠과 ㉡을 연립하여 풀면 $a=3,800$, $b=4,600$이므로 아메리카노 한 잔의 가격은 3,800원, 카페라테 한 잔의 가격은 4,600원이다.

09

정답 ③

수직적 체계에 따른 경영자의 역할
1. 최고경영자 : 조직의 최상위층으로 조직의 혁신기능과 의사결정기능을 조직 전체의 수준에서 담당한다.
2. 중간경영자 : 재무관리, 생산관리, 인사관리 등과 같이 경영부문별로 최고경영층이 설정한 경영 목표·전략·정책을 집행하기 위한 제반활동을 수행한다.
3. 하위경영자 : 현장에서 실제로 작업을 하는 근로자를 직접 지휘·감독하는 경영층을 의미한다.

10

정답 ④

선웅이는 4+1=5일마다 일을 시작하고 정호는 5+3=8일마다 일을 시작하므로 두 사람은 5와 8의 최소공배수인 40일마다 동시에 일을 시작한다.

한편, 선웅이의 휴무일은 $5n$일이고 정호의 휴무일은 $(8m-2)$일, $(8m-1)$일, $8m$일이다(단, n, m은 자연수이다)

• $m=2$일 때, $8 \times 2-1=15=5 \times 3$이므로 동시에 일을 시작하고 15일 후 동시에 쉰다.

• $m=4$일 때, $8 \times 4-2=30=5 \times 6$이므로 동시에 일을 시작하고 30일 후 동시에 쉰다.

• $m=5$일 때, $8 \times 5=40=5 \times 8$이므로 동시에 일을 시작하고 40일 후 동시에 쉰다.

처음으로 동시에 일을 시작한 후 다시 동시에 일을 시작하기까지 휴무일이 같은 날은 모두 3일이다.

$500=40 \times 12+12$이므로 500일 동안 두 사람의 휴무일은 $12 \times 3=36$일에 남은 12일 동안 휴무일이 같은 날이 하루 더 있다.

따라서 500일 동안 휴무일이 같은 날은 36+1=37일이다.

11

정답 ④

첫 번째 문단 뒤에 이어질 내용으로는 지난해 보험을 중도해지한 사람들의 상세 집계 내역을 제시한 (다) 문단이 이어지고, 이어서 해당 집계 내역에 대해 비교하며 설명하는 (가) 문단이 이어지는 것이 적절하다. 남은 문단 중 (나) 문단은 '이에 해당하는 방법으로는'으로 글이 시작하므로 방법에 대해 언급한 적이 없는 (가) 문단 뒤에 오는 것은 적절하지 않다. 따라서 (라) 문단이 (나) 문단 앞에 오는 것이 적절하므로 (가) ~ (라) 문단을 논리적 순서대로 나열하면 (다) − (가) − (라) − (나)이다.

12

정답 ④

ⅰ) 연봉 3,600만 원인 H사원의 월 수령액은 3,600만÷12=3,000,000원이다.

월평균 근무시간은 200시간이므로 시급은 300만÷200=15,000원/시간이다.

ⅱ) 야근 수당

H사원이 평일에 야근한 시간은 2+3+1+3+2=11시간이므로 야근 수당은 15,000×11×1.2=198,000원이다.

ⅲ) 특근 수당

H사원이 주말에 특근한 시간은 2+3=5시간이므로 특근 수당은 15,000×5×1.5=112,500원이다.

이때 식대는 야근·특근 수당에 포함되지 않는다.

따라서 H사원의 이번 달 야근·특근 근무 수당의 총액은 198,000+112,500=310,500원이다.

13

정답 ②

시각, 청각, 후각, 촉각, 미각의 다섯 가지 감각을 통해 만들어진 감각 마케팅의 사례로, 개인화 마케팅의 사례로 보기는 어렵다.

[오답분석]

① 고객들의 개인적인 사연을 기반으로 광고 서비스를 제공하는 것으로서 개인화 마케팅의 사례로 적절하다.

③ 고객들이 자신이 직접 사과를 받는 듯한 효과를 얻게 되는 것으로서 개인화 마케팅의 사례로 적절하다.

④ 댓글 작성자의 이름을 기반으로 이벤트를 진행하는 것으로서 개인화 마케팅의 사례로 적절하다.

14

- 두 번째, 세 번째, 여섯 번째 조건 : A는 주황색, B는 초록색(C와 보색), C는 빨간색 구두를 샀다.
- 일곱 번째 조건 : B와 D는 각각 노란색 / 남색 또는 남색 / 노란색(B와 D는 보색) 구두를 샀다.
- 다섯 번째 조건 : 남은 구두는 파란색과 보라색 구두인데 A가 두 켤레를 구매하였으므로 C와 D는 한 켤레씩 샀다.
- 네 번째 조건 : A는 파란색, B는 보라색 구두를 샀다.

이 사실을 종합하여 주어진 조건을 표로 정리하면 다음과 같다.

A	B	C	D
주황색	초록색	빨간색	남색 / 노란색
파란색	노란색 / 남색		
	보라색		

따라서 A는 주황색 구두를 포함하여 파란색 구두를 구매하였다.

15

오답분석

① 앞 문장의 내용을 통해 산재 승인율이 급감하고 있음을 알 수 있다. 하지만 산재 승인 기준이 허술할 경우 오히려 더 많은 승인이 일어날 것이므로, ㉠에는 '허술한'보다는 '까다로운'이 더 적절할 것이다. 기준이 까다로울 경우 해당 기준에 부합하여야 승인되므로, 그만큼 승인율은 감소할 것임을 예측할 수 있다.

③ 세 번째 문단에 따르면 이전에는 서울업무상질병판정위원회에서만 진행했던 산재 조사·판정을 이제는 서울 외 지역에서도 각자 진행하고 있다고 하였다. 따라서 ㉡에는 서울에서만 '일괄적으로' 진행했다는 내용이 더 적절하고, ㉢에서는 각 지역에서 개별적으로 진행하고 있으므로 '분산했고'라는 내용이 적절하다.

④ 첫 번째 문단에 따르면 이전에 비해 산재 승인율이 감소하고 있다고 하였다. 따라서 불승인율은 증가한 상황에 불승인에 불복한 행정소송 제기는 더 증가했을 것임을 예측할 수 있다. 따라서, ㉣에는 '감소'보다는 '증가'가 더 적절하다.

16

규정에 따라 사례금액의 상한을 산출하면 다음과 같다.

구분	강의시간	기타	사례금액 상한
A국립대 M교수	1시간	–	20만 원
B언론사 K기자	2시간	–	250만 원
C병원 S병원장	2시간	–	100만 원
D사립대 J강사	1시간	원고료 10만 원 추가 요청	100만 원
합계		470만 원	

B언론사 K기자와 C병원 S병원장의 경우, 1시간을 초과하여 강의를 하므로, 기본 1시간+상한금액의 1.5배에 해당하는 추가금액이 상한액이다. D사립대 J강사가 추가 요청한 원고료 10만 원은 사례금으로서 외부 강의 상한액에 포함되므로 계산하지 않는다. 따라서 총 사례금액의 상한은 470만 원이다.

17

세 번째 문단에서 '수급자들의 근로소득 공제율이 낮아 근로를 하고 싶어도 수급자 탈락을 우려해 일을 하지 않거나 일부러 적게 하는 경우도 생겨나고 있다.'라고 하였다. 즉, 수급자들은 수급자 탈락을 우려해 근로를 피하고 있으므로, 근로소득 공제율을 높이는 것이 탈수급을 촉진한다고 보기 어려우며, 이는 수급자들의 근로 의욕을 촉진한다고 보는 것이 더 적절하다.

오답분석

① 첫 번째 문단의 '신청조차 할 수 없도록 한 복지제도가 많아 역차별 논란'이라는 내용과, 마지막 문단의 '기초수급자들은 생계급여를 받는다는 이유로 긴급복지지원제도·국민내일배움카드·노인일자리사업·구직촉진수당·연금(기초·공적연금) 등 5가지 복지제도에 신청조차 할 수 없다.'라는 내용을 통해 알 수 있다.
② 세 번째 문단에 따르면 근로를 하다가 수급자 탈락을 할 가능성이 있어 근로 이전보다 생계가 어려워질 수도 있다.
④ 네 번째 문단의 '수급자들은 생필품조차 제대로 구입하지 못하고 있는 것으로 나타났으며'라는 내용을 통해 알 수 있다.

18

선정기준에 따라 점수를 비교하면 다음과 같다.

업체	고속충전 지원여부	디자인 선호도	용량	가격	1차 점수	1차 선정여부	2차 점수	비고
A	2	6	1	1	9	–	–	–
B	2	4	2	2	10	선정	12	–
C	0	4	2	5	16	선정	16	최종 선정
D	2	3	5	3	14	선정	16	–

따라서 2차 점수로 16점을 받은 업체 두 곳 중 가격 점수가 더 높은 C업체가 선정된다.

19

서울 대표를 기준으로 하여 시계 방향으로 '서울 – 대구 – 춘천 – 경인 – 부산 – 광주 – 대전 – 속초' 순서로 앉아 있다. 따라서 경인 대표의 맞은편에 앉은 사람은 속초 대표이다.

20

$40=2^3 \times 5$, $12=2^2 \times 3$이므로 최소공배수는 $2^3 \times 3 \times 5 = 120$이다.
12명의 학생이 10일 동안 돌아가면서 정리하면 처음 같이 정리했던 부원과 함께 정리할 수 있다. 한편, 주말에는 활동하지 않으므로 정확한 날짜를 계산하기 위해선 주말 일수까지 더해야 한다.
따라서 6월 7일에 정리한 학생들이 처음으로 도서관을 정리하는 날이 같아지는 날은 $10+4=14$일 후인 6월 21일이다.

21

주어진 조건을 정리하면 다음과 같다.

구분	1일	2일	3일	4일	5일	6일
경우 1	B	E	F	C	A	D
경우 2	B	C	F	D	A	E
경우 3	A	B	F	C	E	D
경우 4	A	B	C	F	D	E
경우 5	E	B	C	F	D	A
경우 6	E	B	F	C	A	D

따라서 B영화는 어떠한 경우든 1일 또는 2일에 상영된다.

① 경우 3 또는 4에서 A영화는 C영화보다 먼저 상영된다.
② 경우 1 또는 5, 6에서 C영화는 E보다 늦게 상영된다.
③ 경우 1 또는 3에서 폐막작으로, 경우 4 또는 5에서 5일에 상영된다.

22

정답 ②

우선 박비서에게 회의 자료를 받아 와야 하므로 비서실을 들러야 한다. 다음으로 기자단 간담회는 대외 홍보 및 기자단 상대 업무를 맡은 홍보팀에서 자료를 정리할 것이므로 홍보팀을 거쳐야 한다. 또한, 승진자 인사 발표 소관 업무는 인사팀이 담당한다고 볼 수 있으며, 회사의 차량 배차에 대한 업무는 총무팀과 같은 지원부서의 업무로 보는 것이 적절하다.

23

정답 ④

세계적 기업인 맥킨지에 의해 개발된 7S 모형은 조직의 내부역량을 분석하는 도구로, 조직 문화를 구성하고 있는 7S는 전략, 공유가치, 관리기술, 시스템, 스태프, 스타일, 조직구조를 말한다. 7S 모형은 기업, 부서나 사업뿐만 아니라 지방자치단체, 국가 등 큰 조직을 진단하고 변혁할 때도 사용된다.

7S 모형
- 3S : 경영전략의 목표와 지침이 되는 항목
  - 시스템(System) : 조직 운영의 의사 결정과 일상 운영의 틀이 되는 각종 시스템
  - 조직구조(Structure) : 조직의 전략을 수행하는 데 필요한 틀로서 구성원의 역할과 그들 간의 상호관계를 지배하는 공식 요소
  - 전략(Strategy) : 조직의 장기적인 목적과 계획 그리고 이를 달성하기 위한 장기적인 행동지침
- 4S : 상위 3S를 지원하는 하위 지원요소
  - 스태프(Staff) : 조직의 인력 구성, 구성원들의 능력과 전문성·가치관과 신념·욕구와 동기·지각과 태도·행동패턴
  - 스타일(Style) : 구성원들을 이끌어 나가는 전반적인 조직관리 스타일
  - 공유가치(Shared Value) : 조직 구성원들의 행동이나 사고를 특정 방향으로 이끌어 가는 원칙이나 기준
  - 관리기술(Skill) : 하드웨어는 물론 이를 사용하는 소프트웨어 기술을 포함하는 요소

24

정답 ④

④는 알레르기와 관련된 내용이기 때문에 고객에게 꼭 안내해야 한다. 제품 자체에 들어 있는 것에는 알레르기가 없더라도 같은 제조시설을 사용한 다른 식품에 알레르기가 있으면 그 제품을 피해야 하기 때문이다.

25

연차 일정을 정리하면 다음과 같다.

일	월	화	수	목	금	토
			1 김창은 최하람	2 임미리 김창은	3 개천절	4
5	6 임미리 정지수 유소정	7 임미리 조유라 유소정	8 최한결 최하람	9 한글날	10 최한결 유라희	11
12	13 최한결	14	15	16	17	18

하루에 3명 이상 연차를 쓸 수 없으므로 6일과 7일의 연차 일정을 수정해야 한다.
따라서 신청한 사람들 중 선택지의 제시된 한 명만 수정한다면 유소정이 연차 날짜를 옮기는 것이 적절하다.

26

보기에서는 '노인 무임승차'에 대해 언급하며 글이 마무리된다. 따라서 이어질 문장은 '노인 무임승차'의 도입 배경을 서술하는 (나) 문단이, 다음은 이러한 '노인 무임승차'의 문제점이 무엇인지 지적하는 (라) 문단이 이어지는 것이 적절하다. (가) 문단과 (다) 문단을 살펴보면, (가) 문단은 (라) 문단에서 지적한 문제점을 해결하기 위한 해결책을 언급했고, (다) 문단에서는 (가) 문단에서 말한 해결책이 현실적으로 어렵다고 토로했다. 따라서 (가) ~ (라) 문단을 논리적 순서대로 바르게 나열하면 (나) – (라) – (가) – (다)가 될 것이다.

27

주어진 조건에 따르면 1팀, 2팀, 3팀은 팀별로 번갈아 가며 모내기 작업을 하고, 팀별로 시간은 겹칠 수 없으며 한번 일을 하면 2시간 연속으로 해야 한다. 2팀의 경우 오전 9시 ~ 오후 12시, 오후 3시 ~ 오후 6시 중에서 일손을 도울 수 있는데, 오전 10시에서 오후 12시는 1팀이, 오후 2시에서 오후 4시는 3팀이 일을 하기 때문에 2팀이 일손을 도울 수 있는 시간은 오후 4시에서 오후 6시(16:00 ~ 18:00)이다.

시간	스케줄		
	1팀	2팀	3팀
09:00 ~ 10:00	상품기획 회의		시장조사
10:00 ~ 11:00	일손 돕기		
11:00 ~ 12:00			비품 요청
12:00 ~ 13:00	점심시간		
13:00 ~ 14:00			사무실 청소
14:00 ~ 15:00	업무지원	상품기획 회의	일손 돕기
15:00 ~ 16:00			
16:00 ~ 17:00	경력직 면접	일손 돕기	마케팅 전략 회의
17:00 ~ 18:00			

28

각 팀의 부족한 음료수의 수와 구매해야 할 최소 개수는 다음과 같다.

구분	총무팀		개발팀		영업팀		홍보팀		고객지원팀	
	부족수량	주문수량	부족수량	주문수량	부족수량	주문수량	부족수량	주문수량	부족수량	주문수량
이온음료	3	9	0	0	0	0	0	0	0	0
탄산음료	2	18	10	18	0	0	5	18	4	18
에너지음료	0	0	9	15	0	0	2	15	3	15
캔 커피	28	45	27	45	29	45	20	45	18	45

이온음료는 9캔, 탄산음료는 $18 \times 4 = 72$캔, 에너지음료는 $15 \times 3 = 45$캔, 캔 커피는 $45 \times 5 = 225$캔이 필요하다.

각 음료는 6캔, 6캔, 6캔, 30캔을 묶음으로 구매해야 하므로 이온음료는 $6 \times 2 = 12$캔, 탄산음료는 $6 \times 12 = 72$캔, 에너지음료는 $6 \times 8 = 48$캔, 캔 커피는 $30 \times 8 = 240$캔 구매해야 한다.

따라서 이온음료, 탄산음료, 에너지음료, 캔 커피는 각각 최소 12캔, 72캔, 48캔, 240캔 구매해야 한다.

29

소민이는 $7 + 2 = 9$일마다 일을 시작하고 민준이는 $10 + 2 = 12$일마다 일을 시작한다.

따라서 두 사람은 9와 12의 최소공배수인 36일마다 일을 시작하므로 34일 후에는 연속으로 쉬는 날이 같아진다.

30

주어진 보기에서 선택적 함묵증을 불안장애로 분류하고 있다. 따라서 불안장애에 대한 구체적인 설명 및 행동을 언급하는 (라) 문단이 보기 뒤에 이어지는 것이 논리적으로 타당하다. 다음에는 이러한 불안장애인 선택적 함묵증을 치료하기 위한 방안인 (가) 문단이 이어지고, (가) 문단에서 제시한 치료방법의 구체적 방안 중 하나인 '미술 치료'를 언급한 (다) 문단이 이어지는 것이 적절하다. 마지막으로 (다) 문단에서 언급한 '미술 치료'가 선택적 함묵증의 증상을 나타내는 아동에게 어떠한 영향을 미치는지 언급한 (나) 문단이 이어질 것이다.

31

A신호등은 $6 + 4 = 10$초마다 다시 점등되고 B신호등은 $8 + 6 = 14$초마다 다시 점등된다.

따라서 두 신호등은 10과 14의 최소공배수인 70초마다 동시에 점등된다.

32

조건에 따라 최고점과 최저점을 제외한 나머지 3명의 면접관이 준 점수의 평균에 보훈 가점을 더한 총점은 다음과 같다.

구분	총점	순위
A	$\dfrac{80+85+75}{3}=80$점	7위
B	$\dfrac{75+90+85}{3}+5 ≒ 88.33$점	3위
C	$\dfrac{85+85+85}{3}=85$점	4위
D	$\dfrac{80+85+80}{3} ≒ 81.67$점	6위
E	$\dfrac{90+95+85}{3}+5=95$점	2위
F	$\dfrac{85+90+80}{3}=85$점	4위
G	$\dfrac{80+90+95}{3}+10 ≒ 98.33$점	1위
H	$\dfrac{90+80+85}{3}=85$점	4위
I	$\dfrac{80+80+75}{3}+5 ≒ 83.33$점	5위
J	$\dfrac{85+80+85}{3} ≒ 83.33$점	5위
K	$\dfrac{85+75+75}{3}+5 ≒ 83.33$점	5위
L	$\dfrac{75+90+70}{3} ≒ 78.33$점	8위

따라서 면접을 진행한 순서대로 총점이 가장 높은 6명의 합격자를 나열하면 G-E-B-C-F-H 순이다.

33

4D 프린팅은 기존 3D 프린팅에 '시간'을 추가한 개념으로 시간의 경과, 온도의 변화 등 특정 상황에 놓일 경우 출력물의 외형과 성질이 변한다. 따라서 물의 온도가 높을 때는 닫히고, 물의 온도가 낮아지면 열리는 것과 같이 물의 온도 변화에 따라 달라지는 수도 밸브는 4D 프린팅을 통해 구현할 수 있다.

오답분석
①·②·③ 시간의 경과나 온도의 변화 등과 관계없는 제품으로, 3D 프린팅을 통해서도 구현 가능하다.

34

12와 14의 최소공배수는 84이므로 할인 행사가 동시에 열리는 주기는 84일이다.
따라서 4월 9일에 할인 행사가 동시에 열렸다면 84일 후인 7월 2일에 다시 동시에 열릴 것이다.

35

두 톱니의 최소공배수만큼 맞물린 후 처음으로 다시 같은 톱니에서 맞물린다. A톱니바퀴가 10번 회전하므로 맞물린 톱니의 수는 2,200개이므로 $220=2^2 \times 5 \times 11$이고 $2,200=2^3 \times 5^2 \times 11$이다.
따라서 B톱니바퀴의 수는 $2^3 \times 5^2 =200$개이다.

36

정답 ④

8, 10, 6 세 수의 최소공배수는 120이다. 따라서 세 벽돌의 쌓아 올린 높이는 120cm이므로 필요한 벽돌의 수는 모두
$\dfrac{120}{8} + \dfrac{120}{10} + \dfrac{120}{6} = 15 + 12 + 20 = 47$개이다.

37

정답 ④

H씨는 15t 화물트럭을 이용하므로 H씨의 차종은 4종에 해당하며, 4종의 km당 주행요금은 62.9원이다. 이를 바탕으로 H씨의 고속도로 통행요금을 구하면 다음과 같다.
• 서울 → 영천
  - 개방식 6차로 비용 : $720 + [180 \times (62.9 \times 1.2)] = 14,306.4 = 14,306$원
  - 폐쇄식 4차로 비용 : $900 + (150.4 \times 62.9) = 10,360.16 = 10,360$원
• 영천 → 부산 : $(900 \times 0.5) + [44.4 \times (62.9 \times 0.5)] = 1846.38 = 1,846$원
따라서 H씨가 지불해야 할 고속도로 통행요금은 $14,306 + 10,360 + 1,846 = 26,512$원이다.

38

정답 ③

질소가 무조건 많이 함유된 것이 좋은 비료가 아니라 탄소와 질소의 비율이 잘 맞는 것이 중요하다.

오답분석

① 커피박을 이용해서 비료를 만들면 커피박을 폐기하는 데 필요한 비용을 절약할 수 있기 때문에 경제적 측면에서도 이득이라고 할 수 있다.
② 비료에서 중요한 요소로 질소를 언급하고 있고, 유기 비료이기 때문에 유기물의 함량 또한 중요하다. 그리고 제시문에서도 질소와 유기물 함량을 분석하고 있기에 중요한 고려 요소라고 할 수 있다.
④ 비료를 만드는 데 발생하는 열로 유해 미생물을 죽일 수 있다고 언급하였다.

39

정답 ③

㉮ 전결권자인 전무가 출장 중인 경우 대결권자가 이를 결재하고 전무가 후결을 하는 것이 바람직하다.
㉯ 부서장이 전결권자이므로 해당 직원을 채용하는 부서(영업부, 자재부 등)의 부서장이 결재하는 것이 바람직하다.
㉱ 교육훈련 대상자 선정은 이사에게 전결권이 있으므로 잘못된 결재 방식이다.

40

정답 ③

먼저 참가가능 종목이 2개인 사람부터 종목을 확정한다. D직원은 훌라후프와 줄다리기, E직원은 계주와 줄다리기, F직원은 줄넘기와 줄다리기, G직원은 줄다리기와 2인 3각, J직원은 계주와 줄넘기이다. 여기에서 E직원과 J직원은 계주 참가가 확정되고, 참가인원이 1명인 훌라후프 참가자가 D직원으로 확정되었으므로 나머지는 훌라후프에 참가할 수 없다. 그러므로 C직원은 계주와 줄넘기에 참가한다. 다음으로 종목별 참가가능 인원이 지점별 참가 인원과 동일한 경우 참가를 확정시키면, 줄다리기와 2인 3각 참여 인원이 확정된다. A직원은 줄다리기와 2인 3각에 참가하고, B직원・H직원・I직원 중 한 명이 계주에 참가하게 되며 나머지 2명이 줄다리기에 참가한다. 따라서 계주에 꼭 출전해야 하는 직원은 C직원, E직원, J직원이다.

41

정답 ④

4개, 7개, 8개씩 포장하면 1개씩 남으므로 재고량은 4, 7, 8의 공배수보다 1이 더 클 것이다.
4, 7, 8의 최소공배수는 56이므로 5개씩 포장했을 때 4개가 남는 재고량을 구하기 위해 다음과 같이 나누어 생각해 볼 수 있다.
• 재고량이 56+1=57개일 때 : 57=5×11+2
• 재고량이 56×2+1=113개일 때 : 113=5×22+3
• 재고량이 56×3+1=169개일 때 : 169=5×33+4
따라서 가능한 재고량의 최솟값은 169개이다.

42

정답 ④

약품(5)이며, 냉장이 필요하고(r) 미국에서 생산된 것(USA)이다. 또한 유통기한은 3개월 미만(2)이다.

43

정답 ④

약품이 아니라 그 외의 상품에 해당한다.

44

정답 ④

밑줄 친 내용을 통해 도입할 소프트웨어는 사원 데이터 파일을 일원화시키고, 이를 활용하는 모든 응용 프로그램이 유기적으로 데이터를 관리하도록 하는 프로그램이다. 이를 통해 각 응용 프로그램 간에 독립성이 향상되며, 원래의 데이터를 일원화하는 효과를 볼 수 있다.

45

정답 ④

'또한'과 '반대로'로 시작하는 (가) 문단과 (나) 문단은 글의 시작으로 적절하지 않다. 따라서 글의 시작으로 와야 하는 것은 (다) 문단이며, (가) 문단은 창호가 열려 있을 때, (나) 문단은 (가) 문단과 반대로 창호가 닫혀 있을 때를 서술하고 있기 때문에 적절한 순서는 (다)−(가)−(나)이다.

46

정답 ③

조선시대의 미(未)시는 오후 1시～3시를, 유(酉)시는 오후 5시～7시를 나타낸다. 오후 2시부터 4시 30분까지 운동을 하였다면, 조선시대 시간으로 미(未)시 정(正)부터 신(申)시 정(正)까지 운동을 한 것이 되므로 옳지 않다.

[오답분석]
① 초등학교의 점심시간이 오후 1시부터 2시까지라면, 조선시대 시간으로 미(未)시(1～3시)에 해당한다.
② 조선시대의 인(寅)시는 현대 시간으로 오전 3～5시를 나타낸다.
④ 축구 경기가 전반전 45분과 후반전 45분으로 총 90분 동안 진행되었으므로 조선시대 시간으로 한시진(2시간)이 되지 않는다.

47

정답 ①

현재 부부의 나이의 합을 x살, 딸의 나이를 y살이라 하면 $x=7y$이다.
5년 전의 부부의 나이의 합은 $(x-10)$살, 딸의 나이는 $(y-5)$살이므로
$x-10=12(y-5)$
$7y-10=12(y-5)$
$y=10$이므로 $x=70$
t년 후에 부부의 나이의 합이 딸의 나이의 4배가 된다고 하면
$70+2t \leq 4(10+t) \rightarrow 2t \leq 30 \rightarrow t \leq 15$
딸의 나이는 10살이므로 15년 후에는 25살이다. 따라서 딸이 25살일 때부터 부부의 나이의 합이 딸의 나이의 4배 이하이다.

48

제시된 조건을 정리하면 다음과 같다.
• 최소비용으로 가능한 많은 인원 채용
• 급여는 희망임금으로 지급
• 6개월 이상 근무하되, 주말 근무시간은 협의가능
• 지원자들은 주말 이틀 중 하루만 출근하길 원함
• 하루 1회 출근만 가능

위 조건을 모두 고려하여 희망임금과 하루 최소 근무시간을 포함하는 근무스케줄을 작성해 보면 다음과 같다.

시간	토요일	일요일
11:00 ~ 12:00	최지홍(7,000) 3시간	박소다(7,500) 3시간
12:00 ~ 13:00		
13:00 ~ 14:00		
14:00 ~ 15:00		
15:00 ~ 16:00		우병지(7,000) 3시간
16:00 ~ 17:00		
17:00 ~ 18:00		
18:00 ~ 19:00	한승희(7,500) 2시간	
19:00 ~ 20:00		
20:00 ~ 21:00		김래원(8,000) 2시간
21:00 ~ 22:00		

김병우 지원자의 경우에는 희망근무기간이 4개월이므로 채용하지 못한다. 따라서 채용할 수 있는 지원자는 총 5명이다.

49

다른 국가들의 국제동향을 파악하기 위해서는 그 국가의 현지인의 의견이 무엇보다 중요하다.

국제동향의 파악 방법
• 관련 분야의 해외사이트를 방문하여 최신 이슈를 확인한다.
• 매일 신문의 국제면을 읽는다.
• 업무와 관련된 국제잡지를 정기 구독한다.
• 고용노동부, 한국산업인력공단, 산업통상자원부, 중소벤처기업부, 상공회의소, 산업별인적자원개발협의체 등의 사이트를 방문해 국제동향을 확인한다.
• 국제학술대회에 참석한다.
• 업무과 관련된 주요 용어의 외국어를 알아 둔다.
• 해외서점 사이트를 방문해 최신 서적 목록과 주요 내용을 파악한다.
• 외국인 친구를 사귀고 대화를 자주 나눈다.

50

(오답분석)

㉠ 미국 바이어와 악수할 때 눈이나 얼굴을 보는 것은 좋은 행동이지만, 손끝만 살짝 잡아서는 안 되며, 오른손으로 상대방의 오른손을 잠시 힘주어서 잡아야 한다.
㉡ 이라크 사람들은 시간약속을 할 때 정각에 나오는 법이 없으며, 상대방이 으레 기다려 줄 것으로 생각하므로 좀 더 여유를 가지고 기다리는 인내심이 필요하다.
㉣ 수프를 먹을 때는 몸 쪽에서 바깥쪽으로 숟가락을 사용한다.
㉅ 빵은 수프를 먹고 난 후부터 디저트를 먹을 때까지 먹는다.

51	52	53	54	55	56	57	58	59	60	61	62	63	64	65	66	67	68	69	70
④	③	④	④	③	④	②	①	③	①	②	②	④	③	④	①	②	④	②	④

71	72	73	74	75
③	③	①	④	②

51

정답 ④

니블링 전략(Nibbling Tactics)은 협상 마무리 단계에서 작은 것을 요구해 얻어 내 약간의 양보를 받는 것이다. '야금야금 먹는다'는 뜻의 '니블(Nibble)'이라는 단어에서 착안했다. 대부분의 협상가는 그동안의 협상에 들인 시간이나 성과를 망치는 것을 주저하기 때문에 상대방의 니블링을 받아들이는 가능성이 높다. 상대가 수용하는 것을 전제로 상대 요구를 받아들일 의사가 있다고 맞받아치는 역니블링(Counter Nibbling)도 있다.

52

정답 ③

슈링크플레이션은 기업들이 자사 제품의 가격은 유지하고, 대신 수량과 무게·용량만 줄여 사실상 가격을 올리는 전략을 말한다. 영국의 경제학자 피파 맘그렌이 제시한 용어로 '줄어들다, 축소하다'는 뜻의 '슈링크(Shrink)'와 '지속적으로 물가가 상승하는 현상'을 나타내는 '인플레이션(Inflation)'의 조합어이다.

53

정답 ④

시장세분화 변수는 크게 고객 행동변수와 고객 특성변수로 구분된다. 그리고 고객 특성변수는 다시 인구통계적 변수와 심리분석적 변수로 구분된다. '가족생활주기'는 인구통계적 변수에, '라이프스타일'은 심리분석적 변수에 포함된다.

[오답분석]

가·나·마. '사용상황', '상표 애호도', '추구하는 편익', '사용량', '고객생애가치' 등은 모두 시장세분화와 관련된 고객 행동변수에 포함된다.

54

정답 ④

다크 넛지(Dark Nudge)는 소비자가 무의식중에 비합리적 소비를 하도록 유도하는 상술로, 음원사이트 등에서 무료 체험 기간이라고 유인한 뒤 무료 기간이 끝난 뒤에도 이용료가 계속 자동결제되도록 하는 것이 대표적이다.

[오답분석]

① 닻내림 효과(Anchoring Effect) : 어떤 사항에 대한 판단을 내릴 때 초기에 제시된 기준에 영향을 받아 판단을 내리는 현상이다.
② 휴리스틱(Heuristics) : 시간이나 정보가 불충분하여 합리적인 판단을 할 수 없거나, 굳이 체계적이고 합리적인 판단을 할 필요가 없는 상황에서 신속하게 사용하는 어림짐작의 기술이다.
③ 넛지(Nudge) : 강압하지 않고 부드러운 개입으로 사람들이 더 좋은 선택을 할 수 있도록 유도하는 방법이다.

55

정답 ③

적극적 채권 투자 전략의 핵심은 수익률의 예측과 저평가된 채권을 찾는 것 등이다. 소극적 채권 투자 전략은 투자 수익률을 유지하려는 방어적 투자 전략이다.

56

조직수명주기는 시간의 흐름에 따른 조직의 발전과정을 설명하는 것으로 순서는 다음과 같다.
1. 창업 단계 : 새로운 조직이 탄생하여 창업자를 중심으로 조직이 성장하는 단계
2. 공동체 단계 : 창업자 또는 전문경영자의 리더십을 통해 조직의 관리체계가 명확해지는 단계
3. 공식화 단계 : 최고경영자가 의사결정권을 위임하고 제도 등의 시스템을 구축함으로써 조직의 내부효율성을 추구하는 단계
4. 정교화 단계 : 정교한 구조로 조직을 재설계하여 조직유연성을 제고하는 단계

57

공식적 권력에는 보상을 통해 상대를 통제하는 보상적 권력, 처벌을 행할 수 있는 강제적 권력, 조직이 개인에게 부여한 공식적인 권한인 합법적 권력 등이 있다.

오답분석
① 비공식적 권력에 대한 설명이다.
③ 비공식적 권력의 전문적 권력에 대한 설명이다.
④ 비공식적 권력의 준거적 권력에 대한 설명이다.

58

부정적 강화에 대한 설명이다. 적극적 강화는 행위자가 바람직한 행동을 했을 때 행위자에게 유리한 보상을 주는 방식으로, 성과금 등이 있다.

59

A기업이 1만 원을 인수 가격으로 제시하면 B기업은 자사 가치가 0원이거나 1만 원일 경우에만 인수에 동의하고, 2만 원일 경우에는 인수에 동의하지 않는다. 따라서 A기업이 생각하는 인수확률은 $\frac{1}{3}$ 이고, A기업이 기대하는 이득은

$$\frac{1}{3} \times (0 \times 1.5 - 1) + \frac{1}{3} \times (1 \times 1.5 - 1) = -\frac{1}{3} \text{만 원이다.}$$

마찬가지로 A기업이 2만 원을 인수 가격으로 제시해도 기대할 수 있는 이득은 음(−)임을 알 수 있다. 따라서 A기업은 인수 가격으로 0원을 제시하는 것이 합리적이며 이때 인수로 기대할 수 있는 이득도 0원이다.

60

• 디마케팅(Demarketing) : 기업이 사회적 책임 수행을 위해 과잉 구매되는 상품의 소비를 억제하기 위하여 행하는 마케팅
• 앰부시 마케팅(Ambush Marketing) : 게릴라 작전처럼 기습적으로 행해지며 교묘히 규제를 피하는 마케팅

오답분석
• 터보 마케팅(Turbo Marketing) : 마케팅 활동에서 시간을 중요한 변수로 보고, 이를 경쟁자보다 효과적으로 관리하여 우위를 확보하고자 하는 마케팅이다.
• 감성 마케팅(Emotional Marketing) : 고객의 특정 제품에 대한 심리상태를 중시하고, 그때의 기분과 욕구에 적합한 상품개발을 목표로 하는 마케팅이다.
• 그린 마케팅(Green Marketing) : 소비자가 만족할 만한 수준의 성능과 가격으로 환경적 역기능을 최소화한 제품을 개발하여, 환경적으로 우수한 제품과 기업 이미지를 창출하고자 하는 마케팅이다.
• 전환적 마케팅 : 부정적 수요 상황에서 긍정적 수요로 전환해 이상적인 수요와의 격차를 줄이기 위한 마케팅이다.

61

분식결산(粉飾決算)은 기업이 고의로 자산이나 이익 등을 크게 부풀려 계산한 결산을 말한다. ③과 같이 세금이나 임금인상 대책 등으로 이익을 적게 계상한 것을 역분식(逆紛飾)이라고 하며 주로 탈세의 목적으로 행해진다.

62

생산콘셉트란 소비자가 제품을 구입할 만한 여유가 있고, 또한 쉽게 구입할 수 있는 제품을 선호하기 때문에 경영자는 생산성을 높이고 유통효율을 개선시키려는 데 초점을 두어야 한다는 관리철학을 말한다.

63

'Agile'은 '기민한, 민첩한'이란 뜻으로, 애자일 개발 방식은 계획 – 개발 – 출시와 같은 개발 주기가 여러 번 반복되며 개발 환경에 맞게 요구사항이 추가·변경된다. 결과적으로 고객에게 좀 더 빨리 결과물을 내놓을 수 있고, 고객의 피드백에 민첩하게 반응할 수 있다는 장점이 있다.

오답분석

① 최종 사용자(End – User) 개발 : 사용자가 자신에게 맞는 정보를 다른 사람의 도움 없이 직접 개발할 수 있는 방식이다.
② 컴포넌트 기반(Component – Based) 개발 : 각각의 컴포넌트들을 하나로 모아 새로운 프로그램을 만드는 방식이다.
③ 폭포수 모델(Waterfall Model) 개발 : 여러 단계를 설정하고 해당 공정이 끝난 뒤 다음 공정으로 넘어가는 방식이다.

64

측정도구를 구성하는 측정지표(측정문항) 간의 일관성은 신뢰도를 의미한다. 내용 타당성이란 처치와 결과 사이의 관찰된 관계로부터 도달하게 된 인과적 결론의 적합성 정도를 말한다.

65

• (실제 제품생산량)=24,000개÷(2.5×2시간)=4,800개
• (표준임률)=26,000개÷10,400시간=2.5

66

침투가격전략은 기업이 신제품을 출시할 때 처음에는 경쟁제품보다 낮은 가격을 제시한 후 점차적으로 가격을 올리는 전략으로, 수요탄력성이 클 때, 규모의 경제가 가능할 때, 원가 경쟁력이 있을 때, 가격 민감도가 높을 때, 낮은 가격으로 잠재경쟁자들의 진입을 막거나 후발 주자가 기존 경쟁제품으로부터 저가 정책으로 고객을 가져오고 시장점유율을 확보할 수 있을 때 등에 적절하다.

67

단순 지수평활법 공식

$Ft = Ft-1+a[(At-1)-(Ft-1)]=a×(At-1)+(1-a)×(Ft-1)$
$[Ft$=차기 예측치, $(Ft-1)$=당기 예측치, $(At-1)$=당기 실적치]

• 2월 예측치=220+0.1×(240-220)=222
• 3월 예측치=222+0.1×(250-222)=224.8
• 4월 예측치=224.8+0.1×(230-224.8)=225.32≒225.3
• 5월 예측치=225.3+0.1×(220-225.3)=224.77≒224.8
• 6월 예측치=224.8+0.1×(210-224.8)=223.32≒223.3

따라서 6월 매출액 예측치는 223.3만 원이다.

68

④

① 집단사고(Group Think) : 의사결정 시 만장일치에 도달하려는 분위기가 다른 대안들을 현실적으로 평가하려는 경향을 억압할 때 나타나는 구성원들의 왜곡되고 비합리적인 사고방식으로, 구성원 사이에 강한 응집력을 보이는 집단에서 주로 나타난다.
② 직무만족(Job Satisfaction) : 개인이 자신의 직무에 대해 만족하는 정도를 말한다.
③ 직무몰입(Job Involvement) : 근로자가 특정 조직에 동일시하고 몰입하는 정도를 말한다.

69

②

포드 시스템은 생산의 표준화와 이동조립법(Moving Assembly Line)을 실시한 생산시스템으로, 차별적 성과급이 아닌 일급제 급여 방식이다.

테일러 시스템과 포드 시스템

구분	테일러 시스템	포드 시스템
통칭	과업관리	동시관리
중점	개별 생산	계속 생산
원칙	고임금·저노무비	고임금·저가격
방법	직능직 조직, 차별적 성과급제	컨베이어 시스템(이동조립법, 연속생산공정), 일급제 급여
표준	작업의 표준화	제품의 표준화

70

④

특성요인도란 결과인 특성과 그것에 영향을 미치는 원인인 요인의 관계를 나타내는 관리수법이다. 특성에 대하여 요인이 어떤 관계로 영향을 미치고 있는지를 규명하는 것으로, 현상 파악이나 문제 개선에 있어서 실마리를 얻기 위해 사용되는 기법이다. 각각의 요소들이 서로 어떤 관계를 갖는지 체계적으로 표현할 수 있어 인과관계를 발견하는 데 효과적이다.

71

③

같은 브랜드의 상품이 서로 다른 유통경로로 판매될 경우 경로 간의 갈등을 일으킬 위험이 있다.

72

③

대각선교섭은 산업별, 지역별, 직종별 초기업노조와 개별기업의 사용자 간에 이루어지는 교섭 형태이다. 초기업노조에 대응하는 사용자단체가 없거나, 사용자단체가 있더라도 기업에 특별한 사정이 있을 때 사용된다.

73

①

- $P_0 = D_1 \div (k-g)$에서 $g = b \times r = 0.3 \times 0.1 = 0.03$
- $D_0 =$ (당기의 주당순이익) $\times$ [1 - (사내유보율)]
  $= 3,000 \times (1-0.3) = 2,100$원
- $D_1 = D_0 \times (1+g) = 2,100 \times (1+0.03) = 2,163$원
- $P = 2,163 \div (0.2 - 0.03) = 12,723$원

74

계속기업의 가정이란 보고기업이 예측 가능한 미래에 영업을 계속하여 영위할 것이라는 가정이다. 기업이 경영활동을 청산 또는 중단할 의도가 있다면 계속기업의 가정이 아닌 청산가치 등을 사용하여 재무제표를 작성한다.

[오답분석]
① 재무제표는 재무상태표, 포괄손익계산서, 자본변동표, 현금흐름표, 그리고 주석으로 구성된다. 법에서 이익잉여금처분계산서 등의 작성을 요구하는 경우, 주석으로 공시한다.
② 원칙적으로 최소 1년에 한 번씩은 작성해야 한다.
③ 현금흐름표 등 현금흐름에 관한 정보는 현금주의에 기반한다.

75

최소여유시간(STR)은 남아 있는 납기일수와 작업을 완료하는 데 소요되는 일수와의 차이를 여유시간이라고 할 때 이 여유시간이 적은 것부터 순서대로 처리하는 규칙을 의미한다.

---

03 경제학원론

76	77	78	79	80	81	82	83	84	85	86	87	88	89	90	91	92	93	94	95
③	①	④	④	①	①	④	④	④	④	①	④	③	②	④	③	②	③	④	③

96	97	98	99	100															
④	③	④	④	②															

76

GDP는 한 나라에서 일정 기간에 생산된 모든 최종 재화와 서비스의 시장가치다. GDP는 총생산, 총소득, 총지출의 세 측면에서 파악할 수 있는데 총지출의 경우 소비(C), 투자(I), 정부지출(G), 순수출(NX, 수출 – 수입)로 구성된다.
A의 경우는 정부지출의 증가, B는 해외유입 관광객의 소비증가, D는 한국에서 생산된 중간재의 수출로 인한 순수출증가로 인해 GDP가 증가한다.
하지만 C의 경우 주택가격상승은 GDP 증가에 직접적인 영향을 미치지 않는다. 따라서 GDP 증가의 경우는 총 3개이다.

77

㉠ '외국인의 국내 부동산 구입 증가'와 ㉡ '국내 기준금리 인상'은 자본유입이 발생하므로 외환의 공급이 증가하여 환율이 하락하며 이는 원화가치의 상승으로 이어진다.

[오답분석]
㉢ '미국의 확대적 재정정책 시행', ㉣ '미국의 국채이자율의 상승' 모두 미국의 이자율이 상승하면서 자본유출이 발생하므로 외환의 수요가 증가하여 환율이 상승하며 이는 원화가치의 하락으로 이어진다.

78

단기 총공급곡선이 우상향하게 되는 것은 케인즈의 시각을 반영한 것이다.
단기 AS곡선은 우상향하는데 노동시장과 생산물 시장에서의 불완전 정보로 인한 경우와 임금과 가격의 경직성으로 인한 두 가지 측면에서 설명이 가능하다.

구분	불완전 정보	가격경직성
노동시장	노동자 오인 모형 (ⓒ)	비신축적 임금 모형(ⓔ)
생산물 시장	불완전 정보 모형 (⊙)	비신축적 가격 모형(ⓓ)

⊙ 불완전 정보 모형 : 루카스의 섬 모형으로 개별생산자는 물가상승이 전반적인 물가상승에 기인한 것인지 아닌지 자신의 상품만 가격이 상승한 것인지 등을 정보의 불완전성으로 알지 못한다는 것이다.

ⓒ 노동자 오인 모형 : 노동자들은 기업에 비해서 정보가 부족하여 명목임금의 변화를 실질임금의 변화로 오인하여 화폐환상에 빠지게 됨에 따라 총공급곡선이 우상향하게 된다.

ⓓ 비신축적 가격 모형 : 메뉴비용으로 대표적으로 설명되는 것으로 가격을 신축적으로 조정하지 않는 기업이 많을수록 총공급곡선 은 수평에 가까워진다.

ⓔ 비신축적 임금 모형 : 명목임금이 계약기간 내에는 경직적이므로 물가상승은 실질임금 하락으로 이어져 노동고용량의 증가로 이어진다.

79

정답 ④

기본적으로 통화량이 증가할 때 정부에서는 각종 출구전략을 통해 이자율을 상승시킨다.

통화량이 증가하면 채권수요가 증가하고, 이자율이 하락하기에 소비자의 구매욕구를 촉진시키거나 단위당 기대수익률이 높은 사업을 제시하여 투자를 활성화하며 향후 인플레이션 발생을 경고해서 구매력에 영향을 줄 수도 있다. 또한 대중들의 인지도가 높은 기업의 채권회수율의 하락을 공시하여 자연스럽게 이자율을 상승시킨다. 하지만 경제성장률과 물가상승률의 하락은 이자율을 낮춰 투자를 활성화해야 하는 상황이기에 시중에 통화량을 증가시키는 방안이다.

80

정답 ①

티에프형 효용함수는 항상 소비비율이 일정하게 유지되는 완전보완재적인 효용함수이므로, X재의 가격이 변화해도 소비량은 일정하게 유지된다. 그러므로 대체효과는 0이고, 효용극대화점에서 효용함수가 ㄱ자형으로 꺾인 형태이기 때문에 한계대체율은 정의되지 않는다. 따라서 ⊙은 옳고 ⓒ은 옳지 않다. 또한 소비비율이 일정하게 유지되는 특성으로 가격변화 시 두 재화의 소비방향은 항상 같은 방향으로 변화하므로 ⓔ도 옳지 않다.

효용극대화 모형을 풀면 $MAX\ U(x,y) = MIN[x,y]\ \ s.t.p_x x + p_y y = M$ 에서 효용극대화조건 $x = y$를 제약식에 대입하면

$x = \dfrac{M}{P_x + P_y}$, $y = \dfrac{M}{P_x + PLSUBy}$ 이다.

$P_x = P_y = 10$, $M = 1,800$을 대입하면 $x = y = 90$이고,

$P_x = 8$, $P_y = 10$, $M = 1,800$을 대입하면 $x = y = 100$이므로, 소득효과는 100이다.

따라서 옳은 것은 ⊙, ⓒ이다.

81

정답 ①

'절대소득가설'은 경제학자 케인스가 주장한 소비이론이다. 현재 소득이 소비를 결정하는 가장 중요한 요인으로 소득 이외 요인은 소비에 2차적인 영향만 미친다는 것이다. 하지만 현재 소비를 설명하기 위해 현재 소득에만 큰 비중을 두고 금융자산, 이자율, 장래소득의 기대 등 소비에 영향을 끼치는 다른 변수는 간과했다는 지적이 있다. '항상소득가설'은 항상소득이 소비를 결정한다는 이론이다. 경제학자 밀턴 프리드먼은 소득을 정기적으로 확실한 항상소득과 임시적인 변동소득으로 구분해 항상소득이 소비에 영향을 미친다고 주장했다.

82

정답 ④

물가상승과 더불어 경기침체가 함께 나타나는 스태그플레이션은 공급 측 충격에 의해 발생하는 것으로 수요견인 인플레이션이 아닌 비용인상 인플레이션에 해당한다.

83

정답 ④

노동소득분배율이란 국민소득 중에 노동소득이 차지하는 정도를 나타내는 지표로서, 노동소득분배율을 구하는 식은 다음과 같다.

$$\text{(노동소득분배율)} = \frac{MP_L L}{Y} = \frac{\alpha A L^{\alpha-1} K^{1-\alpha} \cdot L}{A L^\alpha K^{1-\alpha}} = \frac{\alpha A L^\alpha K^{1-\alpha}}{A L^\alpha K^{1-\alpha}} = \alpha$$

$Y = A L^\alpha K^{1-\alpha}$인 총생산함수의 양변에 자연로그를 취한 후 시간에 대해서 미분을 하면 다음과 같은 관계식을 도출할 수 있다.

$$\frac{\Delta Y}{Y} = \frac{\Delta A}{A} + \alpha \frac{\Delta L}{L} + (1-\alpha) \frac{\Delta K}{K}$$

이 식을 백분율로 나타내면,

$\% \Delta Y = \% \Delta A + \alpha(\% \Delta L) + (1-\alpha)(\% \Delta K)$로 표현할 수 있다.

문제에서 H국의 경제성장률은 10%, 노동증가율이 10%, 자본증가율이 5%, 총요소생산성 증가율이 3%라고 주어졌으므로 이를 식에 대입해 보면 다음과 같다.

$10\% = 3\% + \alpha \times 10\% + (1-\alpha)5\%$

따라서 H국의 노동소득분배율인 α는 0.4임을 알 수 있다.

84

정답 ④

국내기업이 해외에 생산 공장을 건설하기 위해서는 해외에 필요한 자금을 가지고 나가야 하므로 외환에 대한 수요가 증가한다. 외환의 수요가 증가하면 환율이 상승하게 되므로 국내통화의 가치가 하락한다.

오답분석

①・② 외국투자자들이 국내주식을 매수하거나 기준금리가 인상이 되면, 자본유입이 많아져서 외환의 공급이 증가하고, 이에 따라 환율이 하락한다.

③ 수입가전제품에 대한 관세가 인상되고 해외여행에 대한 수요가 급감하면, 외환 수요가 감소한다. 따라서 환율이 하락한다.

85

정답 ④

• 희생률 : 인플레이션율이 1% 감소할 때 실질GDP 감소율

－ 총공급곡선이 수직일 경우(장기) : 총수요가 감소할 때 물가 하락, 실질국민소득 불변. 따라서 희생률이다.

－ 총공급곡선이 우상향할 경우(단기) : 총수요가 감소할 때 물가 하락, 실질국민소득 감소. 따라서 희생률이다.

프리드먼에 의하면 장기 총공급곡선은 수직이므로 총수요가 변화해도 물가만 변화하고 총생산과 실업률은 불변이다. 따라서 장기필립스곡선은 자연실업률 수준에서 수직선이다.

오답분석

① 단기 필립스곡선은 우하향하며, 이는 단기 총공급곡선이 우상향하는 것을 의미한다. 이 경우, 확장정책(총수요 증가)이 시행되면 국민소득이 증가한다.

② 단기 필립스곡선이 우하향하므로 총수요가 감소(총수요곡선 좌측이동)하면 물가가 내려가고 국민소득이 감소. 따라서 희생률 개념이 성립한다.

③ 필립스곡선은 임금 상승률과 실업률 사이의 관계를 분석한 것을 말한다.

86

정답 ①

대부시장에서 자금의 공급은 국민저축과 외국으로부터의 순자본유입이며 자금의 수요는 국내투자다. 균형에서는 국민저축과 순자본유입의 합이 국내투자와 일치하게 된다.

이를 식으로 나타내면 다음과 같다.

$S + KI = I$

문제에서 주어진 수치들을 대입해 보면,

$1,400 + 2,000r + (-200 + 6,000r) = 1,800 - 4,000r$

$\therefore r = 0.05 (= 5\%)$임을 알 수 있다.

87

국제수지(Balance of Payment)란 일정 기간 자국과 외국 사이에 일어난 모든 경제적 거래를 체계적으로 정리한 통계로 크게 경상수지, 자본수지, 금융계정으로 나뉜다. 한 나라 안의 생산은 한 나라 경제주체들의 소득 및 지출과 항상 일치한다. 또 이는 국민소득과 사후적으로 항상 같게 된다. 이를 식으로 나타내면 Y(국민소득)=C(소비)+I(투자)+G(정부지출)+NX(순수출)=C(소비)+S(민간 저축)+T(세금)이다. 식의 공통된 것을 빼고 좌변에 투자지출을 놓고 정리하면 I=S+(T−G)+NX이다. 즉 국내투자는 국내저축+국외저축(순수출)으로 국내저축이 국내투자보다 크면 순수출은 항상 0보다 크다.

88

경제학의 기본 10대 원리
- 모든 선택에는 대가가 있다.
- 선택의 대가는 그것을 얻기 위해 포기한 무엇이다.
- 합리적 판단은 한계적으로 이루어진다.
- 사람들은 경제적 유인에 반응한다.
- 자유 거래는 모든 사람을 이롭게 한다.
- 일반적으로 시장이 경제활동을 조직하는 좋은 수단이다.
- 때에 따라 정부가 시장성과를 개선할 수 있다.
- 한 나라의 생활수준은 그 나라의 생산능력에 달려있다.
- 통화량이 지나치게 증가하면 물가는 상승한다.
- 단기적으로는 인플레이션과 실업 사이에 상충 관계가 있다.

89

- 배출권 가격이 50만 원 이상일 경우 B공장과 C공장 모두 감축비용보다 비싸기 때문에 구매하지 않는다.
- 배출권 가격이 40 ~ 50만 원 일 경우 B공장은 감축비용보다 비싸기 때문에 구매하지 않는다.
- 배출권 가격이 30 ~ 40만 원 일 경우 A공장뿐만 아니라 B공장 또한 판매하려고 한다.
- 배출권 가격이 20만 원 이하일 경우에는 시장에 오염배출권을 판매하려는 공장이 존재하지 않는다.

따라서 공장 A가 공장 B와 공장C에게 오염배출권을 각각 10단위와 20단위씩 판매하면 가격은 20만 원에서 30만 원 사이에 형성된다.

90

완전경쟁시장의 균형은 P=MC이므로, P=6, Q=4이다.
합병 후 독점시장에서 MR=10−2Q이므로 이윤극대화조건에 MR=MC에 대입하면 10−2Q=2
∴ Q=4

91

균형국민소득이 3,000이므로 Y=C+I+G에 각 값을 대입하여 계산하면
3,000=C+I+G
3,000=(100+0.8×3,000)+200+G
∴ G=300

PART 3

92

정답 ②

비용함수는 생산량과 비용 사이의 관계를 나타내는 함수이다. 주어진 비용함수에서 생산량(Q)이 늘어날수록 총비용이 증가한다. 하지만 평균비용은 (총비용)÷(생산량)이므로 줄어든다. 예를 들어 생산량이 1, 2, 3개로 늘어날 경우 총비용(TQ)은 75, 100, 125 순으로 증가하지만 평균비용은 75, 50(100÷2), 41.6(125÷3) 순으로 감소한다. 이는 평균 고정비가 (고정비)÷(생산량)이기 때문에 생산량이 늘어날수록 줄어들기 때문이다. 고정비는 생산량과 관계없이 들어가는 비용으로 문제의 함수에선 50이다. 이처럼 생산량이 늘어날 때 평균비용이 줄어드는 것을 규모의 경제가 존재한다고 한다. 한계비용은 생산량이 하나 더 늘어날 때 들어가는 비용으로 문제에선 25로 일정하다.

93

정답 ③

실업률은 실업자 수를 경제활동인구 수로 나눈 비율이다. 하지만 실망 실업자와 같이 구직활동을 지속하다 취업을 포기한 사람 등이 경제활동인구에서 제외되므로 실업률이 낮게 추정될 수 있다. 이런 한계로 경제협력개발기구(OECD)는 고용률을 함께 활용하도록 권장한다. 고용률은 만 15세 이상 생산가능인구 가운데 취업자 수 비율로 실질적인 고용창출 능력을 나타낸다. 문제에서 2021년도, 2022년도 생산가능인구가 같으므로 비율을 인원수로 바꿔서 실업률과 고용률을 구하면 된다.
2021년도는 경제활동인구 500명, 취업자 475명, 실업자 25명이고, 2022년도에는 경제활동인구 400명, 취업자 384명, 실업자 16명이다. 따라서 고용률은 47.5%에서 38.4%로 하락했고 실업자 수와 취업자 수도 감소했다.

94

정답 ④

비교우위 무역이론에 대한 문제이다. 비교우위론이란 무역을 할 때 생산비가 상대적으로 적게 들어가는 상품에 특화하라는 이론으로 자사의 생산품 중에서 상대적으로 생산비가 적게 들어가는 상품에 생산요소를 모두 투입하고, 다른 상품은 타사에서 수입해서 쓰면 무역을 하는 두 기업 모두 이익을 얻는다는 것으로 생산비 절대액은 중요하지 않다.
보기에서 B사는 화물차와 지게차, 두 재화 모두 투입노동량이 A사보다 적기 때문에 A사에 대해 절대 우위를 갖는다. 절대 우위론에 의하면 이들 두 기업 사이에는 무역이 일어날 수 없다. 그러나 비교우위론에 의하면 A사는 상대적으로 생산비가 적게 들어가는 화물차에 특화하고 B사는 지게차에 특화해서 서로 무역을 하게 된다. 비교우위에 있는 상품에 특화해서 생산하지 않을 때보다 비교우위에 있는 상품에 특화해서 생산한 후 무역을 하게 되면 더 많은 양의 상품을 소비할 수 있기 때문이다.
절대 우위론은 애덤 스미스, 비교우위론은 데이비드 리카도가 주장했다. 리카도는 당시 생산요소로 노동이 유일하다고 보았으나, 이후 다른 학자들이 자본을 추가하는 등 이론을 보다 현실에 맞게 수정함으로써 비교우위론은 현대 무역의 핵심이론으로 자리 잡았다.

95

정답 ③

기업은 휴대폰 1대당 비용이 1대당 이익과 같거나 크게 되는 수준으로만 비용을 투입하려고 할 것이다. 구형 휴대폰 업그레이드에 비용 35만 원을 투입하는 경우, 구형 휴대폰 1대당 총 비용은 110만 원이다.
(구형 휴대폰 1대당 총 비용)=50만 원(제조원가)+35만 원[업그레이드 비용(명시적 비용)]+25만 원[업그레이드함으로써 포기하는 1대당 판매수익(암묵적 비용)]
그러나 매몰비용인 제조원가는 고려하지 않고 명시적 비용과 암묵적 비용을 더한 기회비용만을 고려하므로, 업그레이드 후 60만 원 이상 받을 수 있는 경우에만 35만 원을 투자할 것이다.

96

정답 ④

시장경제체제와 계획경제체제는 대응방식 면에서 차이점이 있으나, 두 경제체제 모두 자원의 희소성으로 경제문제가 발생한다. 한편 사회경제체제에서는 생산수단을 국가가 소유하며, 시장경제체제에서는 시장에서 경제문제가 해결된다. 또한 사회경제체제에서는 분배의 형평성이 중시된다. 소득분배, 시장실패의 문제 해결을 위해 정부가 시장에 개입하는 것은 시장경제체제의 문제 보완을 위한 혼합경제체제에서의 방식이다.

97

정답 ③

H기업의 회계적 이윤을 계산하려면 수입에서 회계적 비용을 차감하면 된다.
(회계적 이윤)＝10억－6억＝4억 원
회계적으로 따진다면 H기업은 퇴출하지 않아야 한다. 하지만 경제학에서는 회계적 비용에 암묵적 비용을 더한 기회비용을 기준으로 퇴출 여부를 따진다.
(기회비용)＝6억＋5억＝11억 원
따라서 수입 10억 원에서 기회비용 11억 원을 차감한 경제적 이윤이 －1억 원, 음이므로 퇴출한다.

98

정답 ④

현재시점의 매몰비용은 지금까지 연구개발에 투입된 130억 원이다. 이미 투입되어 회수불가능한 매몰비용은 무시하고 앞으로 소요될 비용과 그 비용을 지출하였을 때의 추가적인 수입을 비교하여 연구개발비를 추가로 지출할 것인지를 결정해야 한다. 앞으로 100억 원의 추가비용을 지불하면 150억 원의 수입을 얻을 수 있으므로 연구개발비를 추가로 지출하여 연구개발을 완료하는 것이 바람직하다.

99

정답 ④

교역에 대해 규제나 세금을 부과하는 것은 자유무역의 의미와 거리가 멀다.
자유무역이 이루어지면 수출재의 국내가격은 무역이전보다 상승하므로 수출품을 생산하는 생산자의 생산자잉여는 증가하나 소비자잉여는 감소한다. 그리고 무역이 이루어지면 수입품의 국내가격이 하락하므로 수입대체제를 생산하는 생산자의 생산자잉여가 감소하고 소비자잉여가 증가한다.

100

정답 ②

자유무역협정이란 둘 또는 그 이상의 국가들이 상호 간에 수출입 관세와 시장점유율 제한 등의 무역장벽을 제거하기로 약정하는 협정의 한 형태이다. 무역으로 인해 숙련된 노동자의 임금이 더 상승하는 것은 소득불평등을 심화시키므로 자유무역협정의 부정적인 측면에 해당하는 내용이다.

자신을 내보여라. 그러면 재능이 드러날 것이다.

- 발타사르 그라시안 -

항만공사 직무능력평가 답안카드

성 명

지원 분야

문제지 형별기재란

(형)
Ⓐ
Ⓑ

수험번호

0	0	0	0	0	0	
1	1	1	1	1	1	1
2	2	2	2	2	2	2
3	3	3	3	3	3	3
4	4	4	4	4	4	4
5	5	5	5	5	5	5
6	6	6	6	6	6	6
7	7	7	7	7	7	7
8	8	8	8	8	8	8
9	9	9	9	9	9	9

감독위원 확인

(인)

1	① ② ③ ④	21	① ② ③ ④	41	① ② ③ ④
2	① ② ③ ④	22	① ② ③ ④	42	① ② ③ ④
3	① ② ③ ④	23	① ② ③ ④	43	① ② ③ ④
4	① ② ③ ④	24	① ② ③ ④	44	① ② ③ ④
5	① ② ③ ④	25	① ② ③ ④	45	① ② ③ ④
6	① ② ③ ④	26	① ② ③ ④	46	① ② ③ ④
7	① ② ③ ④	27	① ② ③ ④	47	① ② ③ ④
8	① ② ③ ④	28	① ② ③ ④	48	① ② ③ ④
9	① ② ③ ④	29	① ② ③ ④	49	① ② ③ ④
10	① ② ③ ④	30	① ② ③ ④	50	① ② ③ ④
11	① ② ③ ④	31	① ② ③ ④		
12	① ② ③ ④	32	① ② ③ ④		
13	① ② ③ ④	33	① ② ③ ④		
14	① ② ③ ④	34	① ② ③ ④		
15	① ② ③ ④	35	① ② ③ ④		
16	① ② ③ ④	36	① ② ③ ④		
17	① ② ③ ④	37	① ② ③ ④		
18	① ② ③ ④	38	① ② ③ ④		
19	① ② ③ ④	39	① ② ③ ④		
20	① ② ③ ④	40	① ② ③ ④		

※ 본 답안지는 마킹연습용 모의 답안지입니다.

항만공사 직무능력평가 답안카드

성 명	

지원분야	

문제지 형별기재란	
형 ( )	Ⓐ Ⓑ

수험번호

0 1 2 3 4 5 6 7 8 9
0 1 2 3 4 5 6 7 8 9
0 1 2 3 4 5 6 7 8 9
0 1 2 3 4 5 6 7 8 9
0 1 2 3 4 5 6 7 8 9
0 1 2 3 4 5 6 7 8 9
0 1 2 3 4 5 6 7 8 9

감독위원 확인	
(인)	

1	① ② ③ ④	21	① ② ③ ④	41	① ② ③ ④
2	① ② ③ ④	22	① ② ③ ④	42	① ② ③ ④
3	① ② ③ ④	23	① ② ③ ④	43	① ② ③ ④
4	① ② ③ ④	24	① ② ③ ④	44	① ② ③ ④
5	① ② ③ ④	25	① ② ③ ④	45	① ② ③ ④
6	① ② ③ ④	26	① ② ③ ④	46	① ② ③ ④
7	① ② ③ ④	27	① ② ③ ④	47	① ② ③ ④
8	① ② ③ ④	28	① ② ③ ④	48	① ② ③ ④
9	① ② ③ ④	29	① ② ③ ④	49	① ② ③ ④
10	① ② ③ ④	30	① ② ③ ④	50	① ② ③ ④
11	① ② ③ ④	31	① ② ③ ④		
12	① ② ③ ④	32	① ② ③ ④		
13	① ② ③ ④	33	① ② ③ ④		
14	① ② ③ ④	34	① ② ③ ④		
15	① ② ③ ④	35	① ② ③ ④		
16	① ② ③ ④	36	① ② ③ ④		
17	① ② ③ ④	37	① ② ③ ④		
18	① ② ③ ④	38	① ② ③ ④		
19	① ② ③ ④	39	① ② ③ ④		
20	① ② ③ ④	40	① ② ③ ④		

※ 본 답안지는 마킹연습용 모의 답안지입니다.

항만공사 직무능력평가 답안카드

성 명

지원 분야

문제지 형별기재란

( )형   Ⓐ Ⓑ

수험번호

⓪ ① ② ③ ④ ⑤ ⑥ ⑦ ⑧ ⑨
⓪ ① ② ③ ④ ⑤ ⑥ ⑦ ⑧ ⑨
⓪ ① ② ③ ④ ⑤ ⑥ ⑦ ⑧ ⑨
⓪ ① ② ③ ④ ⑤ ⑥ ⑦ ⑧ ⑨
⓪ ① ② ③ ④ ⑤ ⑥ ⑦ ⑧ ⑨
⓪ ① ② ③ ④ ⑤ ⑥ ⑦ ⑧ ⑨
⓪ ① ② ③ ④ ⑤ ⑥ ⑦ ⑧ ⑨

감독위원 확인

(인)

문번	답란	문번	답란	문번	답란
1	① ② ③ ④	21	① ② ③ ④	41	① ② ③ ④
2	① ② ③ ④	22	① ② ③ ④	42	① ② ③ ④
3	① ② ③ ④	23	① ② ③ ④	43	① ② ③ ④
4	① ② ③ ④	24	① ② ③ ④	44	① ② ③ ④
5	① ② ③ ④	25	① ② ③ ④	45	① ② ③ ④
6	① ② ③ ④	26	① ② ③ ④	46	① ② ③ ④
7	① ② ③ ④	27	① ② ③ ④	47	① ② ③ ④
8	① ② ③ ④	28	① ② ③ ④	48	① ② ③ ④
9	① ② ③ ④	29	① ② ③ ④	49	① ② ③ ④
10	① ② ③ ④	30	① ② ③ ④	50	① ② ③ ④
11	① ② ③ ④	31	① ② ③ ④		
12	① ② ③ ④	32	① ② ③ ④		
13	① ② ③ ④	33	① ② ③ ④		
14	① ② ③ ④	34	① ② ③ ④		
15	① ② ③ ④	35	① ② ③ ④		
16	① ② ③ ④	36	① ② ③ ④		
17	① ② ③ ④	37	① ② ③ ④		
18	① ② ③ ④	38	① ② ③ ④		
19	① ② ③ ④	39	① ② ③ ④		
20	① ② ③ ④	40	① ② ③ ④		

※ 본 답안지는 마킹연습용 모의 답안지입니다.

〈절취선〉

항만공사 직무능력평가 답안카드

성 명	
지원 분야	

문제지 형별기재란	Ⓐ
	Ⓑ
(　　)형	

수 험 번 호
⓪ ① ② ③ ④ ⑤ ⑥ ⑦ ⑧ ⑨
⓪ ① ② ③ ④ ⑤ ⑥ ⑦ ⑧ ⑨
⓪ ① ② ③ ④ ⑤ ⑥ ⑦ ⑧ ⑨
⓪ ① ② ③ ④ ⑤ ⑥ ⑦ ⑧ ⑨
⓪ ① ② ③ ④ ⑤ ⑥ ⑦ ⑧ ⑨
⓪ ① ② ③ ④ ⑤ ⑥ ⑦ ⑧ ⑨
⓪ ① ② ③ ④ ⑤ ⑥ ⑦ ⑧ ⑨

감독위원 확인
(인)

문번	답란				문번	답란				문번	답란			
1	①	②	③	④	21	①	②	③	④	41	①	②	③	④
2	①	②	③	④	22	①	②	③	④	42	①	②	③	④
3	①	②	③	④	23	①	②	③	④	43	①	②	③	④
4	①	②	③	④	24	①	②	③	④	44	①	②	③	④
5	①	②	③	④	25	①	②	③	④	45	①	②	③	④
6	①	②	③	④	26	①	②	③	④	46	①	②	③	④
7	①	②	③	④	27	①	②	③	④	47	①	②	③	④
8	①	②	③	④	28	①	②	③	④	48	①	②	③	④
9	①	②	③	④	29	①	②	③	④	49	①	②	③	④
10	①	②	③	④	30	①	②	③	④	50	①	②	③	④
11	①	②	③	④	31	①	②	③	④					
12	①	②	③	④	32	①	②	③	④					
13	①	②	③	④	33	①	②	③	④					
14	①	②	③	④	34	①	②	③	④					
15	①	②	③	④	35	①	②	③	④					
16	①	②	③	④	36	①	②	③	④					
17	①	②	③	④	37	①	②	③	④					
18	①	②	③	④	38	①	②	③	④					
19	①	②	③	④	39	①	②	③	④					
20	①	②	③	④	40	①	②	③	④					

※ 본 답안지는 마킹연습용 모의 답안지입니다.

한국공사 필기시험 답안카드

성명	
지원 분야	
문제지 형별기재란	(　)형 　 Ⓐ 　 Ⓑ

수험번호

⓪	①	②	③	④	⑤	⑥	⑦	⑧	⑨
⓪	①	②	③	④	⑤	⑥	⑦	⑧	⑨
⓪	①	②	③	④	⑤	⑥	⑦	⑧	⑨
⓪	①	②	③	④	⑤	⑥	⑦	⑧	⑨
⓪	①	②	③	④	⑤	⑥	⑦	⑧	⑨
⓪	①	②	③	④	⑤	⑥	⑦	⑧	⑨
⓪	①	②	③	④	⑤	⑥	⑦	⑧	⑨

감독위원 확인
(인)

번호	답란	번호	답란	번호	답란	번호	답란	번호	답란
1	①②③④	21	①②③④	41	①②③④	61	①②③④	81	①②③④
2	①②③④	22	①②③④	42	①②③④	62	①②③④	82	①②③④
3	①②③④	23	①②③④	43	①②③④	63	①②③④	83	①②③④
4	①②③④	24	①②③④	44	①②③④	64	①②③④	84	①②③④
5	①②③④	25	①②③④	45	①②③④	65	①②③④	85	①②③④
6	①②③④	26	①②③④	46	①②③④	66	①②③④	86	①②③④
7	①②③④	27	①②③④	47	①②③④	67	①②③④	87	①②③④
8	①②③④	28	①②③④	48	①②③④	68	①②③④	88	①②③④
9	①②③④	29	①②③④	49	①②③④	69	①②③④	89	①②③④
10	①②③④	30	①②③④	50	①②③④	70	①②③④	90	①②③④
11	①②③④	31	①②③④	51	①②③④	71	①②③④	91	①②③④
12	①②③④	32	①②③④	52	①②③④	72	①②③④	92	①②③④
13	①②③④	33	①②③④	53	①②③④	73	①②③④	93	①②③④
14	①②③④	34	①②③④	54	①②③④	74	①②③④	94	①②③④
15	①②③④	35	①②③④	55	①②③④	75	①②③④	95	①②③④
16	①②③④	36	①②③④	56	①②③④	76	①②③④	96	①②③④
17	①②③④	37	①②③④	57	①②③④	77	①②③④	97	①②③④
18	①②③④	38	①②③④	58	①②③④	78	①②③④	98	①②③④
19	①②③④	39	①②③④	59	①②③④	79	①②③④	99	①②③④
20	①②③④	40	①②③④	60	①②③④	80	①②③④	100	①②③④

※ 본 답안지는 마킹연습용 모의 답안지입니다.

항만공사 필기시험 답안카드

	①	②	③	④		①	②	③	④		①	②	③	④		①	②	③	④		①	②	③	④
1	①	②	③	④	21	①	②	③	④	41	①	②	③	④	61	①	②	③	④	81	①	②	③	④
2	①	②	③	④	22	①	②	③	④	42	①	②	③	④	62	①	②	③	④	82	①	②	③	④
3	①	②	③	④	23	①	②	③	④	43	①	②	③	④	63	①	②	③	④	83	①	②	③	④
4	①	②	③	④	24	①	②	③	④	44	①	②	③	④	64	①	②	③	④	84	①	②	③	④
5	①	②	③	④	25	①	②	③	④	45	①	②	③	④	65	①	②	③	④	85	①	②	③	④
6	①	②	③	④	26	①	②	③	④	46	①	②	③	④	66	①	②	③	④	86	①	②	③	④
7	①	②	③	④	27	①	②	③	④	47	①	②	③	④	67	①	②	③	④	87	①	②	③	④
8	①	②	③	④	28	①	②	③	④	48	①	②	③	④	68	①	②	③	④	88	①	②	③	④
9	①	②	③	④	29	①	②	③	④	49	①	②	③	④	69	①	②	③	④	89	①	②	③	④
10	①	②	③	④	30	①	②	③	④	50	①	②	③	④	70	①	②	③	④	90	①	②	③	④
11	①	②	③	④	31	①	②	③	④	51	①	②	③	④	71	①	②	③	④	91	①	②	③	④
12	①	②	③	④	32	①	②	③	④	52	①	②	③	④	72	①	②	③	④	92	①	②	③	④
13	①	②	③	④	33	①	②	③	④	53	①	②	③	④	73	①	②	③	④	93	①	②	③	④
14	①	②	③	④	34	①	②	③	④	54	①	②	③	④	74	①	②	③	④	94	①	②	③	④
15	①	②	③	④	35	①	②	③	④	55	①	②	③	④	75	①	②	③	④	95	①	②	③	④
16	①	②	③	④	36	①	②	③	④	56	①	②	③	④	76	①	②	③	④	96	①	②	③	④
17	①	②	③	④	37	①	②	③	④	57	①	②	③	④	77	①	②	③	④	97	①	②	③	④
18	①	②	③	④	38	①	②	③	④	58	①	②	③	④	78	①	②	③	④	98	①	②	③	④
19	①	②	③	④	39	①	②	③	④	59	①	②	③	④	79	①	②	③	④	99	①	②	③	④
20	①	②	③	④	40	①	②	③	④	60	①	②	③	④	80	①	②	③	④	100	①	②	③	④

※ 본 답안지는 마킹연습용 모의 답안지입니다.

성 명

지원분야

문제지 형별기재란
Ⓐ
Ⓑ
(형)

수험번호

⓪	①	②	③	④	⑤	⑥	⑦	⑧	⑨
⓪	①	②	③	④	⑤	⑥	⑦	⑧	⑨
⓪	①	②	③	④	⑤	⑥	⑦	⑧	⑨
⓪	①	②	③	④	⑤	⑥	⑦	⑧	⑨
⓪	①	②	③	④	⑤	⑥	⑦	⑧	⑨
⓪	①	②	③	④	⑤	⑥	⑦	⑧	⑨
⓪	①	②	③	④	⑤	⑥	⑦	⑧	⑨

감독위원 확인
(인)

2023 하반기 SD에듀 All-New 5대 항만공사 종합직무능력평가
핵심이론 + 적중예상문제 + 모의고사 5회 + 무료NCS특강

개정7판1쇄 발행	2023년 08월 30일 (인쇄 2023년 07월 20일)
초 판 발 행	2019년 10월 30일 (인쇄 2019년 10월 11일)
발 행 인	박영일
책 임 편 집	이해욱
편 저	SDC
편 집 진 행	김재희 · 이원우
표지디자인	조혜령
편집디자인	김보미 · 곽은슬
발 행 처	(주)시대고시기획
출 판 등 록	제10-1521호
주 소	서울시 마포구 큰우물로 75 [도화동 538 성지 B/D] 9F
전 화	1600-3600
팩 스	02-701-8823
홈 페 이 지	www.sdedu.co.kr

I S B N	979-11-383-5570-4 (13320)
정 가	26,000원

5대 항만공사
종합직무능력평가

핵심이론 + 적중예상문제 + 모의고사 5회

+ 무료NCS특강

All Pass